“世界各国政府都在不断地探寻改进公共财政管理体系的方法。这部令人钦佩的著作涵盖了这类研究中时常言及的诸多话题。在管理公共资金的挑战方面，本书提出了见解深刻之观点，并展望了面向未来的全球理念变革。研究者与实践者都应该人手一册，我当然也是如此。”

马特·安德鲁斯（Matt Andrews），哈佛大学肯尼迪政府学院公共政策副教授；《发展中的制度变革之范围：为解决现实问题而变革规则》一书的作者

“针对债务的增长和宏观经济前景的不确定性，许多政府正试图推进体制创新，诸如新的预算规则和财政议事机构。然而‘天真的’引进性改革未必真的会有所助益。这部畅销书力图避免过分简单的方式，并提升人们对预算制度环境和内在一致性的认识。对于后危机时代的财政制度设计者而言，这是一个不可或缺的指导性纲领。”

约阿西姆·韦娜（Joachim Wehner），伦敦政治经济学院公共政策副教授；《立法机构与预算过程：财政控制的神话》一书的作者

“这部‘及时雨’式的著作，有助于我们更好地理解公共财政和财政政策的改革浪潮，这些改革是由当今各国深思熟虑的实践者所发起的。从这些著名的公共财政专家撰写的篇章中，我们能够以更为全面的概念框架，来评判各国在剧烈的财政危机中通常采用的应对措施。当前可谓恰逢其时，各国的领导者和专家都需要更好的指导，使得在未来的动荡年代中，能够拥有更加可持续且理性的公共财政。”

鲍尔·L.波斯纳（Paul L. Posner），乔治梅森大学公共管理项目主任

“这部开卷有益的著作，分析了过去20年间出现的主要公共财政管理创新。本书将这些创新大致分成三种类型：信息、过程以及规则。作者认为，公共财政管理是一种具有自身结构体系、逻辑与关联的集成性框架。因而，在个案性的创新和结果之间，或许未必有直接的联系，并且一般性的建议也未必适用于特定的国家。本书还提出了一些颇为有趣的命题。譬如，形成于发达经济体的制度创新，在何种程度上能够应用于发展中国家。”

艾琳·S.鲁宾（Irene S. Rubin），北伊利诺伊州大学公共管理荣退教授；《公共管理评论》的前总编辑；《公共预算中的政治》和《联邦预算平衡：吃光谷种抑或削减畜群》一书的作者

“随着金融危机的到来，公共资源尤为匮乏。因而，如欲有效使用纳税人的钱财，就需要良好的财政管理和充分的透明度：公民、议会以及金融市场应该了解公共财政的明确立场。本书深入描绘了各国在公共财政管理领域中的实践、改革与创新。这部及时的著作，为公共管理领域的实践者以及学术机构和感兴趣的公众，提供了丰富的素材。”

格哈德·斯蒂格（Gerhard Steger），奥地利财政部预算局局长；经济合作与发展组织高级预算官员工作组的主席

“本书是公共财政管理领域最为全面且信息丰富的指南！本书的出版可谓恰逢其时。在亚洲（当然也包括韩国），人们日益认识到公共财政管理的重要性，因而本书也将受到欢迎，对此我深信不疑。”

赵源东（Won-Dong Cho），韩国公共财政协会理事长

“通过对当代公共财政管理发展趋势的综合性考查，作者描绘并剖析了全球各地的公共财政管理工具和管理实践。其分析具有坚实的实证支撑、广泛的资料来源基础，并实现了均衡性展示；本书促使读者坚信，复杂的技术绝不可以取代政治承诺和艰苦的努力。在今后相当长的时期内，本书对于财政领域的实践者和研究者而言，都将是一个信息宝藏。”

帕·莫兰德（Per Molander），20世纪90年代瑞典预算改革的缔造者，前预算局局长

PPP与公共财政创新丛书

Public Financial Management and Its Emerging Architecture

公共财政管理及其新兴架构

马尔科·坎贾诺
特里萨·克里斯汀　主编
米歇尔·拉扎尔

Marco Cangiano
Teresa Curristine
Michel Lazare

马蔡琛 张慧芳 赵铁宗　等译
马蔡琛 张　莉 李宛姝　审校

东北财经大学出版社
Dongbei University of Finance & Economics Press
大连

辽宁省版权局著作权合同登记号：图字 06-2016-06 号

Public Financial Management and Its Emerging Architecture / editors，Marco Cangiano，Teresa Curristine，and Michel Lazare .Washington，D.C.：International Monetary Fund，©2013.

图书在版编目（CIP）数据

公共财政管理及其新兴架构 / 马尔科·坎贾诺（Marco Cangiano）等主编；马蔡琛等译．—大连：东北财经大学出版社，2017.9
（PPP与公共财政创新丛书）
ISBN 978-7-5654-2770-1

Ⅰ．公…　Ⅱ．①马…②马…　Ⅲ．公共财政-财政管理-研究　Ⅳ．F810

中国版本图书馆CIP数据核字（2017）第109695号

东北财经大学出版社出版发行
大连市黑石礁尖山街217号　邮政编码　116025
网　址：http：//www. dufep. cn
读者信箱：dufep @ dufe. edu. cn
大连图腾彩色印刷有限公司印刷

幅面尺寸：170mm×240mm　字数：465千字　印张：32.5
2017年9月第1版　2017年9月第1次印刷
责任编辑：刘东威　刘贤恩　责任校对：百　果
封面设计：张智波　版式设计：钟福建
定价：78.00元

教学支持　售后服务　联系电话：（0411）84710309
版权所有　侵权必究　举报电话：（0411）84710523
如有印装质量问题，请联系营销部：（0411）84710711

译者前言

21世纪的现代财政预算制度向何处去?

财政为庶政之母，预算乃邦国之基。尽管21世纪的宏伟画卷才仅仅展开了不到1/5的序章，但每当我们思考21世纪的中国现代财政预算制度最终将走向何方的时候，都不禁感慨吾生有涯。

其实，何谓现代预算或现代财政制度，本身就是一个颇难界定的范畴。在现时的中国，涉及财政预算改革的诸多话题，往往动言所谓美国“进步时代”的启示，甚或上溯至英国光荣革命以来的预算传统。然而，历史并不重复，它只是押韵而已。其实，就常识而言，数百年前英美诸国的预算改革，大体属于“近代预算制度”，而非“现代预算制度”。近百年来，各国的预算制度已然从早期更具控制性的约束工具，逐渐转化为国家治理的重要制度载体与支撑平台。现代各国的预算改革与制度建设，在追求决策理性化的过程中，逐渐演化出一系列更具绩效导向性与财政问责性的管理工具。我个人对于现代财政预算制度的认识，也大体循着当今世界的预算改革潮流、中国传统理财经验的斟酌取舍、中国现实国情的沧桑正道这样三个维度来界定财政现代性的内涵。

始于21世纪第一个10年之末的这一轮全球性金融危机，导致公共财政资源进一步匮乏，这也触发了当代政府理财者对于财政预算管理范式的反思与自省，世界各国政府都在不断地探寻改进公共财政管理体系的方法。由国际货币基金组织出版的《公共财政管理及其新兴架构》一书，就是这样一部恰逢其时的著作。本书不仅详尽考查了在过去的20年间，全球公共财政管理领域发生的最新的显著变化，还更加关注在未来的激荡岁月中，如何保持更加可持续且理性的公共财政。

我相信，这些全球范围内的最新改革进展与经验分享，对于正在积极推进中的中国现代财政和现代预算制度建设，应该具有非常重要的启示性价值。当然，制度是随时地而变化的，不能放之四海而皆准，正如其不能行之百世而无弊。至于如何在这些正反两方面的经验与教训之间斟酌取舍，则已然超越了译者的能力与职责，我相信读者朋友们会有自己的判断。用之则行，舍之则藏，如此而已。

尽管在各国实践中，公共预算往往被视为公共财政资源的一种配置工具，但是，“如何用好百姓钱”已成为人类文明史演进中不得不回应的一个重要命题，从理论上说，应该可以找到一条理性、审慎且和谐地配置公共资源的路径。至少我个人相信，这应该是21世纪我们这个星球上的一个发展潮流，尽管难免会有波折，但仍旧是初心不变。最后，我想借用百岁棋圣吴清源对21世纪围棋的展望，就其句式略加改动，以为结语和期许：预算本应是一种调和、均衡、和谐的状态。21世纪的预算应该是重视整体的和谐的预算。中国的预算改革生机盎然，前途无量！

马蔡琛

2017年4月于南开园

前　言

公共财政管理（public financial management，PFM）——预算、支出，以及管理公共资金的精湛艺术——自20世纪80年代末期以来，已然发生了一场“革命”。在这一跨越经济学、政治学、公共管理学以及会计学等诸学科的独特的综合领域中，它已然汇集了众多的理念创新和改革实践，从而试图应对公共财政管理中不断涌现的各种挑战。

在很多情况下，为了抵制增加开支而不是增加储蓄的诱惑，一些国家推出了财政规则和财政责任法。为了理解并规划当前财政政策选择的未来影响，许多政府采用了中期预算框架（medium-term budget framework）。为了防范过于乐观的经济和预算估计，某些国家建立了独立的财政委员会。为了将决策重点从项目获得资金的多寡转移到项目取得的效果上来，很多政府引入了绩效预算和管理创新。为了更好地揭示公共财政的真实状况及潜在风险，某些政府致力于提升财务报告和政府会计的综合性与涵盖性，并引进了风险管理技术。这种公共支出管理方式的深刻变革浪潮，始于澳大利亚、新西兰和英国，进而席卷了全部发达经济体，甚而还影响了新兴市场经济国家和低收入国家。

在过去的20年间，公共财政管理领域发生了显著的变化，但除了非常有限的几篇专业论文外，甚少有涉及这些变革的论述。为了填补这一文献研究的空白领域，本书充分展示了国际货币基金组织（IMF）公共财政管理专家们的独特分析视角。在过去的20年中，这些专家获取了丰富的（即使不是全部的）改革实践经验，很好地总结了各种教训，厘清了公共财政管理变革的理念，并从跨国经验的视角分享了哪些措施是有效的，哪些又是无效的。

本书针对这些改革提出了关键性命题，评价了其成效及面临的问题与挑战（尤其是在全球性金融和经济危机的条件下）。这场危机凸显了良好的公共财政管理框架的重要性，这将有助于确保精心设计的财政政策能够得到有效的贯彻落实。当然，本书也揭示了某些国家公共财政管理框架的潜在局限性，以及某些公共管理制度创新的设计缺陷、执行乏力和不可持续等问题。基于以上经验，本书汲取了普遍性的启示，以期为新一代的公共财政管理改革提供指导和帮助。

IMF始终致力于向所有成员国提供公共财政管理方面的建议和帮助，分享其全球范围内的丰富经验。我希望本书的出版能够有助于各国在日益复杂和不确定的全球环境中成功应对公共财政管理的挑战。

克里斯蒂娜·拉加德（Christine Lagarde），IMF总裁

致　谢

写作本书的想法萌生于同艾伦·希克（Allen Schick）教授的一次谈话，在谈话中，我们讨论了过去20年间公共财政管理（PFM）的发展脉络。作为谈话的成果，我们得出了如下的结论：希克教授和IMF财政事务部门的同仁们拥有丰富和独特的学术及实践经验，他们应该分享这些公共财政管理变革是如何发展演变的，尤其是在21世纪初叶所呈现出的新兴发展态势。要特别感谢希克教授，他对于本项目的推进发挥了重要作用，并为我们做了宣传。

本书是IMF财政事务部下辖的两个财政管理业务处室全体同仁共同努力的结晶。很多朋友和以前的同事们，通过审阅和评论全书各章节的各种版本，踊跃参与多次的内部讨论会，为本书的撰写做出了贡献。在卡洛·科塔雷利（Carlo Cottarelli）主任的领导下，整个财政事务部的工作是极其令人振奋的，其间并行推进的各种项目开阔了我们的视野，尤其是来自于非专业人士的观点。当然，来自成员国和兄弟机构①同事们的诸多交流，仍旧是不可替代的。随着公共财政管理架构中诸元素的逐渐显性化，这些相互交流提供了非常急需

① 原文为sister institutions，直译应为“姊妹机构”，但考虑汉语的语言习惯，在此译为“兄弟机构”——译者注。

的实际情况确认，包括财政事务部先后两代财政管理专家在内的多位同仁，在参与过程中慷慨奉献了他们的时间、智慧和经验，这使得本书更便于非专业人士理解。除各章作者和两位财政管理业务处室的同仁之外，我们还要感谢各位评论者，他们是西维尔·德博隆、马纳尔·福阿德、格雷格·霍尔曼、巴卡尼·科恩、弗洛伦斯·库蒂萨、路易斯·木拉拉、彼得·墨菲、夏连特拉·帕塔纳亚克、马里奥·佩索阿、迪米塔尔·拉德夫、西维尔·拉梅，感谢他们深刻的评论和建议。此外，我们还要向行政助理们致以谢意，他们是莫利·亚伯拉罕、特雷西·鲍、罗尼卡·卡塔尼、萨莎·彼得罗夫，感谢他们的大力支持，特别是梅琳达·韦伊尔，她协助我们最终完成了本书。我们非常感谢IMF对外联络部的迈克尔·哈鲁先生，感谢他对本书出版所做的协调工作。感谢大家，特别是我们的家人和朋友们，感谢大家对本书付出的耐心与支持。

马尔科·坎贾诺　特里萨·克里斯汀　米歇尔·拉扎尔

缩略语

CBA　central budget authority　中央预算机构

CBO　Congressional Budget Office　(United States)　国会预算局（美国）

CEMAC　Central African Economic and Monetary Community　中非经济与货币共同体

CFI　central fiscal institution　中央财政制度

CMU　cash management unit　现金管理单位

CPIA　Country Policy and Institutional Assessment　国家政策及制度评估指数

DMO　debt management office　债务管理局

ECCU　Eastern Caribbean Currency Union　东加勒比货币联盟

EITI　Extractive Industries Transparency Initiative　采掘业透明度倡议

EU　European Union　欧盟

FMIS　financial management information system　财政管理信息系统

FRL　fiscal responsibility law　财政责任法

G-8　Group of Eight advanced economies　八国集团

G-20　Group of Twenty advanced economies　二十国集团

GAAP　generally accepted accounting principles　公认会计准则

GDP　gross domestic product　国内生产总值

GFSM Government Finance Statistics Manual 《政府财政统计手册》

HIPC Heavily Indebted Poor Countries 重债穷国

IFI international financial institution 国际金融机构

IPSAS International Public Sector Accounting Standards 公共部门国际会计准则

IT information technology 信息技术

MTBF medium-term budget framework 中期预算框架

MTDS medium-term debt management strategy 中期债务管理战略

MTFF medium-term fiscal framework 中期财政框架

NCoA National Commission of Audit (Australia) 国家审计委员会（澳大利亚）

NDP national development plan 国家发展计划

NPM new public management 新公共管理

OECD Organisation for Economic Co-operation and Development 经济合作与发展组织

PB performance budgeting 绩效预算

PEFA Public Expenditure and Financial Accountability 公共支出和财政问责制

PFM public financial management 公共财政管理

PI performance information 绩效信息

PIP public investment program 公共投资项目

PPP public-private partnership 公私合作伙伴关系

ROSC Report on the Observance of Standards and Codes 遵守标准和规范的报告

RRA resource revenue account 财力收入账户

SGP Stability and Growth Pact 《稳定与增长公约》

SOE state-owned enterprise 国有企业

T-bill treasury bill 短期国库券

TSA treasury single account 国库单一账户

UN United Nations 联合国

VAR value at risk 在险价值

WAEMU West African Economic and Monetary Union 西非经济和货币联盟

目　录

导 论

马尔科·坎贯诺　特里萨·克里斯汀　米歇尔·拉扎尔

如果想用一个词来概括21世纪前10年的公共财政管理（PFM），那就是创新。本书抓住了这一关键问题，即过去20年间，在这一独特的跨学科领域中涌现的开创性实践，主要包括财政责任法、财政规则、中期预算框架、财政委员会、新的财政风险管理技术以及绩效预算等。本书评估了这些创新的实际效果，以及如何促成了我们在公共财政管理问题上认识的转变——从政府如何掌控其预算，到如何管理其财政政策和公共财政体系。

本书旨在描述公共财政管理的诸种要素，并重点强调其相互依赖关系，在有助于尽可能多的读者理解本书内容的同时，更为侧重于面向政策制定者，因为他们亟需解决各种涉及公共资源管理的日趋复杂的难题。

尽管本书的构思和写作是在金融危机非常严重的时期完成的，但本书并不限于这次危机。本书也不单纯是公共财政管理的指南和手册，指南或手册仅仅是实践的简单描述。更确切地说，本书的核心命题是关于创新的，这些创新包括已然取得的成效、实践中的问题和挑战、如何为新一代公共财政管理改革奠定基础。本书主要关注的是发达经济体（这是本书讨论的大部分创新的发源地），但我们又不局限于此。创新始终是公共财政管理的一个方面。然而，当代财政管理改革的不同之处在于，创新的步伐大、频率高、应用范围广泛，其累计效应促成了政府管理公共钱财方式的根本性变化。

何谓公共财政管理？概念的演化

就狭义而言，或者从更为传统的意义上讲，公共财政管理所关注的是，政府如何管理预算的决策过程——预算的编制、审批与执行。这不仅涵盖了政府支出管理诸方面的规程和程序，也呈现跨学科的特点，涉及经济学、政治学、公共管理学，以及会计学和审计学。但随着与财政政策决策间的关联性日益增强，公共财政管理的定义也在不断拓展。从支出走向财政管理的简明发展脉络，将公共财政管理关注的焦点，从狭义界定的预算，拓展为管理公共资源的诸多方面，包括资源动员、债务管理，进而拓展至当前决策之于公共财政的中期（乃至长期）影响及其风险。于是，公共财政管理的覆盖范围，就从狭义的中央政府预算，拓展至政府的所有层级，以及更为广义的公共部门，包括国有企业和公私合作伙伴关系（public-private partnerships，PPP）。

此外，当代公共财政管理被视为某种“伞形”的结构界定，因其涵盖了一套旨在生成信息、过程和规则的制度体系，这套制度体系可以支撑财政决策，并提供实施工具。而某些不恰当的预算程序与规则，可能导致支出增长的不可持续以及预算外债务（unbudgeted liabilities）的增加。由于经济增长预测的不切实际，或者财政风险未能得以揭示，就容易出现财政信息的匮乏，甚或根本就不存在，这往往会对政府财政系统造成破坏。恰恰因为政策和过程之间的这种关联，才突出了公共财政管理的重要性，并促成了新近涌现的公共财政管理实践创新。也就是说，公共财政管理并不能替代财政决策；也难以就公共债务的最优水平、适度的政府规模、资源公平分配等问题，提供标准答案。

公共财政管理的核心目标——维持财政状况的可持续性、资源的有效配置、公共产品及服务的高效率供给——早已在文献中得以明确。[①]本书强调制度、程序和规则的整合，这可以应对政治过程中内生的显而易见的赤字偏好。[②]本书认为，有关过去、现在和未来的财政发展信息是至关重要的——如果公共财政缺乏可持续性，有效性（effectiveness）和效率（efficiency）就存在沦为次要目标的风险。从这个意义上讲，公共财政管理确实存在着这样一种演化趋势，那就是从关注财务合规性控制（financial compliance and control），逐步成为宏观财政分析和制定政策的重要基础。

公共财政管理的首要目标在于，保持财政状况的可持续性，澄清对这一目标的潜在误解，是非常重要的。该目标不应被视为（更不意味着）转向财政紧缩（fiscal tighten），而应是实现合理的宏观经济目标（其中最值得关注的是包容和均衡增长），这一过程需要有序地实现，而不是武断地研判公共财政状况，后者反而会对宏观经济稳定与增长造成负面的冲击。

本书之目的

本书的目的在于，针对过去20年间出现的且为本书所收录的公共财政管理创新和变革的样本，做出相应的评判。本书试图描绘变革是如何推进的；考查设计和实施中曾经出现的问题；对比实际状况与预期状态；诠释治理能力差异对公共财政管理创新的影响机制。我们期望读者能够对当代公共财政管理改革的前景与挑战形成更为深入的认识。

在过去的20年间，公共财政管理的文献在迅速增加，但都相当专业，只

---

① 自20世纪90年代初期以来，作为标准的公共财政管理目标，在学术界、IMF和世界银行、其他国际金融机构，这些目标已然被广泛接受。

② 赤字（及债务）偏好已然有诸多作者做出过分析和解释，例如公共池塘资源问题（温盖斯特、谢普瑟和约翰森，1981）、囚徒困境（哈勒伯格和冯·哈根，1997）、时间不一致性和委托-代理关系（基德兰德和普雷斯科特，1977）。

适宜特定的读者群。[①]很少有人试图分析期间公共财政管理的发展演进状况。[②]这一时期还引入了大量公共财政管理的诊断方法（PFM diagnostics），最著名的就是1998年IMF提出的《财政透明度良好做法准则》（Code of Good Practices on Fiscal Transparency）及相关诊断方法、《标准与守则实施报告》（Reports on the Observance of Standards and Codes，ROSCs），以及2002年针对《公共支出和财政责任》（PEFA）的相关评估。[③]此外，让人惊讶且略感失望的是，尽管公共财政管理领域在全世界拥有成千上万的公务员和从业者，但该领域却甚少在经济学乃至财政学的课程中有所涉及；大量的专业课程散见于政治学或公共管理学，以及会计学、审计学和项目评估之中，但很少有课程能够致力于融合现代公共财政管理所倡导的跨学科方法。本书试图填补这项空白。

本书讨论的主要公共财政管理创新都包括哪些方面呢？主要包括：促进财政受托责任的全新法律架构、财政规则、中期预算框架（MTBFs）、财政委员会、新型财政风险管理技术、绩效预算，以及权责发生制财务报告和政府会计等。在过去20年中，这些变革是如何涌现的呢？以下就某些总体发展状况与趋势做以概要性介绍：

- 制定财政规则的国家数量，从1990年的5个上升到2012年的76个。
- 采行中期预算框架的国家数量，从1990年的不到20个，增加到2008年的130多个。

---

① 普勒托利亚斯和普勒托利亚斯（2008）对公共财政管理的文献进行了系统评论，但主要专注于发展中国家公共财政管理改革的逻辑次序这一难题。关于这一主题的相关论述，还可以参阅戴蒙德（2012a）的观点。

② 许多指南和手册是在20世纪90年代末和21世纪初出版的，这在很大程度上是出于应对转型经济的需要。参见普列姆昌德（1993）；希克（1998）；艾伦和托马西（2001），世界银行（1998），波特和戴蒙德（1999）；夏沃－坎波和托马西（1999）。

③ IMF的准则和相关《财政透明度手册》发布于1998年，于2007年修订（参见IMF，2007），并在2013年做了大幅度修订。PEFA项目成立于2002年，是欧洲委员会、IMF、世界银行、法国外交和欧洲事务部、挪威外交部、瑞士国家经济事务秘书处、英国国际发展部之间建立的多边伙伴关系（multidonor partnership）。其目的在于评估公共支出、政府采购以及财政问责体系的绩效。

• 建立财政委员会的国家数量，从1990年的大约6个，增加到2013年的大约25个，且在近期呈现迅速增多的趋势，2008年以来至少有10个（或以上）的国家成立了类似的机构。[①]

• 随着新的财政报告准则的发布，至少向IMF呈报财政资产负债表（financial balance sheet）的国家数量，从2004年的21个增加到2011年的41个。

• 截至2007年，80%的经济合作与发展组织（OECD）成员国，提供了绩效信息；2011年，大约70%的OECD成员国构建了标准的绩效预算框架。

• 自1999年以来，共生成了111份“财政透明度标准与守则实施报告”（Fiscal Transparency ROSCs），覆盖了94个国家；到2012年底，已进行了285项公共支出和财政责任（PEFA）评估，覆盖了135个国家。[②]

本书在标题中使用了“架构”（architecture）一词，就是为了强调公共财政管理诸要素间的相互联系和相互依赖，以及这些要素又是如何被整合于一个综合性的框架之下。借用普列姆詹德的比喻，公共财政管理“就像编织波斯地毯，其上每一个微小的结节，都如同宏伟的设计本身那样重要”（普列姆詹德，1993，p.6）。标题中的“新兴”（emerging）意指，更为关注过去15～20年间被采用的大量创新，其中的某些内容已成为当前公共财政管理辞典的构成内容，而另一些已经被放弃，还有一些则仍有待检验。“新兴”一词还强调了时间维度，因为创新是需要漫长的孕育期和实施过程的；随着对公共资源管理水平提升的不懈追求，创新浪潮必将时而涌现，从这个意义上讲，“新兴”一词更为强调公共财政管理是一个开放的系统。最后，“新兴架构”意味着本书关注的焦点在于，涌现于过去20年间并已被视为现代公共财政管理组成模块

① 此系截至2013年2月的财政委员会数量。更多细节请参阅IMF财政委员会数据库（IMF Fiscal Council Database）（即将建立），IMF（2013）。

② 关于标准与守则实施报告的更多细节，参见IMF（2012）。2013年，IMF大幅度修订了《财政透明度良好做法准则》以及相应的诊断工具（diagnostic tool）——标准与守则实施报告。经修订的《财政透明度良好做法守则》，于2013年底发布。

的诸要素——当然，还包括本书中没有特别提及但也同样重要的其他要素。[①]

将公共财政管理视为某种整合架构或系统，有助于说明许多重要的命题。例如，当各种改革举措彼此孤立地启动之时，相关政府部门就难以明了其间的相互依赖关系。[②]孤立地看，每个创新都有其支持者、术语、信息需求，并且可能会存在妨碍其他创新的程序。在这种情况下，政府推进改革的期望就会落空，从而导致行政过载（administrative overload）和改革疲劳（reform fatigue）。这就需要恰当地设计综合性的公共财政管理改革议程，以凸显诸要素间的相互依存关系，并使得政府能够选择适合其需要和能力的改革进程。作为参考的体系框架，也凸显了公共财政专家和决策者恪守的发展理念，那就是促使政策的设计与执行相互分离。在日趋复杂的现代经济学中，政策的设计与执行二者缺一不可。

最后，发达经济体始终是公共财政管理创新的重要策源地，但低收入国家则是致力于推进综合改革的主要地区。尽管国家之间存在着巨大的差异，但这并不意味着那些被严重缺陷所困扰的国家，就难以改进公共财政管理。当然，这些差异促使创新者更为关注能力限制，并就议题进行排序。架构永远是重要的；在低治理能力的国家中，这更是至关紧要的。[③]

金融危机影响下的公共财政管理

当前正在持续的金融和经济危机确然是对公共财政管理的巨大考验。这暴露出许多改革的基础远非坚如磐石。例如，在实践中，支出控制机制就较之预

---

① 在公共财政管理的基本面上，更为关注预算执行，诸如国库单一账户、承诺控制和报告、政府财务管理信息系统，这些方面已得到了发展并经历一段时间的检验。尽管如此，这些依然是至关重要的，因为在相当多国家的公共财政管理“工具库”中，仍旧缺少这些基本面的因素。除了第4页注释3中提到的手册以外，关于这些问题的简明资料，可以参阅过去几年间IMF财政事务部一直在推进的系列技术说明和手册。这些材料都可以通过IMF公共财政管理博客网站获得：http://blog-pfm.imf.org。

② 例如，包含在财务报告中的信息有助于推进财政规则的遵从；将预算控制的基础从投入转为产出，可以提升公共产品和服务的供给效率。

③ 需要强调的是，低治理能力和低收入之间，并无必然的联系。某些发达经济体，尤其在金融危机的影响冲击之下，其所呈现的公共财政管理能力是远远低于预期的，而许多新兴市场经济国家乃至低收入国家的治理能力，则表现出相当迅速的增长。

期更为脆弱，在某些处于财政困境中的国家，其支出拖欠（expenditure arrears）就增长得非常快。在过去的15年间，数值型的财政规则和目标（numerical fiscal rules and targets）得到了迅速发展，且经常被视为解决所有财政问题的手段——主要针对赤字与债务水平的增长，也包括受托责任以及责任的缺口——而其他重要的公共财政管理要素则降至次要地位（维普洛斯，2012）。但迄今为止的记录远远不能令人信服，数值规则的整体绩效不佳，因为它是孤立的，而不是作为一种更具连贯性的支出框架的一部分而被引进。特别令人欣慰且非常及时的是，欧洲委员会已开始关注公共财政管理中的其他重要元素，并将其写入财政契约（Fiscal Compact）①。

危机将公共财政管理的注意力聚焦于预算制度和财政透明度这两个方面，在过去的20年中，这两方面多多少少被忽视了，但这却是公共财政管理的核心部分。一个设计良好的理论与实践分析框架，将描绘出预算制度是如何影响财政结果的。②基于本书的分析视角，制度可以定义为法律、程序、规则以及惯例——包括藉由这些规范而创设的实体——这些都影响着财政政策的制定和实施。强大的制度体系，可以通过强调对政策可持续性的需要，揭示公共干预的完全成本，加大偏离既定财政目标的代价，来改善财政绩效。通过增强已公布政策的可信度，强大的制度还可以培育更加有利的宏观经济条件，并改善市场信心，进一步支撑财政可持续性的恢复。③

制度安排的关键，是让政府全面了解公共财政的现状与未来演化，包括可

---

① 2013年12月13日，强化了的《稳定与增长公约》以及一批新的经济与财政监督规则开始生效。这些新措施所谓的六项规则，包含五项规章和一项指令，由欧洲委员会提出，并经全部27个成员国及欧洲议会于2011年10月审核通过。随后在2012年3月通过了政府间协议——并非欧盟法律——《稳定、协调与治理条约》，其财政部分通常被称为财政契约。该条约对所有欧元区的成员国都具有约束力。

② 预算制度的质量和财政结果之间的必然因果关系，在不同收入水平、宪法体系以及地理位置的国家中，已为大量研究所证明。例如，可以参阅冯·哈根（1992）；冯·哈根和哈登（1996）；阿尔西纳等（1999）；德哈恩，梅塞尔以及沃克林（1999）；德伯恩等（2008）的文献。

③ 尽管远远超出本书的目的，但关于制度在促进增长和减少贫困中所起作用的辩论，在过去几年间的重新兴起，可能并非纯粹的巧合。例如，可以参阅阿西莫格鲁和罗宾逊（2012）的文献及萨克斯（2012）和戴蒙德（2012）的评论。

能面临的风险。尽管合作开发了一套国际公认的财政报告标准，并在国家层面上督促这些标准的实施，但仍有些政府因总体上缺乏有效信息，而难以明示其真实的财政状况。因此，很多政府对其潜在的财政状况及风险理解得仍然不够充分。

正如IMF近期文献所讨论的（IMF，2012），金融危机暴露了这样一种情况：即使在那些发达经济体中，政府对其当前财政状况的了解也是不够充分的，这表现为未披露的赤字和债务，以及政府债务（主要是隐性的）向金融部门转移的"结晶化"（crystallization）。[①]套用拉詹（Rajan）的话（2010），公共财政同样也处在断层带之上（fault line），因为政府实际上低估了其财政前景面临的风险。最后，与危机相伴生的财政状况急剧恶化，以及对财政调控的相关需求，使得政府更具动机来实施掩盖其真实财政状况的行动。恰如本书很多章节中论述的那样，在这一领域里还有许多工作要做，因为财政报告可以被操控，这就绕开了财政规则和目标。[②]

本书的篇章结构

本书共分为四部分。其组织原则由希克（Schick）在第一部分——当代公共财政管理改革概述——中阐述。他区分了创新的不同类型。第一类是较为主要的创新类型，即将全新的或重构的理念和行动引入公共财政管理之中，或关注诸如财政风险管理之类的特殊事项。第二类包含了基础性的公共财政管理配套改革，如会计和预算框架。实现这些配套措施的现代化，对于成功实施这些主要创新的信息和能力而言，是非常重要的。在某种程度上，这是回归基础性命题的一种反映，在针对发达经济体和发展中国家公共财政管理改革的诸多辩

① 尽管在本书中并未加以明确讨论，财政透明度——定义为清晰度、可靠性、频度、及时性、公共财政报告的相关性、政府的财政决策过程之于公众的公开程度——是一个贯穿于高效的现代财政管理中的关键因素。

② 欧文（2012）论述了危机影响下的会计策略与财政幻觉。

论中，经常听到类似的声音。

因此，在本书的后续篇章中，第二部分讨论设计和构建：公共财政管理的创新与改革。第三部分着重于强化基础：公共财政管理基础的现代化。第四部分“适应环境：发展中国家的公共财政管理变革”将前述相关命题重点应用于发展中国家公共财政管理改革的设计之中，当然这并不仅仅适用于发展中国家。

第一部分　当代公共财政管理改革概述

在“20年来公共财政管理改革的反思”这一概览性篇章中，希克对以下问题提出了更具价值的见解：公共财政管理的创新如何运作，其相互影响如何，以及这些创新又是如何融入综合性的公共财政管理构架之中。这一章提供了一个初始的框架，将创新与这样一些因素结合起来：三个关键的公共财政管理目标，三种常见的手段或工具，这三个手段或工具是新信息、规程调整以及约束性规则，改革者运用这些工具以达成自己的目标。前两种手段的运作，主要通过改变激励机制和政治家及公务员的行为；而第三种手段的运作，则通过对行动和决策的约束。

本篇以这一框架作为透镜来评估主要的创新和配套改革，这些创新和改革将在第二部分和第三部分中详细讨论。新信息对几乎所有的重要创新都是必不可少的。关于财政风险、项目评估以及债务和赤字预测的信息，可以为政治家和管理者提供新观点，并激励他们变革既有的政策。然而，希克认为，在大多数情况下，仅仅凭借信息本身，是不足以影响行为的。

较之新信息，政治家和管理者更加重视新的规程。其主要聚焦于新规程是否会改变行为，抑或仅仅变成管理者必须完成的另一项任务而已。例如，在预算和管理过程中引入绩效信息，作为一项程序性要求，既可能被管理者用于改进结果，也可能被视为对制定决策甚少有影响的另一项技术性要求。

当前两个手段（新信息和规程调整）均不能发挥作用的时候，优先的规程（procedures）就可能转化为规则（rules）。譬如，通过债务或赤字的财政限额，来约束政府行为。规则具有若干优势，最明显的是，规则不会像新信息和获批的规程那样，很容易就被忽视。然而，规则必须建立在信息和过程的创新之上，才能够发挥作用，但不能替代它们。

希克强调，有时候经过强化的信息与规程却未能发挥作用，只有充分阐释导致这种状况的成因，政府才可以使用强约束性规则。他告诫说，并非每个规程都会成为约束性规则，因为这可能最终限制领导者的自由裁量权，而这些领导者是经由民主选举出来的，这会引致公共财政管理系统的僵化，并且使这些规则本身成为目的，而不是达到目的的手段。

本章针对工具手段问题的讨论，其结论的得出基于以下认识，那就是并无某种“自动传送带”（automatic transmission belt），可以将“手段”转换为“行为之改进”，进而又将“行为”转化为“实质性的产出结果”。公共财政管理是一个开放的系统，它将直面诸多经济和政治因素，这些因素会影响政治家和公务员的动机与行为。因此，这一章乃至全书都强调，一国的基本政治与行政文化、制度规范的重要性，并且强调政治和管理方面的领导力在改革成功推进中的核心作用。

当2008—2009年的危机从金融部门扩散开来之际，在危机爆发及初期阶段，公共财政管理在很大程度上还是一名旁观者（bystander）。希克认为，对公共财政管理的真正考问，是危机爆发之前的那些年，在这些年中，诸多创新并未产生预期的效果。在不利的经济条件下，增加支出以刺激经济，但当（经济）条件转向有利之时，支出却未能相应降低。总之，在繁荣时期政府没有进行储备。七国集团的公共债务总规模占国内生产总值比率的平均值，从1974年的35%增加到危机之前2007年的80%（科塔雷利和谢克特，2010）。

希克的结论指出，公共财政管理可以导致不同的财政和预算结果，从危机中不断涌现的各种公共财政管理创新的教训，可以通过对这些创新的改进，以避免未来的危机，或者至少在下一次危机中，实现更好的管控。关键性的教训在于，需要重新设计财政规则，并改进财政风险管理，使之超越政府部门的有限视野。

第二部分　设计和构建：公共财政管理的创新与改革

第2章至第6章考查了不同的创新——财政责任立法、数值规则（numerical rules）、中期预算框架（MTBFs）、财政风险管理，以及专注于加强财政责任的独立财政机构。尽管目标一致，但运用的手段和途径又不尽相同。第2章和第3章侧重于预算编制的程序和规则。第4章所讨论的中期预算框架，不仅试图对财政的可持续性有所裨益，还试图致力于另外两个公共财政管理目标的实现，即资源的有效配置与服务的高效提供，并且可以使用所有三种手段——新信息、变化的规程以及规则——来影响行为。第5章和第6章强调财政的可持续性，以及信息和分析的重要作用。第7章涉及绩效预算和信息，以期促进高效配置资源和提供服务之目标的实现。绩效预算依靠新的信息以及规程的变化来改进绩效。

在第2章中，冯·艾登（Van Eden）、海姆尼（Khemani）以及艾玛丽（Emery）探讨了财政责任法缘何可以促成更加持续和透明的财政政策。20世纪90年代以来，已然发布了财政责任条款的国家数量呈现明显增长，并将协商一致的一系列安排嵌入到法律之中，试图促进财政纪律、透明度和问责制。本章认为，设计方案的选择对于财政责任法的成功，是至关重要的，进而探讨了不同的设计选项。在财政责任法的方案设计中，重要的一点就是，从适度且灵活的结构框架起步，然后逐渐转向针对财政政策的更为规范的法律要求。公共财政管理能力的建设，是采取渐进方式的另一个原因。法律越是复杂，就越需要能力建设。本章的结论认为，财政责任法以及本章中的其他创新工具（中期预算框架、新一代的数值型财政规则、独立的财政委员会），可以在强化财政结果中发挥重要作用。然而，当采用这些法律时，较之社会上对财政可持续性重要程度的接受和认识，改革者的步伐不应相差太远。

在第3章中，布蒂娜（Budina）、金达（Kinda）、谢克特（Schaechter）、韦伯（Weber）考查了数值型财政规则的发展和应用，这些规则将数值限制应用于预算总量，以实现对财政政策的持久性约束。本章针对数值型财政规则及其设计要素，进行了系统的编辑和对比。尤其是从规则的类型、数量及其组合、主要特点等方面，评述了20世纪80年代中期到2012年初的趋势。评述讨论的内容包括：法律依据、执行、覆盖面、免责条款，以及对周期调整的规定。本章还考查了在2008—2009年间全球经济和金融危机巨变之后，所形成的新一代财政规则。为了更具有效性，重要的一点就是，将规则整合至预算编制和执行的周期之中，并且要有必要的支撑机构。尽管财政规则得到了广泛应用，但也并非没有挑战，这些挑战包括，在因应冲击时显得相对僵化，并且蕴含了产生更具创造性的会计制度之潜在可能。下一代财政规则试图处理好上述议题，以致变得更为复杂，在设计、实施以及监督等方面，面临着新的挑战。考虑到这些规则相对较高的复杂程度，其效果将依赖于特定国家的制度能力（institutional capacity）。

公共财政管理的关键议题就是，政府的决策难以突破一年期的时间限制，不管是针对当前的政策和支出，还是针对讨论中的、具有未来多年期财政影响的政策和支出，均是如此。在过去的20年间，为了有助于解决这一重要问题，越来越多的国家已然开发了中期预算框架（MTBFs）。

在第4章中，哈里斯（Harris）、休斯（Hughes）、永曼（Ljungman）和萨塔里亚尔（Sateriale）界定了中期预算框架："基于多年期的视角，进行优先排序、建议并管理收支的一整套制度安排。"在这里，并没有唯一的中期预算框架模式。很多国家采取了一系列的方法。

成功的中期预算框架的先决条件包括：可信且可预测的年度预算、准确的中期宏观经济和人口统计预测、已建立的财政目标和规则，以及综合的自上而下的预算过程。本章强调了成功的设计之于中期财政框架的重要性。运用第一手的实证研究，本章测试了不同类型的中期预算框架对于财政结果和配置效率的影响，进而考查了如何调适选定的中期预算框架，以帮助政府应对和提出财政刺激计划，进行财政整顿。

全球金融危机凸显了财政风险管理的重要性，公共财政系统将暴露在这种风险之中。在第5章中，布蒂娜（Budina）和皮特里（Petrie）评估了20世纪90年代初期以来积极披露和管理财政风险的发展趋势。作者详细考查了财政风险管理的周期性工具对于以下问题是如何发挥作用的：政府确定并分析风险，并将其纳入到预算之中，以及如何披露、减缓并监控这些风险。自2000年以来，在财政风险的信息披露上已然颇有进展，有些国家还开发了财政风险报告。IMF针对财政风险管理的指导方针，为许多国家指明了风险披露和管理的原则。尽管一些国家取得了进展，但仍有不少国家尚处于基础阶段。正如危机所表明的那样，改善风险管理仍然面临诸多挑战。其中，关键是缺乏系统的和聚焦的风险识别方法；简言之，许多政府缺乏风险范围和量级方面的基本信息，这些本应是予以披露的。本章的结论是：随着危机的来临，识别和分析风险的能力，比以往更为重要。可是，强化风险管理的优先性和能力，取决于各个国家的情况和条件。

危机爆发以来的另一种趋势就是，越来越强调独立审查和分析政府的财政政策、计划、绩效，以及独立财政机构的相应强化。其中，财政委员会被誉为促进财政责任的机制。在第6章中，赫明（Hemming）和乔伊斯（Joyce）评述了建立独立机构和委员会的合理性，它们扮演的不同作用和功能及成功的前提条件。委员会并不通过正式的程序或规则发挥影响，而是通过向决策者和公众提供独立的信息和分析来发挥影响作用。其原理在于，独立审查将提升财政透明度，从而可以加强财政纪律。财政委员会可以作为审查和评论政府财政政策的咨询机构，并且（或）可以视为审核政府信息可靠性（包括其预测的质量）的审计机构。在本章中，提出了影响财政委员会成功与否的诸多因素，包括独立性的保证、影响的正式性、政治上的支持、明确的法律支持以及技术上合格的人员。本章的结论是：尽管财政委员会通常可以在促进财政纪律上发挥作用，但在财政结果方面发挥其影响，仍旧为时尚早。

在第7章里，克里斯汀（Curristine）和弗琳（Flynn）考查了政府在改善公共服务效率和绩效上的不懈追求。绩效工具——绩效管理、测量以及预算——已经成为政府运行中不可或缺的一部分。这些工具均依靠绩效信息（performance information，PI）来测度、监控和提升绩效。几乎所有的经济合作与发展组织（OECD）成员国均开发了绩效信息，并且许多国家已然引入了相关程序，以使其融入问责制、预算和管理过程。问题在于，如何将这些信息应用于决策。信息本身并不是目的，而是提高绩效的手段。许多国家已经证明，确保绩效信息应用于预算之中，较之具体管理中的使用，更加富于挑战。这种挑战源于将激励结构、政治经济议题、信息与制度约束进行整合。这一章还讨论了绩效信息如何应用于财政刺激和整顿，认为其使用方式取决于诸多因素，包括整顿的速度和深度、既有的绩效预算体系、绩效信息的质量，以及使用这些绩效信息的政治意愿。最后，本章通过考查样本国家的支出状况进一步强调了这些国家的经验。

第三部分　强化基础：公共财政管理基础设施的现代化

第三部分建立在希克的一个主题上——信息的重要作用，该主题关注公共会计和报告、现金和债务管理以及公共投资领域，已然发生的各类进展。这部分还分析了以权责发生制为基础编制预算——仅为有限国家所尝试的改革。本部分讨论的所有改革，将有助于实现前述公共财政管理的三大目标。它们为第二部分中讨论的创新提供了有力支撑。例如，改进财政报告就可以更好地支持财政风险管理，并提高透明度。

在第8章中，布隆迪（Blondy）、库帕（Cooper）、欧文（Irwin）、考夫曼（Kauffmann）、卡恩（Khan）考查了过去10年间财政报告中的趋势。政府对于其财政状况的报告，不论是在财务报表中，还是在财政统计中，抑或在其他文件中，对于公共财政管理都是关系重大的，并将有助于实现公共财政管理的三大目标。这些信息对于政府决策和问责都是必要的。在过去10年间，该领域发生了重大变化。报告的综合性得以提高，因为许多政府在过去仅是报告现金流和债务，而现在则报告资产与负债。采用以权责发生制为基础的报告，主要是因为人们意识到，收付实现制的报告不能及时披露成本，这就推动了新的以权责发生制为基础的国际统计和会计准则的开发。另一个重要的发展是，报告的覆盖范围超出了单纯的中央政府，拓展至试图限制预算外支出的地方政府和更多的公共实体。尽管有了这些发展，危机前的报告对于隐现的若干问题仍旧极少给出警告；金融部门形成的风险，在财政报告和报表中被极大地忽视了。这场危机强调了财政报告的重要性，以及进一步改进的必要性，其中包括加强关注政府资产负债表。

在第9章，加德纳（Gardner）和奥尔登（Olden）讨论了1990年以来政府对金融资产与负债的管理是如何演变的。本章重点关注这一时期政府在管理其现金和债务方面的变化。引发重大变化的原因在于，金融市场容量与复杂性的增加、信息与通信技术的创新，以及新制度设计和能力建设。人们日益意识到，需要整合各级政府金融资产与负债的管理。逐渐地，债务管理机构开始对现金管理负责。本章认为，在各种情况下，均应采用综合的现金及债务管理方法，而不是松散的管理模式。综合管理产生了某种激励，鼓励以投资组合的方式来管理各级政府的金融资源，避免向市场输出混乱的信号，并通过简化信息技术系统和保障措施来整合稀缺资源。除了讨论最近的趋势之外，本章还考查了新兴及发展中经济体的当前挑战和特殊问题。针对在危机之前已然开发了有效系统的国家，本章还分析了这些国家如何在危机期间从中受益。

在第10章中，范博姆（Fainboim）、拉斯特（Last）、坦贝格（Tandberg）考查了过去20年间公共投资管理的变迁。甚至在此之前，公共投资的管理就已发生了显著的变化。针对全球公共投资的衰退，作者观察到，在发达经济体中，国家计划以及计划部门（national plans and planning ministries）被废弃了，这有利于将其职能分散到各支出部门（sector ministries），并消除双轨预算（dual budgeting）。这一章考虑到了本书第二部分中讨论的一些公共财政管理创新——包括中期预算框架和绩效预算体系——对于政府管理其公共投资的方式，是如何产生影响的。尽管公共投资已纳入到政府管理和预算的总体趋势之中，但因其性质独特，仍然需要一些专门的工具。本章讨论了所选取的新的且经过改良的公共投资管理工具。它还涉及公共投资融资方法的变化，重点关注公私合作伙伴关系（publie-private partnerships，PPPs），并强调理解和管理这类合约所产生风险的重要性。公共投资管理和规划显然得益于公共财政管理创新。然而，尽管有这些优势，公共投资的顺周期性和时断时续的性质依然存在，正如危机期间所显现的那样。

在第11章中，卡恩（Khan）讨论了权责发生制预算。虽然许多政府已然引进了权责发生制会计，但只有少数政府采用权责发生制预算。这些国家已经生成了以权责发生制为基础的、面向中央政府的事后财务报告（ex post financial reports）。权责发生制预算并无统一的模式。有些国家已经采用了适合其国情背景的不同框架。这一章考查了为什么权责发生制预算会成为有益的改革，以及在实践中如何运用，并且描绘了不同国家的方法。本章还考查了权责发生制预算的潜在收益和挑战，以及成功实施这一改革的先决条件。这些先决条件包括：分阶段实施、政治支持、健全的收付实现制预算系统以及技术能力。

第四部分 适应环境：发展中国家的公共财政管理变革

虽然本书主要关注的是发达经济体，但在这一部分中我们考查了发展中国家实施公共财政改革的议题和挑战。强调了在公共财政管理创新中，适应环境和各国国情背景及能力的重要性。本部分各章分别讨论了发展中国家的改革次序、背景和不同制度及技术能力的影响，以及影响公共财政管理改革前景的政治经济学因素。这些考量也适用于发达经济体和新兴经济体。

在第12章中，费德里诺（Fedelino）和斯默克（Smoke）考查了一个尚未得到充分研究的命题：公共财政管理与分权化改革（decentralization reforms）之间的关联。从概念上讲，这些改革之间的联系是密切且互利的。但实际上，这种关联很难建立起来。分权化的改革和公共财政管理改革常常作为相互独立的措施来加以制定，并且由目标迥异的不同机构来管理，因而难免会造成无法协调一致的局面。这种同步性的缺失在政府系统及其运行中产生了矛盾，并且向关键行动者传递了混乱的信息。本章论证了在公共财政管理的发展和推进以及分权化改革中需要进行更为综合的分析和更好的协调。它强调了更加系统且正式的分析之重要性，以帮助改革者明了国情环境的影响，那就是在公共财政管理和分权化之间建立关联。

在第13章中，达班（Daban）和海利斯（Hélis）探究了这样一个问题，那就是精心设计且有序的公共财政管理改革，如何能够帮助自然资源丰富的国家管理其公共财政，并避免资源诅咒。本章认为，在前资源时期（preresource period），弱化的制度连同不良的设计、欠佳的透明度以及僵化的特定资源运营机制，在一些国家导致了灾难性后果。少数成功避免资源诅咒的国家，在前资源时代已然具备了强大的制度和公共财政管理体系。在机制设计欠佳的情况下，针对特定资源的机制，将会降低政府支出的效率，并导致预算过程的碎片化和延误。本章通过阐释在自然资源丰富的国家中财政管理的独特挑战，针对这些国家开发了公共财政管理框架和有序的改革路径，试图加强而不是取代或绕开现有的预算制度，以保持预算过程的完整性。

最后，在第14章中，针对发展中国家预算制度改革面临的挑战，艾伦（Allen）提出了一个分析性的视角。本章考查了决定预算改革演化的因素，以及在改革的优先选择和排序方面，能够向发达经济体学习哪些经验。发达经济体的经验表明，变革预算制度是非常缓慢且颇具挑战性的过程，这与广泛的社会、政治及经济制度变迁关系更加密切。更为复杂的是，改革需要某种自愿性，这部分是基于政治家所做出的艰难抉择；在政治家和公务员中，改革的激励机制是弱化的；财政部门也日益弱化；预算碎片化已成为一个普遍性的问题。本章认为，直接将发达经济体的预算制度改革方式，移植到背景迥异的发展中国家，是很难获得成功的。尽管存在一些例外，但这种例外是非常少见的。本章认为，更为成功的改进策略，应当具备相对较短的时间跨度，集中于有限且特定的目标，并蕴含了较多的试验和试错成分。

我们将何去何从？

与本书的核心主题——公共财政管理改革的新兴架构——相一致，本书并没有提出任何确切的结论。本书希望为以下人士提供一些需要注意的事项：决策者，国际层面的公共财政专家和从业者，以及广大公众。

• 现代公共财政管理包含一套本质上互相关联的日趋复杂的过程、规则、系统以及标准。关于个体创新的热烈讨论，常常忽视了这一简单的宗旨，并且只见树木不见森林（confuse the tree with the forest）。每一项改革都需要支持者，但具有远见卓识的支持者却很少见，甚少有支持者会关注各项创新之间的彼此关联状况，并且只有将各种散乱的创新片段有机整合起来，才有望得到最终答案及解决方案。

• 公共财政管理三大关键目标——保持财政状况的可持续，有效配置资源，公共产品和服务的有效提供——的侧重点，已然从有效性和效率的争论，转移到财政的可持续上来。需要再次强调的是，对这三个目标不应孤立地加以看待。然而，长期以来，可持续性问题一直被忽视了，其明显的后果就是：在很多“好的年景”，由于未能强化财政状况，宝贵的时间和资源被白白浪费掉，却投资于公共财政管理的次要方面，这些次要方面不仅不能令人满意，也是无足轻重的。

• 特定国情因素的重要性包括历史、政治以及地理，一国往往根据这些因素来决定如何更好地管理公共财政，这是无论怎样强调都不为过的。就强化公共财政管理而言，并没有灵丹妙药或放之四海皆准的方法，任何致力于引入其他场景下的创新之努力，都应该加以仔细分析，并进行本土化（on-the-ground）的现实性检验。这一点同样适用于政治经济学领域的命题，也适用于更为侧重解决系统性问题的公共行政或公共治理变革。

• 不能过分强调信息的重要性。类似的例子太多了：不论是在制度还是交易层面上，财政活动未能被全部覆盖，这致使很多国家为之措手不及。问题的焦点不仅在于过去和现在的财政变迁，人们应更加关注财政的未来发展。在某种程度上，在报告标准方面取得的进展，就是为了寻求一种更好的定义方式，基于从总需求管理到问责制的各种目标，来恢复公共财政的本来面目。

• 与上一要点相关的是，当前的重点应置于拓展财政政策的边界，其方法是采用从中期到长期的框架，以致力于明晰当前决策对于未来结果的影响。良好的财政风险评估——简言之，就是能够解释结果不同于计划的全部因素——目前已被广泛接受，尽管在实践中仍显滞后。

• 信息也是一把“双刃剑”。尽管信息需要满足包括国际比较在内的诸多目标，但很多行动者仍旧致力于将信息本身作为一项目标，而不是帮助决策者设计并实施针对社会需求的最佳回应。大量的例证表明，对于那些生产信息却无法充分利用信息的人来说，信息过载是令人沮丧的。在很多情况下，单靠信息是不足以改变主要行动者的行为的。

• 20世纪90年代中期以来，围绕公共财政管理改革的次序问题，形成了大量的争论、理论和方法。我们可能绕着明显的结论兜了一圈，这个结论就是“它取决于众多因国而异的因素”。① “基础第一”似乎是这一时期的流行观点，但也不应由此导致过分的简单化和方法上的过于僵化；个别国家可能偶然超越并充分利用了可获得的技术以及来自早期改革者的教训。外部因素，最显著的是政治经济方面，还有人力资本，这些都有助于诠释为什么改革往往较之最初的计划，需要花费更长的时间，甚至在很多情况下，未能经受住时间的考

① 参阅戴蒙德（2012a，2012b）和托马西（2012）近期的研究，这些研究是关于PMF优先序的备忘指南，系由OECD发展援助委员会开发的，还可以参阅希克（2012）的研究。

验，而造成令人遗憾的倒退。

将公共财政管理视为集成性的框架结构，并充分考虑上述讨论的命题，这对于后金融和经济危机时代，乃至设法防范下一次危机都是非常必要的。然而，世事总是如此，这只是必要条件，而非充分条件。凭借可靠且负责的决策者，根据可获得的最理想的事前和事后信息，将对整个公共部门的长期考量和影响纳入决策之中，从而实现范式的转换，这远非通过单纯贯彻本书所讨论的创新命题就能够得到解决的。然而，我们不应忘记的是，这些创新中的许多内容，仍有待于在大部分国家采用或充分吸收。因此，这将是近期的未来议程。然而，如果往事确可提供启迪，那么就会出现其他的创新，来强化公共财政管理的新兴架构。

最后，本书是否为现代公共财政管理提供了架构设计呢？我们希望如此。正如开篇所言，我们的目的在于，识别公共财政管理的构成要素，以及在公共财政管理框架的设计中需要充分考虑满足特定社会需求的诸事项。如果走得太远的话，那就会变成假装发现了一个并不存在（也不应存在）的神奇公式。一旦将本书讨论的一些创新加以组合，那么其最终设计就必须考虑各国的特定国情，并需要灵活地适应情况之突变。如同建筑师和工程师历经多年学习，可以设计出能够承受地震冲击的建筑一样，当面对日益强烈的震荡之时，未来的公共财政管理架构将会有效地加以设计，以便管理公共资源。这正是我们前进的方向，我们也确实在这一征程上。

参考文献

Acemoglu, Daron, and James Robinson, 2012, *Why Nations Fail: The Origins of Power, Prosperity, and Poverty*(New York: Crown Business).

Alesina, Alberto, Ricardo Hausmann, Rudolf Hommes, and Ernesto Stein, 1999, "Budget Institutions and Fiscal Performance in Latin America," *Journal of Development Economics*, Vol. 59, pp. 253–73.

Allen, Richard, and Daniel Tomassi, eds., 2001, *Managing Public Expenditure: A Reference Book for Transition Countries*(Paris: Organisation for Economic Co–operation and Development).

Cottarelli, Carlo, and Andrea Schaechter, 2010, "Long-Term Trends in Public Finances in the G–7 Economies," IMF Staff Position Note 10/13 (Washington: International Monetary Fund).

Debrun, Xavier, Laurent Moulin, Alessandro Turrini, Joaquim Ayuso-i-Casals, and Manmohan S. Kumar, 2008, "Tied to the Mast? National Fiscal Rules in the European Union," *Economic Policy*, Vol. 23(April), pp. 297–362.

de Haan, Jakob, Wim Moessen, and Bjorn Volkerink, 1999, "Budgetary Procedures—Aspects and Changes: New Evidence for Some European Countries," in *Fiscal Institutions and Fiscal Performance*, ed. by James Poterba and Jürgen von Hagen(Chicago: University of Chicago Press).

Diamond, J., 2012a, "Guidance Note on Sequencing PFM Reforms." Available via the Internet: https//www.pefa.org/.

——, 2012b, "Guidelines for Sequencing PFM Reforms, Background Paper 1." Available via the Internet: https//www.pefa.org/.

——, 2012c, "What Makes Countries Rich or Poor?" *New York Times Review of Books*, June 7.

Hallerberg, Mark, and Jurgen von Hagen, 1997, "Electoral Institutions, Cabinet Negotiations, and Budget Deficits in the European Union," NBER Working Paper No. 6341 (Cambridge, Massachusetts: National Bureau of Economic Research).

International Monetary Fund(IMF), 2007, *Manual on Fiscal Transparency*(Washington). Available via the Internet: http://www.imf.org/external/np/fad/trans/manual/index.htm.

——, 2012, *Fiscal Transparency, Accountability, and Risk*(Washington).

——, 2013, "The Functions and Impact of Fiscal Councils"(forthcoming; Washington).

Irwin, Timothy, 2012, "Accounting Devices and Fiscal Illusions," IMF Staff Discussion Note 12/02(Washington: International Monetary Fund).

Kydland, Finn E., and Edward C. Prescott, 1977, "Rules Rather than Discretion: The Inconsistency of Optimal Plans," *Journal of Political Economy*, Vol. 85, No. 3(June), pp. 473–92.

Potter, Barry, and Jack Diamond, 1999, *Guidelines for Public Expenditure Management* (Washington: International Monetary Fund). Available via the Internet: http://www.imf.org/ external/pubs/ft/expend/index.htm.

Premchand, A., 1993, *Public Expenditure Management*(Washington: International Monetary Fund).

Pretorius, Carol, and Nico Pretorius, 2008, *Review of Public Financial Management Reform Literature*(London: Department for International Development).

Rajan, Raghuram G., 2010, *Fault Lines: How Hidden Fractures Still Threaten the World Economy*(Princeton, New Jersey: Princeton University Press).

Sachs, Jeffrey, 2012, "Government, Geography, and Growth: The True Drivers of Economic Development," *Foreign Affairs*, September/October.

Schiavo-Campo, Salvatore, and Daniel Tommasi, 1999, *Managing Government Expenditure* (Manila: Asian Development Bank).

Schick, A., 1998, A *Contemporary Approach to Public Expenditure Management*(Washington: World Bank).

——, 2012, "Basics First Is Best Practice," IMF Public Financial Management Blog. http://blog-pfm.imf.org/.

Tommasi, Daniel, 2012, "The Core PFM Functions and PEFA Performance Indicators, Background Paper 2." Available via the Internet: https//www.pefa.org/.

von Hagen, Jürgen, 1992, "Budgeting Procedures and Fiscal Performance in the European Communities," European Commission Economic Papers No. 96 (Brussels: European Commission).

——, and I.J. Harden, 1996, "Budget Processes and Commitment to Fiscal Discipline," IMF Working Paper 96/78(Washington: International Monetary Fund).

Weingast, B.R., K.A. Shepsle, and C. Johnsen, 1981, "The Political Economy of Benefits and Costs: A Neoclassical Approach to Distributive Politics," *Journal of Political Economy*, Vol. 89, No. 4, pp. 642-64.

World Bank, 1998, *Public Expenditure Management Handbook* (Washington). Available via the Internet: http://www1.worldbank.org/publicsector/pe/handbook/pem98.pdf.

Wyplosz, Charles, 2012, "Fiscal Rules: Theoretical Issues and Historical Experiences," in *Fiscal Policy after the Financial Crisis*, ed. by Alberto Alesina and Francesco Giavazzi(Chicago: University of Chicago Press).

第一部分

当代公共财政管理改革概述

第1章 20年来公共财政管理改革的反思

艾伦·希克

本章针对当代公共财政管理进行了总括性分析。其目的在于，为后续章节针对公共财政改革及其挑战的详细讨论作铺垫。本章勾勒了公共财政管理的内在逻辑结构，这一结构将以下命题有机联系起来：(1) 主要的创新和改革（财政规则、中期预算框架、风险管理以及绩效预算）；(2) 公共财政管理的核心目标（保持财政的可持续性、资源的有效配置以及公共服务的有效运转）；(3) 用来改变行为和结果的公共财政管理手段或工具（信息、过程以及规则）。本章中讨论的主要创新，致力于探索如何提出一个或多个公共财政管理的核心目标，并运用一种或多种手段来改变政治家和公务员的动机与行为。

公共财政管理改革采用了新的信息、过程调控以及强约束性规则（constrictive rules），以之作为手段来改变行为和结果。有证据表明，改革坚守着某种逻辑次序，其始点在于，为决策者提供更富价值的信息（期待更好的信息，将产生更为良好的结果），进而运用这些程序引导决策者做出谨慎且有效的决策，并针对特定行动的鼓励或禁止，最终提供某种明示的规则。本章就每一种创新提出了相似的问题：针对信息的调整，是否足以实现预期的结果？建立正式的规则是适当和必要的吗？本章还考查了如何实现公共财政管理之基础构造

——会计、预算以及公共资金管理的组织支撑构架——的现代化。

本章参考了其他章节的结论。根据本书的基本宗旨，其目的并非提出新的改革，而是判别良好的经验，评价实施中的方案，并将其整合于综合性的公共财政管理改革框架之中。在相当程度上，改革的成功与否取决于其是否被制度化，及是否作为管理公共财政的工具。某些公共财政管理改革是植根于此的——而另一些则不是，因为这些改革未能得到有效实施，它们或者并不适应现行的公共财政管理结构，或者未能被那些有责任使之付诸实施的机构所采纳。

全球性的金融和经济危机，已然针对公共财政管理改革进行了压力测试。测试结果与应对危机的反应之间关系并不大，主要与危机前制定的行动和政策有关，当初这些国家在制订计划和预算决策的时候，忽视了未来的成本和风险。在一些发达经济体，危机凸显了制度上的弱点以及变革现有制度（或引进新制度）的必要性。这一类的故事至今仍在上演。

本章分为六个部分。第一部分勾勒了公共财政管理的架构，并考查了其核心目标；第二部分着眼于公共财政管理的三个关键手段和工具；第三部分评价了主要的公共财政管理改革，并按照信息、过程以及规则的变化来做出相应的评判；第四部分提出促使公共财政管理基础工具现代化的方法；第五部分讨论了公共财政管理改革中的关键问题，包括发达经济体和低收入国家在能力方面的差异，以及当代公共财政管理改革是否可以改变激励措施、行为和实质性结果。在最后一部分，讨论下一代公共财政管理改革可能从公共财政管理和全球金融及经济危机中汲取哪些经验教训。

1.1 勾勒公共财政管理的架构

公共财政管理往往被认为是对各种联系松散的管理政府财政过程的概括性描述，包括：其一，评估经济状况和前景的一套过程；其二，分配公共资金；其三，报告财政结果。公共财政管理跨越了诸多的领域和实践。公共财政管理吸取了经济学和财政学、会计学和审计学、政策分析和项目评估、公共行政管理、政治经济学和政治学的精髓。这些领域（以及其他领域）有助于管理公共财政，但这些领域又是植根于不同专业方向和技能的。

一个统一的公共财政管理框架必须覆盖主要的政策问题（例如，政府的财政状况），还要涉及操作层面的问题（例如，特定服务的条款）。该框架不仅要对从业者有所帮助，还要能够成为学术研究的基础。

可能的框架包括诸多类型，这些类型基于IMF和PEFA[①]的诊断工具和调查。虽然它们在方法上有所不同，但这些诊断均源自同一个重要的假设，那就是，存在一种管理公共财政的正确方法，尽管这个方法未必是最好的，但还是要优于许多国家已然达到的水平。IMF的《财政透明度良好做法守则》[②]确认了公共财政管理在某一方面的四套标准：功能和职责的清晰度、预算过程的公开性、公众的信息可获得性，以及完整性的保证程度。PEFA则包括六个略有不同的类别：预算的可信度，全面性和透明度，基于政策的预算，预算执行的可预测性和可控性，会计、记录和报告，以及外部监督和审计。在评估公共财政管理能力和促进政府提升其实践能力的过程中，上述两种工具已然得到了广泛且有效的应用。然而，这两种工具专注于过程，使得人们对于其作为公共财政管理组织构架的效用产生了怀疑。

在公共财政管理中，良好的程序是必不可少的，这样可以避免出现有瑕疵的结果。未能涵盖全部支出的预算，或误报支出的预算，将会导致高于计划水平的赤字；缺少项目评估手段的政府，将会导致无效率的项目组合；不能准确进行账户核算或员工素质欠佳的服务供给机构，则只能提供劣质服务。然而，毕竟有为数甚多的政府存在这样的现象：具备了综合的预算和准确的账目，但仍旧存在超额赤字；具有评价能力，但僵化的预算却妨碍了资源向更具成效的领域流动；拥有一系列测度绩效的工具，却只能提供效率低下的服务。换而言之，良好的程序仍旧会产生不良的结果。因为程序可以生成并传递信息，而这

---

① PEFA(Public Expenditure and Financial Accountability，公共开支和财政责任)系2002年由一个金融和发展体系的共同体正式推出的，这个共同体包括IMF、世界银行、欧洲委员会以及法国、英国、挪威和瑞士的政府机构。

② IMF的守则于1998年发布，并于2007年和2012年进行了修订。该守则已被IMF广泛用于评估各国实践，并判断需要改进的领域。

些信息将塑造核心行动者的行为，所以程序在公共财政管理中至关重要。尽管如此，程序也存在内生的缺陷，因为公共财政管理是一个开放的、渗透性的系统，其结果受到诸多外部事件和压力的影响。恰恰因为程序并非决定性的，针对一个优秀的财政管理者来说，评价其结果相对于目标而言的完成程度就是非常重要的。

1.1.1 公共财政管理的目标

自20世纪90年代中期以来，这些目标就已渗透到公共财政管理的三个基本目标中，贯穿于高度集中的政策和分散化的行动之中。[①]

政府应该保持可持续的财政状况

收支平衡状况、债务水平以及其他财政总量，应该促进经济稳定，并在中期乃至更长时间段内是可持续的。

这个目标可以这样表述：总量并不单单意味着收支活动的总和，总量应是预先设定且严格遵从的，它通过能够约束支出申请的自上而下的过程来影响预算决策。在年度预算或者收付实现制会计基础之下，该目标难以得到很好的实现，因为年度预算只能涵盖下一年的政策含义，收付实现制只能确认即将发生支付的债务。

在本章和后续章节中，详细讨论了各种公共财政管理创新，这将有助于实现上述目标，这些创新包括财政规则和框架、权责发生制计量基础、中期支出框架、可持续性的长期规划、基线评估（baseline estimates）、财政风险分析、或有债务报告以及独立的财政预测和评估。公共财政管理构建中面临的主要问题之一就是，这一系列创新能否有效缓解经济和政治的压力。

对机构、部门和项目的有效资源配置

公共资金的分配，应该基于项目的有效性和政府的优先顺序。

这一目标实现的障碍，来自于公共预算中数十年来根深蒂固的渐进主义

① 尽管这在马斯格雷夫(1959)以及其他人的研究中有所涉及，但此处使用的模型是由坎波斯和普拉丹(1996)开发的。

(incrementalism)[①]。将资金从低效率用途明确地转向高效率用途，这种重新分配的努力，并未能获得显著的成功，而且一系列改革也难以削弱预算政策中的渐进主义主张。在许多国家，权利性项目（entitlement programs）的增长，导致国家预算更为僵化，并且较之前些年更加难以实现再分配。[②]与以往相比，政府在政策分析和项目评估上倾注了更多心血，但只是在增量上对资源分配产生了影响。

中期预算框架是突破这种困境的主要工具创新。中期预算框架试图保证未来的财政空间，使之免受渐增的压力之影响，并且在既定的预算目标之下，激励政治家和项目管理者重新分配资源。[③]较之以往的改革不同，以往的改革试图根除渐进主义，但最终都失败了，中期预算框架承认预算主要基于既往的支出，但其主要目的在于，尽可能拓展资源重新分配的边际空间。

为了提升资源配置效率，已然引进或重新启用的工具包括：战略计划(strategic planning)、规划预算（program budgeting)、结果指标（outcome indicators)、竞争性基金（bidding fund)、强制性削减（forced cutbacks）以及基本支出评审（fundamental expenditure reviews)。尽管有了这些创新，重新分配资源仍旧可能是公共财政管理中最为困难的任务。

有效地提供公共服务

政府在公共服务供给中应该确保物有所值，并注意服务的质量和可获得性。

就公民与政府之间的契约而言，服务是其关键结点。公民对于政府的认知，主要基于政府能否提供服务。对于政府及其领导者信任与信心的低迷程度，已然迫使其改善服务供给，在不增加税收负担的条件下，要求政府做得更好。改进公共服务已经延伸到公共财政管理之外，涉及整体公共治理的能力和

---

① 威尔达夫斯基(1964)对渐进主义做出了经典的描述。

② 在某些国家中，如巴西和哥伦比亚，宪法规定了主要权利。超过中央政府总支出85%的部分，由法规或宪法决定。

③ 财政空间的概念，最初是由赫勒(2005)阐述的，也可以参阅希克(2009)的文章。

方向，特别是公务员的积极性和表现。[①]实际上，从根本上调整公共管理，也包括财政管理，一直是新公共管理（NPM）的主要目标（参见专栏1.1）。改进公共管理，而不涉及新公共管理理论，或许是可行的，但如果不转变政府管控其公务员的方式，要想转变政府管理财政的方式，几乎注定是不可能的。

专栏1.1 创新的时代：公共财政管理的新概念和新方法

人口老龄化的资金压力，经济繁荣时期赋予公民的养老金领取权以及福利保健的未来成本，已逐渐成为发达经济体的敏感问题，这种状况终结了战后出现的繁荣（坦齐和舒克内希特，2000）。几乎与此同时，另一个变化是公民对国家领导人和制度的信任明显下降（法尔和普特南，2000；达尔顿，2004）。这些趋势促使政府探索新的管理公共部门的手段，主要是贴上新公共管理（NPM）标签的各种创新，以及将一些市场方法和实践引入公共管理之中。值得注意的是，虽然这些创新基于不同的原则和取向，但在公共财政管理创新中，管理学家和营销商却发现了共同的事业。

在过去30年间，许多发达经济体实行了公共财政管理创新，但很少有国家实施了系统性改革。而且，极少有接受了新公共管理信条或市场工具的国家；[a]相反，它们更加偏好能够直接移植到既有公共财政管理制度安排中的创新（比如，绩效测量、权责发生制会计），而并非财政管理的根本性重构。市场和管理原则所提出的要求，对于大多数政府来说，是不切实际或难以接受的。以市场为导向的改革，致力于将价格、竞争和选择引入公共服务供给之中。这些改革包括：政府拥有从公共部门抑或私人供给者购买服务，从专职人员向短期公共雇员转变，各种付费服务，以及公民选择退出某些公共服务的权利。对于那些坚持公共服务应该由公共方式来提供的政府机构而言，这并非诱人的改革清单。当市场导向的改革被提出之际，很多相关主体都表示强烈反对，特别是公务员及其工会组织（civil service unions）。一些国家采取了碎片化（piecemeal）的市场导向改革，但整体的记录颇为令人失望，这些人原本相

① 沙阿(2005)讨论了改进公共服务的问题。

信，如果缺乏真正的竞争和选择，政府绩效将不可避免地呈现次优化。

通过解除对管理和财政的控制来释放管理潜能，是新公共管理（NPM）的基石，加强基于行动和结果的问责制，即为其一例。新公共管理旨在通过将管理者从无效率的繁文缛节中解放出来，以实现“交由管理者来管理”，通过其绩效与预期之间的评估对比，来促使“管理者加强管理”。管理创新包括全球性运营预算，该预算允许管理者决定进口其拟购买的物品、设置目标明确的战略计划，并可以向管理者明示公众对他们的预期绩效指标。在运行良好的政府——拥有高效的公共服务，很少的腐败，行政管理中甚少政治干预——之中，管理主义可以取得更大的成就。而在缺乏这些支撑条件的国家，其管理责任就不能从中央政府平稳地下放给运营机构，但这些国家仍旧可以有选择性地采行一些绩效改进方面的创新。

尽管为创新提供了理念和动力，但不论是市场原则还是管理主义，都未能为公共财政管理实践提供完全适用的体系结构。很少有政府向支出部门完全下放财政控制权，而公共服务市场化的国家就更少了。剔除了大部分国家样本后的结构，可能为改革提供有益的理念，但不能将各种财政管理相关要素都融合到综合性的样本之中。市场和管理设计都有一个更具根本性的缺点：都难以解决政府财政的总量问题——总收支、财政平衡以及债务水平。简言之，它们不能直接解决赤字偏差问题。政府不得不寻求其他调控财政政策的手段，诸如财政规则和中期预算框架。

[a] 在波利特（2000）和塔尔博特（2010）的文献中，评论了新公共管理（NPM）的概念和应用。

改进服务水平的努力，主要聚焦在绩效导向的举措上，包括产出目标和指标、绩效预算和绩效合同、绩效工资、致力于不断提高生产率的效能节约，以及绩效报告和审计。权责发生制会计连同内部控制的强化、审计能力与财政信息集成系统，均纳入公共财政管理改革的议程之内。这一令人深刻印象的创新清单，能否改变公共管理的文化，仍旧是一个开放性的问题。

尽管涉及政治因素，但前述目标还是基于经济理念及相关研究而提炼出来的。公共财政管理也有明确的政治维度——管理公共财政不仅要追求财政的可持续性与效率，还包括公民偏好的反应、强化问责制和民主。专栏1.2提供了一个关于强化财政问责制之各种方法的简要讨论。

专栏1.2 强化财政问责制

信息是保证财政问责制的主要工具，但激励措施和规则，特别是会计标准和准则及审计过程，也是至关重要的要素。在当下，各国政府通常公布经过审计的财政报告；在那些管理得当的国家，这些报告的准确性和及时性，往往被认为是公共财政管理质量的指示灯。可是，在舆论和公民社会很少关注审计、不利的调查结果常常被忽略（或因辩解而消除）的情形下，政治家和管理者也缺乏动机去采取纠正行动。在某些国家，通过赋予审计者更高的独立性以及更多的资源来强化公共财政管理，但就审计而言，审计报告提交后所发生的事情，较之审计的准备过程更加重要。

财政问责制的维系，通常需要相当程度的立法能力，以便详细审查公共账目、调查违法行为，并将调查结果和信息反馈至预算及拨款工作之中。数十年来，在威斯敏斯特议会体系中①，公共账目委员会（Public Accounts Committees）发挥了这样的作用，但最新的趋势是，将国家审计机关纳入立法机构序列（在许多国家中，曾经归入行政机关序列）。这种方式加强了政府机构彼此之间的相互制衡与透明度，提升了立法机关督促政府官员履职尽责的能力。从政治系统来看，这种转向将为某种根本性的变化敞开大门，这种变化可能是行政与立法的关系，或者仅仅是向遵纪守法的立法者提供更多的信息。

在传统意义上，管理公共财政是一个封闭的过程，在政府各个部门间彼此沟通，以确定预算、监督交易、准备报告以及调节参与者的行为，这些方面都是孤立的过程。在许多国家中，公共财政管理系统的封闭特性，因政府在相关

① 威斯敏斯特议会体系（Westminster-type parliaments）是一种特殊的议会民主制，源于英国，名称源自于英国议会的所在地——伦敦的威斯敏斯特宫，是英国议会（包括上议院和下议院）的所在地。这种体系被广泛用于前英国殖民地国家，并已成为大多数英联邦国家采用的政治体制。在威斯敏斯特体系中，国家元首拥有较大的紧急权力，但受到惯例（而非法律）的制约而较少执行。其他形式的议会制，如德国与意大利的体制，跟威斯敏斯特体系有很大不同——译者注。

信息上的近乎垄断、立法机关作用的限制，以及技术和财政数据及文件的密集性特征，而得到了强化。除非某个财政议题获得了公众的关注，公民和团体通常是被动的旁观者。

围绕以下三套举措的努力，使得公共财政更加透明：第一，通过互联网和其他手段，使公共财政管理过程更加容易进入；第二，在财政政策的讨论中，扩大立法机关的作用；第三，在决策制定之前，公开关键性议题。第一个举措已经取得了很好的进展，毫无疑问，它并不直接挑战既有的制度；第二个举措上的进步则依赖于政府的形式；第三个举措在若干国家中通过参与式预算而得到了有限的应用。另外，本章中讨论的许多创新，包括明确的财政约束条件、事前的绩效目标阐释以及以权责发生制为基础的会计，这些都有望使得政府财政更加透明、促使政治领导者更加负责。

1.2　公共财政管理的手段和工具

本部分将考查公共财政管理的三种关键手段：信息、过程和规则。公共财政管理目标的实现，依靠管理公共财政的人——管理财政事务的主要领导者、负责有效分配的政治和管理的决策者、在所有组织层级上提供有效服务的管理者和雇员。所有这一切形成了巨大的合力，来改变在政府中领导或工作的几乎每一个人的行为。挥霍者必须重铸成节约者，项目维护者需要转变为项目评估者，而服务提供者则需要变成绩效专家。

这是一项宏大的事业，政治经济文献将其归结为改变激励措施的命题，也就是那些规范人们做哪些事情以及如何行动的信号和冲动。事实上，改变激励措施或行为是极其困难的，部分原因在于，作为开放系统的公共财政管理，在诸多决定行动和结果的影响上，并没有主导权。从激励措施到行动，也缺乏明确的路径。如果这种路径真能存在的话，那么更多的国家就会呈现更富纪律的财政状况，政府也就可以按部就班地向有效益的项目拨款，高效的服务将会成为一种规范。

本节基于以下考虑而做出了相应的判断，那就是解析公共财政管理的创新工作机制，如何能够防范政府和改革者犯下本可避免的失误，进而提升改革成功的概率。几乎所有的公共财政管理改革，都可以归结为这样一些内容：

为了改变行为和结果，政府必须做出以下变革：参与者能够获得信息，处理信息的方式，以及参与者行动的约束条件。

除了这些变化之外，公共财政管理还派生了不同的拓展方向。一个方向认为，信息和过程足以改变行为。另一个则认为，约束公共财政管理者行动的正式规则，对产生所期望的行为矫正，是必不可少的。第一种途径通过提供当前决策对中期乃至长期影响的信息，来避免短视的预算；第二种途径则避免出现有悖于中长期财政目标的行为。特别是在本章后续讨论公共财政管理创新的时候，以下两个相关的问题将会被反复提及：信息的调整是否充分？正式规则的建立是不是恰当的？

1.2.1 信息

管理公共财政也就是管理信息。在财政过程的每个阶段都会产生信息，将其分类，编辑成文档，进而转化为政策、行动以及财政结果。公共财政管理的从业人员，既是信息的生产者，又是信息的使用者。

其基本假设是这样的，信息混合在一起，会改变公共财政管理者的行为。最初确定的每一个目标，都需要相应的信息库，每一种当代公共财政管理创新也是如此。随着政府足迹的延伸，公共财政管理的信息需求，会逐步扩展其信息组合的边界，这将削弱公共财政管理的能力，并改变其行动。施加给公共财政管理者的信息越多，被忽略的信息也就越多。尽管通常会比较含蓄，但有时也会很直接，管理者从基础性信息中区分出有用的信息。基础性信息往往是精心准备的，也更为及时，较之有用的信息，更加便于应用。这种模式对以下问题做出了解释：即将到来的财政年度的信息质量，缘何通常会比未来年份的信息质量高出许多，以及为什么输入数据较之输出数据，通常会更加可靠。

公共财政管理改革的挑战之一，就是将信息从“有用的”向“基础性的”转换。政府规则能够生成令人满意的基础性信息吗？这种做法似乎有些强制性的味道，因为易获得的信息也就容易被忽视。反之，由规则而确定的信息则很难被忽视。再有，在应用规则进行处罚时，也有诸多理由促使人们审慎从事。

信息成本影响其可获得性

这里讨论的是，生成新数据的成本与努力。一个实体内部的数据，一般甚少存在困难或成本，但外部数据却非常昂贵。这种区别可以通过医院管理来加以说明。当然此类议题几乎适合所有的公共服务。

经营良好的医院需要控制员工数量和薪酬、入院和出院的病人数量、床位数量和使用率等方面的数据。不需特别的努力，就可以获得这些输入、工作量以及输出统计，并且将其编辑成为有用的格式，也只需要适度的成本。可是，数据的产出和影响，则取决于医院围墙之外的环境。一所医院能够知道内部运作的每一事件，但并不知晓病人出院后是否按时服药、低收入居民是否可以利用它的设施，或者医院的服务是否符合社区的年龄结构。这个例子表明，在获得可信赖的产出和影响数据上，缘何许多政府都经历过类似的困境，这促使其必须考虑信息需求构建中的成本与困难。这里的问题并非在于信息是否令人满意，而是获得数据的成本是否合理。

公共财政管理的信息需求风险，导致中央和主管机构的过载

公共财政管理创新的累积效应，在中央机构（central agencies）和行业部门（sectoral departments）两个层面上，加剧了对信息的需求。创新通常会增加而不是减少信息，并且促进信息的彼此独立。采用权责发生制，并不意味着排斥现金收付制会计，多年期框架仍然要求详细的年度预算，并且将产出纳入清单之中，也不意味着就不需要追踪投入。现代信息技术和一体化的金融系统可以减轻工作量，尽管偶尔也会产生相反的效果。

关键性的公共财政管理系统，譬如预算，其处理信息的能力是有限的。当一项任务完成之后，另一项任务接踵而至；（各种任务的）最后期限全面逼近。与大部分其他政策领域中的情形加以对照，无所作为或顺延最后期限的做法，也并非合适的选项。在分配资源之前，政府不能消极等待有关项目结果的更完备的信息，政府也难以为了做出合理的决策，而详细考查所有的新的信息类型。大多数政府更为关注的是，承认其提出的规划或绩效预算要求，但仍然结算薪酬、差旅费、设备以及其他条目（line items）的成本，并由此来设定支出水平。

通过清除公共财政管理系统中的陈旧信息类型，可以避免信息过载。当确定新的报表和报告的时候，淘汰那些旧的报表和报告就是有益的。尽管持续的努力可以减缓数据种类与数量的增加，但却很难完全避免信息过载。

信息导致的冲突

信息过载不仅是信息数量的函数，还取决于在配置资源、评估项目以及探求政策选项的过程中，冲突出现的强度。在预算和其他公共财政管理活动中，尽管冲突是常见的，但也存在着抑制冲突并促使其消失的机制。渐进式的行动是一种普遍应用的冲突控制策略，通过缩小决策范围、保护既有的资源诉求，来减少冲突。在预算编制中，通过减少生成和审核的数据类型，也可以缓和冲突。其分配结果可能是次优的，但能够以更为及时且压力更小的方式进行。

许多公共财政管理创新却具有相反的效果。这些创新让更多的问题、利益和观点发挥作用，并挑战那些权宜性的惯例，这些惯例主要用来打圆场和为达成协议铺平道路。现代财政管理学说向政府提出以下建议：仅仅考虑当前年度的财政状况是不够的，还必须考虑未来，重新审查既有的项目，而不能满足于舒适的渐进主义，不能仅考虑各机构的资金需求，还要考虑如何使项目运行良好。这些建议以及其他当代公共财政管理改革，将会加剧各种冲突。

政府用来处理冲突过载的方式，与处理信息过载的方式，是大致相同的。它们忽视信息，或未能生成信息。完成工作是至关重要的，即使这意味着在信息方面就要走捷径。有时候甚至会走得更远。政府会削减信息，以使之适应设计用途之外的不同目的。它们将战略计划转向更为需要资源的平台，并调整规划使之更为适应组织结构，而并非是达成特定目标。支出机构使得绩效预算充斥着各类信息，以显示它们正在做着更多的事情，且需要更多的资源，进而在预测当前决策的未来成本时，采用了过于乐观的假设。它们弱化了中期预算框架的硬约束，将这些硬约束作为未来支出的下限，而不是上限。这些伎俩将雄心勃勃的公共财政管理改革变成了仅仅是引人眼球的展示柜。这种展示使得政府能够夸耀自己拥有最先进的绩效预算，或骄傲地炫耀中期预算框架，而实质上却是空洞的。

冲突的扩大并非是公共财政管理创新中偶然的副产品——这对于公共财

政纪律、更富效率的资源配置和公共服务，都是至关重要的。尽管这甚少被明确表达出来，但徘徊于回避矛盾的公共财政管理议程，往往会导致超额赤字、僵化的配置、低效的服务以及封闭的系统。在这种情况下，引起风波是有好处的，即使这使得公共财政管理核心任务的达成变得更加复杂，也是值得的。

此外，由于政府需要实现政通人和，故而会面临诸多挑战：同时管理冲突和公共财政；在适应政治需要的同时，保持财政过程的稳定；在为新资源配置拓展空间的同时，兼顾既有的项目；在升级公共服务的同时，保持公务员的士气；在授权政府履行职责的同时，促使财政决策更加透明。这一系列平衡性的举措，也仅仅完成了构建公共财政管理框架的一半任务，因为还缺乏建立一个成熟结构所必需的资金。

不对称的利益导致不对称的信息

那些拥有信息和掌控资源的群体之间，呈现对抗性的关系是司空见惯的。根据纳入配置决策考量的诸多信息，行政长官（作为个人的部长们或作为内阁成员的部长们，中央政府机构或部门总部的高级官员）依赖那些代理人来运行计划或提供服务。行政长官寻求更好的信息，以使他们能够睿智决策；而代理人则寻求以炫目的方式来装扮其项目，从而博得更多的预算。行政长官往往通过建立其专属的或独立的信息来源，来试图减少对代理人的依赖。然而，这种竭尽所能的努力，也未能避免财政管理深陷于信息不对称之中。

尽管存在配置资源的权威部门，代理人通常仍会居于优势地位，其原因在于，在项目是如何运作的以及如何控制向他人提供信息这两个方面，代理人都所知更多。相互依赖（一方掌握资金，另一方拥有信息）、相互关联的持续性特征（在每一个预算循环中，各方相互影响），以及达成协议的内在需要（政府必须提交预算）激励各方相互合作，并接受低于其预期的结果——资源分配者获得较少信息，资金花费者得到较少的资金。

通过提供更多经过处理的数据，其中包括有效性和效率方面的数据，以及在中央机构中针对某些关键信息的授权控制，公共财政管理创新试图缓解信息不对称。例如，尽管各支出机构通常会估算下一年的资源需求，但针对同一年份，中央机构还会使用计量经济模型和规划模型来做出基线筹划（baseline projections）。类似地，中央机构还可以评估规划、设计结果测度方法、调查公众对公共服务质量的看法、规定结果和其他绩效指标，来比较机构之间的运行效率。

然而，甚少有中央机构致力于如此作为。如果它们真的这样做了，那么中央机构与支出机构间的关系就可能变得更具对抗性，而且支出机构在向上级提供信息方面，可能会变得更加狡猾。此外，信息集中化与公共管理的观点之间也存在着冲突。后者认为，如果运营政府服务的人员，能够对其消耗的资源及产生的结果承担更全面的管理责任，就有望减少花招和改善绩效。更为重要的是，如果支出单位拥有使用新信息的所有权，就有可能增加它们对新信息的运用。基于这些原因，尽管信息不对称会限制主要当事人明智分配资源的能力，但在一些拥有先进公共财政管理系统的国家，已然选择了信息控制的分权化。

以上所提出的四个议题，质疑了如下的盲目认识：仅仅凭借信息就会改变公共财政管理者的行为。意识到一项计划较之另一项计划更为有效，并不足以促成资金的重新分配，也未必能提升对以下问题的认识，那就是：某一项目未来财政状况的不可持续性，就一定能够促使政府谨慎行事。为了产生影响，信息处理的方式，必须能够改变那些掌握公款者的行为。

1.2.2 过程

在公共财政管理中，过程就是信息向决策、行动或文件的转换。通常，伴随着信息变化，每一项重要的公共财政管理创新都改变了一个或多个规程。描绘以下两种过程之间的区别是非常重要的：一种过程是宽容的，对政府而言是可以适用的；另外一种过程是强制性的，要求政府必须使用规定的方法。在本章后续的篇幅（以及随后的章节）中将考查特殊的规程性创新。在本节中，将描述过程的一般性特征以及通过公共财政管理改革而修正的诸要素。这些要素包括决策的结构、参与者的角色和关系、行动或决策的时间范围、参与者行动的授权以及决策范围。这些要素中的一个或多个总是出现在公共财政管理的调整之中，它们是公共财政管理系统中的可变动部分。在对其中的每一个要素做出评论之前，需要考虑的是，在公共财政管理过程中，缘何惯例是至关重要的。

作为惯例的程序

公共财政管理的显著特点之一，就是大部分规程是年复一年不断周而复始的，几乎很少变化。例如，对于审查账目和报告财政状况，审计人员有着自己的惯例；对于分配资源和监控支出，预算制定者有着自己的惯例。年复一年地重复这些惯例，能够减少矛盾、简化任务、稳定角色和人际关系，并且可以协调完成诸多不得不做的琐事。参与者不必为规程而争吵，也不必每年临时制定新的规程。除非处于需要修改规程的周期之下，他们的这一类工作，在制定单一决策之前就已完成了。惯例促使公共财政管理过程趋于稳定，并且便于及时行动。

当公共财政管理创新被嵌入到规程之中时，其使命也就算是完成了。考查新规程已然融入一直使用的惯例之中的程度，可以作为评判创新是否确实引入公共财政管理的有效手段。每年都不得不决定是否评估项目规划的政府，是一个规划评估尚不健全的政府，当然这种规划评估是指针对其资源分配的整体评估。一段时间以来，澳大利亚成为有效运用了规划评估的少数几个国家之一，这是因为澳大利亚拥有“评估战略”（evaluation strategy）。该战略定期将评估结果运用到一系列预算决策之中。惯例不仅在纲领性的程序中应有所体现，或许更重要的是，还应体现在新旧规程相互联结的方式之中。中期预算框架不能作为独立的规程来发挥作用，只有当它与年度预算结合在一起时，才可以对当前决策构成约束。

然而，程序作为一种惯例，还有着另一个侧面。程序不仅能化解冲突，还能减少政治和管理层面上的支持及关注，从而风险也就只是作为历年备忘清单中的另一项条款。改革者们经常对这些新工具进行修修补补，以保持规程的新颖性和重要性，从而避免这些规程因过于例行公事，而丧失影响行为的能力。公共财政管理的挑战之一就在于，将创新嵌入行之有效的惯例之中，并保持政治和管理层面上领导者的兴趣点和参与度。在惯例中增加即兴创作的成分，可能是一种明智的手段，从而在确保程序正常运行的同时，还能够吸引高层人士的注意。

决策的结构

处理财务数据的第一步就是将信息分类，使之符合用于决策或其他活动的形式要求。公共财政管理改革通常会做出这样的假设，分类的变化将不可避免地改变决策的方式。条目预算（line item budget）将会生成基于投入的决策——花费在工资、差旅、食宿以及其他项目上的支出数额。转向规划预算（program budget）将产生基于目标的决策——政府在减少贫困、改善环境质量以及为实现其他公共目标而支出的数额。

然而，程序与决策之间的联系，并不像改革者认为的那样直截了当，因为所有的复杂的公共财政管理系统，都是与多种分类方式共同发挥作用的。通常，各国政府是通过条目（即使它们拥有规划或绩效预算）、行政单位、经济类别以及部门或功能来安排支出的。其他分类可能按照地区、性别、年龄或者受益人收入来加以区分，并且可能是强制性的或相机选择的。然而，尽管政府可以保有多重分类，但在进行重大决策时，只能使用一种分类标准。

在公共财政管理中，一个常见的错误是，将展现（display）误会成决策（decision）。例如，认为达成了规划或绩效预算的格式，就相当于政府真的拥有了这种预算，这其实是一种误解。

在大多数国家中，对于会计、预算以及其他财务管理过程而言，行政单位都是一种权威性的分类。是由组织机构（organizations）而不是规划（programs），来负责花费资金和提供服务，并且作为承担问责的主要单位。其实，真正的规划预算会忽视组织机构的界限，并将服务于同一个目标的所有活动和支出归为单独的一类。然而在实践中，很多号称拥有规划预算的政府，实际上只是根据可界定的组织单位，来对规划做出排序。例如，它们可能将水体质量监测局确认为水体质量规划，但在该规划中却未能包括其他行政实体所开展的水体质量管理活动。

基于分类的这些特点，可以得到这样几点启示：第一，大凡拥有健全的行政性分类的政府，可能会更加关注这些引入的规划分类能否由那些确实有望变革决策过程和问责关系的因素来支配。否则，这种改革就会迁延数年，并且可能最终演变为纯粹的表象变化，特别是政府内部在目标或最佳规划结构方面，如果还存在着争论，就更是如此。第二，公共财政管理改革应该集中于优化政府部门和机构的内部管理，因为这些机构决定着如何使用公共资金。第三，通过在议程或声明中补充主要的分类，有助于实现良好的财政管理，这些分类能够凸显重要的议题，或提供改进公共资金管理方式的洞见，这些议程中还蕴含了对于目标和结果的关注。

角色和人际关系

公共财政管理创新扩大了参与者的范围、重新分配了权力和义务，并改变了花钱者和管钱者之间的关系。某些任务变得更加集中，其他的则不然。在涉及财政总量方面，中央机关通常变得更加积极且更具权威性；但是在主管机构的运作和提供服务方面，就相差甚远了。国家层面政府之外的参与者，包括地方官员，可能会获得更大的影响力，并有望在过程中发挥正式的作用。在一些国家，在形成和审查涉及经济、财政或规划的数据时，独立的财政机构或立法实体已然发挥着重要的作用，并且成为向政府建议的替代渠道（关于独立的财政机构更详细的内容，请参考第6章）。

某些基础性工作只能在中央层面上运行，诸如发布用于设置关键财政总量的权威性经济预测、建立正式的财政目标和约束条件，以及向行业或部门分配资源。数据和建议可以有诸多来源，但必须由中央政府将之加工为规则和政策，用以有效引导或约束各支出部门。可是，在许多国家中，出现这样一个实际问题，承载宏观经济分析、预算事务以及财政功能的职责，分散在相互割裂的中心和不同的实体之中。通过在中央政府层面建立政策单元，或者内阁在财政政策上发挥更加积极的作用，许多事情反而被进一步复杂化了。在这些情况下，有效的协调或清晰的职责分工，对于中央发挥权威作用，则是必不可少的。

来自于中央层面的任务，必须由部门和机构来承担。这些任务可能包括投入控制、审查运行中的项目和支出，以及部门优先顺序的构建。其目标是使得部门管理者成为配给者而不是索求者。当然，虽然存在着如下肤浅的想法，那就是每个部门主管都应扮演预算指导者的角色，但说来容易做起来难。不过在这种理想化的过程中，随着各部门通过控制其自身预算和全部总预算，以适应政府内部的财政组合（fiscal envelope），权力下放将从部门中枢（department headquarters）延伸到实战作业（field operations）和服务供应。实际上，伴随着资源分配者和花费者之间日趋模糊的劳动分工，以及超出公共财政管理设计师所预期的更多摩擦，情形可能会更加混乱。

时间框架

财政年度是管理公共财政的标准时间框架。财政报告和审计公告，以及预算分配和拨款，都会按年度来提供，极少有例外；获得批准的资金之有效使用期限，是一个单独的财政年度。公共财政管理的改革者将单独的财政年度，视作一种人为设定的时间界限，这种做法使得公共财政变得不稳定，并且会降低资源配置的质量和运作效率。对精明的决策者而言，一年的时间太短，无法影响未来；但对政府机构的流程性运作而言，又显得太长。优先选择的解决方案是，在年度内、年度之间以及更长的期间跨度内，调整财政过程。因此，官方授意的公共财政管理改革可能会做出三种不同的时间调整。

年度内的调整回应了广泛的实践（主要发生在低、中等收入国家），这种做法限制了每个单位在每季度、隔月或某些其他短期内，可以预留或支付的金额。这些往往低于拨款数额的限制，表面上是平衡支出和收入，但也促使政府为年度中的追加支出项目储备资金。无论出于何种动机，短期时间框架导致支出单位存在着这样一种不确定性：在年度期间内，哪些资金是可供使用的，进而迫使管理者通过囤积或隐瞒资金、积累欠款、在活动中隐性削减等方式，来做出应对。这些生存手段会抬高成本，降低绩效，但却能够帮助支出部门得以蒙混过关，直至下一次分配活动的到来。

公共财政管理的解决方案是给予用款单位全年的资金，当然也可能因临时性需要而保留小部分资金。这种方法被大部分发达国家所接受，但可能并不适合那些不太富裕的国家，这些国家的财政可能因意外的收入下滑或支出增加而变得不够稳定。

调整的第二种类型，允许支出部门将未用完的运营资金，留到下个财政年度，或者允许将下个年度资金的一小部分，提前在当年花费。

财政年度是延续的，可能结转或提前花费的金额相当少，而且通常局限于运营性和投资性资金。尽管尚未被普及，但年度之间的调整可能是创新的一种预兆，这种创新会削弱财政年度在公共财政中的核心地位。

调整的第三种类型是将财政视野延伸到中期，通常是后续的3～5年，在中期框架内，迫使政府考虑未来财政对当前计划和预算决策的影响。一个3～5年的时间框架，并不足以测度政府财政状况的长期可持续性。为了这一目的，一些创新型政府目前将收入、支出以及其他财政变量的预测，推前30年甚或更多。以后章节会讨论关于创新的更多细节。

决策范围

公共财政管理拓展了政府会计、预算以及其他报告的财政事项范围。直到不久以前，公共财政仍仅包括政府的现金流入和流出。财政绩效只能通过特定时期内的实际收入和支出来加以衡量。非现金交易，以及属于未来时期的负债，都不能够得到确认。

随着时间的流逝，财政交易和状况的报告经历了重大的扩展（参见第8章）。一个重要的拓展就是采用了权责发生制（通常采用改进的方式）作为政府会计的准则。权责发生制并不排斥收付实现制会计，而是承认尚未收到的收入和还没有支付的债务。只有为数不多的政府预算采用了权责发生制（参见第11章）。[①]

近年来，应对财政风险受到极大的关注，并扩大了权责发生制在或有债务中的应用（布里克西和希克，2002；IMF，2009）。当代政府是范围广泛的社会风险的承担者，某些风险在担保和保险计划中被详细确认，而另一些风险则只有在政府不得不为紧急事件提供援助的例外情况下，才能够被预见到。费用化的财政风险所造成的大量困难问题，将在本章后续加以论述，并在第5章进行更为详细的讨论。当然，如果没有了费用风险，甚至可能会导致政府承担更大的风险，因为它们认为这是无需付出代价的。

---

① 美国总审计署在2000年报告，6个国家（澳大利亚、加拿大、冰岛、荷兰、新西兰以及英国）采用了权责发生制编制预算的某些方式（美国总审计署；布隆达尔，2004年）。

1.2.3 规则

可靠的信息和健全的规程，却往往产生欠佳的或并非预期的结果。例如，拥有可靠中期经济和财政预测的政府，可能存在着超过预定目标的预算赤字和公共债务，以及不稳定的国家财政状况。同样，某种预算系统尽管是按照产出对支出进行分类的，并要求行政部门根据实际或预期的绩效来证明其支出报价，但该预算系统却可能会根据投入的成本来分配资金。在《当代公共支出管理方法：良好的过程并不能保证满意的公共财政管理效果》（希克，1998）一书中，这一类例子构成了普遍性问题的一部分。

基于信息和过程的创新，其内在缺陷在于，鼓励公共财政管理的改革者去设计规则，以这些规则来约束政治和管理层面的决策者，并规定了实质性的结果。公共财政管理规则可能是禁止性的或规定性的，除了确定的行动和结果之外，还规定了将要做出的决策和采取的行动。规则遍布于公共财政管理的工作之中。某些最重要的规则是用来识别以下问题的：政府会计中的资金存量和流量、总支出和收入政策、在预算和其他财务报表中的或有债务处理，以及当财政结果偏离授权水平时所应采取的行动。

中期预算框架的演进，很好地阐释了信息和过程是如何转变为强约束性规则的。在许多具备中期预算框架的国家中，初始的步骤是信息层面上的，是对多年经济预测的准备，并通常作为政府内部措施。下一个步骤是程序层面上的，包括在年度预算中针对超出年度范围的支出和收入的估计。最后的步骤是建立限制当前预算决策的中期财政约束条件。

中期预算框架的变形引发了一个难题——在那些集中于信息或过程的改革中，如何区分出那些以规则为中心的改革。毕竟，在典型意义上，立法和法规推动着政府机构改进信息的内容和公共财政管理系统的规程。将预算的时间框架从一年延长到三年或多年期，并且向公共财政管理注入绩效信息，这些做法通常是针对议会或中央政府机构规则变化而做出的反应。

显然，一条范围狭窄且时而模糊的界限，将本部分讨论的三种手段区分开来。然而，将信息和过程界定为规程创新，以及将规则定义为行动或结果中的实质性变化，通过这种方式来区分公共财政管理工具是可行的。经济预测和基线预测以及中期预算，可以改变公共财政管理的规程；财政约束条件则力图改变收入、支出或赤字政策。

鉴于公共财政管理改革的一个关键目标是改善结果，在实质性规则中，汇编整理优先偏好的结果，似乎是较为明智的。然而，在这一领域中谨慎行事也是有充分理由的。过早地建立规则，可能产生难以预料的或意外的副作用，并且可能不适当地减少公共财政管理政策的灵活性和判断力，而且过早建立起来的规则，还可能要承受信息不充分或被迫强制执行的压力。

实质性规则对政治领导者和管理者的约束

通过预先确定某种结果，规则能够消除那些在政治或管理层面上的致使公共财政管理受到影响的行动。

一个基于规则的绩效预算系统，要求政府向这样的一些活动或项目分配更多的资金，这些项目或者已经发生，或者可能达到预期效果；而对于那些实际或预计绩效严重不足的活动或项目，则应该减少资金分配。如果严格地将这些规则应用在教育计划上，政府就不得不将资金从那些绩效差的学校拿走，并向高绩效的学校分配更多的资金。实际上，明智的预算分配者常常相反，给实力弱的学校增加资金，以缩小绩效差距。只有少数政府具备基于规则的绩效预算，这是可以理解的，但很多政府则有知晓式的绩效预算（performance-informed budgets）。

管理公共资金的技能，在相当大程度上取决于以下因素：政策制定者的经验、超越数据来捕捉创造公共价值机会的能力，以及将公众意见转化为预算配置的能力。诚然，依赖于政治和管理层面的判断，往往会向那些被有意忽略的结果敞开大门。不过，将政治家和管理者紧紧束缚在公共财政管理之中，也并不是一种有效的矫正方法。

实质性规则招致逃避和财政骗术

当缺少规则时，就没有逃避这些规则的冲动；但是当政府约束财政活动或结果时，狡猾的支出者就可能有很强的动机，隐瞒来自中央机构的令人不快的事实。鉴于资金索求者和守护者之间的信息不对称关系（如前所述），逃避实质性规则也并不困难。

逃避财政限制可以采用以下几种方式：构建独立于预算总额之外的预算外及特别账目；设立未报告的逾期债务；账单的延期支付；基于财政总额的过度乐观的经济预测；以低廉的薪酬为代价，换取提升公职人员的养老金领取权；以提供担保来代替直接的支出。针对未来的支出，中期预算框架尽管具有强有力的约束，但在每年向前滚动的情况下，中期预算框架会因所批准限额的抬升而被破坏。从技术上看，这种做法是符合中期预算框架之规则的，但其结果是损害了作为中期预算政策核心的财政约束。

即使某些规则经常会被规避，但规则仍旧会产生有益的效果。重要的是逃避的程度。少量的预算外资金，可以划拨给管理者作为日常支出的现金，这样可以改善绩效；然而如果资金规模庞大，就会引发对于预算可靠性的质疑了。

僵化的规则存在着出乎意料的副作用

实质性规则勾画或者禁止了未来的行动。这些规则可能在一定的条件下得以公布，并在不同条件下获得实施。近年来的金融动荡之前，欧盟和诸多国家采用的主要财政规则类型也证明了这一点。规则是基于如下假设的：经济状况是稳定的，并且周期性经济低迷可能被纳入允许的财政参数之中。

在某些情况下，会出现意料之外的结果，这是由于制定的规则很宽松或刻意地漠视规则而导致的。很少有国家采用权责发生制预算，但至少存在着这样的情形，一个支出机构运用折旧备抵（depreciation allowance）账户来为计划的运行融资。如果中期支出水平被视为未来支出的下限，而不是上限，那么中期预算结构就可能会在无意中损害国家的财政状况。

公共财政管理的手段有效吗？前面的讨论指出，在信息、过程及规则方面，公共财政管理工具库中存在几个不足之处。不但要确保公共财政会得到有效管理，还要适当考虑未来或项目的结果。但是，草率地认为，这些工具对公共财政管理者的行为或实质性结果并无益处，这种结论也是错误的。尽管人们可以认为，这些手段或许不够充分，但这并不表明这些手段是毫无影响的。因为手段总是有缺陷的，公共财政管理现代化是推进中的持久性工作。这是一个永无止境的领域，不断寻求更好的信息、更坚实的程序以及更可行的规则。在下一部分中将要指出，公共财政管理创新是如何使用新信息、程序和规则来实现其目标的。

1.3 主要的公共财政管理创新和改革

在本章前面部分所明确的三个公共财政管理目标，其中每一个都与一个或多个现代创新联系在一起。财政规则力图稳定政府的财政状况，并与中期预算框架相互结合，共同促进更有效的配置。项目评估和绩效预算以及结果测度，也将有助于改进配置；绩效预算还能促进提升公共管理和运作的效率。这些创新的大多数在随后许多章节中还会被讨论。本节将评估公共财政管理改革涉及变化的三个手段（信息、过程和规则）及其在激励措施和行为上的影响。

1.3.1 财政规则

财政规则体现为一些数值目标或限制，力图将预算从开放式的过程，转向有纪律的过程。在前者的情况下，往往是在支出的标的额已经提交并通过审阅之后，才设定总量；而在后者的情况下，则在整个预算准备和执行过程启动之前，就设置总量，并在整个过程得到强制执行。尽管这是一个非常受欢迎的改革——在2012年，有76个国家制定了财政规则——但许多国家已然发现，实施这些规则是非常困难的（参见第3章）。这种做法不仅依赖于适时的信息和有效的规程，还仰仗于遵从规则运作的政治承诺。

财政规则的根本性问题在于，这些规则与政治家讨好选民的动机相悖，政治家通过增加支出来讨好选民，而税收却不足以支撑这种支出增长，以至于采用慢性赤字和不断增加公共债务作为代价。如果政治家并无积累赤字的倾向，或者如果他们受到公共财政管理系统其他特性的抑制，财政规则就是多余的了。那么，关键的问题在于，规则是否仅仅在某种程度上才是有效的，其实施的程度，取决于那些追求选票的政治家能否战胜政治动机。全球金融危机之前引进的第一代规则通常已经失效了。如果这些规则当初确实是有效的，许多国家本来是可以在一个更为稳健的财政基础之上，安然渡过这场危机的（希克，2010）。当然，危机本身并非是针对财政规则的合适的测试方式，不过越是在危机爆发之前，那段时期看起来就越是平静。在危机发生之前的时期，尽管经济条件相当有利，但许多发达经济体还是存在着大量的赤字。实际上，大部分既有的财政规则（如欧盟的《稳定与增长公约》）要么允许存在赤字，要么就得不到遵从。这些规则并无足够的约束力，其原因在于，那些获得允许的最大赤字规模，被视为可以接受的或者是正常的赤字水平。这些规则为决策者提供了错误的激励，使他们在经济向好的时期举借更多的债务，而忽视了当经济衰退时政府将会面临的风险。

与本章的主题一致，本部分简要讨论了信息需求的潜在影响，以及在激励措施和行为方面的规程变化。本章随后将转向规则本身，进而考查规范公共财政的各种备选方案。

信息匮乏并非主要问题

较之普遍性的状况而言，财政规则体现为一种重要的例外，财政规则将新的信息融入到一系列公共财政管理工作之中，进而导致了行为的改变。决策者已然拥有了制定谨慎的财政决策所需要的大部分信息。在所有的发达经济体中，政治和管理层面的领导者均能够及时获得当前和预期的有关收入、支出、财政平衡的数据，以及债务状况的信息——现价的和可比价的以及在GDP中的占比。然而，正如下文所要讨论的，在报告实体的覆盖范围、或有债务的处理以及财政风险的披露和管理等方面，仍然存在着问题。主要的问题并不是缺乏信息，而是不愿意让这些令人不快的财政事实妨碍那些颇受欢迎的预算政策的实施。在政治锦标赛中，存在着乐观假设与严酷事实之间的交锋，前者通常会占据上风，至少持续到资本市场对其做出裁决为止。

财政决策者从外部来源获得某些信息，给财政政策和政府承担债务的倾向施加压力。通过公共债务的利率和政府向决策者轻松炫耀的债券信号，可以判断其是否行进在正确的方向上，以及是否可能较之预算数据更加具有影响力。在危机之前那些货币宽裕的年景，金融市场促使政府举借更多的债务。不幸的是，当危机到来之时，市场信号却突然逆转，使得一些财政紧张的国家几乎没有时间进行调整，并且在非常简短的时期内，就从资本过剩转为资本短缺。

虽然信息匮乏尚不是对那些不负责任的财政行为的主要刺激，但仍然涌现了一些方案，试图改进财政信号的可靠性和相关性。方案之一是政府组建独立机构，该机构形成自己的财政和经济预测，以防止政府被引诱使用那些过度乐观的假设。最近，英国在朝着这个方向努力（见第6章）。然而，独立预测产生的效果却并不明显。美国国会预算办公室（CBO）发布的独立财政建议，已经超过了35年之久，尽管这些工作的质量获得了认可，但美国始终长期保有大量的赤字，只有那些政治领导者决心严格遵从财政程序的年份，构成了例外。[①]

制定财政决策

建立财政目标的每一个国家都设立了各自的规程。一些国家拥有独立的目标，这些目标的确定独立于预算或其他政策过程。这些限制或者在法律或政府公告中得以固定，或者由一个超国家层面的权威机构来施行。在其他一些国家，财政规则被整合纳入一个框架结构，该框架结构主要包括以下几个方面：设定规则的程序、规则与预算的结合、这些规则执行或调整的方式。典型的做法是：框架结构被纳入一个涵盖未来3～5年的中期支出过程（参见第4章）。

将财政规则嵌入一个框架之中，较之它们分别来自独立的公告，更加有效。[②]基于结构的规则由程序产生，该程序考虑了经济条件、预算状况、政治偏好；因而，与那些预先确定且不考虑特殊年景状况的规则相比，这种规则有望获得更大的可行性和更多的保障。因为它们可能会每年或隔年调整一次，结构性规则对于政治态度和其他相关条件的变化更加敏感。此外，与独立性规则相比，较具特色的是，框架性规则还包括与预算活动相联系的实施手段。

上述考虑支持了这样的一种观点：超国家层面的规则（比如那些由欧洲共同体发布的规则）与国别规则相比，具有与生俱来的弱点。前者缺乏框架结构；后者通常具有框架结构。然而，将超国家层面的规则与某种强制执行过程紧密联系起来，应该是可行的，该过程包括会计标准和针对国家政策的密切监督，这些国家政策是由地区性或国际性的机构联合权威部门做出的，用来矫正实际的或预期的违规行为。欧洲委员会指令的最新规定，以及最近启动的财政

---

① Joyce(2011)回顾了国会预算办公室的历史和表现。

② 最近的文献显示规则的工作离不开支持体系(维普洛斯,2012)。

协定（Fiscal Compact），试图克服这些缺陷（参见第3章）[①]。

由于条件的改变，而轻易地调整框架结构，这表明过程的类型和政治承诺的力度，具有很大的影响。如果调整目标很容易，就会吸引政治家将这些目标依照其偏好来塑造，在这种情况下，柔性规则就成为适应性规则而非约束性规则。可以说，政府之所以遵守结构性规则，是因为这些规则能够倾向于政府的利益，而不是束缚住它们的手脚。

在那些缺乏固定规则的、框架本位（framework-centered）的国家中，透明度和政治问责是反对机会主义行为的主要武器。有证据显示，如果政治家提高了赤字或债务目标，他们会在民意调查中付出代价。这可能是因为框架结构只是在这样的国家才是有效的：拥有认真负责的媒体和愿意将政治抱负与财政纪律挂钩的领导者。在澳大利亚、巴西、新西兰以及瑞典，财政责任框架已经发挥了作用，所有这些国家都具备了支撑性条件。可是，当缺少这些条件时，结构框架将缺乏将财政政策统一起来的能力。在第2章中将对这些框架做详细的讨论。

凌驾于政治动机之上的禁止性规则

当可利用的信息和新规程难以控制机会主义行为时，政府可能转而采用有约束力的规则，这些规则从法律层面限制了赤字或其他财政总量，并在违规的情况下提供矫正措施。为了能够发挥作用，这些规则必须防止类似这样的行为，那就是领导者声称忠诚于财政限制，而实际上又逃避这些限制。有时逃避规则是容易被察觉和禁止的，例如在财政年度或不同层级政府之间挪用资金。而诸如伪造经济假设之类的行为，其透明度较差，也就更加难以防范。最为严峻的挑战在于，在经济繁荣、资源丰富且赤字和债务水平也不高的时候，收支政策就要为未来的财政压力做好准备。本节以下的诸段落将循着从易到难的诸种情形依次展开。

第一种便利的逃避规则的方式就是，国家层面的政府向地方政府转嫁某些

---

① 参见 http://ec.europa.eu/economy_finance/articles/governance/2012-03-14_six_pack_en.htm.

支出和责任。在联邦制国家中，以及那些收支权力呈现分权化的单一制国家中，地方政府对一国整体财政状况具有很大的影响。此外，一些国家允许地方政府发行债务，这些债务或明或暗地由国家层面的政府来提供担保。

国家和地方政府在财政上的互相依赖性，以及将支出或债务转移给其他层级政府，进而逃避限制的动机，可以推导出这样的结论：财政规则应该覆盖所有层级的政府。实施综合性的规则，需要在所有层级上具备统一的会计和报告系统，以及中央监督地方收入和支出动态的能力，在必要的时候，还要在过程上保持统一的财政干预能力。一种可能的障碍在于，综合性的财政规则有可能被认为是试图实现政府财政的重新集权。在某种程度上，巴西确实出现过此类情况；巴西是各州都很强大的联邦制国家，不过，该国目前有固化于法律之中的综合财政责任规程，并依托于来自各州和市政府两月一次的详细报告制度来运作实施。这些报告被整合为整个政府层面的报告，并揭示出政府是否实现了其财政目标（阿尔松等，2007）。

第二种逃避规则的方式则是将收入、支出或债务的确认，从一个财务期间转移到另一个期间。显而易见的补救措施就是设计跨越中期的财政目标，但至少有两种策略会绕过3～5年的中期框架：赋予员工（或公民）在未来20~50年支付的养老金或实施其他福利计划，以及可能会在中期之前到期的或有负债。

假设的操纵也是一个严重的问题，这类问题在财政规则和宏观经济管理的其他方面，也是普遍存在的。每一个属于不确定未来的财政目标，都面临着多样化的假设。由于财政目标以及大部分其他公共财政管理政策和行动，依赖于“点估计”而不是统计范围，这种判断的程度，在某些时候是随意被用来选择潜在的假设。当然，这些假设中的细节变化，通常会在财政或预算预测中激发出非常大的变化。当基本假设被政策影响所左右时，财政纪律就会被破坏，而规则就开始失效了。

并非无懈可击的保护措施，就能够防止政治原因引致的推诿，但此类安排也可以阻止毫无根据的假设。透明度是能够发挥帮助作用的，特别是当其中发布了可信的估计和数据范围的时候，这些估计和数据针对的是财政结果对经济变化的敏感性。在经济预测和假设中，强大的职业道德，能够促使财政专家不受政治的影响，或者说，独立工作者能够实现与政府的相对隔离，有助于提升诚信水平。但从根本上看，关于保持谨慎且稳健的财政过程，政府领导者的承诺对于基于规则的制度而言，是至关重要的因素。

最后一个问题是，政治领导者存在着这样一种动机，那就是通过创造有利的经济条件，将国家财政的未来置于风险之中。当经济繁荣时，名义上的财政规则给予了政治家增加支出和削减收入的许可，这种名义上的财政规则并不是周期性调整的。显而易见的解决方案是，在经济繁荣时期，资源非常丰富，政治性的需求也难以抗拒，政府就采用周期调整的规则，从而有效地约束税收和支出政策。智利是引进周期调整的规则，并将其主要的自然资源——铜——的价格建立关联的典型（布伦达尔和克里斯汀，2004）。一个更新的案例就是2012年的欧洲委员会财政协议。在条件有利的时候，政府理应以降低债务占GDP的比率为目标，并保留大量的储备资金。如果不这样做，周期性的衰退将形成超过财政规则允许的赤字水平，并且大幅度或长期的衰退（恰如2007年以来所经历的那样）还可能威胁到国家的财政稳定。

然而，由于周期性调整规则的内在复杂性、对于外部变量（经济表现）的依赖，以及花费掉允许的资金上限的动机，一些观察者呼吁采用基于支出的规则或上限，以限制支出（包括税收支出）年复一年的增长（安德森和米纳里克，2006）。这种限制不受周期性变动的影响。基于支出规则的大部分版本会排除自动稳定机制，并且一些规则还剔除了随着人口变化的增长。这种类型的规则对于那些收支间存在根本性不平衡的国家，以及那些单纯依靠大量削减现有项目就可以实现公共财政再平衡的国家，都是价值有限的。

1.3.2 中期预算框架

财政规则和其他方面的进展，唤起了对短期框架内在机能不健全的关注，短期框架在稳定财政状况、计划和实施政策措施，以及评估当前收支政策的可持续性等方面，都存在着缺陷。许多国家设计了中期预算框架，该框架为每个未来的3～5年构建了试验性的支出（或财政）水平。中期预算框架将在第4章中详细讨论。

中期预算框架不会取代年度财政决策和报告。除了那些实行双年度或多年期预算的少数国家之外，财政年度仍然是分配资源的基本时间范围。年度预算决策和3～5年期分配之间的关联性，使得绝大多数引入中期预算框架的国家深感困惑。在规划的蓝图中，年度应该是中期预算框架中的第一年，并为随后的各年建立稳定的支出约束。在实践中，预算和中期预算框架常常是相互独立的政策工具，而不是单纯的整合过程。中期预算框架并不设置支出上限，而是建立了下限，从而对未来的支出水平构成向上的压力。某些国家层面的政府，为了管理预算和中期预算框架，设立了单独的办事机构。规模庞大的预算团队，运用连续性的规程，展开权威性的分配；小型的中期预算框架下的工作人员，则针对未来若干年的年度计划支出水平进行预测。在这种安排下，存在广阔的回旋余地，预算人员可能会变得更加强大，甚至在那些中期预算框架仅仅是个摆设的国家也是如此。

在新方式下，应用现有的信息

为了运用中期预算框架来预测长期的财政可持续性，政府必须将信息的常规类型，从单一年度延伸至多年框架之下。在年度预算中，关键的问题是“今年已经提供了资金的活动，如果继续下去，那么需要在明年付出什么代价?”财政和经济部门是这样解决这一问题的：通过从基线支出（base expenditures）中减去临时的或到期的活动，再加上预计的价格上涨，以及诸如接受养老金和其他收入补助的人数等变量，来做出调整。大部分发达经济体有评估这些变化的社会经济学模型（socioeconomic models），以及可以显示对下一年预算影响的基线预测。在建立基线时，一些国家区分强制性的和相机抉择的支出；而其他国家却不认为这个信息对制定分配决策是有用的。几乎所有的国家都有类似的技术，用来预测收入，评估政府面临的财政缺口或者可用于政策举措的增量资源。

在大多数发达经济体中，尽管基线目前已然是预算工作中的一种惯例，但它们表示会将渐进增长的逻辑正式整合纳入分配决策之中。以基线作为出发点，政府的主要预算任务是分配财政空间，使资源不受以往决策的妨碍。当然，政府也可以采用低于基线指标的分配选择，但是这样做通常存在政治上的困难。

基线是中期预算框架的重要部分。这项技术在本质上是相同的，但政府要为下一个3～5年中的每一年，而不仅仅是下一年，做出这些预测。更大的不确定性会影响到预测和假设，并且估计的和实际的经济及预算条件出现各种变化的可能性更大。然而，一年和3～5年之间的巨大差异在于，渐进主义更为强势地嵌入到资源决策中。在单一的支出决策确定之前，假定的价格和工作量变化就被纳入到未来若干年中每一年的基线之上了。在中期预算框架的范围内，如果政府可以估计未来3～5年中每一年的自由支配资源，那么支出举措的边界也就相应扩大了。这个更大的边界，使得政府能够做出预先支出的承诺：允许基线以上的政策举措，即允许超过年度预算所允许的支出。

这样，通过使用关于未来不确定性的信息，中期预算框架既强化了渐进主义对资源的控制，又刺激政府“过早支出”（prespend）未来的增量。如果中期预算框架所基于的假设被证明是过于乐观了，这可能是一种危险的结合。

只有实际上能够约束支出，中期预算框架的规程才是有效的

在许多国家中，中期预算框架是公共财政管理改革的核心，其他创新是围绕着中期预算框架进行组织的，如规划预算和绩效预算。显然，如果这些创新只是建立在基线和未来的政策举措之上，并将支出增加到预算之中，中期预算框架并不能保证这些创新会获得赞誉。实际上，中期预算框架是一个复杂的过程，这个过程旨在约束支出举措，鼓励支出单位运用现有支出，来为政策举措赢得更大的拓展空间。中期预算框架的真正考验，甚至可以说也是唯一的——就是它能否有效地实现上述双重目标。

在中期预算框架的规程中，政府运用收支基线预测来达成以下目的：（1）评估在未来预算中可用的财政空间；（2）确定收入和支出政策中的变化；（3）在部门和其他资金需求者中，为财政资源分配可用的空间。预测的空间被认为是支出举措上的“硬约束”，对于作为一个整体的政府和作为部门层面的支出类别而言，均是如此。“硬约束”这一术语表示，政府和支出单位都不会采取任何会突破预设上限的行动。与允许政府可以采用预算支出举措而不必考虑其未来影响的年度预算不同，中期预算框架将关于总量的政策变化纳入中期限额的考虑。政府和支出部门可以选择通过压缩现有支出来扩大未来的财政空间，从而为项目增量腾出等量的资源。

中期预算框架将转变后的中央财政机构设计为其硬性支出约束的实施者。通过项目监督与控制功能的剥离，这一机构可以维护基线，为政府在财政空间的支出限制方面提供建议，在部门和其他单位之间分配财政空间，制定并审查政策建议，评估由行业部门建议的各种权衡措施和支出变化，编制年度预算并保证服从中期财政限制，以及用更新的基线每年向前滚动中期预算框架。只有中央财政机构让渡某些传统的职能，进而专注于中期预算框架过程，才能够有效履行其全部职能的清单。

如果能够恰当地运用硬约束和相互替代性，中期预算框架就有潜力履行其职责。然而，如果将预算从中期预算框架中分离出去，当中期预算框架向前滚动时，硬约束会变成软约束，并且被视同为下限。这类缺陷在中期预算框架中是普遍存在的，并且存在着广泛的风险敞口。如前所述，有缺陷的中期预算框架可能会损害政府的财政状况。

财政规则能否强化中期预算框架约束？

中期预算框架在约束上的弱点，源自于短视的政治动机，也就是说，在不考虑对未来财政影响的情况下，就启动支出项目或改变财政收入。政治上的短视，无法通过将信息和年度添加到预算框架中，来简单地加以解决；还必须防止决策者将短期利益置于未来财政稳定性之上。中央财政机构不能只是发挥看门的作用，警告会破坏中期预算框架约束这一受欢迎的举措，或者防止可能会增加未来赤字的替代性交易。当中期预算框架妨碍到政治野心时，没有强大的盟友和适当的工具，中央财政机构可能被忽视或中立化。

将一国的财政规则纳入到中期预算框架中，就有可能强化预算约束。正如前文所解释的那样，基于中期预算框架的财政规则，不是一个独立性的目标，而是需要根据政治经济条件来构建。不能仅仅依赖预算程序来实施约束，政府还应该以法律或宪法作为基础，来限制支出或其他财政变量。在这一点上是这样设想的，财政规则将推动中期预算框架，而中期预算框架进一步影响预算。这种规则、框架以及预算的紧密结合，尽管不能保证对财政约束的绝对尽责，但是提高了其可能性。通过向独立机构外包关键性的中期预算框架任务，也能够增强遵从性。譬如，构建基线，并测度所提出或采纳的政策变化之预算影响。只在国家领导者致力于在业已决定的限度内，编制以多年期为基础的预算之时，规程的调整工作才会发挥作用。如果他们不这样做，就很容易将中期预算框架变成一个增加支出的平台。

财政的不稳定和财政冲击

在稳定的时期，中期财政决策是最有效的，此时，适度的经济增长促使收入增加，从而为渐进增长的支出提供融资。在这种良性的情况下，通过在向前滚动中期预算框架时调整总量和优先顺序，政府可以谨慎地为未来若干年中的每一年制定和实施预先的支出承诺。在稳定的时期里，这种调整可能是相对小的支出增长，其增幅高于上一年中期预算框架的设置水平。

不稳定性会破坏中期预算框架的过程，这种紊乱既出现在经济产生强劲的不可预测的收入飙升之时（此时政府支出的增加远高于中期预算框架预测的支出水平），也会出现在经济萎缩迫使其调低预计支出的情况下。在前一种情况下，丰富的财政资源促使政治领导人忽视先前建立的约束；在后一种情况中，不充分的资源又迫使政府违背已然承诺的项目扩张。非此即彼，政府可能决定进行短期内的修补而蒙混过关，直到财政状况重新稳定为止。

最近金融危机期间所经历的财政冲击能够将政府拉向反面。一方面，冲击可能激励政府采取刺激政策；另一方面，冲击可能引导政府为了巩固公共财政，通过收入和支出政策中的根本变化来建立新的中期计划。小修小补是不起作用的，况且在一年内紧缩财政的短期整顿政策在经济上可能是行不通的，在政治上也是难以持续的。中期预算框架可以促使政府针对未来若干年的阶段性收入和支出调整，建立可信的承诺。

低收入国家对于商品价格、利率以及援助的波动是高度敏感的，可能会发现难以有效地实施中期预算框架。其中的某些国家，甚至在单一年份中维持确定的财政状况都是存在困难的。尽管中期预算框架对这些国家规划未来的发展具有重大的意义，但是当受到不利的经济状况冲击时，将中期预算框架坚持到底几乎是不可能的。

制定长期可持续的政策

将决策架构扩展到未来的3~5年，已经是重要的公共财政管理成就，但是中期对于评估政府财政状况的持续性来说，还是太短了。要想真的评估可持续性，就必须将时间的视野跨越几代人，特别是那些面对人口老龄化及长期退休金和医疗保障承诺问题的国家。然而，与政府能够设置稳固支出限制的中期相比，当将时间范围延长到30年或更长年份时，拥有创新性的政府一般也只能进行预测。[①]它们不能设立遥远未来的支出总额限制。

因此，在本质上，一旦有了对未来债务、税收或赤字水平的估计，当代的可持续工作就可以植根于以下期望：政府将会积极地改变当前的政策支出——例如，提高领取全额退休金的最低年龄。针对遥远的未来中那些坏消息的前景预判，将会产生良好的政策（至少是期望如此）。虽然拖延和假装事态会变好，可能是一种权宜之计，但长期预测的极度惨淡将会震撼那些顽固的政府，使其改弦更张。

这仅仅是一厢情愿的事情吗？期望政治家由短期利益的驱动者变成国家财政未来的管理者，是否真的现实？对于一些国家来说，回答是明确的“是”，但对另一些国家或许是“否”。可以很容易分辨出那些大胆地调整养老金和其他政策以支持未来财政的国家。[②]然而，那些削减社会保险或医疗保险支出的大部分国家，已然采取行动来确保从短期储备转向中期储备，但并不保证长期的可持续性。当然，为缓解主权债务违约风险而制定的永久性政策发生变化，可能会对国家财政前景产生重大的改进。

当预测本身不足以改变国家的长期财政路径时，政府可以设计若干规程和规则，以鼓励采取行动或防止出现使情况更糟糕的政策。财政缺口的分析，通

---

① 澳大利亚制定了代际报告；英国和新西兰有长期预算模式；欧洲委员会为成员国发布了预算远景的长期预测；美国国会预算办公室制定了长期预算预测。对于这些和其他实践的讨论，可以参考诸如希克的著述（2009）；美国国会预算办公室（2011）；以及澳大利亚联邦（2010）。

② 由少数国家部分地模仿的、最具创新性的改革之一，就是瑞典的“自动平衡机制”（automatic balance mechanism）。这一机制根据预期寿命比率和经济状况中的变化来调整养老金的价值（切博塔里，2001；巴尔德斯-普列托，2000）。

过估计收入和支出之间长期缺口的现值，将关注的焦点从遥远的未来转移到近期。作为一个选项，政府可以采用这样一种财政规则，禁止估测任何政策的变更，以防止缺口变大。这种类型的规则，并不修正既有的那些并不具备可持续性的政策，但是这些规则如果得到严格执行，就会避免在新政策中出现可能会危害到国家财政未来的情形。

1.3.3 财政风险

一国的财政状况不仅依赖于那些约定了未来支付的政策，还取决于财政风险，特别是或有债务。①财政风险是财政结果与计划结果存在差异的可能性，并且明显具有多重维度（切博塔里等，2009）。随后的讨论，将关注遍及现代经济并呈现诸多伪装形式的或有债务。所有发达经济体的政府，都要保护公民免遭失业、残疾、疾病以及其他收入损失或花费的困扰；保护众多公司免遭诸如价格、利率以及汇率变化的各种风险和自然或环境灾难。政府也会因保证个人和商业贷款及其他各种交易，而积累下或有债务。在第5章中，将更详细地讨论管理与控制财政风险的方法。

甚少有政府在其预算或其他财政报表中，充分地公开这些债务和类似的风险。对于考虑到后期风险的政府而言，年度预算和中期预算框架的时间范围太短，这些后期风险包括：建立养老金领取权和其他权利、议题或抵押贷款，或通过财政绩效来弥补亏空。此外，传统预算只记录现金流动，而不考虑债务的积累、或有债务或过去承诺的未来成本。

向政府转嫁风险，往往是促进经济活动和保护公民免遭灭顶之灾的有效方式，但这也是通过将支出从预算中转移出来，以规避财政约束的手段。在许多情况下，或有债务可以取代直接的支出，但是存在重要的区别：后者在财务报表中得到体现，而前者通常不会。例如，政府可以通过预算内的补助金，或采用通常是预算外的房屋贷款担保，促进居者有其屋。类似地，政府可以通过预

① 或然债务可能是显性的，也可能是隐性的。显性债务被法律或合同认可，隐性债务是以期望政府会赔偿为基础的“道义上的责任”，即使在法律上并无强制性要求。参考布里克西和希克（2002）表1-1的各种债务类型的例子。

算支出直接资助公路建设，或通过预算外的公私合作伙伴关系，来提供筑路经费。

政策工具的选择不仅仅基于效率的考虑，而且受到在预算中如何处理各种安排的强大影响。常见的安排方式以隐藏真实成本的形式，给予了政治家向选民和利益群体提供福利的动机和机会。公私合作伙伴关系的流行，很可能部分源于对直接支出的替代性担保。当政府为了或有债务而选择替代性支出时，会创造出财政幻觉，以损害道德的方式，诱导受益人，而财政风险则逐步升高（欧文，2012）。

本章讨论了控制财政风险的所有三种工具。政府需要更好的信息、新的规程及规则，来预先阻止以未来预算为代价，使当前财政状况显得更有利的行动。

财政风险数据库

在21世纪头十年的中期，大多数国家的政府忽略了积累的或有债务和其他财政风险。它们缺乏收集这类信息的系统，且很少有工具来评估其暴露出来的风险。政府往往在风险来临并要求付款时，才得到信息，这时要想有效调节其债务，为时已晚。不过，目前许多发达经济体已经拥有了能够适当识别和汇总财政风险的系统。风险矩阵能够将政府面对的不同风险加以分类，这是一种清晰的、使用便捷的工具，可以就直接债务、或有债务以及显性和隐性债务进行区分。[①]

大多数政府难以收集相对完整的清单，因为风险的呈现过程是支离破碎的。一套担保可能嵌入到教育政策中，另一套则嵌入到住房建设规划中，还有一套嵌入到努力援助小型企业和出口商的消除危机之中，如此等等。担保通常由行业主管部门管理，而不是中央机构。因此，政府缺乏权衡各种风险和跟踪现有风险状况的机制。通过建立数据库，可以集中管理财政部门或其他中央机构的或有债务和某些其他风险。

---

① 除了财政风险矩阵以外，IMF工作人员提出，政府还可以将“财政风险声明”，添加到预算或其他财政文件之中（切博塔里等，2009）。

为了管理财政风险，政府需要两种类型的信息：（1）债务显现之前的风险评估；（2）尚未清偿的或有债务清单，以及那些可能已到期的付款的评估。这两种类型的信息是互相关联的，因为只有政府知道已经面临了什么样的风险，它才会审慎地承担新风险。最佳的、通常也是唯一能够有效限制风险的时间点，是在政府发布担保或将其纳入其他或有债务之前。

评估风险具有内在的困难，因为未来是不确定的，并且多个变量会影响评估结果。在某些时候，历史指标（如违约率或PPPs中承包人的绩效），可以分担评估的任务，但这种信息通常是不可获得的或不甚可靠的。就风险而言，“过去”可能是一种误导。在理想情况下，政府会运用广阔的视角，来全方位评估其可能遭受的损失，并且会估测这些评估对于不同情况的敏感性，从而将新的风险考虑在内。然而，在典型意义上，政府依靠的是点估计，其结果经常是错误的，有时候这种程度的误差会导致政府财政的不稳定。

为了评估未来损失的概率，分辨可合并的（pooled）和集中的（concentrated）风险是有用的。如果大量意外开支中的每一项，对于政府而言，都只有相对较小的影响时，风险就是可合并的。例如，针对住房抵押或助学贷款，提供违约担保。在这类情形中，除了这些巨量的贷款受到系统性风险的危害之外，概率模型都能够建立合理且精确的评估。然而，当风险是集中的情况下，如在PPPs的案例中，概率模型就只能提供非常有限的指导，因为单一事件就可以使政府暴露在非常大的损失之下。评估潜在损失的内在困难，应该促使政府谨慎行事，在签订PPPs或其他集中性风险的合约之前，就充分意识到“坏情况”的局面。

当政府接受债务之后，决定是否承担存在的风险之时，使政府烦恼的是估计的困难，但随着情况变得复杂，政府必须考虑所承担的全部风险组合，而不仅仅是评估特定的风险。现在，尽管许多政府较之十年前具备了更加全面的知识，但甚少有政府拥有充分的信息，来编制合理且全面的或有债务报表，或估计潜在的损失。运用简单的在险价值（value-at-risk）方法[①]，而不是复杂的模

---

① 在险价值是指在一定的时间(t)内，在一定的置信度(比如95%)下，投资者最大的预期损失——译者注。

型，来评估可能的未来损失，对于政府而言是有用的。例如，政府可以将所有已知的或有债务分为四种类型：低程度的（10%概率的损失），适中的（30%），高度的（50%），以及非常高的（90%），然后用这些百分比乘以每一类或有债务的数量，来估计总损失。尽管这是一个相当粗糙的方法，但它易于应用，并使政府对于潜在的未来支出变得更加敏感（欧文，2007）。

估计或有债务和损失，向政府提出了难以解决的问题。对于处理隐性债务的难题，政府没有赔偿受损者的法定义务，但是有时会因为既往的行动，而产生一种强烈的预期。承认或有债务报表上的这些风险，可能会增加道德风险和未来付款的概率。然而，忽视它们就会低估政府面临的风险。

与之相关的问题在于，估计损失的概率，是否会促使政府针对风险而改变行为。例如，公布政府不得不赔偿银行储户的概率数据，会激化银行挤兑风险吗？可以证明，同样的分析也会识别出低风险、资本状况良好的银行，从而增强对金融机构的信心。总而言之，当政府早就存在着弥补损失的法律义务，以及不加以披露就可能增加其风险程度的情况下，政府应该支持提升透明度。

为限制风险的规程创新

信息很少能足以保护政府免除承担财政风险的压力，特别是在出现不可见的前期成本之时。实际上，当政府将担保费（origination fees）记作当期收入的情况下，担保的主张者常常声称，政府正是得益于承担更多的风险。为了应对这些压力，建立诸如限制承担风险和在到期之前就确认可能支付的相关规程，对于政府而言不失为一种明智的做法。但应该注意的是，虽然有最近的创新，但或有债务的处理属于公共财政管理中标准化程度最低的领域，尽管存在着各种已有的和正在演变的报告标准，但是令人满意的处置方法，仍旧有待商榷。

一些政府已经建立了并行的“预算类型”规程，用来限制针对未偿贷款的担保总量，以及在财政年度中发布信息的数量。这些限制可以针对全部担保来设置，或者在行业或部门之间加以分配，就如同直接的预算支出那样。其他的政府则把或有债务纳入其常规预算之中，以便通过等额划分（在收付实现制预算中）或通过估计未来付款的现值（在权责发生制预算中），将担保的数额控制在可用于支出的金额之内。这种方法的转化，会限制对或有债务担保，使之等于未来损失的准备金额。一些国家在其预算中针对损失的支付设置了限额，但当实际损失迫使有更多的支出时，预设的限额往往是无效的。

约束风险行为的规则

不管采用什么方法，在全部财政规则内，通过建立总额控制，进而以中期预算框架来强制执行这一约束，对于限制或有债务而言，都是强有力的方式。诚然，评估未来支付的困难，会损害将标准的财政规则和框架拓展应用于或有债务。

然而，在一个预先设置的限额内，强制性地促使各种担保提议彼此竞争，应该是可行的，这种限额既约束了或有债务的规模，也制约着预计的损失。

1.3.4 政府绩效

财政规则、中期预算框架以及风险管理规程，有助于达成本章早先确定的前两个目标：保持可持续的财政状况、有效地配置资源。绩效预算则有助于资源的有效配置和第三个目标——有效提供公共服务。一整套与众不同的创新，聚焦于改进行政管理和提供公共服务。

某些改革有助于实现这三个目标。为了更有效，这些创新必须与为了改变政府组织的文化和运作习惯的全面管理改进进程相联系。招聘和鼓励员工、现代化信息系统、不断改进的努力、补救发现的缺点之意愿，以及保持更高效地使用资金的能力——所有这些以及更多其他方面，都是充满活力的、有效率的组织和优质服务的实质体现。如果政府不管理结果，那么也不会为结果进行预算。毫无例外，在结果导向预算这一艰巨任务上取得了重大进展的政府，都已进行了公共管理改革。

许多国家通过超过半个世纪的努力，证明了一个结论：根据实际的或预期的结果来分配资源，是非常困难的。良好的绩效不是分配决策考虑的单一因素，也往往不是最引人注目的因素。政治上的和分配上的影响，给这些决策施加了沉重的压力，如官僚的惰性和既往的预算政策。提高绩效的空间，受到再分配障碍的限制，但是在正常时期，几乎所有的政府预算都有一些改进空间。

绩效导向系统的目标，可以扩大绩效提升的空间，并保证资源投入到富有成效的用途之中（参见第7章）。

这些系统具有多种形式，但就目前的讨论来看，可以沿着一个由少到多的定义范围，将它们排列起来。最低的要求是，仅仅要求预算和相关的文件中包含与结果相关的信息。通过将与绩效相关的数据嵌入预算，而不必明确将这些数据与资源配置决策建立关联，就可以满足这一要求。数据可能涉及产出、影响、结果，或从公共支出中获取的其他结果信息。典型的情况是，当然也并非总是如此：绩效数据的增加，伴随着将一些条目细节从预算中被清除掉。我们期待的是，绩效信息的发布，将推动预算决策者根据结果来分配资金。在这个范围的另一端则被这样一种预算所占用，该预算明确地将支出中的每项增加额，与结果中的增加额相联系，并就以下问题加以量化，那就是，将花费的数额变化与通过产出或其他绩效测量中的数量变化进行互相交换。在这个范围内，可以发现将资源和结果相互链接的众多不同方式。①

如果应用准则就可以算作发布了绩效数据，那么众多政府都可以合理地宣称其拥有了绩效预算；但甚少能够将花费的金额与实质性的结果紧密联系起来。依靠既有的实验，我们可以推断出，在那些管理有方的国家和取得些许进步的国家中，绩效预算已经成为标准性的惯例。

关于绩效预算效果的疑问，已经导致一些改革者将讨论的焦点从系统转向了结果，并从政府的广泛视角转向特定的项目和目标。他们辩称，绩效导向改革的真正试验，不应是政府是否拥有正式的绩效预算，而应聚焦于这样一种机遇，即根据绩效实践产生的更优结果来试图弥补各种不足。例如，辍学、标准化考试的学生成绩、识字率的数据，促使政治领导者和教育工作者重新分配教育资金，转向更富有成效的用途，政府可能被说成是基于绩效的预算，即使缺

① 告知式的绩效预算(Performance-informed budgeting)，被经济合作与发展组织和世界银行定义为，用来丰富预算决定可获得信息的绩效信息改革。但它不会自动将结果与资金相联系。参见OECD(2007)和阿瑞兹等人(2010)。

乏一些关键的绩效预算编制要素。这种取向对于低收入国家或许会特别有用，这样的国家一般没有足够的能力去实施完全意义上的绩效预算，而是希望弥补绩效中的严重不足。

信息需求取决于采取的方法

如果缺乏由公共支出产生的预期结果信息，政府就不能依据绩效来编制预算。这些结果通常以量化方式来显示，或者作为产出（诸如人员数量或符合条件的受益人口百分比），或者作为结果（诸如身体健康的变化）。在采用的数据类型和测量结果的类型中，许多政府都会有巨大的差异。产出和结果之间的区别，已经是一个颇具争议的话题，这引导分析者怀疑这些标签是否变得比结果更为重要。一些政府已经构建起将目标、结果、产出、活动以及投入相互联系的框架，并将其纳入一套逻辑序列之中。尽管产出与结果之间的联系很少像这些系统的设计者所声称的那样直接，但这些框架的整体性仍旧令人印象深刻。

政府将更多的精力用于生产绩效指标，而不是使用这些指标。这样一种轻率的假设是不能得到保证的，那就是一旦有了绩效信息可以参考，政府就能够在此基础上来编制预算。如前所述，绩效数据而不是其他因素，在预算决策上常常更具影响力。绩效信息本身并不能告诉政府应该花费得更多还是更少。我们不妨假设，有证据显示，许多学生未能获得基本的教育工具。一种显著的情况是，针对这些教育质量每况愈下的学校，是应该削减还是增加资金配给。要想确定哪种做法更好，就要有定性的相关关系和定量的数据。

在范围的演进逐步走向严格定义的情况下，那种基于绩效信息来进行分配的主张在绩效预算的界定上是相当不准确的。如果一种预算制度能够显示，资源的变化是如何改变结果的，那么这种预算就可以被精心设计用来提升公共资金分配的绩效。然而，这种高标准的版本，产生了一系列不同的问题：政府常常缺乏估计支出边际变化结果的能力。甚少有政府存在成本会计制度，这种会计制度包括：（1）区分固定成本和可变成本、区分边际成本和平均成本；（2）将产出划分到标准单位中；（3）将成本充分地分配到这些单位中。在许多情况下，依靠粗略估计的增量影响，可能就已经足够了，但是致力于利用绩效预算来系统性改进实质结果的政府，则应该考虑升级其成本会计和分配过程。

将绩效纳入预算过程

信息的非对称性困扰着所有的绩效预算系统，因为预算分配者制定决策时，需要依靠资金使用者来获取基本信息。在预算从财政投入转到产生实质性结果的情况下，这种依赖程度开始上升。在运作良好的国家中，中央机构通常有大量数据用来编制许多基于投入的预算；然而，中央机构必须依靠资金使用单位的基本数据，来获取产出量和取得预期结果的成本。为了让绩效预算发挥作用，服务供给者必须向中央机构的官员提供可能危及其预算的信息。实际上，一线管理者通常存在着隐瞒或存储信息的动机和手段，采用符合他们利益的方法，来编造数据和说谎。那些要求更高的绩效预算，就需要将资源和结果联系起来，对于机构存在的问题而言，这暴露了其更多的脆弱性。相对而言，对于那些显示在预算之中却不影响预算决策的绩效数据，机构是甚少有动机去篡改的，但当根据报告的或预期的结果来分配资源的时候，机构就具备了更多的动机。

过程调整可以减轻对机构信息控制的依赖，但不能完全消除它。一个显而易见的解决方案是，中央政府建立其自身的绩效监督和评估通道。这样做可能代价颇高，难以覆盖全部相关的绩效要素，也可能使中央机构的有关人员被部门利益所驱使。相反的策略是各种分权化的决策，如给予一线机构可供使用的资金池，而无须经过中央机构的预先批准。这种方法得到新公共管理理论的支持，该理论认为一旦摆脱中央控制，管理者就有更少的理由去掩饰，也有更多的机会运用其专业技能，并对承担的任务做出判断。然而，如果人力资源管理没有发生根本性改变，对基层管理者绩效的信任就无法保证，因为这些人的利益和观点与那些居于政府中心地位的人士，不可避免地会有所不同。

其他两种过程调整与绩效预算系统相关联：绩效审计和绩效目标，前者目前只在少数政府中获得应用，而后者则得到普遍应用。一些富于创新的政府已然拓展了针对结果审计的财政审计方法。[①]基本理念在于，支出部门必须支持结果报告，这些报告记录证据的方法，和它们编制财务报表的方法是一样的。独立审计师审核绩效报告，以确定它们是否符合可接受的标准。这一方法遇到了实质性的困难，因为缺乏普遍接受的绩效证据标准。

鉴于绩效审计增加了绩效预算的复杂性，通过为详细审查遴选少量指标，在分配资源之前就将期望值具体化，绩效目标可以简化相应的过程。因为主管部门在定义目标中扮演了主导角色，并且只需要关注少量的指标，机构面临的问题就大大减少了。但绩效目标也要为简化而付出代价：其一，绩效的主要元素可能在中央机构的视野之外；其二，因引导管理者专注于绩效的管理方面，而忽视了其他方面，目标可能会扭曲结果。

规定核心绩效规则还为时过早，并且可能并不可行

掌控资源分配或财政数据编制的规则变化，一直伴随着主要的公共财政管理创新。绩效预算是一个重要的例外。它既不在分配中被编码，也不在信息规则中被编码。政府没必要在其预算中青睐高绩效的计划，并且很少按照规定的标准考量绩效。规则的缺失，会在从绩效预算（performance budgeting）向告知式的绩效预算（performance-informed budgeting）的转变中得到反映，前者是流行于十年前的术语，后者是目前更流行的分类。

虽然技术上的困难可能会妨碍与结果证据相一致的分配方式，但主要的难点在于，在将公共资金分配至项目和机构中的时候，需要考虑多重因素。即使政府有能力将项目按照效能从高到低排序，但在向排位较低的项目提供更多支出时，政府总能找到合法的理由。大多数政府能够做的是，将绩效信息与普通信息混合，从而声称它们有绩效预算，即使在未能根据绩效信息编制预算时，也这样声称。

---

① 绩效审计已经被最高审计机关国际组织升级了。在2004年，它发布了“绩效审计实施指导方针”。该指导方针和国家报告参见INTSAI.org网站。

1.4　公共财政管理之基础性构造的现代化

如前所述，主要的公共财政管理创新，集中于特殊性的议题，诸如政府的财政状况、财政风险的管理以及公共支出的实质性结果。缺乏信息和过程的支撑性基础构造，特别是会计和预算框架，以及政府应对需求扩张的管理能力，这些创新就不能成功得以应用。这种基础性构造，必须随着其他改革迅速实现现代化。本节聚焦于会计规则和程序、预算系统的特性以及中央财政机构的作用。

1.4.1　会计结构

会计是公共财政管理系统的基本构件。在管理公共财政中，它能决定许多内容和信息过程的分类，并影响公共财政管理的核心目标，以及在本书中讨论的许多详细议题。它还提供清晰的说明，阐明如何运用权威性的规则转换来自信息的数据；而这种有用的信息转换是至关重要的。同时阐明，这种规则的缺乏又如何影响了具有潜在价值的信息之应用。

政府会计认为存在财务存量和流量这两种类型：在一个财政时期内收到的或支付的资金，以及在财政时期内已获得的资金或累积的债务。每种基础都提供了有用的信息，并且不能相互代替。现金基础记录名义的盈余或赤字、借贷需求，以及政府财政对经济的短期影响。权责发生制则记录政府的资产与负债，以及在不考虑资金实际收到或支付情况下的财政状况。现金基础表示在产生公共服务中由机构所花费的资金；权责发生制表示其已经消耗的资源（更详细的内容参见第8章）。

权责发生制服务于所有主要的公共财政管理目标。它提供更完整的有关政府财务状况的账目，因为其包括了未来时期要支付的未结算债务，但忽视了那些跨期确认收支的会计花招。权责发生制能够改进分配，因为项目或部门只是承担其消耗的资源成本，而不考虑支付发生的账户。类似地，它使管理者变得对成本更加敏感，并且给予了他们更多的激励和机会，使其进行有效的运作。最后，它支持了财政问责制，因为公民可以对公共项目和活动的成本有更清晰的了解。

由国际机构发布的会计和统计报告准则，将权责发生制确定为各国政府财务报告的权威标准。在过去，权责发生制信息是“有了当然好”，现在是“必须有”。针对将权责发生制数据转换成可行的报告和报表，会计规则和程序制定了相应的条款。

但这些对于改变激励措施和行为来说，就足够了吗？例如，基于权责发生制的资产负债表状况恶化，是否能够推动政府改变其收入和支出政策呢？对于少数国家来说，答案或许仅为不完全肯定的“是”。这些国家对于权责发生制的应用，已然不再局限于针对预算的会计报表、针对资源消耗成本和积累债务的财政管理。即使在“前沿”国家里，答案也是有所保留的，因为：（1）几乎所有这些政府仍旧基于现金收付制来报告财政状况，现金收付制基础对于财政和政治政策而言更显重要；（2）根据《公认会计原则》，在权责发生制财务报表中，剔除了重要的政府社会保险和医疗保险债务。只有诸如公务员养老金等合约性义务，才能够在这些报表中得到确认，这种义务中因强制转移支付而形成债务。这种债务剔除的一个重要后果就是，权责发生制难以提供关于长期财政可持续性的预见，而对于政府采取的强化其未来财政状况的政策，也只能提供微弱的激励。

正如在本章其他小节所讨论的那样，这就解释了为什么与预算文件、财政报表相伴生的长期财政预测是至关重要的。支持权责发生制的关键论点之一就是，相比以加速收取税款或推迟付款作为担保，现金的流动性可以视为一种更为有利的财政状况。但是权责发生制也会因改变基本假设而被操控，特别是通过资产估价、人口统计及经济趋势。实际上，当权责发生制被置于多重假设之下时，披露欺诈可能就会更加困难。

在那些针对非现金费用（如折旧）拨付资金的国家中，权责发生制可能无意中损害了财政控制能力。通常认为，机构应该从累计折旧账户中提取资金，来为资产的大修或置换融资。然而，有时候机构将这些资金转移到其他运营用途上，然后寻找新的拨款来替代折旧后的资产。[①]简单的解决方案就是，不能向非现金项目拨付资金并严格把关，禁止机构将非现金拨款用于现金支出。无论哪种方式，权责发生制都大大增加了操作的复杂性，并且可能损害政治家和选民理解政府财政的能力。

对于大多数国家而言，如果使用权责发生制向国际机构报告或满足审计的要求，就不会出现这类问题，但这些问题却出现在那些采用现金流来管理公共财政的国家中。它们在现金基础上编制预算和拨款，即使在支出单位是针对养老金或其他非直接（或间接）项目而支出的情况中，也是如此，这些对管理行为的影响，是难以察觉的。这些费用通过将等价金额添加到每个账户上而得以摊销，但管理者缺乏控制金额的权力——他们对增加或减少金额无能为力，也不能在不同费用项目之间进行抵消。

总而言之，通过前述的应用上的差别，权责发生制对于财务报告来说，是至关重要的，但这只对机构和项目管理有好处。现金对于财务管理也是不可或缺的，因为政府必须支付它的账单，并且需要关注财政和经济之间的互动。

1.4.2　预算结构

在大多数国家中，会计系统框定了预算过程的关键特征，反之亦然。但这两个系统并非完全意义上的互为镜像。在许多国家，政府基于权责发生制来报告财政结果，但很少据此来编制预算，正如在第11章将要讨论的那样。此外，编制预算引发了许多议题，这些议题源自于预算作为分配工具的本质特性，这种分配与账目的形式无关。

关键问题在于，政府是否能够同时拥有福利分配层面的年度预算，以及约束当前决策的中期或更长时期的预算。能够说服或要求政府为了保护国家的财政未来，而放弃权宜性的预算政策吗？这更像是一个政治问题，而不是技术问题。

---

① 当澳大利亚引进权责发生制编制预算时，就面临过这类问题(凯利和瓦纳，2004)。

预算仍然是渐进性分配的手段

从概念上看，往往也可以从法律上看，预算能够分配所有可供支出的资源。实际上，国家预算通常延续所有既有的项目，辅之以增量调整（通常是正的，但有时也是负的）。预算学说和实践之间的不协调，已经引起对更加全面合理的预算系统的长达数十年的追求。这也验证了渐进性准则和行为的持久性，以及根除它们的难度。

当然，偶尔也会出现偏离渐进模式的情况，最可能是当政府获得了意外收入或陷入财政危机的时候，或在政府启动新项目的情况下。支出单位也在不断做出调整，这种调整并不体现在总体数据之中，而是可能产生于预算过程之外。例如，一个机构由于引进新的信息技术系统，可能将产生的空余岗位转移到其他任务上，而不将变化正式通知预算部门。换句话说，预算是渐进的，但不总意味着达到了贴上渐进标签的程度。

现代公共财政管理系统的任务并不是渐进主义攀援而上，而是通过确保增量的最优配置，促进资源从低效项目向高效用途的再分配，从而拓展有效分配的边界。公共财政管理的工具常常被用来缓解渐进的趋势，但不会总成功。为现有项目的评估、政策选项的分析、结果指标以及其他衡量结果，提供理智分配的信息基础，以及中期预算框架的程序和规则，都会鼓励在既有的和正在讨论的项目之间进行权衡。为了取得成功，他们必须预料到渐进主义对国家预算控制力的各种影响。

存在两方面的考虑促使预算参与者倾向于增量分配，即使他们对于预算未能认真审视当前的项目也颇多责难。他们试图控制政治和行政之间的矛盾，并期望按时（或接近预定时间）完成核心任务。支出机构却有另外的动机——保护既得的资源和利益。在过去半个世纪中，无视这些激励措施的主要公共财政管理创新都已经失败了；认识到支持渐进主义激励的中期预算框架则有较好的成功机会。

支出的构成

可观测到的预算范围的综合性，掩盖了它不能涵盖全部支出的事实。在发达经济体中，构建来自政府支付权的长期性立法，拉动了整个国家支出的一半

（甚或更多）。一些强制性的支付以收入补助和其他应享权利的形式注入家庭；一些以收入或支出分配的形式流入地方政府。在所有发达经济体中，较之十年前，这类款项最近占据了国家支出的较大份额。

虽然预算通常并不决定这些支出，但它会考虑到这类支出并偶尔影响其数额。通过与预算周期相联系的项目审查，政府频繁地修改权利性规则，有时候调整金额或者重新定位支付目标。在为数不少的国家中，这种调整已经成为预算分配的常规要素，甚至在稳定的时期也是这样。虽然如此，与预算决策相比，转移支付对人口统计和经济趋势更加敏感。

权益性预算所要求的信息，与通常针对行政预算而生成的信息不同。后者主要依靠支出单位运营细节的大量内部数据。前者依靠外部的数据，主要是社会经济方面的数据，如国家人口的年龄构成、就业水平以及医疗成本的变化趋势。不可避免地，作为应享权利的相对权重增加了，运作细节（项目分解，line-item）的重要性已经减弱，而采用计量经济学建模已经成为国家编制预算的主要特点。

程序与规则的调整，能够增强政治家去规范这些权益的意愿。因为规则覆盖了所有的支出，财政规则可以激励政治家认真审视当前的应享权利。当然，财政规则只有在付诸执行时才能发挥作用，而执行并不总是一以贯之的。或许让政治家们减少其应享权益，并将之作为预算决策过程的一部分，也会改善相应的激励效应。

1.4.3 核心财政体系的功能

公共财政管理的运作，发生在公共管理的各个层面，并遍布于多种行政实体，包括审计办公室、负责维护政府会计与管理现金流及债务的单位。在此需要关注的是居于政府核心地位的实体，这些实体管理预算和相关财政过程，并委之以受托责任。

宏观经济管理

普遍认为，除非各国政府有能力为预算期间或之后设计关键的经济指标，并估计收支预测的影响，否则就难以负责任地管理收支。经济预测很少是准确的，但如果变化较小或如果政府能容易地加以调节，错误产生的后果也就相对有限。但这些有利条件在低收入国家是非常罕见的，这类国家的经济和预算极不稳定。一些财政紧张的国家实行的是重复预算；它们一年编制若干次预算，以应对最近的经济或财政新局面。[①]在大衰退（Great Recession）时期，一些发达经济体也有过相似的经历。在一年中，因债务飙升导致额外赤字和风险，不得不重新编制预算。

发生错误的风险，不仅体现在预测经济的未来中，还出现在收入、支出、赤字以及经济条件变化的其他预算变量之敏感性中。虽然政府的经济学家和外部专家经常发表相似的经济预测，但他们有时在财政总量方面的预测却明显不同。在某些时候，机会主义的政治家可能不适当地发表乐观的预测，这使一些人认为应该指定独立的专家负责经济和预算预测，以作为政府的预测基础，或者作为政府的替代选择。由于正在努力贯彻财政规则的施行，这个问题变得越来越突出。

对中央财政机构的挑战

对独立专家的依赖，只是当代对中央预算机构权威性的挑战之一。其实直到不久前，财政部（或类似的实体）在预算和经济政策方面并未受到挑战。这些机构几乎垄断了财政数据和分析，媒体很少委托专家监督经济和预算的发展，有组织的团体则缺乏专门知识来质疑政府的假设。在大部分议会制度中，这种情况是必然的，立法机关对政府提交的预算，很少改动甚或不改动。然而，在许多国家中，如今的情形已然相当不同——越来越多的立法机关组织了自己的预算经济分析团队，并对预算采取实质性的修正（魏纳，2006，2010）。另外，在许多发达经济体中，利益集团、媒体以及独立专家都在认真地监督预算。

财政部也面临政府其他部门和有关人员的诸多挑战——这些挑战来自于：可能更接近权力中心的负责出台统辖政策的人员；拥有自己专家的内阁和各部部长；中央计划的国家中，针对预算和其他政策议题，提出不同观点的国家规划部门的人员。最后，在许多国家中，中央财政专家的设想和政策建议，目前

① 重复编制预算的概念由凯顿和威尔达夫斯基(1974)引入。

往往受到利益集团和非政府组织的质疑，这些利益集团和非政府组织拥有自己的财政政策专家。

与过去相比，财政争论更无头绪且更为喧闹，但在民主责任制方面，无疑已经取得了重大进展。许多事情变得更加透明，可以质询掩盖在层层复杂假设之下的财政数字，还可以曝光令人误解的或错误的公告。财政部门已经放宽了一至两个等级的接待问讯的门槛，并且现在有了旗鼓相当的竞争对手，但是在财政政策方面，财政部仍然是主导者，特别是当危机发生且政府必须为迅速行动而进行动员之时。

自上而下的预算和政策导向

中央财政机构以两种看似不同的方式同部门和机构相联系：一种是通过“自下而上”的预算支出计划审核方式，另一种则是通过“自上而下”的政策指导方式。尽管被划分为两种截然不同的方法，但是元素共存于所有资源分配系统中，原因在于双方各自拥有对方想要获得或者需要的某些事物。顶层的部门控制着资源的分配，而底层的部门掌握着合理分配资源所需要的信息。这种相互依存的关系既会带来合作，也会产生矛盾，在不同的年份，权力平衡会受财政和政治因素的影响而发生转变。

自上而下与自下而上两种预算模式的区别，还体现在财政总量是在支出需求数额递交之前还是递交之后确定。在纯粹的自上而下方式中，中央财政机构会在过程开始阶段就设定明确的总支出限额，并将支出额度分解到各个部门及支出机构，各个机构必须在预设的限额之内上报资金需求。这一预算形式替代了自下而上的方法。在自下而上的预算模式中，支出机构提交的预算需求数不受约束。为了确保实施预先设置的限额，一些国家正式地将预算工作分为两个单独的阶段。[①]在设计框架阶段确定自上而下的限额，在评估或拨款阶段对限额内的预算需求数进行审查。

转换到自上而下的系统，不仅仅包括提前发布财政指南，它还要求中央机

① 瑞典在1996年采取两个阶段的进程。在第一阶段，政府设定总的支出上限及27个部门和基金的次级上限。在第二阶段，政府提交预算并且由瑞典国会（议会）对拨款进行投票。

构剥离一些以前执行的职能，重点关注财政和其他政策性事项。然而，应该注意，取消详细的支出监督，可能使预算办公室没有足够的信息来制定预算，并且缺乏足够的工具来管理国家财政。当中央机构的角色从支出控制者，转变为财政和分配绩效的良好促进者时，如果未能顺利建立起新的角色和关系，它们就会面临着损失权力和地位的风险。

中央机构的角色和能力

在努力改进分配的过程中，中央机构的天然角色是致力于项目评估和政策分析、审查当前项目的效益以及探索新项目。关键的问题是，对评估是应该履行集中责任，还是依靠行业部门进行各自的评估。这两种过程都不是特别有前景。不管雇用多么好的职员，中央机构都无法像支出部门那样，容易感知到政策和政治上的细微差别，且极具敏感性。分散化评估有其自身的缺点，植根于各部门保护其计划的本能，这一点是易于理解的。走出该困境的一种可能方式是，由中央机构监督评估过程，由部门具体实施评估。智利使用的一个有效方法是，中央机构运用已实施的评估进行预算资源分配，同时还委托相关人员进行深入研究，而这会影响未来的预算安排。

中央机构还必须明确其在设计和运用结果或结果导向的指标及目标方面所发挥的作用。如果部门具有完全的自由裁量权，它们会非常倾向于选择以本部门活动为目标导向的措施而非选择政府的目标，并且会选择易于达到的、不需其改进绩效的目标。不过，中央机构不能单方面地落实措施和目标；理想的情况是，它们应该与部门协商，针对措施提供建议，并促使后者生成准确的、相关的数据。

然而，至少在两种情况下，来自中央的强有力的领导可能是颇受欢迎的，甚至是必要的。一种情况是，优先级别高的跨部门项目或政策，需要中央领导来协调行动并监督进展，从而实现政府目标。政府的社会议题通常属于这种情况。另一种情况是，由于经济危机或者政治倾向的重要转变，政府要实施基本审查，目的在于使部门和规划发生显著变化。这些审查必须由中央来领导，至少是设定支出目标及国家的优先项目，并且监督结果，尽管实际的审查可能会分解到各部门执行。

中央部门还可以扮演一种管理角色，来促进公共服务的有效运作及供给。该角色一方面需要对主管部门的良好管理实践提供指导；另一方面还包括建立产出和效率目标，以促进经营单位改善绩效。同样，中央和运营机构之间工作和权力的分工，可能不甚清楚或存在争议，尤其是在政府表示已经将管理自由裁量权移交给下属机构的情况下，更是如此。

1.5　改革公共财政管理的关键议题

大部分公共财政管理创新始于发达经济体，之后逐渐推广到那些经济不发达、公共管理系统不完善的国家。最初开始创新的国家往往比跟随者取得更大的成功，但是它们从公共财政管理现代化中所获得的边际收益必然是较少的，因为它们已经拥有了成熟的公共财政管理系统。公共财政管理一直是一项正在进行中的事业，其动力来源于对现有方法的不满意，或者是希望新的规则、过程和信息（这是影响参与者行为和实质政策的三种手段）会带来更好的结果。

作为一项进展中的工作，公共财政管理必须解决大量的问题，这些问题将形成未来改革的动力。一组问题涉及公共财政管理改革的核心，即信息、过程以及规则的调整，是否足以改变参与者的行为及其所产生的结果。该问题出现在特定公共财政管理创新的讨论中；问题的完全解决需要综合的评估，评估分析工具是否应该转变为决策规则。另一组问题属于公共财政管理实践在欠发达经济体中的应用问题，这些实践由发达经济体设计，并推广到还不具备完善管理能力的欠发达经济体中。最后一组问题起因于目前仍然得不到解决，并且对很多国家造成影响的财政危机。1.6节里讨论了这个问题。

1.5.1　手段能改变行为和公共财政管理的结果吗?

调整信息、过程以及规则是早期确认的转变公共财政管理的三个手段。前两个手段通过改变激励和行为来发挥作用，第三个手段通过限制公共财政管理行动和决策来产生影响。由于这些层面的创新有限，尽管公共财政管理已经促进了大量的改革，但其改革工具有限，不足以产生所设想的深远影响。因此，考查每一个手段及其与公共财政管理核心目标的关系是有意义的。

信息

新信息不是天生就具有改革能力的。它可以将新的观点和视角展示给政治和管理领导者，并鼓励他们偏离现有的政策，即使保持原有状态是有利的。作为选择，这些领导者可以忽视、保留或改变这些挑战现状的信息。他们可以使用赤字或债务预测促进财政整顿，或者忽视这些警告信息，并做出会造成未来赤字和债务增加的决策。决策者可以为上述任何一种行动找出正当理由，但艰难的决定通常会产生更多的矛盾，即便决策所依据的信息是公共财政管理改革所产生的。当允许新信息引导预算政策时，将会产生政治和治理成本。

当政治家和管理者不是关键信息唯一的生产者和使用者时，公共财政管理改革的道路会更加平坦。至少存在其他三组有影响力的使用者，有潜力促进公共财政管理信息的使用。第一，是自主机构，例如审计部门或独立的财政机构，可以保证关键信息的权威性和客观性，从而使得政府难以忽视财政现实。当诸如媒体和利益集团之类影响力的塑造者关注于此时，这个方法可能是有效的。第二，国际和区域组织可以迫使矛盾重重的政府采取行动。第三，市场参与者可以在政府未能成功响应相关信息时，要求更高的风险溢价或拒绝购买公债，这也会带来政策的改变。受金融危机影响最严重的一些国家忽视了第一组信号，没有收到或回避了第二组信号，而被第三组信号推动采取行动。明显的教训是，市场往往发出最强烈的声音，但忽视了前两组信号可能会对政府的财政状况带来不利影响，并迫使它做出更困难的财政调整。

过程

过程改革迫使实施规定的公共财政管理任务时，必须使用某些类型的信息，并规定各种程序要求。所有过程改革的关键问题是，新的程序是否会改变行为，还是仅仅被视为政府为了履行形式上的要求而不得不完成的琐事。相比新信息，政治家和管理者更加难以忽视新程序，但他们可以将任何实用的创新过程，视为一种对决策影响不大的技术实践，从而一带而过。和新信息的情况类似，公共财政管理改革的命运掌握在使用者的手中。

通常来说，改革者难以认识到那些被政府采用的公共财政管理创新在实践中是如何应用的。如何区分一个中期预算框架仅仅是起到粉饰作用，还是能够有效地重塑财政和项目决策呢？公共财政管理创新的外表可能具有欺骗性。想要维持现状而又声称信奉变化的政府，可以通过建立独立于进行中的公共财政管理改革工作之外的专门机构来管理改革，从而实现看似矛盾的目标。其他技巧包括通过旷日持久的试点试验来运行新的过程，或者坚持在实施的初始阶段就努力设计出完美的信息和测量体系。这些策略通常被外部资助方视为承诺和进步的一种表现，但它们的实际效果是阻碍了改革。

在缺乏强势的支持者来调动兴趣和支持并清除政治和官僚障碍时，这种程序创新很难取得成功。可以证明的是，理想的拥护者应该是政府高层，但政治领导者很少会在公共财政管理改革启动后继续参与下去。虽然他们从一开始可能就认同改革，但在实施期间他们几乎不会参与。在这一阶段，利益受到威胁的群体可能通过诱惑或排挤改革者来推翻创新。

引进新程序使得政府面对一个困难的问题：在现有程序中，应该取消或者改变哪些要求，以适应新的程序？一个具有吸引力的选项是同时运行两套程序——新旧程序并行——直到创新被充分接受并采纳，从而形成政府管理其财政的单一过程。这个策略的主要困难是现有的和创新的方法不太可能处于平等地位。如果管理者意识到原先存在的系统仍然是主要的运作方式，他们会摆脱创新，这种情况常常发生。一个看起来风险更大的方法是，清除旧的（当它与新的程序不相容时）并采用创新的公共财政管理程序，即使它们还没有经受充分的考验或未被那些必须使其正常运作的人所接受。大部分创新性的政府会将旧程序和新程序的元素结合起来，但这增加了工作和信息负担，并可能引起对改革的异议或对政府承诺的质疑。缓和这些矛盾的一个方法是，在采用新程序时，剔除一些较旧的特性，从而显示出创新是持久性的。即使是在有利的环境下并且执行得当，程序创新也可能仍然是不够充分的。虽然过程可能是新颖的，但其管理者的行为没有变化，或者由此产生的结果还是老样子。

规则

于是，改革者可能会采用公共财政管理的最终手段，将较好的程序编撰到规则中来，公共管理者必须遵守这些规则。权责发生制是这种规则之一，财政限制是第二种规则，某些时候中期预算框架可以算作第三种规则。目前，相当多的潜在规则——自由的程序性创新——可以被表述为对政府行为的约束。下面提到的各种可能性，仅仅是为了说明规则的潜在范围，并不是提倡采用它们：（1）跨期的财政约束，禁止那些会造成长期财政平衡恶化的支出（或收入）政策变化；（2）对或有债务数量或成本进行限制的明确的财政风险规则。这些潜在规则有望解决当代公共财政管理实践中能被感知到的缺陷：跨期规则将抗衡短视的预算政策，而财政风险规则将削弱政府将风险视为无成本或成本小于直接支出的倾向。

所有拟议中的规则，包括在此提及的这些，都有潜在的优势，其中最具说服力的是，它们不会像强化的信息或新程序那样容易被忽视。尽管如此，在将程序创新转化为决策性规则的过程中，政府应该谨慎行事。谨慎是妥当的，因为规则会限制民主选举出来的领导人的自由裁量权、僵化公共财政的管理，往往会增加信息和工作负担，并且打开通往无效率或有害政策的大门。并不是每一种分析工具都应该被改成一项决策规则（希克，2009b）。想要成为规则制定者，就应该考虑一项规则在实行之前可能会面临怎样的失败风险。前述的两个演示性规则，就其自身的条款来说，都能够讲得通，但是它们可能会产生相反的结果。

跨期规则依赖于高度的不确定性，也依赖于有关利率、预期寿命、医疗保险的使用和通货膨胀的趋势，以及有关其他变量的不稳定的长期假设。这种规则对于贴现率是高度敏感的。运用预测来告知决策者当前财政承诺的潜在代际影响，与使用它们来限制当前的政策选项之间，具有很大的不同。考虑到构建长期预测时，关键假设失败的可能性以及缺乏普遍接受的方法，强行实施代际规则为时过早。

财政风险规则需要关于未偿还和已提出的或有债务的广泛信息；关于预期违约、追回款及其他相关变量的、有充足依据的假设；以及对未来成本的估计。一些政府有能力编辑相关的数据并做出可靠的成本估算，而很多政府做不到这一点。

为了使规则有效，创新必须基于信息和过程，而不是替代它们。在公共财政管理中，如同其他领域一样，当政府通过正在实施的程序来确保信息的可靠性、完整性及相关性，并利用该程序编制和应用相关的数据时，规则就是有效的，这些嵌入的程序可以保证所采取的行动是明智的。只有当政府对于更好的信息和过程不起作用的原因有了很好的把握时，才可以采用刚性约束的规则。

1.5.2 排序很重要

即使并不存在适合所有时间和地点的正确顺序，排序依然是很重要的。引进公共财政管理创新存在适当的顺序吗？在评估政府是否适合引入先进的公共财政管理实践时，应该使用什么标准？简单地说，是在最好的和基本的实践之中进行选择，一方面是跳跃式的创新，另一方面是使用构建模块式的方法。不论是改革的内容还是其实施的方式，均存在很多介于“最好的”和“基本的”之间的选项。

本章已经重点关注了健全的公共财政管理系统的要素。这些要素的数目和种类给许多国家带来了严峻的挑战。对那些在现有实践中存在严重缺陷的国家来说，什么才是实现公共财政管理现代化的正确战略？问题会涉及许多方面，包括评估每个国家公共财政管理缺陷的方法，以及各个国家为改革所做的准备，改革项目对盟友和支持者的依赖程度，行政单位承受变化的能力，当添加新信息和程序要求时应该如何艰难抉择、去除哪些旧的信息及程序，发起成功的改革运动所需要的资源，政治领导者应该投入多少精力，以及公共管理者和员工的积极性和技能。这些和其他问题都非常重要，因为错误的战略会使设计理念良好的创新变得失败，即使一开始这种策略受到政治和管理上强有力的支持也不会成功。以作者的观察，那些颇有希望的改革因实施中的失误而最终失败的比例，要高于因设计的问题而导致失败的比例。因为对约束条件不敏感而导致失败的比例，要高于因为未能利用机会而导致失败的比例。

许多（或许是大部分）实施问题是因各个国家而有所不同的；解决这些问题需要了解一国的政治和治理文化、当前的公共财政管理实践以及关键参与者的利益和观点。对于面临复杂的约束和机会而又必须寻找适合自己道路的国家而言，一般化的建议难以提供太多有用的指导。但是在许多国家广泛存在的两个问题，已经在实施公共财政管理的国家中引起热烈的讨论。

第一个问题是：有多种公共财政管理缺陷的政府，是否应该在诸多方面同时进行改革，还是应该看准时机选择特定的改革。第二个问题是：是否存在从一组创新到另一组创新的合乎逻辑或必要的发展过程。第一个议题属于工作量的问题，即一个国家同时管理多种创新的能力；第二个议题属于排序的问题，如果一个国家不能执行更简单的任务，那么它掌握先进公共财政管理技术的能力如何。很多改革失败的原因在于，脆弱的治理部门所面临新挑战的数量超出了其处理能力，或者是给必须执行新任务的人员带来困惑。显而易见的解决方案是将改革与能力相匹配，即使这样做会放缓创新的步伐，并且会在新的实践完全落实之前，就面临丧失兴趣和支持的风险。将改革与能力相匹配，说来容易做来难，因为改革者在国家能够进行改革的范围这个评估问题上往往存在着分歧。此外，改革者——包括国家高级官员和外部专家——有承担更多创新的强烈动机，而不是谨慎行事，有时是因为这可以提高声誉或加速这些改革者的事业发展，有时是因为他们感觉到有必要尽快修正重大缺陷。

选择正确的顺序甚至是一种更严峻的挑战，因为这会为一个尚未解决的争论敞开大门：存在缺陷的政府，是应该通过谋求最先进的创新，还是通过采取渐进的能力建设战略，才能得到更好的发展？多年来，作者敦促公共财政管理存在严重问题的国家，首先要强调基本能力建设，之后再以此为基石，来实现更具吸引力的创新。这个论点在公共财政管理平台中已经获得推动。平台集成了各种改革，并将之按照从基本到高级的顺序进行排序。当一个国家在较低的平台上掌握了技能时，它可以跃升到下一个更高的平台，从而克服能力限制，使它为雄心勃勃的创新做好准备。

在实践中，平台可能是相对真实情况而言的一种隐喻，因为有时它们就像是常见的、用于安排活动的时间表（或里程碑），特别是在2~5年的时间内。强调基本的战略并不是失败的借口，对那些公共财政管理问题根深蒂固的国家而言，这是通往成功的唯一路径。

1.6 来自于全球金融和经济危机的教训

公共财政管理在很多国家经受了2008—2009年的金融灾难及其余波的考

验，这轮危机中断了根深蒂固的惯例，并将财政盈余转化为赤字，或将相对较小的赤字变成更大的赤字。财政规则被漠视，而且未能为面临经济停滞或下降的政治领导者提供约束或指导。为了应对短期压力，时间范围被缩短了，甚至正在实施中期预算框架的国家也是如此。危机形成之前被无视或低估的财政风险都成为现实，并且各国政府都在努力稳定公共财政和经济状况。虽然没有进行决算，并且还不知道产出损失的全部成本及公债的增加量，但现在就着手评估危机的程序和政策影响是符合时宜的。一些国家及超国家机构，尤其是欧盟，已经对公共财政管理规则和系统进行了调整，而且许多其他国家有可能跟进。

尽管对于解决危机的步骤一直存有争论，但还是应该尽早探索避免下次危机的改革。这一节旨在引发新的见解，而不是为了敲定那些尚不成熟的最后结论。观察至今经历的危机，有哪些教训可以指导下一轮的公共财政管理改革？本节提出了三个相关的假设，这些假设可能为这些改革阐明需求。前两个在公共财政管理范围之内，第三个则涉及更广泛的经济和金融问题。第一，公共财政管理惯例是用来应对普通的财政和预算条件的，而不是应对因管理不善或财政体制崩溃所引起的动荡，也不是为了应对随之而来的、对各国政府改善严重失衡状况的能力缺乏信心这一状况。第二，在危机之前的正常时期中，现代化的公共财政管理工具组合失效了。第三，危机主要出现在财务治理的其他领域里，例如私人债务的积累以及轻率的风险积累，而不是出现在公共资金的管理中。接下来的部分将介绍与这些论证相关的案例。如果是合理的，它们得出两个主要的结论。第一，在危机之初及之后的大部分时间里，公共财政管理主要是个旁观者，但在危机发生之前的年份中，它的失败是导致之后危机的重要原因。第二，补救公共财政管理的不足，将会促进经济的巩固和财政的恢复，特别是在受影响最严重的国家中更是如此。然而，未来的改革必定拓展得更广，并且要考虑经济状况和金融市场。

经济最发达的国家同样受到危机的困扰。不同的经历支撑了如下观点：与能力较弱的国家相比，公共财政管理系统健全的国家，更有可能逃脱严重的财政困境。然而，值得注意的是，一些受到严重影响的国家，如冰岛和爱尔兰，在危机爆发前似乎已有了稳健的财政状况和良好的公共财政管理系统。这种异常表明，需要勇于跳出公共财政管理框架，去评价和保护政府的财政状况。

这一部分包括两个看似矛盾的观点：一是巩固财政管理不是一个防震系统，二是公共财政管理会对财政和预算结果产生影响。以下的各部分从三个时间角度考查公共财政管理——危机中、危机前和危机后。

1.6.1 危机：财政冲击和惯例的崩溃

第一个假设是，在危机期间，公共财政管理很大程度上是无关痛痒的，因为它从来就不是应对冲击的。正如贯穿本章所讨论的那样，在正常时期公共财政管理惯例年复一年地使用着，很少有变化。危机期间，惯例无法正常发挥作用。糟糕的财政状况迫使受到严重影响的国家放弃稳定的惯例，并拼凑出临时的程序来应对危机。一些国家在应对最新预测或资本市场的混乱时，被迫在财政年度内编制多次预算。一些国家用财政部（或其他中央机构）紧急拼凑的方案代替正常的预算，取消了通常情况下应该有的支出机构和公民团体的参与。在超国家权力机构的压力之下，政府提出或颁布了针对现有规划和已承诺福利的机会主义式削减方案，并且通常不会对财政或社会经济效果进行有效的评估。

公共财政管理的主要创新难以同危机催生的临时过程相适应。当赤字和债务多到失控，并且政府没有将其控制在预设限度内的有效手段时，强调财政规则的完整性几乎是没有意义的。在短期到中期的时间内，弥补实际的和基于规则的赤字及债务之间的差额，在同等程度上依靠于经济绩效和政府绩效（或许更多地依靠经济绩效）。纠正国家财政问题的压力更多地来自于资本市场和国际社会，与之相比，那些反映预测的赤字水平超出规则允许程度的数据影响较小。未来财政结果上的可信承诺，可以使资本市场恢复信心，但是当经济萎缩、失业率飚升以及每条经济新闻都迫使债务和赤字预测向上调整时，想对规则赋予足够的信任度是极其困难的。

当经济和财政状况恶化时，中期预算框架和危机前的预测会被忽视或无视。当政府不能继续遵守为当年或下一年制订的预算计划时，也就不能保持下一个3~5年的稳定方向。危机前就有中期预算框架的国家会继续这样做，一些是出于习惯，一些为了表明此后财政状况会改善。然而，公平地说，与中期预算框架相比，每一个国家其财政的未来更多地依靠于政治和经济的发展。不确定性是多年度预算计划的常见问题，但是当经济前景布满危机的阴云时，问题就会更多。

危机已经迫使政治领导者和高级管理者进行储蓄，无论他们能在哪里找到资金。在对截止期限敏感的预算削减者的“待办”清单中，绩效指标和项目预算并没有排在前列。在这些系统上投资（如在部分国家所发生的那样），会把注意力从关键任务上转移开，并妨碍危机处理。在一些情况下，要反映一国真实的财政状况，必须考虑基本的公共财政管理改革，但是改进财政报表的可靠性和及时性，比编制精巧的绩效预算更加急迫。

有充分的理由相信，处理危机比忠于财政规则、使用跨期的预算框架、引入绩效预算更为重要。现代公共财政管理显示其潜能的时机尚未成熟。然而，随着条件的改善，当代公共财政管理议程可能会在改进公共资金管理方面发挥建设性的作用。然而，为了实现这一目标，公共财政管理改革者必须认真审视他们宝贵的创新是如何发挥作用的，以及怎样调整那些不符合期待的特征。

1.6.2　危机发生前：公共财政管理的（非）黄金时代

之前提出的第二种假设涉及危机发生前的年份，并指出有如过江之鲫的公共财政管理创新并没有产生预期的效果。从危机的视角看，回忆之前的美好时光是困难的。几乎所有高收入国家在新千年初期都经历过持续增长。在公共财政管理改革的前几十年中，呈现出从发源国家开始到各大洲诸国的良性蔓延。

蓬勃的经济发展和强大的公共财政管理系统，本应该在危机发生前的年代产生良好的财政收入。回首那个时期，相当多的国家面临财政赤字，且未能减少公共债务负担。在欧洲经济与货币联盟中，有超过2/3的成员国在2000年到2007年期间一次或多次地违反约定的财政限额。实际上，欧元区和经济合作与发展组织体作为一个整体，在那些年中的每一年总体财政都是赤字。在缺乏政治、经济或市场约束的情况下，政府通过分配其发展红利和借款，来维持或扩大其预算范围。在这个危机来临前的良好时期，种下了使未来财政陷入困境的种子。

如前所述，公共财政管理改革依靠三个工具——信息、过程、规则。很明显，在危机之前信息是不充分的。大部分发达经济体对它们的财政状况、项目结果以及机构绩效的了解程度，要好于一二十年前。但是丰富的信息是否对政策和结果产生了显著的不同，这一点是值得怀疑的。充分了解信息的预算决策者和低水平预算并存的现象，应该促使改革者重新审视其假设和预期。新信息必须与旧信息进行竞争，以便在拥挤的财政日程中获得关注。多数新公共财政管理信息具有扩大矛盾的特征，这类信息经常被忽视或者被转移。基于信息的战略会受到委托代理问题的影响。

通过改进过程来改变动机和行为，构成了接下来的冲击，但是由公共财政管理改革所提供的激励机制，与那些嵌入惯例性实践的激励相比，从本质上说是相对较弱的。危机之前，改变的动机是很小的，容易获得资金，利率也低，并且有丰富的资本。政府花掉了经济增长的红利和更多其他资金。

政治家和管理者有多重且往往相悖的动机。如果政治领导者遵守财政限额时会得到选民的奖励，不遵守时会受到惩罚，那么在这样的预期下他们会采用严格的财政纪律。然而，设想一下，倾向于在财政上严格遵守纪律的选民也会希望有更大的项目和更多的福利。因为削减项目的影响要比削减赤字更加明显、迅速和直接，所以政治家有忽视或者取消财政控制的动机，并尽可能满足选民的需求。实施中期预算框架的部分原因在于如下设想：部长和管理者会有动力将资金从效用较小的用途再分配到效用较大的用途上。然而，回避责任的政治家和管理者有更充分的理由维持现状，即使最终的结果低于预期的分配水平。问题不是动机并不重要（事实上，动机很重要），而是政治家和管理者被矛盾的动机所困扰，有些超过了公共财政管理的范围。

被忽视的信息和不恰当的过程及动机，为我们带来了改变行为和结果的公共财政管理终极武器——约束政治家和管理者的正式规则。在公共财政管理框架内，关于财政政策的规则是最普遍的，但很少用于绩效预算。中期预算框架有如同规则那样的特点，但只在很少的国家被严格执行。正如之前所讨论的那样，中期预算框架可以有一个内置的规则，即“硬约束”，对当前预算来说较容易实施。然而，其对于未来的预算问题却较大，因为当一些政府将中期预算框架滚动到下一年时，它们已经倾向于按惯例提高支出上限，将年度外的支出上限作为底限对待，并且做出过度乐观的预测。

财政政策方面的规则是最为流行的，但是进展得最慢。除个别情况外，具有国别特色的财政规则并不区分经济周期的增长期和收缩期。当条件较差时，不会强调纪律，因为经济需要刺激；在经济状况非常好的情况下，也不会强调纪律，因为增加的收入和借款充足并且利率较低。

来自危机的重要教训是规则必须是灵活的，以适应变化的经济环境。当经济上涨并且约束似乎是违反直觉时，为了发挥作用，必须约束收入和支出政策。需要在过程中尽可能早地对国家预算进行更严密的监控，以阻止财政上的轻率政策，并使受到影响的政府采取矫正行动。每个国家必须在监控和强制执行总量限额方面，找到适合自己的方式。一些国家已经建立了若干独立的机构，其他国家在未来可能会跟进这种发展趋势。一些国家已经在它们的宪法里嵌入新规则和程序；其他国家依靠普通法律或超国家的规则。

最困难的问题之一是如何对违反规则做出反应，既不能太软弱和随和，也不能太过强硬和执着。通过数值规则确定的自动调整，似乎是应对政治压力的一种可靠的矫正方法，但是它们可能迫使政府做出损害国家经济发展或社会政策的行为。健全财政政策的关键是那些能够强化谨慎政治决策的规则，而不是排挤政治判断的规则。平衡执行和判断总是困难的。最近的经验教导我们要更看重执行，但也不能完全忽略判断。

然而，当通过管理盈余或减少公共债务而使经济上涨时，一小部分经济发达的国家确实会实施纪律。在这些国家中，一些国家仅仅受到经济大衰退的轻微影响，但其他国家则受到它的破坏。找出不同国家之间的差别，对于设计下一代规则是必要的。

1.6.3　危机之后：下一次危机能避免吗?

最后一个假设是，危机在很大程度上源于公共财政管理以外的进展。因此，如欲避免未来的危机，改革也需要延伸到公共财政管理之外的措施。

对信息的改进是要不断进行的。应该填补数据或财政事务分析中的空缺，但是认为政府只要拥有更好的数据就能制定正确的决策，这种想法是很天真的。数据是促成事情成功的因素，但是必须伴有使用这些数据的意愿。过程是重要的，但是它们必须与源于政治习惯和环境的强劲动机做斗争，并且不能轻易地被公共财政管理的程序调整所操控。政治承诺可以加强财政规则、中期预算框架以及基于绩效的分配等方面的有效应用。这种承诺解释了为什么一些国家只受到经济大衰退的轻微影响，而其他国家则受到了它的严重破坏。规则可以为那些想要做正确事情的政治家和管理者提供支持。但是他们不能在本无承诺之处虚构承诺。

大部分国家处于这两个极端之间；领导者恪守成为国家财政好管家的承诺，但是政治和预算压力似乎成了阻碍。在这些国家里规则可能会有效，但是只有在它们被很好地制定出来、内部化（视为良好且可行的）并且被执行之后才可以。在下一代的财政规则中纠正当下设计中的缺陷，应该包含将名义上的措施转变为周期调整的措施、将时间框架延伸到一年以上、对支出进行限制以及加强监督和执行。中期预算框架改革可能包括强硬的财政约束，以防止将本年的限额作为下年的底限，更要注意年度外的经济预测、受限的应急储备金以及预算分配中对抗渐进主义的新手段。在资源和结果能用规则结合在一起以前，绩效预算需要大量的准备。

由于衰退和危机的破坏，更好的财政规则保证了其在公共财政管理议程上的首要位置。但是最后的一个假设会导致这样的结论：尽管高度令人满意，但健全的财政规则还不是足够。在危机之前能够较好遵守限额的部分国家，仍受到了金融风暴的破坏。国家报告的财政状况并没有充分说明它所面临的财政风险。在当前的预算和会计规则下，报告的状况也可以被视为财政冰山的一角，能够被看到的部分掩盖了预算线以下的部分。财政的冰山一角有时并不是主要部分。财政危机所具有的摧毁性效果，是由预算线下的风险而引起的。当金融机构倒闭、失业率飚升、房产所有者拖欠政府资助或担保的抵押贷款时，一些风险被政府以到期的直接或者或有负债形式所化解。大量的风险是系统性的，并且是经济趋势和状况、资产泡沫、家庭和企业债务以及衍生品的量级和结构的函数。

通过预算和会计规则的变化，一些具有创新性的政府使它们的直接和或有债务变得更透明，一些政府将它们整合到预算表和财政限额之中。然而，很少有国家在将财政命运和非政府性的风险类型、量级相关联方面取得较大进展。但是，有的风险可能会把轻微的衰退转变成一场危机。对本部分开头问题直截了当的回答是，下次危机不会仅仅依靠财政行动就能避免。必须在风险进入公众视线之前，设计出新的方法来确认和涵盖私人部门的风险。

1.7 结论

现代公共财政管理是一个合乎逻辑的结构，它将本章中讨论的三套理念相互关联起来：核心目标、有效的手段以及创新。这个架构建立了主要的公共财政管理创新和议题，并揭示了当代公共财政管理改革的几条突出线索。

第一，在追求每个公共财政管理目标的过程中已然有所创新。公共财政管理改革已经向各方面推进，尽管取得的成效不尽相同。然而，正如已讨论的那样，全面的改革较为困难，它会给掌控公共财政管理系统的官员带来过重的负担和困扰。第二，各种改革服务于多样的公共财政管理目标。第三，已经展开全套的手段来推动每个目标。单纯依靠信息无法确保实现任何一个目标。虽然所有的手段都促进了公共财政管理过程中的调整——主要是新规则的实施——但对三个手段的依赖可能阻碍公共财政管理改革的进程，特别是在增加新要求并没有对应减少旧规则和程序的国家中，更是如此。

公共财政管理改革的目标是，通过改变分配公共资源和管理政府计划及实体的那些人的行为，来改变实质的结果。相比财政规则，公共财政管理更重视可持续的公共财政。规则仅仅是改变政治家动机和行动的手段。中期预算框架真正检验的不是预算决策所覆盖的年份，而是决策者对未来的考虑。绩效预算强调测量，但是真正有价值的考量是公共服务的实质性影响。因此，通过思考改革者的期望是否有保障来总结这一概述章节是合适的。

信息和程序是否足以按照公共财政管理改革者期望的方式来改变行为？例如，建立中期预算框架会促使短视的政治家关注未来吗？政治和管理层面的领导者在管理财政总量中会更守纪律吗？会更关注政府财政状况的长期稳定性吗？他们会根据项目实施的效果来分配增量资源，并对现有资源进行再分配吗？他们会组织公共服务以实现资金价值的最大化利用吗？在一个封闭的系统中，回答可能是“一定”，但是公共财政管理是一个开放的系统，会面临来自许多方面的交叉压力，特别是由于政治的和经济因素的影响，会使决策者偏离公共财政管理的目标。将信息和过程转变为新的动力，又将新的动力转变为修正后的行为，进而将修正后的行为转变为不同的实质性结果，可惜这种自动传送带（或生产函数）是并不存在的。

面对当前财政路线无法持续的预测，政治家和管理者可能选择继续当前的路线，而不是采取使舆论哗然并失去民意的严格措施。金融市场提供的信息可能比公共财政管理所产生的数据更有力。当信贷宽松时，会给予领导者恣意花费的动机；当信贷收紧时，领导者会有动机变得更严格。如果评估的结果和绩效指标足够好，许多政府会对公共资金进行与当前资助项目大不相同的规划安排。如果提供有效服务是唯一的目标，政府领导者就会大胆地削减宽松的预算，在公务员影响良好绩效时与之抗衡，并且反复地重构公共服务，以实现更多的资金价值。

少数政府按预定的方式行事，并且通常会产生出众的公共财政管理结果。它们有很强大的民间传统，一个奖励绩效和结果而不是顺从和控制的行政管理文化，较低程度的腐败以及高水平的公共服务。尽管这些政府几乎全是议会制度，但它们通过采取不同的路径达到了现状，并且在突出的政治特点方面也存在不同。他们有现代的公共财政管理系统，并采取了很多本书中所讨论的创新。然而，值得注意的是，一些政府是在实现良好管理之后（而不是之前）完成了公共财政管理系统的现代化；另外一些政府这样做是为了应对财政危机。合理的结论是，对于有效的公共财政管理创新而言，优秀的政治-治理文化和创新的意愿是必要的先决条件。

对那些缺乏上述有利条件的绝大多数国家而言，如何从公共财政管理改进中受益呢？可以开辟出两条路径：一条路径是，有决心、承诺和技能的领导者来实现国家现代化，并将公共财政管理创新视为改造公共部门的一个影响深远的议题；另一条路径是，在政府内部重新分配权力，坚定地支持公共财政管理现代化。这两条路径都指向公共财政管理改革中政治的至关重要性。政治条件不是唯一的相关因素，但它隐现在其他因素之中。

有改进治理意愿的政府，不需要采用当代改革的所有内容，也能够产生实质性的进步。它未必需要正式的财政约束以实现量入为出，或实施绩效预算来合理利用资金。有这些过程能够使任务变得容易，并使政府行为能够更快、更进一步地得到改进。但是公共财政管理创新并不是政府善治的替代品。它们不会消除腐败，激励士气低落或冷漠的公务员，保证资金只花费在经许可的项目上，取消华而不实的项目以及清除政府的其他弊病。在当前公共财政管理改革的浪潮中，相当多的中低收入国家似乎有了改进公共治理和财政的意愿。许多国家引进了主要的公共财政管理改革。它们的成功将同时取决于政治和管理层面的领导能力与正式系统，二者所发挥的作用相当。

参考文献

Alson, Lee, Marcos Melo, Bernardo Mueller, and Carlos Pereira, 2007, "Presidential Power, Fiscal Responsibility Laws, and the Allocation of Spending: The Case of Brazil," in *Who Decides the Budget?* ed. by Mark Hallerberg, Carlos Scartascini, and Ernesto Stein (Washington: Inter-American Development Bank), pp. 57-90.

Anderson, Barry, and Joseph Minarik, 2006, "Design Choices for Fiscal Policy Rules," *OECD Journal on Budgeting*, Vol. 5, No. 5, pp. 159-208.

Arizti, Pedro, Jim Brumby, Nick Manning, Roby Senderowitsch, and Theo Thomas, eds., 2010, *Results, Performance Budgeting and Trust in Government* (Washington: World Bank).

Blondal, Jon, 2004, "Issues in Accrual Budgeting," *OECD Journal on Budgeting*, Vol. 4, No. 1, pp. 103-19.

——, and Teresa Curristine, 2004, "Budgeting in Chile," *OECD Journal on Budgeting*, Vol. 4, No. 2, pp. 7-45.

Brixi, Hana Polackova, and Allen Schick, eds., 2002, *Government at Risk: Contingent Liabilities and Fiscal Risk* (New York: World Bank and Oxford University Press).

Caiden, Naomi, and Aaron Wildavsky, 1974, *Planning and Budgeting in Poor Countries* (New York: John Wiley & Sons).

Campos, Ed, and Sanjay Pradhan, 1996, "Budgetary Institutions and Expenditure Outcomes: Binding Governments to Fiscal Performance," World Bank Policy Research Working Paper No. 1646 (Washington: World Bank).

Cebotari, Aliona, Jeffrey Davis, Lusine Lusinyan, Amine Mati, and Paolo Mauro, 2009, *Fiscal Risks: Sources, Disclosure, and Management* (Washington: International Monetary Fund).

Commonwealth of Australia, 2010, *Australia to 2050: Future Challenges, Treasurer of the Commonwealth* (Canberra).

Dalton, Russell J., 2004, *Democratic Challenges, Democratic Choices* (Oxford and New York: Oxford University Press).

Heller, Peter, 2005, "Understanding Fiscal Space," IMF Policy Discussion Paper 05/04 (Washington: International Monetary Fund).

International Monetary Fund (IMF), 2009, *Fiscal Rules—Anchoring Expectations for Sustainable Public Finances*, Fiscal Affairs Department (Washington).

International Organization of Supreme Audit Institutions, 2004, *Implementation Guidelines for Performance Auditing* (Vienna).

Irwin, Timothy, 2007, *Government Guarantees: Allocating and Valuing Risk in Privately Financed Infrastructure Projects* (Washington: World Bank).

——, 2012, *Accounting Devices and Fiscal Illusions*, IMF Staff Discussion Note 12/02 (Washington: International Monetary Fund).

Joyce, Philip, 2011, *CBO: Honest Numbers, Power, and Policymaking* (Washington: Georgetown University Press).

Kelly, Jeanne, and Joan Wanna, 2004, "Crashing through with Accrual-Output Budgeting in Australia—Technical Adjustment or a New Way of Doing Business?" *American Review of Public Administration*, Vol. 34, No. 1, pp. 94–111.

Musgrave, Richard, 1959, *The Theory of Public Finance*(New York: McGraw-Hill).

Organisation for Economic Co-operation and Development(OECD), 2007, *Performance Budgeting in OECD Countries*(Paris).

Pharr, Susan J., and Robert D. Putnam, eds., 2000, *Disaffected Democracies: What's Troubling the Trilateral Countries?*(Princeton: Princeton University Press).

Pollitt, Christopher, 2000, *Public Management Reform: A Contemporary Analysis*(Oxford: Oxford University Press).

Schick, Allen, 1998, *A Contemporary Approach to Public Expenditure Management*(Washington: World Bank).

——, 2009a, "Budgeting for Fiscal Space," in *Evolutions in Budgetary Practice*, ed. by A. Schick and the OECD Senior Budget Officials(Paris: OECD).

——, 2009b, "Performance Budgeting and Accrual Budgeting: Decision Rules or Analytic Tools," in *Evolutions in Budgetary Practice*, ed. by A. Schick and the OECD Senior Budget Officials(Paris: OECD).

——, 2009c, "Sustainable Budget Policy: Concepts and Approaches," in *Evolutions in Budgetary Practice*, ed. by A. Schick and the *OECD Senior Budget Officials*(Paris: OECD).

——, 2010, "Postcrisis Fiscal Rules: Stabilizing Public Finance while Responding to Economic Aftershocks," *OECD Journal on Budgeting*, Vol. 10, No. 2, pp. 1–18. Settergren, Ole, 2001, "The Automatic Balance Mechanism of the Swedish Pension System," The National Social Insurance Board(Stockholm).

Shah, Anwar, ed., 2005, *Public Service Delivery*(Washington: World Bank).

Talbot, Colin, 2010, *Theories of Performance: Organizational and Service Improvement in the Public Administration*(Oxford and New York: Oxford University Press).

Tanzi, Vito, and Ludger Schuknecht, 2000, *Public Spending in the 20th Century: A Global Perspective*(Cambridge: Cambridge University Press).

United States Congressional Budget Office(US CBO), 2011, *CBO's Long-Term Budget Outlook*(Washington).

United States General Accounting Office(US GAO), 2000, *Accrual Budgeting: Experiences of Other Nations and Implications for the United States*(Washington).

Valdes-Prieto, Salvador, 2000, "The Financial Stability of Notional Accounts Pensions," *Scandinavian Journal of Economics*, Vol. 102, No. 3, pp. 395–417.

Wehner, Joachim, 2006, "Legislative Institutions and Fiscal Policy," PSPE Working Paper 08–2006, Department of Government (London: London School of Economics and Political Science).

——, 2010, *Legislatures and the Budget Process: The Myth of Fiscal Control*(Basingstoke, UK: Palgrave Macmillan).

Wildavsky, Aaron, 1964, *Politics of the Budgetary Process*(Boston: Little, Brown & Company).

Wyplosz, C., 2012, "Fiscal Rules: Theoretical Issues and Historical Experiences," NBER Working Paper No. 17884(Cambridge, Massachusetts: National Bureau of Economic Research).

第二部分

设计和构建：公共财政管理的创新与改革

第2章 发展法律框架以促进财政责任：事项设计

霍尔格·冯·艾登 颇卡·海姆尼 小理查德·P.艾玛丽

公共财政中最普遍的问题之一，就是政府支出、赤字以及债务随着时间的推移而不断攀升（罗德里克，1998；莫斯利，2005；艾尔奥斯基-尤利塔，2008）。经济学文献中存在多种理论，来解释经济发展过程中支出占GDP比率上浮的现象。[①]但是，债务和赤字水平越来越难以为继，往往被归因于政治经济因素。其中最常讨论的理论是赤字偏好假说。该假说认为，政治家是为了获得自身的政治利益而使得公共支出的增长水平超过税收，其中包括向拥有特权的利益集团提供好处以及在选举年增加支出。

另一个问题在发达经济体中日益重要：相机抉择的财政政策在经济周期中的应用常常是不对称的。这是因为在经济衰退时，政府会提高支出；而在经济良好时期，却没有充分降低支出来平衡整个周期的预算。尽管在经济衰退期间，财政刺激得到有力的支持，但对于财政整顿却非常犹豫不决。担心会抑制

① 其中包括瓦格纳法则，该法则认为在许多国家中公共产品和服务的需求的上升程度，似乎要高于收入上涨的幅度。另一种理论是"鲍莫尔病（Baumol's disease）"，该理论认为由于公共部门与私营部门相比具有较低的产出增长率，为保证两个部门相对活动程度的均衡，政府在整个经济中的份额就会越来越多。

正在显现的经济复苏，或者是为了尝试刺激经济以摆脱结构问题，这些原因都常常导致财政整顿工作被推迟。在整个经济周期中非对称地使用财政政策，通常会导致政府支出和债务不可持续地增长。2008—2009年的全球经济和金融危机中，得到的一个关键教训可能就是：只有能够保证在一段时间之后，采用财政紧缩来充分弥补财政刺激造成的缺口，才可以采用相机抉择的财政刺激政策。总之，周期性的财政政策措施难以对公共财政产生永久的结构性影响。

在过去的20年间，已经出现了各种公共财政管理的制度创新，试图支持更为谨慎和平衡的财政政策。本章讨论法律框架的范围，特别是财政责任立法，将促使形成具有更少偏见、更加可持续且更透明的财政政策。本章关注以下内容：财政责任法的设计如何能够改进财政结果，随着时间的推移，这些法律的发展如何影响其功能的发挥，以及在设计财政责任法时，一国公共财政管理系统的相对优缺点应该发挥什么作用。本章指出，在一定程度上，财政责任法有助于巩固对财政可持续性的支持，但是需要注意它们不应大幅度超出社会对于财政审慎性的接受程度。正如文献建议的那样，在许多情况下，与其说财政责任法是改变社会观点的原因，不如说它是一种结果。随着时间的推移，财政责任法建立起正面的声誉资本，它们可以变得更有效。

一般来说，设计财政责任法时，较好的做法是从简单开始并逐渐增加复杂程度，对发展中国家而言更是如此。应该在开始阶段采用较为适度、灵活的结构，之后慢慢强化财政政策的法律方案。在大部分情况下，公共财政管理能力是逐步发展财政责任法的另一个理由。将财政责任法的复杂度与公共财政管理能力匹配是非常重要的——财政责任法越复杂，需要的公共财政管理能力就越强。在发生财政危机的时候，这种渐进式的途径可能出现一种例外，面对危机，应当抓住机会来构造一个更加可持续的财政政策制度。

本章的第一部分定义了财政责任法，并讨论了各国最常用的三类财政责任法。第二部分力图解释这个创新的迅速普及，包括检验有关财政责任法有效性的证据以及引入该创新的各种原因。第三部分探索发展财政责任法时的主要设计选择，然后讨论各个国家的选择如何影响它们的相对成功。这部分还描述了各国在强化其体制框架过程中财政责任法的发展与进步。第四部分评论了实施财政责任法所需要的公共财政管理能力。最后，总结了财政责任法如何以及在什么情况下能在巩固财政成果中发挥积极作用。

2.1　作为制度响应的财政责任法

2.1.1　什么是财政责任法以及造成其独特性的原因何在？

本章将财政责任法广泛地定义为法律框架，在法律中嵌入一套达成共识的政策、过程或安排，目的在于通过要求政府承诺可监督的财政政策目标和战略，来改进财政结果、财政纪律、透明度和受托责任。这些法律框架可以是预算法律体系的一部分，但是这些法律往往有更广泛的范围，还涵盖了整个公共财政管理过程。但在过去，预算法常常忽视财政政策过程，并因此使得许多国家需要开发单独的财政责任法。

存在这样几个方面的原因，使得财政责任法成为独特的政策工具。第一，在制定财政政策时，为了注重规则而牺牲了自由裁量权。规则和自由裁量权的权衡问题，使精心设计财政法律框架变得尤为重要。如果设计不当，规则就难以有效发挥作用，当需要适应经济状况的变化时，可能会限制政府对财政政策做出关键调整的能力。

第二，关于财政责任法引起声誉投资和成本的议题。文献提供了一些证据验证了以下假说：财政责任法得以成功实施的时间越长，其在支持财政纪律方面的有效性就越强；反之，取消财政责任法的声誉成本，也会随其建立时间的增加而成比例地提高。[①]可信的财政责任法有助于政治家在财政政策方面更为强硬。如果一项法律有足够高的声誉，就会“约束政治家的手”。如此一来，如何成功建立这种框架的声誉资本，就成为至关重要的工作。[②]

---

① 例如，请参考国际货币基金组织（2009）中的专栏3。用更长时间维护财政责任法的国家，在财政整顿方面有了更大的成功，但是因果关系的方向并不完全清楚。

② 关于通过制度安排（包括立法）建立可信的政治承诺的讨论，请参考诺斯（1999）。其中将财政责任法的可信性议题与建立独立货币政策的可信性议题进行了对比。

第三，为了有效发挥作用，需要根据框架的复杂程度，为财政责任的法律框架匹配适当的公共财政管理系统。这三个议题结合起来，为设计和发展财政责任立法提供了大量特别的建议。但是，值得强调的是，这些被建议的设计和发展特点，在实践中往往未能得到遵循，这可能是财政责任法在财政结果上虽然有积极作用但作用有限的原因之一。[①]

2.1.2 财政责任法的三种类型

在20世纪90年代中期，只有少数国家颁布了财政责任法（FRLs），但自2000年以来，这些法律已变得日益普遍，特别是在新兴经济体中。这些法律有各种形式。本节集中介绍使用较为普遍的三类财政责任法。“类型1”的财政责任法注重*财政责任原则*（透明度、问责制以及可持续性），但是没有详细确定如何遵循这些原则。法律经常要求政府陈述其中期财政政策目标，但不一定是以数值的形式。另外，还要求政府就这些目标是否已经实现进行报告。这些财政责任法没有太多的法律强制力，因为它们并不要求实施具体的财政政策行动。

新西兰和澳大利亚在20世纪90年代采用了类型1的财政责任法。新西兰在20世纪80年代开始发展非正式的财政框架，并在1994年颁布了一项财政责任法案。澳大利亚在1998年通过了预算诚信宪章。在发达经济体中，由于存在具有批评性的新闻出版机构以及独立的学术界，这种法律仍然具有相当大的影响，但在许多欠发达经济体中，这种不具体的法律只是提出了良好的意愿，执行机构几乎或者完全没有跟进行动的动力（卡塞雷斯、科尔瓦乔以及梅迪纳，2010）。

类型2的财政责任法更加具体，注重程序规则，对财政透明度和财政过程都提出了要求。例如，这些法律可以规定，在年中及预算年度结束时，需要就财政结果进行报告，或者要求在预算提交之前，就提出具体的财政政策目

---

① 与数值财政规则相比，财政责任法的影响更加广泛且在某种程度上更加积极，而前者的影响始终是混合的（科尔瓦乔和施瓦茨，2007；卡塞雷斯、科尔瓦乔以及梅迪纳，2010）。

标。[①]这种立法类型也可以规定财政政策的进展报告，以及在更高级的阶段，建立界定完全的中期财政框架，用这些手段来对财政总量做出适当的决策。类型2的财政责任法也可以规定如何实现财政目标。例如，在预算准备过程的开始阶段，设置与这些决策相一致的主管部委支出上限。[②]这个过程有助于保证预算的详细准备和谈判，而不是由扩大预算赤字来“解决”。至于议会，这种财政责任法的类型可以在预算审核过程之前，通过立法来规定财政战略文件的讨论、审查甚至批准。巴西、印度以及巴基斯坦就属于运用这种注重过程的财政责任法的新兴市场经济体。

最后，财政责任法的第三种类型包括财政政策立场的规则，或者关键财政政策组合上的限制。与前两种类型的财政责任法相比，类型3的财政责任立法对财政政策过程的要求更高。在2012年，全世界76个国家拥有财政规则，其中大约70个国家具有法律基础，即基于国家法律或超国家条约或协议，[③]而其余国家则基于联盟协议或政治承诺（参见第3章）。在这样的法律中，至少有一部分财政政策行动，系由数值型财政规则来决定，或者关键的财政总量要符合数量限制；也就是说，财政政策必须在一定的预设范围内进行制定（这也许会有效地约束财政政策，当然也可能无效）。

如第3章中所讨论的，在已建立财政规则的国家中，有越来越多的国家有两种或更多这样的规则，表明了需要大规模放弃政策自由裁量权的意愿。[④]最常见的是债务和赤字规则，而这两项规则常常组合在一起使用。[⑤]

与债务规则相比，赤字规则对财政政策的影响往往更为直接。债务限额可能在实质上高于实际债务水平。在这些情况下，财政政策在很大程度上仍然是

---

① 利纳特（2010年）报告指出，所选择的11个有财政责任法的国家中，有8个国家要求对多年期财政目标进行陈述，5个国家增加了报告要求，但并非是所有国家都这样。

② 例如，瑞典1996年的财政预算法案要求议会为27个中央政府的支出领域设置名义支出限制。

③ 参考第3章。有财政规则的76个国家中，大约有2/3的国家遵循国家规则，或同时遵循国家和超国家财政规则。在2012年，34个国家有国家财政规则，47个国家有超国家的财政规则（有的是与国家规则组合，有的是独立运作）。

④ 这种意愿常常受到例外条款的限制。

⑤ 参考“财政规则数据库（1985—2012年）”（国际货币基金组织，2012）和本书第3章。

相机抉择的，并且债务上限主要是向市场传达政府可持续性目标的具体含义。临时性的高赤字可能迅速转化为过度的债务目标，依据上述假设，赤字上限降低了政府的自由裁量权。通过对其他的财政总量进行限制，可能会进一步降低自由裁量权的程度，比如政府支出、经常性支出，或外部（不是总的）债务融资。

基于类型3的法律规则，随着时间的推移已趋于变得更加复杂。例如，对结构性赤字水平，而不是名义赤字水平施加限制。结构性赤字通常被定义为，基于经济产出缺口的计量模型减去经济周期影响后的赤字。[①]专栏2.1介绍了更多关于如何锚定财政政策来运用财政规则的背景。类型3的立法可能只注重财政规则，也可能成为更复杂的财政责任法的一部分，这种财政责任法是将类型1和类型2的立法进行合并，其中包括之前提到的财政政策原则、过程和透明度程序。

关于财政责任法的设计部分，将解决从类型1到类型2，层层递进并最终形成类型3的相关立法问题。[②]原则上，类型1和类型2的财政责任法可以统一到常规性预算制度法或公共财政管理法案中，也可以成为单独的财政责任法的一部分。但是本章认为，大部分国家将会从分离财政责任法与预算制度法中获得显著的收益。[③]

财政规则也可以被整合纳入法律框架的其他部分。例如，它们可以是财政分权立法的一部分，为每个政府层级规定财政限制。在最“严肃”的情形下，

---

① 结构性赤字可以按不同的方式定义。其他因素也可以从财政平衡中剔除，诸如资产价格、商品、贸易条件等方面的变动所带来的影响。因为产出缺口方法充满不确定性，特别是在发展中国家更是如此（在这些国家中经济的结构性增长率是不确定的），在一些资源丰富的经济体中，结构性平衡的定义更为简单：结构性资源收入减去支出，其中结构性资源收入定义为主要资源的“结构性”（长期或移动平均）价格。蒙古和过去的智利，属于这类结构性平衡定义较为简单的国家。智利目前使用的结构性平衡定义，将产出缺口方法与结构性矿产收入方法进行了结合。

② 正如利纳特（2010）所指出的，一些发达经济体选择采用不包含前两类法律要素的类型3的财政责任法。原因通常是这些国家认为，其一般预算法律体系中，已经满足了应对有关财政政策的基本需求。

③ 但是，新西兰在1994年初建立了类型1的财政责任法，将财政责任法纳入2004年的公共财政修正法案之中。

财政规则可以是宪法的一部分，拥有比普通立法更加强大的法律地位，或者它们甚至可以成为国际条约的一部分。[①]1992年欧盟的《马斯特里赫特条约》是后者最突出的案例。它为成员国政府规定，赤字不得超过国内生产总值的3%，债务上限为国内生产总值的60%。这些上限也被包括在1997年的《稳定与增长公约》中。2012年欧盟的财政合约要求：成员国应在2014年之前，在宪法或者其他永久性立法中，采用结构性预算平衡规则（相关细节请参阅第3章）。

本章认为，在将财政责任法正式化的过程中，选择最强有力的法律工具，并不一定是明智的，特别是存在如下风险时更是如此，这些风险包括：财政约束未能得到满足，或强大的法律机制未能得到政治体制或全社会的足够支持。

专栏2.1　财政责任法中实施财政规则的基本原则

财政原则和程序规则的一个显著弱点在于，对于一国应该采取的实际财政政策的立场，缺乏具体的说明。但是，数值型财政规则为财政政策提供了清晰的锚点。在理想情况下，在给定一国当前的经济和财政状况时，数值型财政规则决定了财政总量应该设置在何种水平。在理想情况下，财政规则提供自动的、客观的答案，否则就需要大量的经济分析、判断和政治妥协。如此一来，财政规则就减少了政策交易成本，并提供了更好的财政结果。

自20世纪90年代末以来，许多国家采用了财政规则来指导财政政策过程。尽管这些规则在一定条件下确实获得了成功，诸如在相对稳定的增长下，成功控制了地方政府支出；但在另一些情况下，如在脱离财政危机期间，财政规则在处理强烈经济冲击或经济体的根本转型时，并没那么成功。实际上，设计能够成功应用于所有经济条件的财政规则是非常困难的。名义赤字规则是顺

---

① 在2011年，7个国家有宪法层面的财政责任法要求：科摩罗、法国、芬兰、德国、波兰、新加坡以及瑞士。47个国家遵从货币联盟和欧盟的财政规则。其中至少有一部分是由国际条约阐明的。东加勒比货币联盟旨在减少债务。中非经济与货币共同体限制赤字和债务。西非经济与货币联盟要求预算平衡并将债务减少至国内生产总值的70％以下。

周期的，但是结构性赤字规则不可能解除对长期财政可持续性的担忧（如果经济的结构性增长率是降低的）。当整体公共债务水平偏低时，债务规则可能太过松懈；但是当债务水平偏高时，它又限制过多。在需要特别的财政刺激时，支出规则可能限制过度，然而与固定数值型规则相比，财政整顿过程更有可能通过整合时间表来加以指导。

基于上述理由，财政规则是否在任何情况下都应该包括在财政责任法中，最后的结论还有待分晓。考虑到需要在各种经济环境中兼顾多种财政政策目标（可持续性、稳定性、代际公平性），于是就产生了两种显见的趋势。如前所述，第一个趋势是，制定更复杂的财政规则（比如在矿产出口型经济体中，财政平衡规则的目的在于，整合国内的经济周期和主要矿产价格的波动）。这种额外的复杂性，使其与不同的经济环境发生关联。第二个趋势是，更多的国家正在采用两种或更多的财政规则，作为财政政策的定义锚点。其基本理念是，不同的规则将解决不同的政策目标，并且在任何情况下，都只有一个规则是特殊经济环境下的主要约束。

这些议题更为实际的解决方案，或许是开发出设计巧妙的财政责任法的特殊条款，允许在特殊经济环境下可以不遵从财政规则框架。第二个解决方案结合了规则和自由裁量权，就是由财政责任法来定义必须坚持的财政规则，但由政府经常性地确定（数值型规则的）数值水平。

2.2 财政责任法的实证分析和基本原理

2.2.1 财政责任法的实证影响

前述讨论的几类财政责任法，是否已经成功地促成了更好的财政结果，关于这一点的证据是喜忧参半的（科尔瓦乔和施瓦茨，2007；欧共体，2006；IMF，2009；利纳特，2010；OECD，2002）。研究显示，尽管在最近的全球危机期间，（财政责任法）是有效的，这种状况貌似呈现增加态势，但对各国进行研究所提供的证据，既有成功的又有失败的。很多研究似乎都指出，在金融危机前就有了财政责任法的国家，能够更好地应对危机（OECD，2002；希克，2010）。当然，许多国家在危机期间暂时搁置了财政责任法：在一些案例中，这种过程与其财政责任法的例外条款高度一致；其他的一些国家则违背了财政责任法，但声誉和未来的有效性受到严重影响。最近的全球危机表明：在严峻的、多年不遇的经济衰退期间，能够满足财政规则要求，或者在这类危机之后，迅速恢复财政可持续性，这对于很多国家而言，是具有挑战性的。

按照本章的观点，不应根据财政责任法如何处理这种极端情况，而对其做出判断。可以证明，它们有助于将财政状况扭转到危机前的状态中。例如，通过显示出整合后的财政目标而发挥作用。但本章认为，一般而言，财政责任法应该处理国家面对的“正常的”结构性和周期性问题。一些财政责任法的真正失败在于，在全球金融危机之前，它们无法控制财政参数，并且在危机之后，无法发挥更具决定性的作用，来促使国家重新回到财政可持续性的轨道上。本章认为，财政责任法取得不同程度的成功，与设计方案的选择有很大关系。立法的选择必须符合国家的经济状况、支持财政纪律的政治意愿，以及公共财政管理的发展水平。

2.2.2　施行财政责任法的基本原理

尽管实证基础相对薄弱，对于引进财政责任法，许多政府已经采用了“用脚投票”。在过去的20年间，特别是自2000年以来（参见第3章），拥有财政责任法的国家数量显著增加了。事实证明，财政责任法的内在逻辑及其对决策者的吸引力是很强大的。这种吸引力依赖于三个已逐渐被文献和决策者接受的命题。第一，在财政决策的制定上，规则胜过自由裁量权（同样参见第1章）。第二，法律系统可以运用强大的控制力，来影响政治家的行动，特别是在使用诸如“组织法”和宪法这类更高级别的法律时，更是如此。第三，如果财政责任法的设计是恰当的，并逐步得到发展，那么其声誉资本可以随时间的推移而逐步建立起来。

规则与自由裁量权

对于财政政策而言，一套基于法律和规则的框架，是否比相机抉择的财政政策更好，关于这一问题更为基础性的讨论，正在慢慢发生变化。20年前，在政界流行的观点是：如果提出了政治意愿，就不需要立法。另外，人们认为，如果使用得当，自由裁量权总是可以对经济状况做出最优的反应，而法律框架则缺少灵活性。财政责任法的质疑者认为，政治意愿不能被立法，而且制度本身也不应影响社会的财政选择。此外，试图由行政机构，特别是立法机构，来对自身进行限制，这也是错误的，因为任何法律都可以很容易地被新法律或新预算所取代（预算本身就是作为法律被通过）。最普遍的主张是：财政责任法可以随时被取消。而且，财政责任法在经济良好的时期似乎可以发挥很好的作用，但是它们总是在经济逆境中崩溃，而这却是最需要它们的时候。

以本章的观点来看，反对财政责任法的论点已被证明是过于悲观的。这并不意味着政治意愿本身不能引导财政政策，其显然是可以的。多年前，一些新兴市场和发达经济体已经成功地这样做了。但是这些国家毕竟是少数，并且历史已经证明，适合相机抉择政策的政治环境，可能会改变并缺乏支持性。直到目前，威斯敏斯特体系的国家，还遵循着不将政策置于法律中的传统，但是当政府支出的压力增加时，像澳大利亚、新西兰以及英国这样的国家，全都颁布了某种类型的财政责任法。

关于规则与自由裁量权的争论，最新进展聚焦于以下观点：如果相机抉择政策不受政治过程的影响，并且以纯技术的、“开明的”方法来实施，那么相机抉择的政策可能就是最佳的。然而，开明的自由裁量权确实可能带来最佳的解决方案，基于规则的政策仅仅是次优的，但财政政策上的偏向和压力，实际上却常常导致相机抉择的结果是第三优或第四优的。在这些情况下，使财政政策拥有法律基础可能更为可取，即使它提供的也许是次优的方案（罗德里克，2008）。

法律框架的效力

第二个基本原理是关于法律效力的。该原理指出，实际上，财政责任法往往比常规立法的地位更高。在一些国家中，以法语国家为例，财政责任法被定义为组织法，它具有较高的正式地位，并且不能被新的、“常规的”立法推翻。在其他国家中，财政责任法的最关键要素体现在宪法或国际条约中，这也将财政责任法置于其他立法之上，并使其更加难以被行政机构或立法机构所逆转。

更值得注意的是，财政责任法可以通过建立声誉的过程，来获得超过常规立法的优先性，这一过程有点类似于中央银行获得独立性的过程。原则上，中央银行应该服从法定立法对其进行的否决，但是当它作为独立角色得到社会认可的时候，政治家想要挑战中央银行的地位已经不可能了。同样，逐渐达成共识的是：如果适当地设计并发展，财政立法也能够建立起声誉“资本”。

声誉的力量

对于财政责任法的第三种反对声音是：当没有足够的政治意愿来扭转财政失衡时，财政责任法也是无能为力的；然而在有政治意愿时，它们又显得无关紧要了，因为这时候财政责任法看起来只是在表达政治意愿，而并非提高财政结果的有效因素。本章提出了一个更微妙的观点：尽管财政责任立法需要一定的政治意愿来制定，但它可以通过建立声誉资本，来加强政治决心。此外，通过调整法律许可的自由裁量权大小，或通过提供在特殊情况下暂时中止的可能，法律可以被社会中支持它的政治意愿所矫正。当法律树立起声誉资本时，政府或财政部门就可以逐渐强化立法框架的约束。

财政责任法的这种动态发展观点，降低了因缺乏政治意愿而破坏法律有效性的风险。正如本书所指出的，这一观点突出了适当设计这些法律的重要性，以便它们反映出社会中政治意愿的力量。根据作者提供指导的那些国家的经验，财政部常常因拟议的财政责任法太过严格和苛刻、未能反映各自国家的真实意愿而出现失误。这样的立法常常在应用的最初几年（甚或几周）就失败了。适度的财政责任法之类的立法，常常为整个过程提供了一个良好的开端，但必须寻找一个中间立场。在经济衰退期间，不断被暂停使用的法律，也是难以获得社会支持的，并且将难以建立政治资本。南美和南亚的一些财政责任法，就遭受过这种命运。一个或许并不令人吃惊的结论是，财政责任法不应该过于严格或者过于松弛。

是否应该单独立法？

应该颁布一项新的财政责任法，还是修改既有的预算立法，来适应财政责任的需要？这一选择涉及为了更好的财政结果，而建立支持和声誉资本。从法律和技术的角度来看，财政责任法的诸多财政透明度和过程要求，都能够符合已有的组织预算法或财政管理法。

在已有立法中包含这种要求的缺点是，对这种法律的一些修改在政治或社会层面上几乎不会产生什么影响。在许多国家中，并不存在真正的积极财政政策，更不用说财政政策的中期导向。这种国家的财政政策是预算过程的结果，而不是决定预算过程的因素。因此，政府提出和确定中期财政政策，以及在预算过程开始之前就确定总的预算限额，这一观念体现出政治经济过程中的实质性变化。

在许多情况下，引入财政责任法的程序规则，明确限制了议会的修正权，例如，要求遵守预算过程早期决定的（或者预算审查之前就确定的）财政限额。通常，这种严苛限制意味着在引进预算修正案时，应当考虑补偿性的税收或支出举措。财政政策的引进，甚至会对预算过程产生更多影响，进而限制行政机构和立法机构的自由裁量权。一旦意识到其确切含义，这些针对财政预算过程的实质性变革，就应该得到提倡和实施。新的单独立法可以拓展这一财政和预算过程的新视野，因此，这种法律有助于为严格的财政政策建立声誉资本。

2.3 设计的选项

本部分讨论对于财政责任法有效性而言非常重要的几个设计问题。附录2.1提供了更多关于样本国家中财政责任立法的主要细节特点。

定义

所有的法律都应明确其所使用的概念。财政责任法中的宏观经济和财政变量，应该按照国民经济核算的国际标准以及政府统计报告和会计标准来进行定义，或与之相结合。如果不使用这些标准，财政责任法就可能会轻易地容忍伪造账目，而且可以通过定义上的欺骗手段，在表面上满足财政限额的要求。

覆盖范围

原则上，财政责任法应该尽可能多地涵盖广义政府活动。财政政策立场由政府在宏观经济活动中的全部收支影响来决定。理想的情况是，广义政府甚或更广泛的公共部门都囊括在内。从财政管理的角度来看，存在着这样一个问题：中央政府通常缺乏调控全部广义政府支出和收入总额的权威性，更不必说公共机构了。地方政府和预算外资金经常拥有各自的预算自治权。

覆盖范围狭窄的财政责任法，会导致活动转移到那些不受规则和程序控制的政府部门或者公共部门。将低层级政府包括在财政责任法中，能够有助于确保财政政策在各级政府间的相互协调。如果允许预算外资金出现赤字或者盈余，那么它们应该纳入财政责任法的管理范围内。税式支出和政府担保也是财政责任法常见的安全阀，它们对于中期财政和预算框架也是如此。原则上，财政责任法也应该覆盖这些支出和准支出。

然而，完全覆盖规则可以允许有一些例外情况。第一，当未能涵盖在财政责任法中的政府或公共部门的财政影响体现为财政中性时。例如，不允许次级部门借款，或其借款受到规则限制并不受政治操纵时，可以接受这种例外。第二，对于许多国家来说，在财政责任法中包含地方政府，并将之作为在财政可持续性上取得进展的手段，这一做法可能太具有政治挑战性了。实际上，完全覆盖的规则常常被打破。只有大约54%的案例，财政责任法会覆盖地方政府。其他的例子是将社会保险支出或利息支付从赤字规则中剔除，以及将政府担保从公共债务规则中去除。

在这种情况下，最优不应该与良好相互对立。中央政府可以通过评估那些不在财政责任法控制下的政府财政影响，来减轻财政责任法覆盖不完全所带来的影响。然后可以在考虑那些未能被财政责任法所涵盖的政府乃至公共部门的状况后，设定其财政立场。另一种方法是，针对未被财政责任法覆盖的那部分政府部门，单独管理或消除其借款权力。

完全覆盖原则应该被视为一个发展目标。大部分发展中国家最初都认为难以将地方政府包括在财政责任法中，因为这样做需要在各级政府间做大量的政治和财政协调，特别是对于那些联邦制国家更是如此（参见第12章）。对于公共财政管理系统而言，追踪税式支出可能也是要求过高的，因此在覆盖原则中，它也常常首先被忽略。

财政目标和指标的陈述

随着各国开发出更雄心勃勃的财政责任法，财政目标趋向于更加详细而明确。在类型1的法律中，可以将财政目标确定为“维持符合财政可持续性的债务水平”，并未具体说明这意味着什么，但实际上，类型3的法律就将债务上限以GDP的百分比来表示。在赤字方面也类似，赤字的财政目标可能从“在整个经济周期内实现预算平衡”，拓展为以GDP百分比表示的特定平衡或结构性平衡指标。

计划目标和实际执行目标之间，会存在非常显著的区别。有时这被称为事前或事后指标问题。在提交预算时要求预算赤字平衡，当然完全不同于在年末实现预算平衡，前者比后者容易得多。德国和瑞士的债务制动规则（debt-brake rules），可以说是最先进的指标形式，因为它们引进了一种财务会计模式，该模式保证任何未能实现的事后财政指标，在之后几年都能得到补偿（参见第3章；梅尔和斯特勒尔，2009）。

有明确财政目标的决策，需要与社会的政治意愿以及公共财政管理系统的发展状况相一致。如果财政目标比社会期望实现的目标更具雄心，财政责任法可能会更早地遭到破坏。因此，准确分析公众遵守财政目标的意愿，并且将财政责任法的设计与政治意愿的水平相匹配，是非常重要的。财政目标的陈述也必须易于接受一国公共财政管理系统的管理。如果财政总量的年中监督有困难，那么显而易见，事后的指标也将难以管理。作为GDP百分比的债务和赤字指标，也假定预算年度的国内生产总值估计是准确的。实际上，误差范围往往非常大。在许多发展中国家，要经过相当长的时间间隔，才能获得国内生产总值的数据。①

例外条款

财政责任法中的例外条款，或许是设计中遇到的最重要也是最困难的要素。随着财政责任法变得更加详细，就可能需要明确表述例外条款。这种条款

① 这可能导致只能以债务或赤字占GDP百分比的分子项作为事后指标。

的作用在于，明确在严峻的经济危机期间，或发生自然灾害之时，可以突破财政责任法的限制。虽然财政责任法应该保证财政纪律，但指望高度详细的法律框架在多年不遇的经济危机期间都适用，是不切实际的。然而，在正常的经济周期内，或当一国遭遇一般性经济冲击时，财政责任法应该保持正常运作。例如，资源出口国的财政框架，应该能够适应并真正使主要出口商品的价格稳定。

因此，例外条款的相对严密性和清晰性是设计上的必要考量。谁来决定例外条款何时生效，这同样重要。是由行政机构决定就够了，还是需要议会批准呢？还有一些其他选择，包括基于规则的生效机制，或由独立的财政委员会来决定（参见第6章）。例外条款的重要好处在于，它们能够保护财政责任法的制度资本。与未经授权就违反规则或过程相比，援引一个现实的例外条款，对财政责任法长期有效性的伤害，就要小得多。

处罚

为了有助于防止行政机关或立法机构（或两者共同）不遵从财政责任法，一些财政责任法将处罚作为一项设计要素。处罚增加了违反法律的政治成本，从而减少了违法的可能，所以财政部往往特别希望将处罚条款包含在财政责任法中。处罚可以是预算、过程或声誉方面的处罚，并且它们能够适用于作为一个整体的政府、单独的国家实体或政府官员。[①]

在欧元区，直到2012年初，都未能坚守国内生产总值3%这一赤字上限的国家，如果竭尽全力来纠正这种状况，却没有效果（通过所谓的超额赤字程序），将会受到国内生产总值半个百分点的最高罚款。但是，这笔数额巨大的罚款不是自动的，而是服从政治决定。因此，在实践中尽管反复地违反3%的规则（几乎所有欧元区成员国都会如此），《马斯特里赫特条约》中的财政处罚却从未被启用。欧盟新的财政契约和六部立法框架已经改变了这些规则。处罚

① 从国家级规程层面来处罚官员的例子中，最具创意的或许是苏里南共和国，当国内生产总值60%的债务上限被突破时，财政部长会被送进监狱。设计这条规定的财政部长认为，他的同僚会因为太尴尬而不想送他进监狱，这样一来，该项处罚便会卓有成效。

的尺度已经减小到国内生产总值的0.1%，并且它们的应用不再那么具有政治性，而是有了更多的规则基础。第3章将介绍新的欧盟财政契约和六部立法的更多细节。

与预算有关的处罚也开始在国家层级上进行尝试。一些国家已经进行了自动削减支出的实验。例如，全面削减开支、扣押结转款项以及冻结公务员工资。如果违反财政责任法中的某项规则，这些措施就会生效。对借款也施加了限制。

实际上，货币处罚的成效是有限的。在许多情况下，那些承受负担的人并不是违反财政规则的人（常常是上届政府），这就使得该工具在政治上缺乏吸引力。《马斯特里赫特条约》中的罚金非常高，但是可信度并不高，而且在提高执行率方面，可能还不如更轻微的处罚效果好。在设计方面的挑战是，要开发一种对行政机构而言既痛苦又尴尬但仍然可信的处罚。

许多国家已经选择了“点名批评”，即财政责任法中的声誉处罚。如果违反了某条财政规则，或稍好一点的情况——可能会违反财政规则，政府就会被要求通知立法机构并报告违反的程度、违反的原因以及政府为重新符合财政框架而应该采取的措施。阐明重新符合财政框架所需要的时间，这使得该要求变得更为刚性。这种“报告和纠正”处罚的有效性依赖于政治制度、独立的出版机构和媒体的力量，也可能依赖于针对政府活动的第三方评判，比如最高审计机构或财政委员会。德国和瑞士的债务制动法就规定了纠正期，甚至要求政府在未来几年中为问题年份的超额支出做出补偿。

在文献中有一个初步的讨论，即那些通常不可信并因此而被忽视的处罚，对于财政责任法而言，仍会略有实际的帮助。一些人认为，通过放松处罚的可能性（针对那些不属于例外条款约定的事件），实际上会加剧原本就有可能发生的违反财政责任法的行为。在这样的背景之下，值得注意的是，在载入宪法的财政规则中，通常并不包含处罚条款。

本章的观点认为，处罚应该与国家的政治意愿相结合，进而促进财政程序或政策规则的实施。处罚本应令人痛苦不堪，但它们也应该保持可信性。此外，对政治家为避免触犯法律条文而愿意施加的财政痛苦，财政部常常有过度乐观的判断。为了保证法律框架的可信性，处罚的内容需要在政治层面进行广泛的讨论。如果货币处罚结合点名和声誉处罚，那么就有相当大的创造空间。如果点名和声誉处罚的方法被证明无效，就应该考虑自动削减支出和增税。

尽管欧盟新的财政安排系统是比较复杂的，但仍然具有内部一致性。设计的几个要素，比如新的处罚制度和加强国内法律强制性，会提高其可执行性，但是法律框架的计划、监督和执行，需要欧洲委员会和成员国之间的大量协调与沟通。结构的复杂性，为区分解释和应用提供了余地。从一开始就维护新系统的完整性以及建立社会支持，是至关重要的。

过渡性要求

财政责任法中通常需要有过渡性要求，特别是那些希望加入财政规则框架的外部国家。在严峻的财政危机期间，同意通过财政责任法的政治意愿是最高的，但这一时期加入一个长期财政框架，往往是不切实际的，因为这时财政总量会比财政限额的要求高得多。过渡性要求有助于明确通向长期财政框架的道路。主要的设计问题是过渡路线的特殊性。如果没有任何过渡性要求，国家在开始财政整顿之前，就不得不经过漫长的等待，并且难以在第一年达到财政目标。这将导致财政责任法在早期的极大声誉损害。相反，对于期望以最理想的速度走出经济低迷来说，严格地界定过渡路径，也许不会提供足够的政策自由裁量权。显然，过渡道路的相对不确定性，会受到国家政策灵活性的影响，这种灵活性体现在什么是财政整顿的“最大”速度，以及短期财政与长期财政考虑相比，哪个更为重要。

显然，一个国家可以推迟采用财政责任法，直到使其财政参数恢复到拟议的财政责任法规定的财政框架之下，并且重回“正常的”经济环境。然而，这种延期可能使政府没有机会向市场传递其正在试图恢复财政可持续的信号。如果这种信号是可信的话，就有助于略微降低一些利率，并放缓过渡进程。此外，正如前面讨论的，等到经济恢复正常时，引进财政责任法的政治意愿也可能就减退了。

2.3.1　财政政策过程的设计

虽然以上讨论的设计要素是财政责任法的重要部分，但其中更基本的设计要素是那些能够强化财政过程的要素。这些设计要素与国家改善财政结果的雄心有关。更大的雄心意味着需要增加财政责任法的设计复杂性，但也需要更多的政治意愿和更强大的公共财政管理系统来支持法律的实施。

虽然改善财政结果是财政责任法的首要目标，但是大量的中间目标也能够被支持（参见表2-1）。本章坚持认为，这些中间目标阐明了财政责任法从关注财政透明度到财政过程，并最终到财政规则的逐步进展。

表2-1中描述的中间目标，是决定财政责任法最终特点的重要因素。在描述目标方面已然取得了显著的进步，这与提高财政结果的雄心大小有关。在年末和年中准确及时地公布财政数据，单纯凭借这一要求无法有效控制支出，但也不需要过多的技术能力。然而，对于发展中国家，及时发布财政数据已然构成了实质性挑战，并需要进一步发展财政报告系统。发布中期财政预测、规定财政目标以及审查目标的实现情况，这会对财政纪律有更大的影响。设置包括中期财政预测、目标和政策措施的财政框架，通常是非常烦琐的要求。在这样的框架下，确保遵守一套财政规则往往是较为复杂的，即使是发达经济体也是如此。

伴随着在描述中期目标方面的进步，不仅公共财政管理的要求增加了，而且政府和法律机构也在财政政策的设置上增加了自我约束。如此一来，通过这些中期目标而取得进步的政治意愿也需要加强。如前所述，在公共财政管理能力或政治意愿有限的情况下，由财政部拟就的新财政责任法，不应大幅度超过既有的公共财政管理能力和政治意愿水平。

加强财政政策过程的一个重要环节，就是为财政部提供必要的授权和权力。提供财政预测，并估计符合中期财政框架或财政规则要求的必要政策措施，是需要由财政部来承担的任务。在很多发展中国家里，内阁或议会委员会单方面地改变收入预测、原油价格预计或财政预算框架的其他关键要素，会削弱财政政策设置的可信度。在估计新政策措施对现有政策持续成本（基线）的影响时，财政部在这种估计上要有决定权，这也是极其重要的。否则，这些估计就容易被政治力量操纵。当然，如果发现这些估计存在系统性偏差，财政部的作用也会受到独立评估机构的批评，比如最高审计机关或财政委员会（参见

第6章）。这种批评会加强整个财政政策制定过程的客观性。

表2-1 实现中间财政目标的设计要素

中间财政目标	财政责任法中相关要求的例子
1.提高财政透明度	• 准确及时地发布年中和年末的财政结果 • 制定并发布中期财政预测
2.改进财政和预算结果的政治问责制	• 发布财政目标和策略 • 要求政府向立法机关报告其成效 • 要求国家审计人员独立地报告财政政策成效
3.定义中期财政过程	• 编制呈现宏观及财政预测的财政战略文件，规定中期财政目标，并陈述计划的政策措施
4.确保财政政策指导预算政策	• 要求财政政策的制定先于预算决策 • 在预算准备的开始阶段，提出正式的中期财政框架，包括对预算支出上限进行决策 • 将议会的修正权限制在商定的财政政策参数内
5.确保财政纪律和可持续性	• 颁布对关键财政总量的限制（债务和赤字占GDP比例的限制） • 要求制定关于使用预算外收支以及纠正超支和短收的年度规则
6.确保宏观财政稳定性	• 通过使用针对稳定宏观经济冲击（更复杂的规则、支出增长限制、周期赤字指标、基于规则的稳定基金）的财政规则，保证适当且对称的财政政策反应
7.关注代际公平问题	• 实施基于规则的框架，该框架需要定义代际公平并建立从预算到主权财富资金的转移规则

资料来源 作者编辑。

2.3.2 财政责任法的发展：一个渐进的过程

有雄心使用立法来改善财政结果的国家，需要将这些立法的实施当作一个发展的过程来看待。对发达国家和发展中国家而言，以简单的方式启动是至关重要的。在第一阶段里，财政责任法应该只包括透明度和监督要求。

在第二阶段，需要增加对财政和预算过程的要求。第二阶段中要添加的要素数量是庞大的。基本要求是建立中期财政展望文件，这些文件提供在未改变政策的情况下对财政总量的预测。在该阶段中，下一步是将财政展望文件扩展为财政声明，其中包括财政目标、战略以及对整个中期政策措施的概要性指示。这一财政声明指出了即将来临的预算准备过程中可获得的资源上限。但是，内阁必须根据正式的中期财政框架来设置有约束力的资源上限，以及部门支出限额，这是财政责任法在后续实施过程中的重要步骤。这一步可能要求中期财政框架由内阁和立法机关正式批准，甚或载入法律之中。将中期财政框架呈交给议会仅仅作为参考，这是更普遍的做法。总之，已经发展到这一阶段的财政责任法，常常正式要求年度预算必须符合中期财政框架设置的财政限制。如此一来，议会的修正权必定会受到约束。例如，要求任何预算修正案必须提供额外的资金来源，或提出作为补偿的支出削减。

在第三阶段，财政责任法的特点是为财政目标设置数值规则。数值型财政规则可以提供非常多的好处。如果设置合理，对于财政政策而言，财政规则提供了有助于保证财政可持续性的锚点。依据规则的类型和它们对决策的约束程度，它们使财政政策“具体化”并排除了政治争论。如果为保证财政可持续性的财政总量上限与实际参数相差很多（例如，债务上限是国内生产总值的60%，但实际债务是40%），那么仍然存在讨论财政政策的自由裁量权。当财政规则成为稳定经济冲击的影响因素或解决代际公平问题的机制时，国家就又向前迈进了一步。在这些国家里，财政政策在很大程度上是基于规则的。

财政规则的使用要求有强大的财政预测和监控能力。它还要求有采取必要的政策措施的能力和政治意愿（在整个中期范围内，充分实施这些措施的能力和政治意愿——这一要求常常被忽视）。总之，使用财政规则要求财政部能够确定基线支出。在具有更复杂财政规则的财政责任法中，财政政策的灵活性是被严格约束的。尽管如此，对于宏观经济分析和财政预测能力较为成熟的国家来说，以结构性赤字规则为例，其益处是可以极大地提高财政政策的逆周期性。

本章不讨论适合特定国家或特殊经济条件的规则。但是，财政规则应该反映这些情况。用数值表示的、有严格约束力的财政规则，应该只适用于经济稳定性水平较合理的国家，这类国家需要具有兑现隐含承诺的政治意愿，而且具有保证财政参数维持在可接受限度之内的公共财政管理系统。如果有较少约束力的财政责任法可以连续很多年发挥作用，那么政治意愿可能就需要加强。更复杂且更有约束力的财政责任法，可以建立在最初约束较少的财政责任法之上。国家不应该将财政责任法看作法律框架中的不变要素，而应将其看作应对如下需求的可变要素，即国家面临的财政政策挑战、社会对财政纪律的承诺、现有法律框架建立的声誉资本，以及使用复杂财政政策规则的技术能力。

与发展中国家相比，发达经济体从不同的角度进入改善财政结果的过程。它们的组织预算法常常已经相当强大，相应地，一些发达经济体已经选择将问责制和过程规则包括在其既有的法律框架内（莱纳特，2010）。因此，财政规则已被移到法律框架之外，或者将之整合到只关注财政规则的、更基本的财政责任法中。在发达经济体中，宪法或国际条约的使用也更加普遍。此外，这种机制的关注点通常相当集中。

2.4 公共财政管理对有效财政责任法的要求

如前所述，约束和控制财政总量的财政责任法的雄心，应该与公共财政管理系统的相对优势相适应。一些国家的经验显示，在协助这些国家引进财政责任法所要求的更高标准的透明度和问责制时，设计精良的公共财政管理框架具有重要作用，这些国家包括澳大利亚、巴西和新西兰。与此相反，力量微弱的公共财政管理系统和程序，会限制政府监控财政结果的能力，并渐渐破坏财政责任法的成功实施。即使公共财政管理系统不够强大，基本的财政责任法也可以通过增加财政审慎程度来引导有意义的改革。虽然这一观点是合理的，但要想充分获得更成熟的财政责任法所带来的收益，拥有一个充分开发的公共财政管理系统是非常必要的。例如，财政责任法要求决策者确定财政调整的确切数量，显然就需要包含必需的预测、成本核算和监督工具的公共财政管理系统。

公共财政管理系统覆盖大范围的过程和机构。从过程的角度看，系统从战略计划、财政策略和预算准备开始，然后延伸到预算执行、会计、报告以及外部审计。在机构方面，财政部是主要的管理者、监督者和公共财政管理过程的标准制定者。一个良好的公共财政管理系统的基本要素包括：成熟的中期财政战略发展程序、清晰可靠的预算编制、有效的预算执行程序、及时准确的会计和报告、强大的独立审计机构以及立法机关的透明监督。这些要素可以通过创建和推进合理标准的采用，来约束政府的政策环境，提高财政责任法的效力和可信性。依据财政责任法的雄心水平和复杂程度（它们是相关的），公共财政管理系统应该逐渐满足那些将在后续讨论的要求。

2.4.1　监督和报告财政数据

财政报告系统应该提供准确、可靠、在实时基础上获得的财政数据，并且应该包括年末财政报告和年中预算执行报告。报告信息还应该包括尚未偿还的债务、或有债务以及与财政责任法规定的报告要求相对应的其他财政风险。这种信息可能源自财政责任法的明确要求，但即使财政责任法只要求陈述财政政策目标并报告取得的成绩，我们也会从这些信息中获益。

类型3这种先进的财政责任法，出于监督财政政策和预算发展的要求，需要强大的监督和报告系统来支持，因为这种系统可以为跟踪法律实施情况提供可靠依据。预算监督和报告应该覆盖一系列全面的总量指标，并且应该充分开发以测度财政规则的遵守情况，从而及时发布年中和年末报告。有必要对财政发展和预算实施中违反财政战略和已批准之预算目标及指标的情况，进行定期监督和报告。

将预算过程的各个阶段整合到综合的或相互关联的财政管理信息系统中，更加有助于管理公共资金，给予更大的财政控制权，实现对政府现金状况的更好监督，编制更好的现金计划和更好的财政报告。财政数据应该符合已被认可的质量标准。对于为有效应对经济或财政状况变化而建立起来的问责制来说，系统整合也是非常重要的，对财政透明度也至关重要。

报告系统还会有助于保证立法和行政机构的遵守情况。该系统应该对任何维度上违反每项法律和行政控制要点的承诺与惩罚进行报告，并报告整个预算执行周期中所有时点上的可获得的预算平衡信息。这种详细程度将保证预算计划者和管理者能够在整个周期内有效控制和分配资源。对每个违反预算项目（budget line）的交易进行记录，可以通过内部和外部审计，为鉴证和报告提供适当的基础。财政报告系统需要服务于另外一项关键性的要求，那就是对符合其他财政立法的控制，特别是对统一基金、贷款基金、资本基金、应急储备基金以及所有其他专项资金支出的法定控制。

为了实施财政调整所要求的总量控制，预算执行过程不能简单地保证符合批准的预算，而必须做得更多；它们还必须能够进行调整，以适应干预方面的变化以及任何的年内冲击，并且仍然能够保证运作效率。预算系统应该保证有效的支出控制，并由下述几项要求来支撑：（1）在支出周期的每个阶段上追踪交易的完整的预算和拨款会计系统；（2）在支出周期各个阶段上的有效控制；（3）管理多年期的合约和未来承诺的系统；（4）控制员工水平和人事成本的人事管理系统；（5）通过适当且透明的程序来管理采购和外部承包。支出执行过程的效能还依靠有效的国库和现金管理系统。有效的现金管理系统，将有助于支出的总量控制和预算的有效执行，有助于实现政府借款成本最小化，并且借助国库单一账户来实现政府现金余额的最优化配置（参见第9章）。

监督财政政策的发展和预算的执行应该包括以下机构：政府机关，如财政部、外部审计机构和议会财政委员会，还有研究组织、智库和国际组织，如国际货币基金组织。

2.4.2 财政预测

那些财政责任法中采用了财政目标要求的国家，应该有合理的能力预测宏观经济和财政总量，以确定财政目标是否务实，并评估所需要的政策调整。因为财政责任法通常要求设置中期财政目标，预测也需要扩展到中期，以评价更长时间范围内的财政参数。

制定稳健的财政预测是很多国家面临的问题，同样，也有很多国家在以下方面存在问题，即进行准确预测所必需的技术和能力，这是中期的财政框架、预算和支出控制的可靠基础。研究表明，在一些国家中，政府对经济增长和预算的预测呈现出乐观偏差。这种偏差出现的原因可能在于，政府高估增长率，以避免实施艰难的财政修正措施所带来的政治成本。

尽管事前的纠正性措施可以规避，但是事后的赤字可能会比预测的更大，因为增长率比预期低。在一些国家中，由独立机构发布的经济和预算预测，为检验政府预测的合理性提供了标准，从而帮助限制或消除乐观偏差的来源。应尽一切努力来为财政框架制定可靠的预测。

2.4.3 制定财政决策的能力

如果财政责任法旨在保证财政的可持续性，国家应该有能力评估公共债务和赤字的可持续限额。如果财政责任法要求设定财政指标来帮助稳定经济，决策者就应该明了必要的财政政策立场。许多财政责任法要求，在预算过程开始时，生成一个财政战略的说明文件来提供以下信息：宏观经济和财政的预测、财政政策目标以及用于达到目标的财政措施。

财政战略在预算过程的早期是非常重要的，并需要用它来制定反映政府政策和优先顺序的、可信的中期预算限额。为实现财政控制，预算过程中的纪律是不可或缺的，而且预算的全面性也至关重要。预算需要包含由政府承担的所有财政事务，包括与预算外资金相关的活动以及准国有机构和国有企业的准预算活动。此外，确保财政政策决策以公共活动的综合框架为基础，同样是非常重要的。

2.4.4 财政政策的独立审查

为了使得财政政策结果更具可信性，以及在更先进的财政责任法中评估是否违反财政限额以及违反的原因，国家审计人员需要审查财政政策的目标和结果。独立评估有助于保证行政机构遵守财政责任法，但是大部分最高审计机关目前未能很好地评估财政政策，因为这一议题已经超出了它们的核心职能。这意味着需要相当多的能力建设。作为一种选择，国家有时会将这个任务分派给财政委员会（参见第6章的讨论）或议会预算委员会的特别支持单位。显然，如果需要建立这些实体，也同样需要大量的能力建设。这些机构的优势在于，可以充分专注于评估财政和预算政策。

外部审计可以通过其他途径来对财政责任法的有效性发挥重要作用。它能够：（1）发现管理控制的弱点，并指出公共资金使用中的违规行为；（2）确定会计和财政数据的可靠性；（3）确认产生浪费和低效的领域，并提出改进预算执行效率的方法。这些任务将有助于加强政府支出的透明度和控制力。外部审计的可信性需要最高审计机关及其职员独立于被审计的政府部门，并且不受限制地使用所需要的信息。

2.4.5　中期财政框架的发展

随着财政责任法越来越具雄心，它们倾向于规定充分且成熟的中期财政框架的发展方向。中期财政框架要求用更规范的方法制定财政决策，规定预算过程中的中期财政战略和中期发展方向，主要是通过以下几方面内容的组合来达到这一目的：（1）中期宏观经济框架，此框架提供对宏观经济变量（如国内生产总值、通货膨胀、汇率和收支平衡）的多年预测；（2）一个制定出一套财政总量多年指标或上限的框架，财政总量包括政府总支出、借款以及债务等方面；（3）对具体政策措施进行确认，这些政策措施将计划的资源总额上限和政府的财政目标，转变为一套可靠的、有约束力的多年支出上限和政策。

中期财政框架是这样一种机制：它设置多年期财政目标，并使内阁在决策时保证预算编制、审批和执行过程中符合预算框架的要求，从而实现这些目标。需要预算硬约束，来保证财政政策执行与宏观经济稳定目标相一致。应该在预算编制的早期阶段制定与整体财政目标一致的、明确的中期支出上限。因此，对部门的支出分配，应该根据清晰的政策目标优先次序，由财政部和主管部门之间的讨论来指导。支出上限需要基于对当前政策和新措施分别进行的成本评估。该过程的上限应该在内阁层面得到批准，从而保证有适当的政策讨论来管理这一过程。

强化自上而下编制预算的方法，同时加强整体财政纪律。应该将支出上限作为控制财政结果和遵从财政规则的手段来使用。支出控制要求政府整体和单个部门的支出上限都受到充分重视。

虽然中期财政框架有力支持了财政纪律，但提高预算计划的详细程度可以进一步加强这一纪律。一旦财政责任法开始规定中期预算框架，那么它对能力的要求就会再次凸显。中期预算框架要求开发充分估价的支出基线，并且对所有新的中期支出和收入措施进行成本核算（参见第4章）。如果预算仍然按经济分类构建，这种成本核算就会较为复杂。为了更好地连接政策和预算，并且更准确地对项目支出进行成本核算，国家常常在引入中期预算框架时转向项目预算。这样，拥有完整中期预算框架的财政责任法，就时常需要既包括基线开发，又要具备项目预算的能力。对运行中期预算框架的能力要求，也延伸到了主管部门中。

中期财政框架与中期预算框架都要求有谨慎的风险管理和应急计划，以保证政府有足够的后备能力，应对来自预算战略批准后发生的未预料到的事件以及紧急事件的合理风险。这可以通过在框架内包含计划或应急储备来实现。

2.4.6 政府间的协调

在那些分散支出配置的力量过于强大的国家中，为了建立全面的财政控制，财政责任法覆盖全部广义政府层面是有道理的。因此需要额外的公共财政管理能力，比如一个设计良好的政府间财政关系体系，该体系的支撑来自于公共财政系统中的地方政府作用的有效发挥。为了使财政调控服务于整个国家，必须控制地方政府的财政行为，使之与中央政府的财政相互协调。在因支出和收入责任错配而造成大量纵向不平衡的国家中，财政责任法是无效的，除非建立起基于规则的结转或融资权利体系来调整这些不平衡。类似地，如果地方政府已经积累了大量的债务，财政责任法就需要由财政调控或者国家层面的政府间债务延期项目来加以补充。

2.4.7 强大的财政部

财政政策不是在真空中形成的。政府不能简单地决定调整财政赤字；公共制度需要落实到位，才能支撑决策。没有完善的财政制度，即使设计最精良的财政措施也有失败的风险。前文讨论了实现和维持财政整顿的关键财政制度，包括预测收入，开发财政政策，计划、执行、监控预算以及管理政府间财政关系。这些功能主要由财政部来执行。强大的财政部对于财政责任法的成功实行是极其重要的。此外，随着财政责任法雄心的增加，财政部对于开发额外能力的需求也相应增加。

2.4.8 强大的制度和法律框架

健全的制度和法律框架将会极大助推财政责任法的实施，即使是基本的财政责任法也是如此，这种框架需要具有强大的透明度和问责制要求、公众监督以及执行程序。当然，许多财政责任法本身的目的，就是增强财政过程的透明度和问责制。然而，如果预算法律体系已经包括了一般原则，那么发展到更复杂的财政责任法就比较容易。

财政责任法的系统效力，依赖于它在法律中存在的良好基础，并且受益于支撑它的规则与管理实践。许多国家有公共财政和组织预算法，为预算编制、批准和执行提供了法律框架。这种法律常常得到那些管理国库运营、会计以及报告公共债务管理情况的具体法律和规定的支持。拥有一部综合性的公共财政法律是有益处的，它会建立下列事项：（1）参与公共财政管理的主要实体和办事机构的清晰职能与责任；（2）开放且可靠的预算编制过程；（3）有效和守纪律的预算执行；（4）反映预算提交情况的报告要求；（5）对财政账目的透明度要求以及时效性和审计要求；（6）问责制和承诺条款。预算法律体系是建立有效财政责任法的基础。如果预算法不完善，那么财政责任法的功能将达不到最佳标准。为了公共财政管理法律法规的实施，而发展适当的制度和管理能力，也是同等重要的。

针对逐渐变得更为复杂的财政责任法，专栏2.2概述了其主要的公共财政管理要求。

专栏2.2 支持财政责任法的主要公共财政管理要求

根据财政责任法的范围和复杂程度，公共财政管理系统应该能够逐渐地满足以下方面的要求：

- 准确、及时、可靠的财政监督和报告
- 可信的预算计划
- 有效且有纪律的预算执行
- 合理可靠的宏观经济及财政预测
- 财政政策分析和设置财政指标的能力

- 财政政策结果的独立审查（外部审计、议会或财政委员会）
- 可靠的中期财政框架和可监测的财政战略，该战略会描述因政府收入、支出和融资政策导致的财政赤字和公共债务之路径
- 对整个中期内新的和已有的政策措施进行成本核算的能力，这也是基线的定义
- 设定、执行符合严格界定的数值限额的财政政策
- 在整个中期内结构严密的内阁决策
- 由于财政规则变得更复杂，需要进行复杂的宏观经济模拟，从而确定结构性增长率、赤字和资源收入

2.5 结论

财政责任法在强化财政结果中发挥了有益的作用。由于增加政府支出几乎已然成为一种普遍的压力，财政责任法就应该成为任何财政部门制度性工具包的组成部分。但实施财政责任法并不是所有情况下的优先事项，如果财政政策处于掌控之下，并且保持这种现状的政治意愿很强，那么这种制度创新可能不会获得优先权。然而，大部分国家都没有那种乐观的情况。

一个包含透明度、问责制以及可持续的财政政策原则的法律框架，即类型1的财政责任法，在任何国家中似乎总是令人满意的。这一目标是否需要一部单独的法律，取决于在政治辩论中财政政策所获得成功的大小。如果与当地财政管理系统的能力相适应，那么侧重于财政过程规则（具体的报告指导方针、预算追加权的限制、中期财政框架的发展）的类型2的财政责任法，也能被大部分国家采纳。对于包含数值财政规则的类型3的财政责任法来说，经济和财政状况、对财政纪律的政治诉求，以及运行财政责任法所需的公共财政管理能力，都是关键性因素。一个普遍的错误是，财政部常常抱有太大的雄心，在那些并没有充分认识到可持续的财政政策重要性的社会中，过高估计类型3的财政责任法所可能取得的成就。

财政责任法可以逐步规范政治辩论，尤其是当它一旦建立起声誉资本时，

更是如此。法律愿望和政治现实之间的距离不应太大，否则法律就会被违背。有时需要妥协，而且财政责任法可能不得不在开始阶段抱有较小的雄心，如只包含透明度、问责制以及可持续性原则的相关规定。在这种情况下，财政责任法显然不是对于改善财政结果的完美解答。

然而，财政责任法不应被视为静态的立法。随着经济环境变化和政治认可度的增加，财政责任法应该适应这些变化。随着这些法律的声誉资本增加，实施更严格要求的可能性也增加了，并且应该探索引入更复杂的财政规则。新兴市场经济体和发达经济体都浪费了定期加强其财政责任法的机会。目前，一些新兴市场经济体可以引进具有约束力的数值规则的财政责任法，并且不会给经济带来太多痛苦。发达经济体却忽视了完善财政责任法的机会。例如，引进结构性赤字限额。

财政责任法的发展，应该被看作一个渐进的过程：财政政策过程的要求，从模仿良好的实践原则，逐渐扩展到透明度和过程规则，最后拓展到数值财政规则。在变得更成熟和规范的过程中，精确规定一些问题是很重要的，如覆盖范围、例外条款、处罚以及过渡性要求。在极端的财政危机时期，这些要素能够成功发挥压力阀的作用。此外，最严格的财政责任法的要求，并不总是最佳且最持久的。

附录2.1　所选国家的财政责任法：主要特点

国家	法律（年份）	程序规则	财政责任法的数值指标	覆盖范围	例外条款[1]	处罚
阿根廷	联邦政府的财政责任法（2004）[2]	是	ER；DR	CG	否	是
澳大利亚	预算诚信章程法（1998）[3]	是	—	CG	否	否
巴西	财政责任法（2000）	是	ER；DR	PS	是	是

续表

国家	法律（年份）	程序规则	财政责任法的数值指标	覆盖范围	例外条款[1]	处罚
智利	财政责任法案20-128号（2006）	是	BBR	CG	否	否
哥伦比亚	财政透明度与责任的原始法律（2003）	是	BBR	NFPS	是	否
厄瓜多尔	财政责任法（2010）	是	ER	PS	否	否
牙买加	财政责任法（2010）	是	BBR；DR	CG—[4]	是	否
墨西哥	有关预算和财政责任的联邦法律（2006）	是	BBR	CG	是	是
尼日利亚	财政责任法案（2007）		BBR	CG	否	否
新西兰	公共财政（国家部门管理）法（2005）	是	—	GG	否	否
巴基斯坦	财政责任和债务限制法案（2005）	是	BBR；DR	CG	是	否
巴拿马	新财政责任法（2009）	是	BBR；DR	NFPS	是	否
秘鲁	财政责任和透明度法（2003）	是	BBR；ER	NFPS	是	是
罗马尼亚	财政责任法（2010）	是	ER	GG	是	是
塞尔维亚	2009年预算制度法中引入的财政责任法相关规定（2010）	是	BBR；DR	GG	否	否
西班牙	预算稳定法案（2007）	是	BRR	NFPS	是	是

续表

国家	法律（年份）	程序规则	财政责任法的数值指标	覆盖范围	例外条款[1]	处罚
斯里兰卡	财政管理责任法案（2003）	是	BBR；DR	CG	否	否
英国	预算责任和国家审计法案（2011）	是	BBR；DR	PS	否	否

资料来源　国际货币基金组织职员和各国当局。

注：BBR=预算平衡规则；CG=中央政府；DR=债务规则；ER=支出规则；FRL=财政责任法；GG=广义政府；NFPS=非财政的公共部门；PS=公共部门

1.只包括明确规定的例外条款。

2.财政责任法自2009年以来实际上已被暂停了。

3.这些国家实际上在实施财政责任法中没有讲清楚规则。

4.还包括公共团体。

参考文献

Caceres, Carlos, Ana Corbacho, and Leandro Medina, 2010, "Structural Breaks in Fiscal Performance: Did Fiscal Responsibility Laws Have Anything to Do with Them?" IMF Working Paper 10/248 (Washington: International Monetary Fund).

Corbacho, A., and G.Schwartz, 2007, "Fiscal Responsibility Laws," in *Promoting Fiscal Discipline*, ed.by T.Ter-Minassian and M.Kumar (Washington: International Monetary Fund), pp.58–77.

Erauskin-Iurrita, I.aki, 2008, "Financial Openness and the Size of the Public Sector: A Portfolio Approach," Munich Personal RePEc Archive (MPRA) Paper No.10564 (unpublished; Bilbao, Spain: University of Deusto).

European Commission (EC), 2006, "Part III: National Numerical Fiscal Rules and Institutions for Sound Public Finances," in *Public Finance Report in EMU—2006*. European Economy, No.3/2006 (Brussels: European Commission).

International Monetary Fund (IMF), 2009, "Fiscal Rules: Anchoring Expectations for Sustainable Public Finances," Fiscal Affairs Department (Washington).

———, 2012, "Fiscal Rules Dataset 1985–2012," Fiscal Affairs Department, Fiscal Policy and Surveillance Division (Washington).

Lienert, Ian, 2010, "Should Advanced Countries Adopt a Fiscal Responsibility Law?" IMF Working Paper 10/254 (Washington: International Monetary Fund).

Mayer, Eric, and Nikolai Staehler, 2009, "The Debt Brake: Business Cycle and Welfare Consequences of Germany's New Fiscal Policy Rule," Deutsche Bundesbank Discussion Paper 24/2009 (Frankfurt).

Mosley, Layna, 2005, "Globalization and the State: Still Room to Move?" *New Political Economy*, Vol.10, No.3, pp.355–62.

North, Douglass C., 1999, "Institutions and Credible Commitment" (unpublished; St.Louis, Missouri: Washington University).

Organisation for Economic Co-operation and Development (OECD), 2002, "Part IV: Fiscal Sustainability: The Contribution of Fiscal Rules," *OECD Economic Outlook*, No.72, pp.117–36.

Rodrik, Dani, 1998, "Why Do More Open Economies Have Bigger Governments?" *Journal of Political Economy*, Vol.106, pp.997–1032.

———, 2008, "Second-Best Institutions," *American Economic Review*, Vol.98, No.2, pp.100–104.

Schick, Allen, 2010, "Postcrisis Fiscal Rules: Stabilizing Public Finance While Responding to Economic Aftershocks," *OECD Journal on Budgeting*, Vol.10, No.2, pp.1–18.

第3章　数值型财政规则：国际趋势①

尼娜·布蒂娜　蒂迪亚内·金达　安德里亚·谢克特　安克·韦伯

强化财政结构，尤其是通过数值型财政规则来加以实现，已经成为应对2008—2009年全球经济和金融危机的财政遗患的一个关键性应对措施。在欧元区和大部分其他欧盟成员国中，这种强化正通过国家和超国家层面的体制改革呈现出来，如在财政契约和六部立法中规定的那样。②欧盟以外，许多国家已经开始或正在考虑改革其现有的财政规则，并引进新的规则：着眼于提供中期锚点、支持可靠的长期调整工作，以及保证财政的可持续性。

本章评估了世界各国对数值型财政规则的应用情况。本章对财政规则及其设计要素提供了一个系统性的汇总和比较。③许多国家在危机期间暂停了它们的财政规则，本章考查财政规则的最新进展以及从危机中兴起的下一代财政规则。

---

① 本章借鉴了谢克特等人(2012)的文献。

② 这些欧盟政府的改革包括：要求采用国家层面的结构性预算平衡规则，每年减少债务直到债务降至国内生产总值的60%以下，以及强化国家财政框架。本章的第二部分和专栏3.1中回顾了这些规定。

③ 国际货币基金组织数据库提供了各国财政规则的概述及其主要特征，网址如下：http://www.imf.org/external/datamapper/FiscalRules/map/map.htm。

本章特别回顾了从20世纪80年代中期直至2012年初，规则类型和数量的变化趋势，以及它们的组合和主要特点，如法律基础、执行情况、覆盖范围、免责条款以及周期性调整的规定。本章提供了有关国家规则（至少覆盖中央政府层面）的信息，同时也提供了关于超国家（supranational）政府的规则信息。另外，本章还讨论了关键制度安排及相关能力，这些对于监督和支持规则来说是非常重要的。但是，在本章中，并不评估财政规则的实施情况以及它们在财政绩效中的作用。

本章的结构如下：第一部分定义财政规则，比较它们的目标，并且讨论支持公共财政管理制度和不同类型的规则。第二部分回顾了过去20年间规则应用类型的变化趋势。第三部分则考查了规则的关键特征。第四部分讨论在应对危机时如何调整现有规则，如何采用新规则，以及这些“新一代”的规则与早期的规则存在哪些不同。

3.1 定义、制度环境以及财政规则的类型

3.1.1 定义和目标

财政规则采用对预算总量的数值限制，形成对财政政策的持久性约束。[①]特定的预算总量数值约束，为那些难以频繁改变的财政政策设置了界限并提供业务指导。可是财政规则各组成部分之间的界线并非总是清晰的。本章使用下列原则：

• 除了那些在规则中设定的经由立法固定的特殊数值目标，其他财政安排，尤其是那些具有可修改指标的支出上限，只要它们至少在3年期内有效，就会被视为财政规则，但是这种情况很少见（比如作为选举周期的一部分）。

---

① 这个定义大致遵循柯彼茨和西蒙斯基(1998)的定义，但不包括他们定义中的“简单”这一要素。虽然从交流和监督的角度看，这是一个令人满意的特点，但实际上，财政规则已经变得越来越复杂。因此，本章不将“简单”当作财政规则的一个定义特点。除了数值限制之外，为了更好地实践，提高可预测性以及提升透明度，财政规则也能为预算过程建立规程(程序规则)(见第2章)。许多国家同时运行程序性的规则和数值型的规则，但是本章只对后者进行论述。

因此，尽管提供了多年预测（参见第4章），但却会年年改变的中期预算框架或支出上限，就不被认为是规则。

• 只包括那些包含大部分公共财政（赤字、债务、支出或收入）并且至少覆盖中央政府层面的总量数值目标。因此，针对次级政府或财政子集的规则是不包括在内的。例如，特别支出项目的支出上限，或者使用自然资源收入的支出上限。[①]

• 核心在于法律上的安排，而不是实践中坚持规则的程度。

除非特别说明，本章只涵盖截至2012年3月末生效的规则或在当时正处于特殊过渡体制的规则（国别列表参见附录3.1）。本章还将描述那些被采用但未获实施的规则，当然这些规则不包含在图表中。

像本书讨论的许多公共财政管理创新那样，规则旨在纠正扭曲的鼓励措施并对超支形成压力，特别是在经济状况良好的时期更是如此，以此来保证财政责任和债务可持续性。正如在前面章节中提到的，已经提出了两种解释方法来说明赤字偏好：政府的短视和“公共池塘问题”，“公共池塘问题”的产生原因在于，特殊利益集团或选民未能对其相互冲突的需求所引致的总体预算影响，进行内部化处理。众多利益集团的存在，经常导致不同的实体相互竞争，并且竭力争取针对丰收年景中意外收益的过度支出，而没有给不景气年份的反周期政策预留空间。在货币联盟中，超国家的规则旨在将财政无纪律的区域成本内部化，并建立框架以更好地协调财政货币政策组合。

为了减少赤字偏见，在过去20年间，世界各国建立了一系列财政体制创新，以支持更谨慎且更平衡的财政政策，这些创新包括财政规则、财政责任立法（参见第2章）以及中期预算框架（参见第4章）。财政规则也能为其他目标服务。在允许调整财政账户以适应经济活动变化的财政规则中，经济稳定性是内生的。还有的财政规则之所以被引进，是为了控制政府规模并支持代际公平。提供可信的中期锚点，是大衰退后各国采用（或加强）财政规则政策的普

① 参考鲍恩•斯卡德等人(2012)对资源丰富经济体的财政规则的研究。

遍动机。

尽管如此，财政规则并非完全不受非难，特别是将它们单独引进时更是如此。潜在的抱怨包括：为调整冲击预留的空间太小、偏离支出重点，或为了鼓励会计创新而逐渐损害透明度。

最新的努力则聚焦于加强财政框架以及众多要素间的互动。因此，财政规则的采用，是能够提高目标实现可能性的众多因素之一，其中的一部分因素会在本章后续内容中讨论。为了确保有效性，财政规则需要一套制度安排，以便将规则的意图转换到预算政策和执行的现实之中。同所有其他公共财政管理创新一样，孤立地引入规则也不是灵丹妙药；除了政治意愿以外，还需要有具体的制度要素。

3.1.2 制度环境：体现为公共财政管理框架组成部分的规则

财政规则的有效执行和监督基于如下的假定，存在着一些制度安排和良好的制度能力，并且二者能够互相作用。本书中讨论了许多类似的制度和创新（特别参见第2、4和6章）。

作为现代公共财政管理框架的一部分，财政规则应该有效地整合纳入预算编制和执行周期之中。在自上而下的预算过程中，总量支出限制会在分配拨款之前确定，这有助于化解主管部门的无限制支出需求和有限预算约束之间的矛盾。中期预算框架可以加强财政规则。反过来，采用数值型财政规则也可以强化中期预算框架。中期预算框架可以帮助政府解释当前的和拟议的政策在未来几年内的影响，设置未来预算的优先顺序，最终达到更好地控制公共支出的目的。制定多年期视角的预算，可以提前论证政府政策是否与财政规则一致，以及如果不一致需要采取什么政策行动，并为制定符合财政规则要求的决策，增加了时间框架。中期预算框架覆盖的内容因国家而异，这影响了与财政规则的衔接（参见第4章）。

有效的预算执行系统，如承诺控制、拖欠监控，以及现金管理系统，对保证预算结果符合预算拨款而言，是必不可少的。需要可靠的数据和技术性预测能力，来保证预算总量的预测是充分准确的，以防止与宣布的预算政策立场大相径庭，这种偏离会逐渐损害规则的可信性。预算报告系统必须全面地囊括总量，并且应确保充分发展并及时发布年中和年末的报告。健全的预算报告系统可以从内部来监控规则是否得到遵守，如果需要，还可为决策者改变政策提供足够的时间。内部和外部审计系统对于保证问责制也是重要的。与预算报告系统一致的财政数据应公开发布，并符合已公布的允许外部监督的规则日程。

正如第2章中详细讨论的那样，数值型财政规则可以反映在财政责任法律（FRLs）中。越来越多的发达经济体以及一些新兴市场经济体，正在采用独立机构来进一步加强其财政规则的可信性。在一些没有国家层面财政规则的国家中（例如比利时和加拿大），也存在独立的财政委员会，这些机构会得到特别的授权，来评估与监控财政政策的实施和影响。财政委员会通过在规则的实施上提供独立声音来强化规则，从而发挥特别的作用。这样的例子还有瑞典的财政政策委员会，它监督是否符合预算平衡准则，评估当前的财政政策是否与财政可持续性相一致，并评估预算透明度和预测的质量。财政委员会或独立的委员会也可以提供关键的预算设计和方法，而这些是实施规则的关键性投入因素。随着危机的来临，许多国家已经或正在建立财政委员会（参见第6章）。

3.1.3　财政规则的类型

财政规则有四种主要类型，可以根据其试图限制的预算总量的类型来加以识别。

*债务规则*采用占国内生产总值的百分比，来为公共债务设置明确的限制或指标。根据定义，债务规则将最有效地保证债务收敛到一个既定目标，并相对容易沟通。但是，预算措施影响到债务水平需要一定时间；因此，债务规则不能为决策者提供清晰的短期指导。债务也会受政府控制范围之外的进程的影响，比如利率和汇率的变化，以及“线下”融资业务（如金融部门支持的举措或者出具的担保），这些都能引起不切实际的大规模财政调整。此外，当经济受到冲击并且定义为国内生产总值百分比的债务指标受到约束时，财政政策可能呈现顺周期的特点。相反地，当债务远低于它的上限时，这种规则将不提供约束性指导。

*预算平衡规则*约束影响债务率的主要变量，并且这些规则在很大程度上处于决策者的控制之下。这种规则提供清晰的操作指导，并有助于保证债务的可

持续性。预算平衡规则可以适用于总量平衡、结构性平衡、周期调节平衡，以及“全周期”的平衡。总量预算平衡规则没有经济稳定性的功能，但其他三个可以明确地解释经济冲击。然而，评估调整使得规则更难沟通和监督，典型的是通过产出缺口进行评估。“全周期”平衡规则还有额外的缺点，即补救措施可能被推迟到周期结束。虽然付息是唯一不直接在决策者控制之下的支出项目——即使支出刚性也可能使实现短期指标复杂化——将它们从规则中剔除就会削弱同债务可持续性之间的衔接。类似地，以扣除资本支出的总量平衡为目标的“黄金法则”也较少链接到债务中。“收付实现制”规则规定，任何额外提高赤字的支出或收入措施，一定要以赤字中性化的方式抵消。因为收付实现制不对庞大的预算总量设置数值限制，它们通常被认为是过程性规则，因此在本章中不作为数值型财政规则。

*支出规则*为主要的或当前的总量支出设置限制。这种限制是基于绝对性而设置的，采用增长率或者有时使用国内生产总值的百分比。时间范围通常介于三年和五年之间。这些规则不直接连接到债务可持续性目标中，因为它们不约束收入方面。然而，当这些规则结合债务规则或预算平衡规则时，它们就可以提供操作工具，这种操作工具用于启动那些要求体现可持续性的财政整顿。此外，它们可以在临时性收入增加时来限制支出，而此时额外收入临时高涨并且总体赤字限制容易遵守。而且，在负面冲击时期，支出规则不限制财政政策的经济稳定性功能，因为它们不需要对税收收入的周期性或人为减少进行调整。甚至更大的逆周期性也可以通过排除对周期性敏感的支出项目来实现，比如失业支持，但代价是对可持续性目标造成更大的缺口。并且，支出规则不符合自由裁量的财政刺激。然而，支出上限直接规定由政府使用的公共资源的数量，并且通常来说相对容易沟通和监督。[①]

*收入规则*为收入设置上限或下限，旨在推进收入的征收或防止过重的税收

① 可是，支出规则也能由伪造账目来操作。例如，向更多的税式支出转移；这很可能需要扩大规则的覆盖范围。欲了解针对支出规则各种设计特点的详细分析，以及芬兰、荷兰和瑞典的经历，请参考永曼（2008）的文献。

负担（抑或两者皆有）。大多数这类规则不直接与公共债务的控制相关联，因为它们不约束支出。此外，设置收入的支出上限或下限可能非常有挑战性，因为收入可能蕴含较大的周期性因素，随商业周期大幅度地波动。有一种例外是那些限制将额外收入用于额外支出的规则。收入规则能够单独导致顺周期的财政政策，因为下限和上限一般不解释衰退或好转中的自动稳定机制的运行。然而，像支出规则那样，它们可以直接把政府规模作为目标。

作为折中方案，许多国家将两个或多个财政规则结合起来——表3-1给出了不同规则的关键特点及其利弊。不是所有类型的财政规则都同样易于支持可持续性、经济稳定性抑或政府规模等目标，即使规则的设计特点是可以微调的，也是如此。使用结合起来的财政规则，可以帮助缩小差距。例如，同支出规则相结合的债务规则，将与债务的可持续性相关联，可以协助决策者制定短期到中期的运营决策，允许有一定的逆周期性，并明确地将政府规模作为指标。通过债务规则与结构性预算平衡准则的结合，也同样可以实现这一目标。

3.2　过去的20年：不断涌现的财政规则

3.2.1　谁在使用财政规则，有多少人使用？

在过去20年间，财政规则已经在全世界传播。在1990年，只有5个国家——德国、印度尼西亚、日本、卢森堡、美国——至少在中央政府层级上设置了财政规则。在日本和德国，财政规则具有很悠久的传统，可以分别追溯到1947年和1969年，但大部分年份里财政规则都没有被很好地遵守。大约从1990年起，拥有国家或超国家财政规则的国家数量开始激增，截至2012年3月末增加至76个（见图3-1）[①]。这种增加是对最近的全球金融和经济危机的一种反应，旨在提供对长期财政纪律的可信承诺。

---

① 数据库覆盖81个国家，其中5个国家在2012年3月末不再有生效的财政规则（阿根廷、加拿大、冰岛、印度和俄罗斯）。

表3-1 不同财政规则的性质

规　则	优　点	缺　点
债务规则	• 直接与债务可持续性相联系 • 易于沟通和监督	• 短期运作指导不清晰，因为政策对债务率的影响不及时并受到限制 • 没有经济稳定性特点（可能是顺周期的） • 可以通过临时性措施来满足规则（如线下交易） • 债务可能受到政府控制之外的发展的影响
预算平衡规则	• 清晰的操作指导 • 与债务可持续性联系密切 • 易于沟通和监督	• 没有经济稳定性特点（可能是顺周期的） • 总量平衡可能受到政府控制之外的发展的影响（如重大的经济衰退）
结构性预算平衡规则	• 相对清晰的操作指导 • 与债务可持续性联系密切 • 经济稳定性功能（如解释经济冲击） • 可以解释其他一次性和临时性因素	• 校正周期是复杂的，特别是对于正在经历结构性变化的国家来说，更是如此 • 需要规定一次性和临时性因素，以避免对它们的随意使用 • 复杂性使其更难沟通和监督
支出规则	• 清晰的操作指南 • 考虑经济稳定性 • 控制政府规模 • 较易沟通和监督	• 不直接与债务可持续性联系，因为在收入方面没有约束 • 如果没有被规则覆盖的支出类别发生转变，为了符合上限要求，可能导致支出分配发生不必要的改变
收入规则	• 控制政府规模 • 能改进收入政策和管理 • 能阻止顺周期支出（规则约束额外收入的使用）	• 不直接与债务可持续性相关联，因为不约束支出方面（除非规则约束额外收入的使用） • 没有经济稳定性特点（可能是顺周期的）

资料来源　国际货币基金组织工作人员的评估。

国家财政规则更为普遍的使用，体现了一种对公共财政不同压力的反应。目前，国家层面的规则已在45个经济体中生效（参见图3-1和图3-2中的a图）。发达经济体是领跑者，但随后一些新兴市场经济体开始采用这一规则，

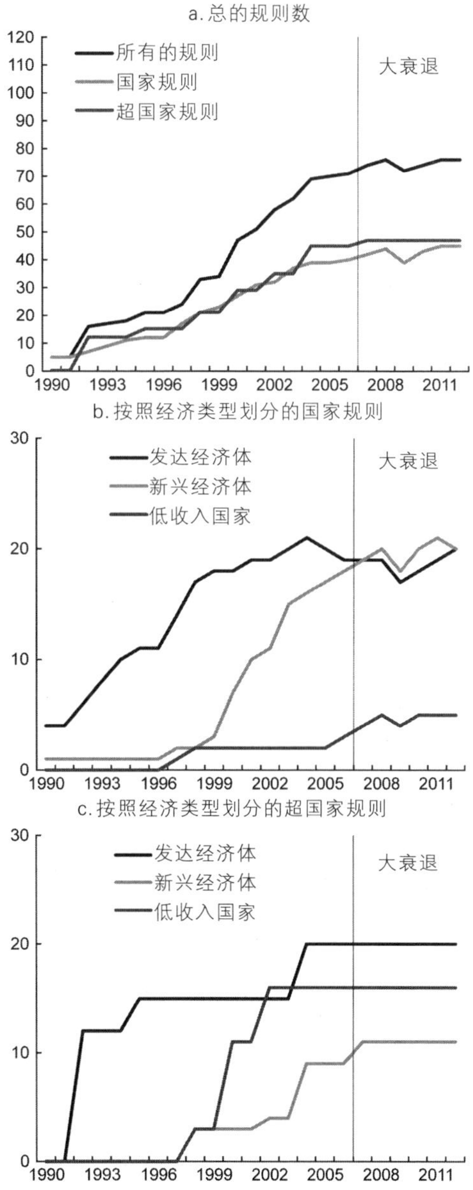

资料来源　国家官方数据，国际货币基金组织工作人员的评估。

注：以2012年3月末生效的财政规则为根据。

图3-1　拥有财政规则的国家数量

尽管只有少数低收入国家在使用它们（见图3-1中的b图）。激励各国积极采用规则的因素各有不同：减缓在20世纪90年代初起因于银行业和经济危机的过度负债（如芬兰、瑞典）和拉丁美洲国家（如巴西、秘鲁）的债务危机；为了符合欧元区要求而进行整顿的需要（如比利时）。此外更为普遍的是，力图遏制赤字和债务上升的趋势（如荷兰、瑞士）。在一些情形中，引入规则与大规模财政调控相一致（如芬兰）；在其他情况下，随着全球危机之后财政状况的好转，为了保证持续的财政纪律而引入规则（参见库马尔等人，2009）。

同时，超国家的财政规则被引入货币联盟和欧盟，覆盖了47个国家。对财政总量实施限制的目标，在于防止个别国家实施不符合货币联盟需要的财政政策。

• 在欧盟国家中，规则设置为赤字占GDP的上限是3%，债务占GDP的上限是60%，在1992年它被包含在《马斯特里赫特条约》中，并在1997年被纳入《稳定与增长公约》（SGP）中。《稳定与增长公约》还包括一项条款，就是国家应该追求符合国家特色的中期预算目标，并以结构性预算平衡的形式体现出来。2011年11月，六部立法的治理改革，引入了新的债务减少规则和支出增长基准（见专栏3.1）。[①]

• 东加勒比货币联盟成员国的财政规则，旨在2020年前将公共债务占GDP的比例减少到60%。成员国还在某些时段设置了占GDP 3%的总赤字指标，但因各种冲击很难实现这一目标。这个总赤字指标在2006年被放弃，并且符合2020年债务指标的主要平衡水平已经用于指导财政政策。

• 在西非经济与货币联盟中，两个“第一序列”财政收敛性判断准则于2000年实施并覆盖大多数财政总量，这两个准则是平衡预算（包括外国金融资本支出）和公共债务占GDP比例不高于70%。迄今为止，两项规则的落实程度较低，尤其是预算平衡规则。

• 中非经济与货币共同体也拥有债务规则和平衡预算规则。后者的规范在2008年有所改变，之前要求至少是“基本财政平衡”意义上的平衡，其定义是

---

① 本章中的表格和图只包括在欧盟内已经生效的规则，也就是，总量预算平衡规则、中期目标以及债务规则。因为前两个都覆盖了预算平衡，所以它们不被视为两项单独的规则。

扣除补助金的总收入减去扣除外国金融资本支出的总支出，之后转变为至少是“基本结构性财政平衡”层面上的平衡——将实际石油收入替换为其三年移动平均数。此外，还增加了一项规则，作为非石油国GDP百分比的非石油“基本财政平衡”，应该至少是平衡的。通过这些改变，来获得应对石油价格波动时更大的灵活性，同时也保证支出的可持续性。

专栏3.1　欧盟财政契约和六部立法

2012年3月，欧洲委员会成员国（除捷克共和国和英国以外）签订了一项政府间条约，也就是所谓的财政契约（正式名称是《经济货币联盟稳定、协调与治理条约》），以帮助保证财政的可持续性。财政契约在国家级别上为财政规则引进了几个新要素，并强化了1997年《稳定与增长公约》及1992年《马斯特里赫特条约》中的财政治理框架。在此之前，通过在2011年12月生效的五项新欧盟条例和一项欧盟指令，《稳定与增长公约》就得到了加强。到2014年各国有望采用最新的规定。

• 国家结构性预算平衡规则。财政契约中主要的新要素就是，要求在立法中采用如下国家规则，即每年的结构性预算赤字上限为GDP的0.5%（对于那些债务水平低于GDP 60%且可持续性风险较低的国家，上限为GDP的1%）。如果一个国家不遵守，欧盟委员会可以发布制裁和罚款。上述两种状况的发布，要比之前要求下的发布，更具自主性。

• 更大的国家规则实施力度。为了保证可实施性，各国需要在国家层面上建立自动修正机制，在偏离规则的情况下启动这一机制。欧洲法院将核实结构性预算平衡规则走向国家立法的转换；但是，它不查证遵守规则的情况。

• 超国家层面的新债务规则。财政契约和六部立法还包括：承诺将公共债务占GDP的比例，减少到GDP 60%的临界值。每年减少债务的速度基准是现实水平和目标之间差距的1/20，在国家已经脱离当前的超额赤字程序三年后开始执行。这将保证逐渐收敛到60%的债务临界值。

• 超国家层面的新支出基准。主要支出的年增长不应超过长期名义GDP的增长，其中失业救济和可自由支配收入的增加排除在外。这个基准只在国家不处于超额赤字程序之内时才采用（举例说，如果总赤字低于GDP的3%）。

• 公开超额赤字程序的更广泛的标准。除了不服从赤字规则以外，目前，当国家不服从债务规则时，也可以经由经济和财政事务委员会的有效多数同意，而将其置于超额赤字程序中。

• 预算规程和独立的财政委员会。为了保证有效执行这些财政规则，六部立法提出了广泛的建议，以制定更有束缚力的中期预算框架；更侧重于自上而下的顺序来制定预算；更频繁、及时、全面地报告财政发展情况和风险；在制定预算设想和评估规则符合程度方面，赋予独立委员会更大的职责。

对于大多数货币联盟成员国，超国家规则尚未得到国家财政规则的补充。截至2012年3月末，货币联盟和欧盟的47个成员国中，只有19个国家还会由国家财政规则来提供指导。因为超国家财政规则的实施和遵守已经得到充分落实，故而在大部分欧盟成员国中，缺少国家财政规则的问题，目前正在由财政契约着手处理，它要求采用结构性预算平衡规则（参见专栏3.1）。迄今为止，其他三个货币联盟的成员国只是在超国家数值财政限制之下运作，但实施情况还不够均衡。总体上，在2012年76个有财政规则的国家中，有2/3的国家是在国家财政规则下运行或者同时实施国家和超国家财政规则；1/3的国家只由超国家规则来管理。后者主要由低收入国家构成（见图3-1中c图）。

总而言之，截止到2012年3月，大部分国家已拥有了不止一个财政规则。导致多重财政规则趋势的一部分原因，来自于超国家财政规则的引入（除了中非经济与货币共同体以外，均具有两种规则），但这也反映了扩大国家财政规则安排的决策，尤其是在新兴市场经济体中更是如此。从单一规则运作时的缺点或权衡中得到的教训，促使这些国家进行了如此的抉择。例如，单独的债务规则，尽管与可持续性目标紧密关联，但并没有提供足够的操作指导。因此，如立陶宛、纳米比亚以及波兰这些国家，用支出或预算平衡规则加强它们的债务规则（见图3-2）。从1997年到2012年3月末，国家财政规则的平均数量从1.5个增加到1.7个（见图3-3）。此外，2000年以后采用国家财政规则的那些国家中，有大约40%的国家选择使用综合的国家财政规则。

3.2.2 规则的类型和组合

最为常用的规则（通常是以组合的形式出现）可以约束债务和预算平衡。

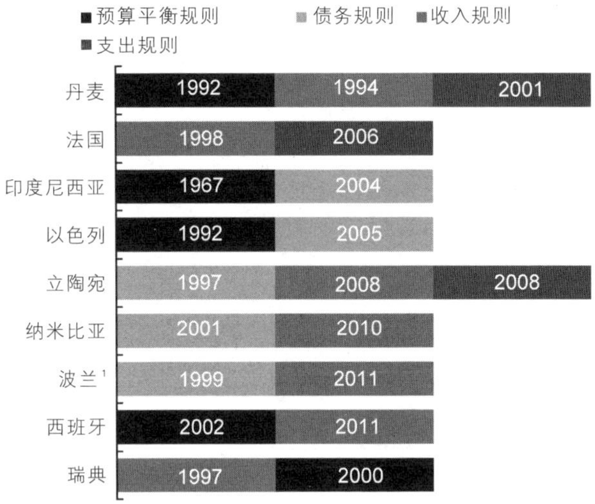

资料来源　国家官方数据，国际货币基金组织工作人员的评估。

注：数据显示规则生效或过渡期开始的时间。

[1]从 2006—2007 年波兰也有了平衡预算规则。

图 3-2　选取的经济体：转向多重财政规则

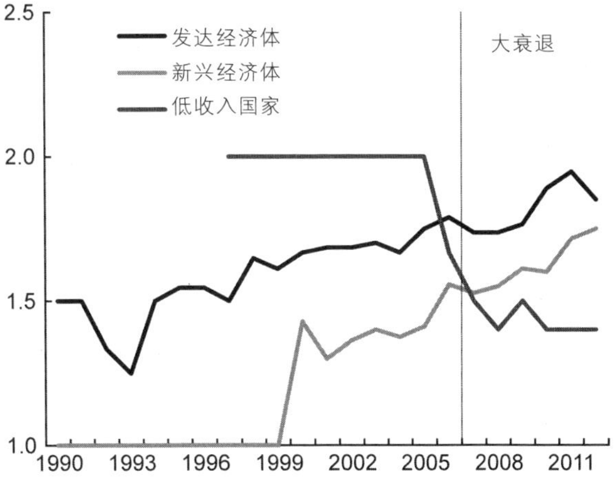

资料来源　国家官方数据，国际货币基金组织工作人员的评估。

图 3-3　国家财政规则的平均数目

在货币联盟和欧盟的成员国中，国家规则在某种程度上反映了超国家规则，加勒比货币联盟成员国除外，因为它们只有预算平衡规则（见图3-4中的a图）。在国家财政规则中，支出规则也很普遍（见图3-4中的b图），但是主要是在发达经济体中。

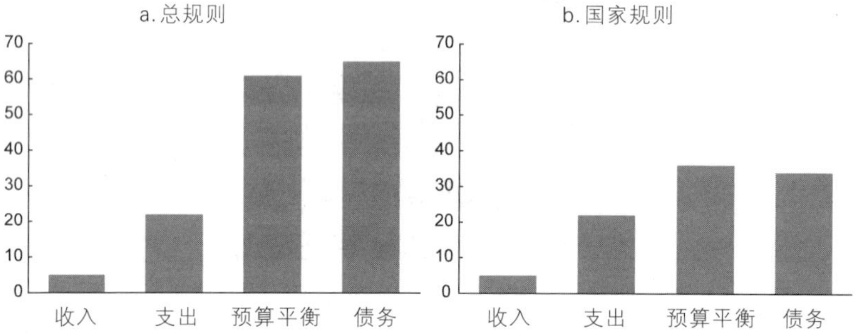

图3-4　2012年预算规则的类型（至少有一种财政规则的国家数量）

资料来源　国家官方数据，国际货币基金组织工作人员的评估。

总规则包括国家规则和超国家规则。

支出规则常常与预算平衡或债务规则结合起来，从而为债务可持续性提供更大的锚点（见图3-5）。收入规则发挥的作用要有限得多，可能是因为它们不能很好地适用于保证公共财政的可持续性。

财政规则中仍然存在一些地区性差别。特别是国家债务规则在低收入国家中占主导地位（见图3-6），[①]这可能反映了这一体制的弱点，那就是会使支出规则的实施变得复杂化。与新兴市场经济体相比，能够解释经济周期的预算平衡规则，在发达经济体中仍然更为普遍。瞄准产出缺口对发达经济体来说是一种挑战，不过对于仍然在经历结构性变化的经济体来说，更是挑战。因此，那些以预算平衡规则来解释周期的新兴市场经济体，更倾向于使用实际经济活动的临界值，而不是产出缺口的概念。

① 但是例子很少，只包含4个有国家财政规则的低收入国家。其他低收入国家则在超国家规则之下运作。

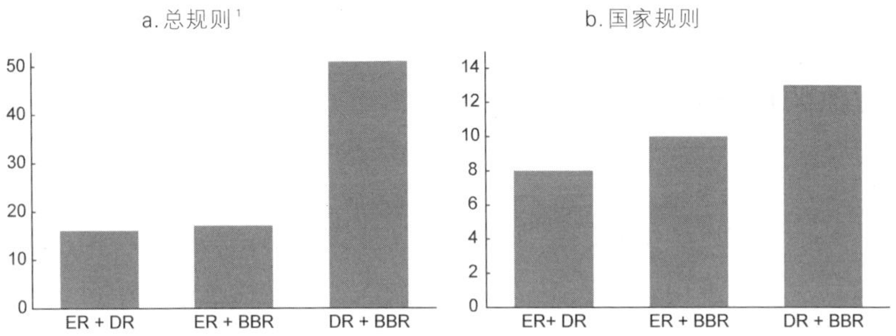

图3-5　2012年广泛使用的财政规则组合（结合使用两项规则的国家数量）

资料来源　国家官方数据，国际货币基金组织工作人员的评估。

注：BBR=平衡规则；DR=债务规则；ER=支出规则。

[1]总规则包括国家规则和超国家规则。

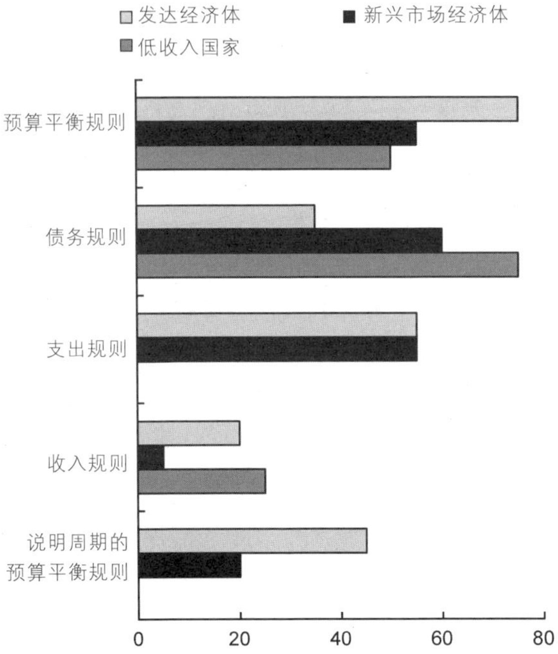

图3-6　国家财政规则的地区性差别（有特殊类型规则的国家比例）

资料来源　国际货币基金组织工作人员的评估。

注：包含了至少一种国家财政规则的国家。

3.3 其他的设计特点

3.3.1 立法框架

立法基础因规则类型和国家而异。在大多数国家，支出、平衡以及债务规则被嵌入到法定标准中。为数不多的既有收入规则是通过政治承诺、联盟协议以及法定标准的共同作用来实施的（参见表3-2）。总的来说，大多数预算平衡和债务规则属于经由国际条约建立起来的超国家规则。发达经济体中对国家财政规则的立法支持，不同于新兴市场经济体和低收入国家（参见图3-7）。相比发达国家，在新兴市场经济体和低收入国家中，支出规则往往更多的是通过法定标准建立起来的。后者的中期计划能力更加有限，这就导致其法定支出规则的形式相对简单（例如，支出增长趋向于不超过GDP的增长）。但是在发达经济体中，支出规则趋于更紧密地整合到中期预算框架中（参见第4章），有时是联盟协议的一部分。在发达经济体中，对财政规则的立法支持种类更多。只有少数国家将财政规则纳入其宪法中，大部分国家是在2000年以后才这样做的（参见表3-3）。

表3-2　　　　财政规则的法定基础

财政规则类型				
基础	支出	收入	预算平衡	债务
政治承诺	4	2	3	4
联盟协议	4	1	3	4
法定方面	12	2	21	14
国际条约[1]			41	47
宪法	0	1	2	1
总数	20	6	70	70

资料来源　国家官方数据；国际货币基金组织工作人员的评估。

注：以2012年3月末生效的财政规则为基准。各列相加的总数要大于拥有规则的国家数，因为许多国家都设置了多重规则。所有的规则都是国家财政规则，除非另有注释。

[1]这些都是超国家财政规则。

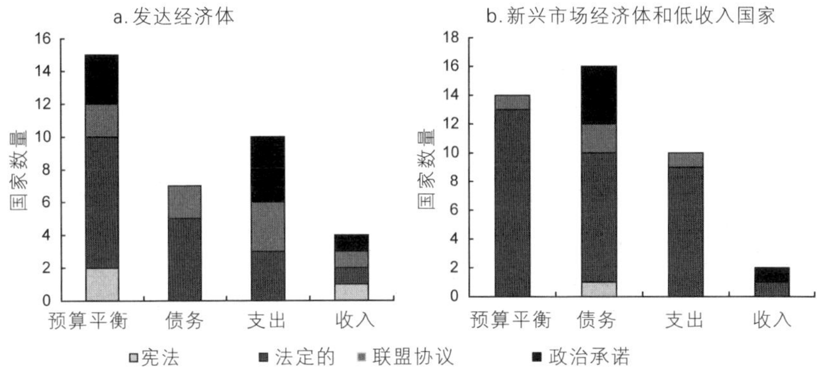

图3-7　按规则和经济体类型，划分财政规则的法定基础

资料来源　国家官方数据；国际货币基金组织工作人员的评估与计算。

注：以截止到2012年3月末生效的财政规则为准。

表3-3　拥有宪法法律基础的国家

国　家	规则类型	采用年代
法国	收入	2006
德国	预算平衡	1969，2009
波兰	债务	2004
西班牙	预算平衡、债务、支出	2011
瑞士	预算平衡	2003

资料来源　国家官方数据；国际货币基金组织工作人员的评估。

注：只包括2012年3月末生效的规则。还有的国家在宪法中采纳了财政规则，但是仍处于确定实施细节或者在实施之前要经历漫长的过渡路径之中，这些国家是匈牙利、意大利和西班牙。对于后者，支出规则已经生效，而结构性预算平衡规则在2020年生效。

令人满意的立法框架依各国的特殊情况而定。庄严地载入更高级别立法的规则更难倒退，并因此趋向于持续更长时间，因为即使政府更迭也很难对其进行更改。虽然更高级别的立法因为这一原因可以给予该框架更大的稳定性，但是如果执行机制和问责程序较薄弱，高级别的法律也未必会提高财政规则的效力。对于机制薄弱的国家而言，通过立法的简易性及其迅速实施，也可能成为决定使用某种立法框架的关键因素。

3.3.2 制度和经济的覆盖范围

虽然大多数的超国家预算平衡和债务规则覆盖了总体上的广义政府，但只有不到一半的国家规则也是如此。在货币联盟中，重要的是约束广义政府，原因在于潜在的道德风险问题，它导致一些小国出现财政懈怠的现象。而且，超国家规则的较高立法地位，使它们更可能延伸到广义政府。国家支出规则和预算平衡规则覆盖的范围，一般不会延伸到中央政府之外，这有可能是应对超国家的自治和协调问题。对于国家收入和债务规则来说，广义政府的覆盖范围和单独的中央政府覆盖范围相似是很常见的（见图3-8）。

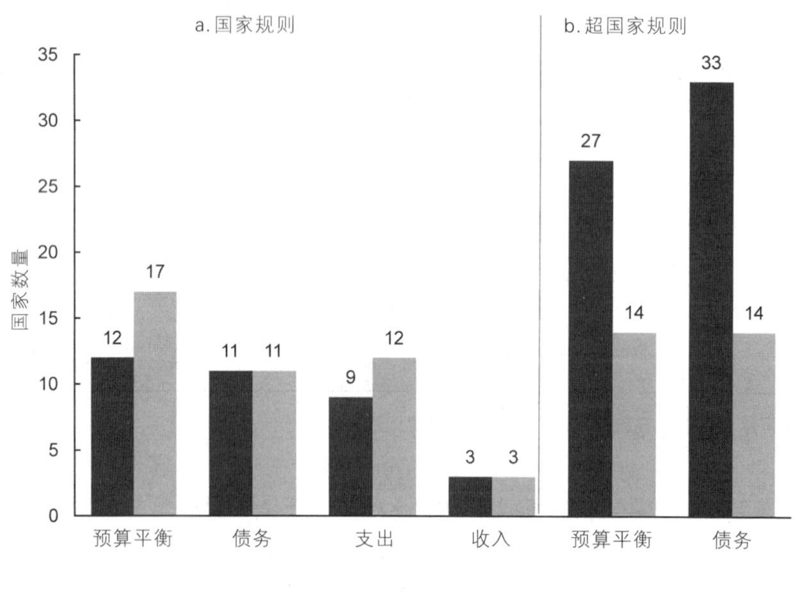

图3-8 2012年财政规则的覆盖范围

资料来源 国家官方数据；国际货币基金组织工作人员的评估和计算。

注：依据截止到2012年3月末生效的财政规则。“广义政府”也包含了覆盖非公共财政部门的那些规则。

截止到2012年3月末，具备财政规则的国家中，大约20%的国家在目标变量中剔除了某些收入或支出项目。在这些国家中，最常被排除在目标财政总量之外的项目是资本支出。只允许将净贷款用于投资目的的那些规则被称为“黄金准则”（参见表3-4）。一些国家也会把利息支付和周期敏感性支出从目标变量中排除。

表3-4 总量覆盖范围

最经常被排除的项目	应用排除的国家（规则类型）
利息支付	芬兰（ER），法国（ER），西班牙（ER），瑞典（ER）
周期性敏感支出	丹麦（ER），芬兰（ER），瑞士(BBR)
资本支出	国家规则：巴西（ER,DR），厄瓜多尔（ER）,日本(BBR) 超国家规则：西非经济货币联盟和中非经济与货币共同体(BBR，DR，排除国外提供资金的资本支出)

资料来源 国家官方数据；国际货币基金组织工作人员的评估。

注：以截止到2012年3月末生效的财政规则为依据。BBR表示预算平衡规则，DR表示债务规则，ER表示支出规则。

出于财政可持续性的考虑，需要更广泛的覆盖范围，但是基于其他目标和可控性原因，则需要排除某些项目。广泛的覆盖范围旨在管理总收入和支出，并使指标更透明和更易于监督。尽管如此，诸如排除资本支出，有时是令人满意的，因为通常认为它对长期增长有正面贡献。然而，这种排除减少了与总债务的联系；不是所有的资本支出都必然是生产性的，其他项目（如医疗保障和教育支出）很可能更有利于提高潜在增长。将利息支付和周期性敏感支出排除在目标变量之外也是讨论的热点，因为在短期内它们不受政府控制，并需要在其他支出类别上进行短期调整，而资本支出通常是最容易被削减的项目。

3.3.3 例外条款

例外条款可以提供处理不常见事件的灵活性。与在第2章所讨论的财政责任法中的例外条款相比，这是显而易见的。它们应该包括：（1）在立法中，在非常有限的范围内，允许条款被启动的因素；（2）在解释和决定事件上，有清晰的指导方针；（3）退出例外情况的特定路线，以及对累积偏差的处理。

正式的例外条款规定主要体现在最近制定的规则中，其触发的条件各异。例外条款作为预算平衡规则和债务规则，在巴西、哥伦比亚、德国、毛里求斯、墨西哥、牙买加、巴拿马、秘鲁、罗马尼亚、斯洛伐克、西班牙以及瑞士等国家中存在（参见表3–5和附录3.2）。在所有情况中，当经济衰退或者经济出现显著放缓时，例外条款容许采取偏离规则的临时措施。其他的引发事件包括自然灾害（巴西、德国、牙买加、毛里求斯、巴拿马、秘鲁、斯洛伐克），以及银行系统紧急救助（斯洛伐克）①。

例外条款并不总是十分具体。虽然对于规则而言，保持全面的综合性与明确例外条款的特定潜在触发条件，二者之间总是难以兼顾的，但以往的例外条款确实偶尔会出现过多模糊解释的情形。例如，直到2009年修宪，德国允许基于“宏观经济均衡的扰动”的原因，较之既定规则出现偏离，它常用来证明超额的赤字上限是正当的。在印度，例外条款允许政府在“中央政府可以规定”的特殊情况下偏离指标。瑞士和西班牙的财政规则也包括相当广泛的“特殊情况”之规定，然而它们需要由必然事件来证明是对的（如自然灾害、严重的衰退等）。在瑞士，例外条款须经议会中的多数同意才可引用；瑞士和西班牙这两个国家，要求随同中期修正计划使用。

在某种程度上，例外条款被嵌入到了欧盟和西非经济与货币共同体的超国家财政规则之中。在2005年对《稳定与增长公约》的修订中，欧盟引进了例外条款，规定如果赤字接近它的上限并且属于临时性违约（必须同时具备这两个条件），可以不公开赤字超标。它还考虑到万一经济发展不利，延长修正超

① 丹麦提供了一个例外条款用于收入规则的例子，它旨在限制政府规模而不是保证可持续性。如果由于环境原因，或履行丹麦对欧盟的义务中无额外收入用于减少其他税收，那么税收率就会被提高，这时允许实行减损规则。

标赤字的截止日期。在西非经济与货币共同体中，例外条款只有在实际的国内生产总值和收入的较大且临时的负面冲击下，才会被启动，但是条款没有规定回到规则的过渡路径（参见表3-5）。

表3-5　带有例外条款的财政规则

国家（年份）	自然灾害	经济衰退	银行系统紧急救助，保证计划	政府中的变化	预算覆盖范围的变化	政府控制外的其他事件	规定的选举机制	确定的过渡路径
巴西（2000）	×	×	—	—	—	—	×	—
哥伦比亚（2011）	—	×	—	—	—	×	—	—
德国（2010）	×	×	—	—	—	×	×	×
牙买加（2010）	×	×	—	—	—	×	—	—
毛里求斯（2008）	×	×	—	—	—	×	—	—
墨西哥（2006）	—	×	—	—	—	—	—	—
巴拿马（2008）	×	×	—	—	—	×	—	×
秘鲁（2000）	×	×	—	—	—	×		×
罗马尼亚（2010）	—	×	—	×	×	×	—	×
斯洛伐克（2012）	×	×	×	—	—	×	—	—
西班牙（2002）	×	×	—	—	—	×	×	×
瑞士（2003）	×	×	—	—	—	×	×	×
欧盟成员国（2005）	—	×	—	—	—	—	—	×
西非经济货币联盟（2000）	—	×	—	—	—	—	—	—

资料来源　国家官方数据；国际货币基金组织工作人员的评估。

注：关于例外条款的更多细节，请参考附录3.2。×表示例外条款。

3.3.4 自动修正机制

除了在第2章中讨论的惩罚机制外，事后偏离规则的自动修正能够提高可执行性，但至今它们仅作为极少数规则的组成部分。与其他规则要素一样，清晰规定的机制和锚点可以通过立法得到支持，但最终政治意愿是最关键的。以下总结了一些案例：

- 瑞士和德国的结构性预算平衡规则包含被称为“债务制动”的自动修正机制（参考德国联邦财政部，2011，以及博德默，2006）。在这两个国家中，偏离结构性预算规则（正面或负面）将被记载于名义账户中。当累积的偏差超过临界值时，相关部门就会提出在规定的时间范围内，对结构性平衡进行改进的要求，以扭转这种偏差。两个国家之间主要的差别在于临界值（德国的普通法律规定为国内生产总值的1.0%，宪法规定为1.5%；瑞士规定为支出的6%），以及需要纠正的偏差类型。在德国，只有不影响实际国内生产总值增长预测的偏差，才能进入名义账户中；而在瑞士，所有的偏差都要计算在内。后者的过程更透明，但是对于调整政府控制范围之外的误差，提供了较少的灵活性。在瑞士，超过总额的部分必须在后续三个年度预算内消除。在德国，超额的部分需要在经济复苏期间减少，以避免顺周期性紧缩，并可以通过支出和收入措施来补救。

- 波兰和斯洛伐克共和国的债务规则，设置了债务与国内生产总值比值为60%的上限，包括避免规则所忽视的触发行动的临界值。在斯洛伐克共和国，当债务率达到50%时，财政部长必须向议会解释增加的原因，并提出扭转这种增长趋势的措施。在债务率为53%时，要求内阁通过一系列削减债务和冻结工资的措施。当债务率为55%时，自动削减3%的支出，并且下一年的预算支出将被冻结（与欧盟资金的配套融资除外）。当债务率达到57%时，内阁必须提交平衡预算。[①]在理想状态下，如果更早地采取有效的行动，就不需要后面的触发点。

---

① 2017年以后，债务限额将被降至国内生产总值的50%，当债务率达到40%时，修正措施将开始运作。

• 所谓的自动减支是另一种形式的自动修正机制。在历史上美国就曾出现过，由于削减债务联合专门委员会在减少赤字提案上没有达成协议，如果国会不采取立法行动，自动削减支出（减支）于2013年3月生效。在这种情况下，自动减支是一次性调整支出的途径，而不是一个嵌入财政规则结构中的周期性机制。自动减支很可能存在如下缺点：对资本支出产生偏见，这一支出项目是最容易迅速削减的项目，正如20世纪90年代美国所经历的那样。

在欧盟财政契约之下，欧盟国家在国家层面上的结构性预算平衡规则也需要包括自动修正机制。这种机制可以避免因忽视目标而导致债务逐渐增加，有鉴于此，25个签约的欧盟成员国已经决心建立适当的机制，以符合由欧洲委员会发布的指导方针。

3.4　"下一代"的财政规则：针对危机的回应

在最近的经济危机期间，许多国家暂停实施财政规则。极端的产出冲击使许多经济体偏离了最初实施的规则限制。而且，在大部分情况下，反周期刺激措施推动了对支出总量超过正常时期设置的约束。因为几乎没有国家有例外条款的设置，规则或者被暂停执行，或者通过放松原有上限并且设置调整路线图的方式得以处理。设置调整路线图的方式，为那些高度不确定的经济提供了一些灵活性。表3-6提供了一些国家的案例。

少数国家能在危机前完成改革，为后来摆脱危机提供了锚点。例如，德国已经在宪法层面规定了结构性预算平衡规则（联邦政府的赤字上限和地方政府的结构平衡预算占GDP的0.35%）。自2011年开始过渡期，该规则于2016年对联邦政府完全生效，在2020年对各州生效。

许多其他国家建立了新规则或充分审查了现有的规则（参见表3-7）。各种动机导致了这些决策，如重新安抚市场，使其消除对财政政策和公共财政可持续性的疑虑；严格遵守对持续改革进行努力的承诺；以及对中期财政管理的预期引导。

表3-6 危机期间的财政规则：调整的案例

国家	修正规则的描述
保加利亚	在2009年，支出规则（财政支出上限为占国内生产总值的40%）被违反之后，在2010年和2011年被取消，在2012年重新引进了规则。预算平衡规则由平衡预算或盈余（2006—2008年）调整为不断降低总余额，使其低于国内生产总值的3%；从2012年开始，赤字限额为国内生产总值的2%。最近通过组织预算法的修正强化了支出和预算平衡规则，这项法案在2012年1月生效
智利	结构性预算平衡规则之下的上限不断扩大：盈余从占国内生产总值的1%（2001—2007年）减少到2008年占国内生产总值的0.5%，到2009年结构性预算平衡是零。运用实质上的例外条款，以适应反周期措施和扩大的赤字，目前的调整（2010—2014年）制定了到2014年使结构性赤字收敛到占国内生产总值1%的指标路径
丹麦	在2009年，与公共消费有关的支出规则被修改，到2015年将它的份额减少到占周期调整的国内生产总值26.5%这一比率。结构性预算平衡目标从2010年的盈余目标（于2001年设置）修订为至少在2011年到2015年平衡（于2007年设置），在2015年结构性赤字低于0.5%，到2020年结构性预算开始平衡（于2009年设置）
芬兰	在2007年，政府把潜在的国内生产总值1%的结构性盈余作为指标，但是2009年2月决定，如果结构性改革保证在中期或更长的时期内改进广义政府财政，它可以暂时偏离指标。自2011年以来，中央政府一直遵从着1%赤字的平衡指标。芬兰在2008年抛弃了赤字减少规则，并且为了在议会任期届满时（2015年）实现大幅度降低中央政府债务比率的目标，在2011年调整了这一规则
以色列	赤字减少法的上限，在2009年7月采用的半年预算中被放宽了，允许2009年和2010年的预算赤字分别占国内生产总值的6%和5.5%，2009年的支出实际增长3%。债务减少和预算支出限制法（2010年）设置了到2014年的过渡路径（赤字占国内生产总值的1%）
巴拿马	于2009年修改了预算平衡和债务规则。法律限制非公共财政部门的赤字占国内生产总值的1%，并将公共债务指标设置为到2015年占国内生产总值的40%。前者的上限，在2009年6月被调整为国内生产总值的2%~2.5%，有延长至4年的逐渐过渡期。在新规则之下，非公共财政部门的上限可以放松，这取决于美国和巴拿马的实际国民生产总值增长率降低到规定的临界值以下的时间。债务指标被扩展至2017年
英国	从2008年11月到2009年12月，政府背离了它的预算平衡和债务规则，并采用临时运作的规则："设置一些政策以改进每年周期性调整的经常账户预算，一旦经济出现衰退，那么它将达到平衡，并且一旦发生全球冲击并影响经济的各个方面，债务占国内生产总值的比重就需要相应降低

资料来源 国家官方数据；国际货币基金组织工作人员的评估。

表3-7　　自2010年以来开始采用财政规则的国家

规则类型	国　家
预算平衡规则[1]	奥地利、哥伦比亚、意大利、葡萄牙、塞尔维亚、西班牙、英国
量入为出规则[2]	日本、美国
债务规则	匈牙利[3]、塞尔维亚、斯洛伐克、西班牙、英国
支出规则	厄瓜多尔、以色列、日本[4]、纳米比亚、波兰、西班牙、美国[5]

资料来源　国家官方数据；国际货币基金组织工作人员的评估。

注意：表格包括被采用但还没有生效的规则。

[1]所有这些预算平衡规则都将经济周期考虑在内。

[2]量入为出规则被认为是规程而不是数值型规则，因此也不计入数据库内。

[3]该国宪法要求从2016年开始，每年将政府债务削减到国内生产总值的50%以下。

[4]2010年引入作为中期财政框架组成部分的支出限制。

[5]如果国会不采取立法行动，2011年8月颁布的可自由支配支出的上限值和自动支出削减（自动减支）于2013年3月生效。

虽然许多改革涉及受到危机打击最严重的欧洲国家，但趋势是涉入的国家更为广泛，正如下面的例子所显示的那样。

• 新规则已经在欧盟成员国中占大多数的转型经济体产生了效果（如波兰、罗马尼亚以及斯洛伐克），而其他国家正在逐步接受这些规则（奥地利、匈牙利以及西班牙）（参见附录3.3）。这个过程将随着欧盟财政契约的实施而加快，契约要求欧盟国家到2014年在宪法抑或其他永久性立法中，采用结构性预算规则（参见专栏3.1）。

• 在西班牙，2011年9月的宪法修正案及其相应的组织立法（2012年）要求，各级政府的结构性赤字都在欧盟设置的限制内，并且设置每个级别政府的债务限制，规则将在2020年生效。

• 葡萄牙的《新预算结构法》（2011年5月）建立了结构性预算平衡不应低于《稳定与增长公约》之中期目标。

• 奥地利通过了《联邦预算法修正案》，规定从2017年开始，联邦水平上的结构性赤字（包括社会保险）不能超过国内生产总值的0.35%。

• 意大利批准了《宪法修正案》(2012年4月)，制定了结构性预算平衡的原则性条款，并规定在2013年2月底在次级立法中完成补充条款之细化规则的制定。

• 在欧盟以外，哥伦比亚采用了规定赤字上限为GDP1%的结构性预算平衡规则，这个规则将在2022年生效。塞尔维亚在2012年末引进了平衡预算规则，修正过去的赤字差额，并允许局部使用自动财政稳定机制，并设置了债务上限。

这些下一代的财政规则，明确地将可持续性目标与更多的灵活性加以结合，以应对经济冲击。在智利[①]、德国和瑞士早期采取的财政规则启发下，许多旨在设定周期动态调整视角下的预算目标（如奥地利、哥伦比亚、葡萄牙、西班牙以及英国），或以其他方式将周期性考虑在内（如巴拿马和塞尔维亚）(参见图3-9）的新规则被提出。这些规则中，有些提供针对既往的自动纠偏，以避免“逐渐升高的”债务效应（如塞尔维亚、德国和瑞士的债务制动），还有一些规则将新的（或用既有的）负债规则与新的支出规则加以结合，既提供了操作层面的指引，也提供了债务可持续性层面的联系。反过来，如果是将以上规则各自为政地考虑，则不能统筹地实现所有目标（如波兰的规则）。

同时，财政规则的设计特点已经变得更综合，支撑性安排也得以加强——例如通过将规则嵌入立法（远离政治协议）；采用明确的例外条款；以及如果出现偏差，就需要提供回到承诺的路径。[②]

但规则结构的日益复杂也提出了新的挑战。规则数量的增加，规则间的相互作用，以及规则的复杂化，使得合规与实施更难以解释和监管。为了解决第一种挑战，某些国家正在重整它们的预算规程和中期预算框架（如奥地利、希腊、爱尔兰以及葡萄牙)。财政委员会也发挥了重要作用（参见第6章）。一些

---

① 智利的财政规则不仅考虑经济周期，而且考虑铜和钼的价格与长期走势的偏差。

② 谢克特等人(2012)开发了简单的预算规则索引，索引说明了每个国家财政规则的数量。

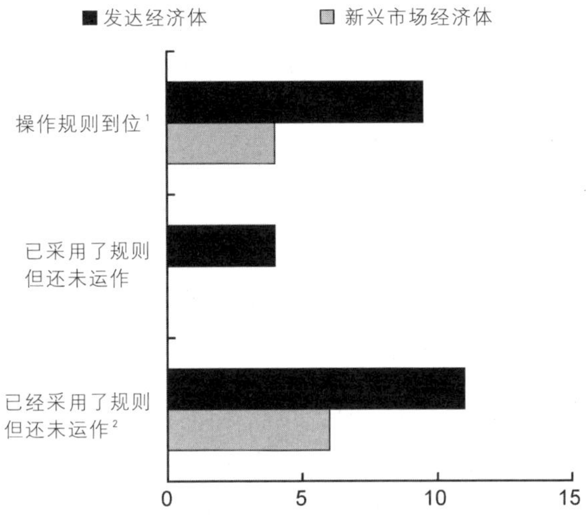

图3-9　拥有结构性预算平衡规则的国家数目

资料来源　国家官方数据；国际货币基金组织工作人员的评估。

1　操作规则到位包括那些有清晰的过渡路径规定的国家。

2　已经采用了规则但还未运作包括：已经签订了财政契约，但尚未采用结构性预算平衡规则的那些欧盟成员国。

国家已经进行了政府改革，或计划建立独立的财政委员会。这样的机构能提高选民对某些政策路径结果的关注度，帮助选民对相关政策选项择优汰劣。虽然仅依靠财政委员会的存在，且它对于提高公众意识的能力，并不足以产生良好的结果（参见迪伯隆、杰拉德和哈里斯，2012），但一旦结合财政规则，委员会就可以潜在地拉升政府不合规的相关声誉风险，并作为额外的实施工具发挥作用。

3.5　结论

财政规则的使用已经变得越来越普遍，特别是为当前全球经济和金融危机之财政救助的退出，提供了锚定点。财政规则的使用总共兴起过三次浪潮。第一次浪潮出现在20世纪90年代早期和中期，部分原因是为了应对银行和债务危机，也为欧元区的设立提供了必要的基础性整顿。第二次浪潮开始于21世纪初期，主要由新兴市场经济体推动；这些国家开始采用不止一条的财政规则，并改革了财政和预算框架，以作为经历了财政超支（fiscal excesses）的反应。第三次浪潮的兴起则源于当前的危机。许多国家，特别是欧元区的国家，正在以国家规则对超国家规则进行补充。与此同时，其他经济体也正在升级其既有的财政结构和规则。大部分国家正在依照某几项规则来运行，将可持续性目标与所需要的灵活性相互结合起来，以便考虑经济冲击的影响（通过修正周期的经济平衡规则）。

下一代财政规则的设计思路是，可以在纪律性和可持续性及灵活性目标之间做出更好的平衡，这些目标倾向于将经济冲击考虑在内，并且经常补充一连串的其他必要制度，以支撑这些规则的实施和监督。但是，这些下一代的规则会更复杂，对规则的设计、实施和监督提出了新的挑战。迄今为止，沟通政策似乎也慢慢地赶了上来，但是许多国家已经开始将重点置于以下方面：运用独立的财政委员会来监督和评估，以弥补此类差距。

尽管财政规则的设计特点依然因国家而异，但在一些国家财政规则已经开始趋于统一。大部分财政规则有最低限度的法定基础，并且在宪法（或其他永久性立法）中锚定了国家财政规则，这是欧盟财政契约承诺的一部分。直到最近，少数财政规则开始包括设计精良的例外条款，但是近年来采用并改变规则的国家已经清晰地定义了触发点。自动修正机制和处罚还不普遍，但是前者是财政契约要求的另一个特点。虽然实证证据显示，财政规则一般来说是财政调整成功的一个原因，但评估因果关系是困难的（参见迪伯隆等人，2008）。时间将证明下一代财政规则对财政纪律是否提供了预期的贡献。考虑到财政规则如此之高的复杂程度，它们的效力也将依靠各国的制度能力。

附录3.1 国家的覆盖范围

在1985年到2012年3月底期间，拥有生效的国家和超国家（或者二者兼有）财政规则的国家（或者有明确规定的过渡机制）。

发达经济体	新兴市场经济体	低收入国家
澳大利亚	安提瓜和巴布达[1]	亚美尼亚
奥地利	阿根廷[2]	贝宁[1]
比利时[1]	博茨瓦纳	布基纳法索[1]
加拿大[2]	巴西	喀麦隆[1]
塞浦路斯	保加利亚	佛得角
捷克共和国	智利	中非共和国[1]
丹麦	哥伦比亚	乍得[1]
爱沙尼亚	哥斯达黎加	刚果[1]
芬兰	厄瓜多尔	科特迪瓦[1]
法国	赤道几内亚[1]	多米尼克[1]
德国	匈牙利	加蓬[1]
希腊[1]	印度[2]	格林纳达[1]
	印度尼西亚	几内亚比绍[1]
冰岛[2]	牙买加	肯尼亚
爱尔兰[1]	拉脱维亚[1]	科索沃
以色列	立陶宛	马里[1]
意大利[1]	马耳他[1]	尼日尔[1]
日本	毛里求斯	尼日利亚
卢森堡	墨西哥	塞内加尔[1]
荷兰	纳米比亚	多哥[1]
新西兰	巴基斯坦	
挪威	巴拿马	
葡萄牙[1]	秘鲁	
俄罗斯[2]	波兰	
斯洛伐克共和国[1]	罗马尼亚	
斯洛文尼亚[1]	塞尔维亚	
西班牙	斯里兰卡	
瑞典	圣基茨和尼维斯[1]	
瑞士	圣卢西亚[1]	
英国	圣文森特和格林纳丁斯	
美国		

资料来源　谢克特等人（2012）。

[1] 截止到2012年3月末，只有生效的超国家规则的国家。

[2] 在1985年至2012年3月末之间的某个时点，有过生效的规则，但在2012年3月底时已没有规则的国家。

附录3.2 免责条款：国家案例

国家	例外条款的描述
巴西（2000）	四个季度实际GDP增长低于1%，并且发生自然灾害，但是只有经过议会批准才能生效
哥伦比亚（2011）	如果发生特殊事件威胁国家的宏观经济稳定，财政规则的实施可能会被临时暂停，遵从CONFIS（由财政部长领导的内部财政委员会）的支持意见
德国（2010）	发生自然灾害或者在政府控制范围之外且对政府财务状况有重要影响的非同寻常的紧急情形。需要议会的绝对多数来启动例外条款。议会必须通过具有特定时间框架的分期偿还计划，以减少累积的偏差。直到2010年，用例外条款来防止“对宏观经济均衡的扭曲”
牙买加（2010）	出于以下原因可能使相关数据超过既定目标：国家安全、国家紧急情况，或者由部长基于积极的决议而发布的命令中确定的其他例外情况
毛里求斯（2008）	在出现紧急情况以及有大型公共投资项目时，可以短暂地偏离目标
墨西哥（2006）	如果非石油收入由于消极的产出缺口而低于潜在收入，那么可以产生与差额相等的赤字
巴拿马（2008）	如果实际GDP增长率低于1%，非公共财政部门的赤字上限可以在第一年放松至GDP的3%，在之后的3年内逐渐向初始的限额转变
秘鲁（2000）	如果实际GDP下降，或者发生应行政部门要求由议会声明的其他紧急情况，赤字上限可以放松到GDP的2.5%。行政部门必须指明例外时期适用的赤字和支出上限。在以上两种情况下，都需要进行最低是GDP的0.5%的调整，直到达到1%的赤字上限
罗马尼亚（2010）	在政府更迭时，新政府会宣布其项目是否与中期预算框架（MTBF）一致，如果不一致，其财政部长会准备一份修订后的中期预算框架，由议会进行审核批准，并且遵循财政委员会的审查及意见
斯洛伐克（2012）	例外条款针对重大的衰退、银行体系紧急救助、自然灾害以及国际担保计划

续表

国家	例外条款的描述
西班牙（2002）	在发生自然灾害或者异常的经济减速时，额外的预算赤字将会与中期财政计划一起，在接下来的3年内对这一情况进行修正（要经过议会多数投票通过）
瑞士（2003）	政府可以通过绝对多数制批准"特殊情况下"预算偏离平衡准则，特殊情况在预算法中定义为自然灾害、严重衰退以及会计方法的改变
欧盟成员国（2005）	当3%的赤字限额仅被短暂且意外地超过，并且赤字与赤字限额较为接近时（两个条件须同时满足），超额赤字程序就不会启动。当经济发展前景不利时，修正超额赤字的截止日期可以延长
西非经济货币联盟（2000）	实际GDP（至少比之前3年的平均数低3个百分点）和预算收入（至少比之前3年平均数低10个百分点）出现临时且显著的不足

资料来源　国家官方数据；国际货币基金组织工作人员的分析。

附录3.3　2010年以来采用的新财政规则

国家	规则的描述
奥地利	议会于2011年12月7日通过了联邦预算法的修正案，鼓励自2017年起，联邦层面的结构性赤字（包括社会保障）不超过GDP的0.35%。修正案与德国的债务制动法在概念上类似，但是目前没有在宪法中予以确定。操作细节仍然在分散的法律法规中
哥伦比亚	中央政府的结构性预算平衡规则在2011年6月由议会通过。它设立了一条路径，到2014年将结构性赤字降低到GDP的2.3%，并设置了2022年生效的、占GDP1%的上限。这一规则允许在预期产出增长率至少比长期增长率低2个百分点的情况下，进行财政扩张，并且创造了主权财富基金
厄瓜多尔	2010年采用了新的支出规则，并于2011年生效，但既有的预算平衡和债务规则被废弃。支出规则表明，目前的支出不能高于包含石油收入在内的长期收入。外部的融资和石油收入只能用于支持公共投资
法国	多年度公共财政计划法案为新收入措施的净影响设置了有约束力的最低目标

续表

国家	规则的描述
匈牙利	宪法中包含的债务规则在2016年生效，并且要求每年削减政府债务占GDP的比率，直到其降到低于GDP的50%。当实际GDP收缩时，可以暂停债务削减
意大利	2012年4月通过了宪法修正案，其中详细介绍了结构性平衡预算的原则，并指出实施原则会在2013年2月底之前的次级立法中，予以详细说明
日本	财政管理战略，其中包含一种收付实现制，该规则于2010年通过（由内阁决策）。该规则规定，任何引起支出增加或者收入减少的措施，都需要由长期的支出削减或者长期的收入提高措施来加以弥补。同时还引入了包含支出限额的中期财政框架[1]
纳米比亚	将支出占GDP的比例限制为30%，这一支出规则于2010年生效
波兰	新的支出规则（始于2011年）限定中央政府自由裁量支出和所有新规定的支出以实际值（基于消费者价格指数的通货膨胀）（在2011年的预算法中进行定义）表示的增长不超过1%
葡萄牙	新的预算框架法（2011年5月）通过了一项规则，要求广义政府的结构性平衡，不能低于《稳定与增长公约》的中期目标。它还要求在偏离目标时，对多年期计划进行修正。该规则在2015年生效
罗马尼亚	从2010年开始，广义政府的支出增长不应该超过预计的、3年期的名义GDP，直到出现预算盈余。另外，个人支出限额的约束期是2年
塞尔维亚	2010年10月，在2009年的预算系统法中引入了财政责任规定。其中包括数值型财政规则以及建立财政委员会。财政规则包括预算平衡规则，从而对过去的赤字偏差进行修正，并允许自动财政稳定器的局部运作。债务规则为广义政府债务规定的限额是GDP的45%
斯洛伐克	2011年12月通过了一项宪法法案，于2012年3月1日生效，将公共债务限制在GDP的60%以下。当债务占GDP的比例达到50%时，自动调节机制就会生效。该法案也要求建立财政委员会来监督和评估财政绩效

续表

国家	规则的描述
西班牙	宪法修正案（2011）以及相应的组织法（2012）要求，所有层级政府的结构性赤字不得超过欧盟设定的限额，并为每个层级的政府设置债务限额。这些规则将在2020年生效，在这之前一直施行过渡规则。修正案还引入了支出限额，并且限制所有层级政府的支出增长
英国	新的周期调整的预算平衡规则，于2010年开始实施，目标是在滚动的5年预测周期结束时（目前是在2016—2017财政年度之前），达到周期调整的经常项目平衡。新的债务规则（从2010年开始）目标是，到2015—2016财年之前，公共部门净债务占GDP的比例有所下降
美国	法定的、针对收入和强制性支出的收付实现制，于2010年2月得以恢复，但是仍然遵循重要的免除条款。在2011年8月，议会颁布了自由裁量支出的限额，在接下来的10年中，节省大约9 000亿美元。如果议会不采取立法行动，作为补充的自动支出削减将在2013年3月生效，其目的在于，10年内节约1.2万亿美元，其中一半来自于国防支出，另一半来自于国内项目，包括社会保险、医疗补助计划、国家老年人医疗保险制度的一部分，以及一些其他的公民权利性项目[1]

资料来源　国家官方数据；国际货币基金组织工作人员的分析。

[1] 收付实现制没有包含在本报告的数据集之中，因为它被认为是过程规则而不是数值型规则。

参考文献

Baunsgaard, T., M.Villafuerte, M.Poplawski-Ribeiro, and C.Richmond, 2012, "Fiscal Frameworks for Resource Rich Developing Countries," IMF Staff Discussion Note 12/04 (Washington: International Monetary Fund).

Bodmer, F., 2006, "The Swiss Debt Brake: How It Works and What Can Go Wrong," *Schweizerische Zeitschrift für Volkswirtschaft und Statistik*, Vol.142, No.3, pp..307 - 30.

Debrun, X., M.Gérard, and J.Harris, 2012, "Fiscal Policies in Crisis Mode: Has the Time for Fiscal Councils Come at Last?" paper prepared for the 4th Annual Meeting of OECD Parliamentary Budget Officials and Independent Fiscal Institutions, Paris, February 23 - 24.

Debrun, X., L.Moulin, A.Turrini, J.Ayuso-i-Casals, and M.S.Kumar, 2008, "Tied to the Mast? National Fiscal Rules in the European Union," *Economic Policy*, Vol.23, No.4, pp.297 - 362.

German Federal Ministry of Finance, 2011, "Compendium on the Federation's Budget Rule as set out in Article 115 of the Basic Law." Available via the Internet: http://www.bundesfinanz ministerium.de/Content/DE/Standardartikel/Themen/Oeffentliche_Finanzen/ Schuldenbremse/2012-06-14-kompendium-en.html.

Kopits, G., and S.Symansky, 1998, *Fiscal Rules*, IMF Occasional Paper No.162 (Washington: International Monetary Fund).

Kumar, M., E.Baldacci, A.Schaechter, C.Caceres, D.Kim, X.Debrun, J.Escolano, J.Jonas, P. Karam, I.Yakadina, and R.Zymek, 2009, "Fiscal Rules—Anchoring Expectations for Sustainable Public Finances," IMF Staff Paper (Washington: International Monetary Fund). Available via the Internet: http://www.imf.org/external/np/pp/eng/2009/121609.pdf.

Ljungman, G., 2008, "Expenditure Ceilings—A Survey," IMF Working Paper 08/282 (Washington: International Monetary Fund).Ruggiero, E., forthcoming, "Togo: A Framework for Growth-Supporting Fiscal Rules" (Washington: International Monetary Fund).

Schaechter, A., T.Kinda, N.Budina, and A.Weber, 2012, "Fiscal Rules in Response to the Crisis—Toward the 'Next-Generation' Rules.A New Dataset," IMF Working Paper 12/187 (Washington: International Monetary Fund).Available via the Internet: http://www.imf.org/ external/datamapper/FiscalRules/map/map.htm.

第4章　发达经济体的中期预算框架：目标、设计和效果

贾森·哈里斯　理查德·休斯　高斯塔·永曼　卡拉·萨塔里亚尔

大多数国家的预算注重制订年度的收支计划，但是为了做出正确的抉择，了解超越这种较短时间跨度的财政发展是非常重要的。当下制定的预算决策通常会对后续几年都产生影响，预计将在两至三年内发生的事件，可能要求现在就开始采取行动。这种认识促使许多国家引进了中期预算框架(MTBFs)。

中期预算框架是基于多年度的视角，用于对收入和支出进行优先性排序、展示和管理的一套制度安排。这样的框架使得政府能够验证现行和拟议的政策在数年过程中的影响，明确或设定未来预算的支出重点，最终能够更好地控制公共支出。因此，中期预算框架并不仅仅是指与给定预算一同呈现的、实际的多年度收入和支出的预测值和限额。中期预算框架包括了所有的制度、规则和程序，这些制度、规则和程序能够确保政府在制订财政计划时，考虑该计划对后续几年的影响。

中期预算框架往往是一套更为广泛的、中期财政政策计划框架的一部分，专栏4.1对此进行了描述。尽管中期预算框架不同于拨款授权时间长逾一年的多年度预算，在其最具约束力的形式下，它的确对未来的预算提供了一套约束

体系，并且不允许做出任何变化。然而，中期预算框架却往往与年度预算保持一致。因此，即使中期预算框架提供了一个针对多年度支出计划的治理机制，但在本章所讨论的所有国家中，法定支出拨款的时间范围仍然严格保持其年度性。

中期预算框架并没有单一的模式，许多国家都使用了不同的方法将预算的时间范围延展到一年以上。实际上，任何伴随年度预算而生成某种收入和支出预测的国家，都可以说是在践行一种简单的中期预算模式。与此同时，随着越来越多的国家引进了多年度的预算规划，相比较而言，其中的一些方法是更加行之有效的。

因此，这一章不仅检验了中期预算框架能否提升政府的整体财政绩效，同时还通过评价不同类型中期预算框架的相应效果，归纳了成功框架的关键特征。这一章主要关注发达经济体，它们具有相似的财政管理能力和比较丰富的中期预算规划经验。

第一节探讨了中期预算框架的目标。第二节检验了发达经济体中的主要模式。第三节讨论了建立一个成功的中期预算框架所需要的前提条件。第四节讨论了先进框架通常所拥有的关键特征和设计要素。第五节评价了自21世纪初以来，不同中期预算框架模式的效果，包括它们如何在2008—2009年经济和金融危机期间及之后进行的调整，以帮助推行财政刺激和财政整顿。结论部分为那些希望引进或加强中期预算计划的国家提供了一些经验教训。

专栏4.1 中期预算框架的术语和概念

中期预算框架——是预算过程中要求在特定时期呈现某些中期财务信息的制度安排，是对收入和支出做出多年预测和计划的程序，是在超越年度的视角下对支出数额设定限额的责任。

中期财政框架——关于中期总量财政目标，比如债务限额、盈余目标或赤字上限，或广义支出限额的承诺、报告和责任履行的持续性要求。就本章而言，如果全部或部分中央政府部门设立了支出上限，那么支出上限将被认为是中期预算框架的一部分。

约束性框架——用于促使政府遵守在第t−1年设立的多年度支出参数（估计或上限）的一套框架，政府在第t年时设定了第t+1年的预算和关于第t+2年、第t+3年新的中期估计。问责制意味着，在有证据表明之前设立的支出参数将被超出时，应该要求采取一些积极的措施或行动。固定框架是约束性框架的一部分，其中设定了中期支出限额，但之后不会修改。

指示性框架——这个框架可以对中期估算进行更新，而无需参考上一年相应的估计。在这个框架中，政府第t+1年的年度预算提案中的拨款要求，无须与上一年制定的、对第t+2年的中期估计（或以前的预算更新，例如预算准备报告）保持一致。

拨款授权——由预算确立的单项开支项目的最高限额。在本章中，拨款授权既指由议会通过的预算所确定的支出限额，又指政府对部门和机构所设立的次级支出额度。

估计——对收入和支出项目预期结果的评估。在本章中，“估计”被用作预测和无政策变革评估的总称，因为这些概念之间的区别是无关紧要的。（在一些国家，“估计”这一术语是指预算中的立法拨款）

预测——在充分考虑所有可用信息的同时，对最可能出现的结果所进行的评估。

无政策变革评估——假设现有政策保持不变，对未来收入和支出项目进行推断。“现有政策”这一概念在不同的国家有不同的含义，一些国家强调对现行立法的推断；在另一些国家，这一概念还包括已经提交给议会但尚未正式通过的政策。

支出上限——比单项拨款更为广泛的支出总额最高限额。固定的上限是指支出上限一旦被设定，就不能再被调高，适用于事后的支出结果。可变动的上限是指支出上限被设定后，还可以调整。

4.1　中期预算框架的目标

引入中期预算框架的原因有很多。超越年度预算周期来看待问题，可以从以下几个方面提升公共财政的管理效果：（1）确保更好地控制总体财政状况的演变；（2）使得支出在部门之间的分配，以及按政策重要性进行的分配，变得更富有效率；（3）鼓励预算管理者更有效地使用资源。

在某种程度上，这几个目标是相辅相成的。强调公共政策的可持续性，会为政策优先排序提供刺激，促使最重要的政策优先获得资金资助。制订详细的多年度预算方案，可以提升管理机构对于不同部门的成本驱动因素和不同政策的资源需求的认识，从而使得政府能够制订更为可靠的多年度部门支出计划，这样反过来也会促使各部门以一种更加高效的方式来规划其活动。本节的后续部分将检验中期预算框架在实现各项目标上的有效性。

4.1.1 加强公共财政的可持续性

多数发达经济体采用中期预算框架的主要动机，是为了加强多年期的财政纪律。中期预算框架可以抑制支出水平随时间推移而逐步上升以及财政收支平衡低于政府预期的趋势，从而达到加强财政纪律的目的。①中期预算框架可以通过以下三种方式来改善财政纪律：

- 在一项新政策被采纳之前，向政府和议会全面披露其多年度的财政影响，以避免未来出现不合意的结果；
- 向政府提供关于现行政策可持续性的预警，并鼓励其在必要时提前采取纠正措施；
- 设定有约束力的多年度支出限额，其中包含后续预算的所有支出范围。

预测中期支出的动态变化，使得政府在针对新政策做出决策时，可以同时兼顾短期和中期的财政影响。在许多情形下，收入或支出政策的预算影响并非每年都遵循一个稳定的模式。例如，在一个新的福利项目中，符合条件的人数会随时间推移而增加；一个基础设施投资项目最大的建筑成本，会在项目实施

① 正如在本书其他部分中所讨论的，这种现象通常被称为赤字偏好或财政幻觉。这是由于对开支的全部成本和税收的了解不足，以及这种认识不足的非对称性所导致的。这些不足转化成公共决策的渠道，已经在学术文献中被深入研究过了。（布坎南和瓦格纳，1977；温加斯特、谢普瑟和约翰森，1981；鲁比尼和萨克斯，1989；阿莱辛那和佩罗蒂，1994；冯·哈根和哈勒伯格，1999）

几年内开始体现；公务员工资的增加会在财年中期出现。呈现一个多年度预算框架为决策者提供了一个良机，即只有那些负担得起的政策才会被批准。[①]相反，在一个严格的年度预算范围内，政策随时间变化而产生的重要资金结余可能会被忽略，仅仅因为它们的短期影响很小。例如，关闭一个冗余机构在第一年往往只能产生有限的节余，因为现有的合同还需履行，同时还需要支付遣散费。然而，随后几年内的节余资金数量会很可观。

一个设计良好的中期预算框架，可以警示政府相关现行政策的不利发展，使其能够提前进行有效调整。例如，中期预测可以揭示为什么公共部门工资、养老金或失业福利的指数化机制，在今天看来是可负担得起的，但实际上从中期至长期来看却是不可持续的。通过识别问题，并鼓励从现在开始改变相关政策，中期预算框架可以帮助决策者尽早实施会对未来产生重大影响的调整，而不是在政策变得难以负担之后，被迫做出巨大的、更具破坏性的改变。

如果对中期支出加以具有约束力的限制，那么公共财政的可持续性也可以得到进一步加强。这样的支出限制建立了与多年度估计相比较的基准，从而提供了关于政府目前的政策是否与其总体财政目标相一致的信息。在下一年的预算编制中建立支出限额，同样有助于控制那些自下而上要求增加拨款的压力，而这些拨款其实是难以负担的。最后，在预算协商之前的几年，就对支出进行严格限制并达成一致意见，通常要比试图根据不同政策目标之间的支出优先性排序，来设置支出限额，更加容易。

4.1.2　促进资源更有效地分配

中期预算框架同样可以通过促进支出从次要领域向更重要领域的再分配，从而实现资源分配的效率。中期预算框架开辟了多种渠道来促进支出的再分配：

- 预算的中期展望为政府提供了一个保证政策在适当时机实施的工具。让

① 一些研究发现公共政策制定的时间本身是很短的：一方面是因为再次当选的不确定性（诺德豪斯，1975；佩尔松和斯文松，1989；阿莱辛那和塔贝利尼，1990）；另一方面是缺乏关于中长期影响的信息（罗戈夫，1990；科特和莫利斯，1999）。

政策在恰当的时间推行，需要判断解决哪些问题更加迫在眉睫，并及时采取措施。这样，相关政策就会适时产生影响，而不是在一年或两年后才发挥作用。

• 在年度的视角下，行政和法律条例具有很强的刚性，但是在两到三年的范围内，这些条例却较为灵活、可以变通。中期预算通过消除年度视角下行政和法律条例的刚性，使得资源的再分配更加成功。

• 中期预算框架允许政府现在就宣布未来将要推行的政策变动。这样有助于设定预期，并避免对于现状的强烈偏见占据上风。

通过及早判断未来的政策问题，中期预算框架可以考虑许多政策变动的时滞。重要的政策在取得预期效果之前，往往需要经过多年的设计、立法和推行。政策的时限仅为一年会带来这样的风险，即政策变动的影响只能在政府预设时点的若干年后才被察觉。相反，中期预算框架会鼓励政府预测政策的滞后性，并推行只能在两年或三年后才生效的改革。

然而，在许多情况下，这些问题并不能被充分认识到，实施也往往会滞后，其原因在于，短期的刚性会阻碍支出的削减。这种现象有时反映在自由裁量（discretionary）和非自由裁量（nondiscretionary）支出的区别上，这种区别在一些国家的预算体系中已然被制度化了。虽然绝大部分的支出——通过法律合同、现行法规或简单的行政或政治惯性所确立的支出——不能在短期内被削减，但一个为期两到三年的预算计划却为以下变化提供了更多的可能性，那就是，减少甚至停止那些已经过时或不再重要的项目，并将这些资源投资到新的或更重要的项目上。

对一个部门未来资源预算的变化进行预警，还有助于管理预期，并帮助预算管理者为即将到来的资源增加或减少做好准备。当预算削减被提出时，通过预警可以减轻其所遇到的典型阻力。延长预算协商的时间维度，也有助于政府处理关于增加开支的过多提议。在一个严格的年度预算视角下，一个特定的提议只能遇到两种结果：通过或否决。而中期视角则提供了另外的选择：如果在未来有充足的财政空间，则承诺将该提议纳入未来的预算中。当然，从另一方面来说，这会诱使决策者在规划期内就填满新的政策，而不为后续阶段中新行动的提出留有余地。

4.1.3　鼓励更有效地运用资源

一个运作良好的中期预算框架，可以为各部门和机构的支出安排，创造更加稳定和可预期的条件，从而促进资源更有效地使用。通过以下三种不同的方式，可以提高资源使用效率：

- 更多的可预期的未来预算分配，有助于推进多年度的规划，从而为争取有利的合同、降低风险以及发挥协同效应创造更多的机会。
- 放宽年度预算授权的严格限制，能够使得预算管理者根据需要或在最有效的时机使用资源，而不是急于在财年结束时对未使用的拨款进行结转，导致突击花钱。
- 对未来预算分配具有更大的确定性，会激励预算管理者去识别并利用这种因提高效率而带来的资源节余。

虽然官方的支出授权仍然具有年度性，但中期预算框架可以促使政府给予部门和机构关于中期预算分配的更为明确的承诺。因而，预算执行者可以更好地规划他们的行动。正如本书第10章中所讨论的，通过给予预算执行者更多的时间来设计方案、进行合同谈判、识别和控制风险，以及发挥不同干预措施间的协同效应，可以有效提高基础设施的投资效率。然而，如果预算执行者的资源投入时间超过一年，那么通过招聘专业技术人员、对现有员工进行培训、执行长期的采购合同和行政重组，同样可以提高现行预算的执行效率。

一些关于部门和机构年度支出的严格限制，会导致资源的低效使用，而一个多年度的规划可以帮助政府放宽这样的限制。多年度预算规划和结转安排相结合，将尚未使用的预算授权自动结转并补足下一年度预算，通过消除年底突击花钱的诱因来提升成本效益。

为预算管理者提供更多的关于多年度预算的确定性，同样能够鼓励他们去确定并实施那些可以提高效率、产生节余的措施，并且不用担心这些节余会从下一轮预算案中削减。当然，在以下两个方面之间，难免会存在某种权衡取舍：鼓励一个部门提高内部运行效率，利用这一时机将此类节余重新分配给更重要的部门。

4.2 中期预算框架的模式

一个国家在设计清晰的中期预算框架过程中，并非是完全自由的。相反，在选择中期预算框架的模式时，各国必须兼顾在本章第一部分中讨论的三个中期预算规划的目标：

• 如欲保持总体的支出纪律，就要求中期限额能够最大程度地涵盖政府支出。

• 促进资源更有效地分配，则要求向决策者提供未来资源在部门、行政管理和项目类别间分配的细节。

• 鼓励资源的有效利用，要求向预算管理者提供未来分配的确定性。

这些目标间矛盾的产生，是由于对政府的未来要求本身具有不确定性。所有的政府会发现自己很难做出全面且详细的多年度支出计划。尽管一个精心设计的中期预算框架降低了对未来消费需求的不确定性，但是难以预见的压力不可避免地会出现。这些压力需要通过增加总体支出、修改支出分配，或在计划期间留出很大比例的未分配支出，或通过这些措施的组合来进行调节。

这些竞争目标之间的矛盾，体现在不同的中期预算框架模式的设计上。在本章所考查的24个发达经济体中，中期预算框架计划可以分为三大类型。

有6个国家没有中期预算框架。这些国家没有随着年度预算的公布并且在相同的基础上提出多年度支出和收入的估计数。这些国家可能会进行总体财政或预算预测（正如稳定性或一体化项目所要求的）；然而这些并不是预算文件的必要组成部分，并不构成预算编制的事前框架。

有11个国家使用指示性的中期预算框架（*indicative MTBF*）。与年度预算同时公布的多年度支出和收入估计，是为了反映现行政策和决策的未来成本，而不是为了约束未来的政策和决策。这些中期收入和支出的估计数每年都会被重新设定，并且不需要与上一年度提出的估计数保持一致。由于对估计数的修订不产生任何影响，指示性框架的覆盖范围往往很全面，并能提供按照经济、管理或项目分类的关于支出构成的大量细节。然而，无论在总体层面还是细节层面，它们针对未来支出的确定性都是非常低的。

有7个国家使用约束性的中期预算框架（*binding MTBF*）。与年度预算同时公布的多年度支出和收入估计数的目标在于，既反映现行政策的未来成本，又约束未来政策的变动。然而，正如下面将要讨论的，不同国家中期承诺的本质、种类、详细程度、覆盖面和政策修订频率差异很大。

根据对上文所强调三个目标之侧重点的不同，约束性的中期预算框架可以被进一步划分为三个不同的模式。

目前，被奥地利、芬兰、荷兰和瑞典所使用的*固定总额上限法*（*fixed aggregate ceiling* approach），针对所有或大部分的中央政府支出，都固定了一个两年或更久的约束限额，且这一限额在这段期间内不会被修改。为了确保这一总额上限的权威性，这些模式并没有在整体限额之下，按照支出类别设置多年度限额，而是将其留给年度预算过程来决定[①]。因此，这类模式的特点是在总体层面上更高程度的全面性及控制，但也保持了在更详细的层面进行重新修订和再分配的灵活性。

法国、英国采用*固定部门支出上限法*（*fixed ministerial ceiling* approach），这种方法为25~30个中央政府直属部门分别设定了约束性的多年度支出上限。鉴于这种更详细层面的固定支出分配所可能遇到的挑战和风险，这类模式倾向于更频繁地修改上限，并较少地覆盖中央政府支出。因此，这类模式的特征是具有高度的固定性和特殊性，但其全面性的程度较低。

澳大利亚采用的*前瞻性估计法*（*forward estimates* approach），为中央政府217个项目（或结果，恰如它们在预算中描述的那样）中的每一个都设置了多年度的支出估计数。与固定部门支出上限模型不同的是，这些估计数每年都会被修订两次。然而，只有在以下两种情况下，才允许对估计数进行修订：（1）为了确认外部参数变化，如通胀的变化或潜在项目数量的变化，而重新调整预算分

---

① 这并不意味着使用固定总额上限法的国家不重视更详细的政策制定、预测和支出控制。正如本章最后一节所讨论的，总额上限法的完整性取决于这些国家拥有中期视角下部门和项目层面的、发达的支出优先性排序和监控程序。

配；（2）为了反映内阁通过的相机抉择的政策决策。在没有任何被批准的变更时，往年的估计数仍然有效，并最终成为预算的拨款数。因此，这类模式兼顾了高度的全面性和特殊性，侧重于政策的传达，并且为支出领域和总体金额两方面的修订和再分配提供了可能。然而，由于缺乏一个固定的上限，导致总体支出的确定性程度较低。

表4-1显示了经合组织国家如何应用中期预算框架模式。指示性的中期预算框架仍然是最常见的模式，但是越来越多的发达经济体开始采用更具有约束力的方法。尽管澳大利亚自20世纪80年代就开始完善其前瞻性估计模式，但是大多数约束性的中期预算框架在过去的20年间才开始被采用：荷兰自1994年，瑞典自1997年，芬兰在2003年，法国在2008年，而澳大利亚于2009年开始采用。正如专栏4.2中所讨论的，英国在过去的30年间试验过三种不同的中期预算规划的方法。[①]

表4-1　　　　经合组织国家的中期预算框架模式分类

多年度估计的情况			
多年度计划的最高层级	有约束的	指标性的	非约束、非指示性的
总支出	奥地利（2010年后） 芬兰（2003年后） 荷兰 瑞典	法国（2009年后） 意大利 捷克	希腊 冰岛 爱尔 波兰
经济分类		比利时 德国 匈牙利 日本 土耳其	葡萄牙 西班牙

① 想要更详细地了解英国自20世纪60年代开始的、多种中期预算规划方法，参见阿奈特、休斯和高桥的研究（2011）。

续表

多年度计划的最高层级	有约束的	指标性的	非约束、非指示性的
部门	法国（2009年后） 英国	奥地利（2010年前） 加拿大 丹麦 斯洛伐克 芬兰（2003年前）	
项目	澳大利亚	新西兰	

资料来源　作者整理。

专栏4.2　英国的中期预算框架

英国的经验提供了关于中期预算框架的一个有趣测试。该国在过去的30年间，在同样广泛的制度结构中，应用过三种不同的模式：

• 从1967—1993年，政府在一个滚动式的三年期总支出上限（被称为“总量规划”）的基础上，建立了指示性的中期预算框架。总量规划包含了除债务利息外的所有广义政府支出，并以年度为基础进行修订。

• 从1994—1998年，政府转为实施约束性的中期预算框架，该框架以一个固定的总支出上限——“总量控制”为基础。与总量规划不同的是，总量控制中的支出上限在为期三年的时间内是固定的，不能被修改。这一纪律变得更为严格，是以支出涵盖范围的缩小为代价的，因为工龄福利不在限额控制的范围之内。

• 从1999年至今，政府使用了一套固定的部门上限，被称为“部门支出限额”。在该方法中，25个中央政府部门的多年度支出上限都是固定的，在两到三年的期间内是不能修改的。这种特殊性的提升，是以涵盖范围的进一步缩小为代价的，因为这一范围不包含地方政府自筹基金支出和社会保障福利。

保持公共财政的中期可持续性

英国对不同的中期预算框架模式的应用，验证了这样一种观点：在提升财政纪律方面，约束性的中期预算框架较之指示性的中期预算框架，更为有效

（见图4–1）。从一个指示性的总额上限转变为一个固定的总额上限的同时，伴随着总体支出纪律的重大改进；这是通过与三年前广义政府支出预测的平均误差相比较而得出的，这个误差从GDP的5.9%降低到GDP的0.8%。从固定总额上限转变为固定的部门上限，同时支出纪律进一步改进，因为三年超前预测的平均误差降到了GDP的0.05%。

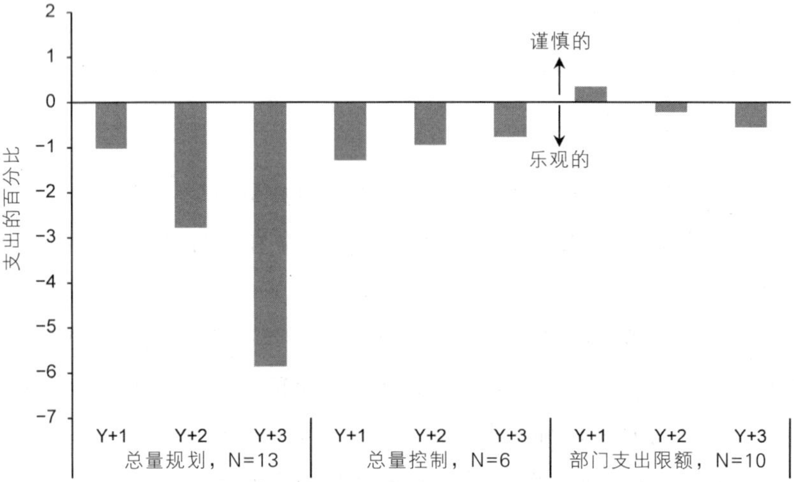

图4–1　1981—2009年英国广义政府支出预测误差

资料来源　英国财政报表和预算报告。

注：N为观测量，Y为预算年度，“谨慎的”意味着实际支出低于预测支出，“乐观的”意味着实际支出高于预测支出。

4.3　成功的中期预算框架的先决条件

尽管越来越多的国家开始采用中期预算框架，但它们的各项目标绩效却有好有坏。出现这种情况的一个原因是中期预算要求较高，需要一定水平的稳定性和可预测性，这通常只能随着时间的推移而发展形成。具体来讲，中期预算框架的成功引进，需要四个关键的先决条件：

- 可信的和可预测的年度预算；

- 准确的中期宏观经济和人口预测；
- 财政目标与规则的确立；
- 全面的、统一的、自下而上的预算过程。

4.3.1　可信且可预测的年度预算

中期收入和支出预测的基础是年度预算。除非短期是充分可预测的，否则会由于中期预测的误差太大，而使得该框架难以成为决策基础。图4-2显示了从1998年到2007年间，经合组织成员国的广义政府支出（如果可能的话，否则就采用中央政府支出）在预算年初的预测数和最终决算数之间的平均差异，表示为总支出的百分比。[①]例如，在葡萄牙，支出比预测数平均多了将近4%，然而在冰岛，支出比预测数平均低大约5.5%。该图显示，对多数国家而言，在一个财年期间，总支出会发生重大的变动。它同样表明，实施约束性的中期预算框架的，通常是那些拥有相对可靠的年度预算的国家。而其年度预算的可靠性取决于若干因素。

体现年度预算可靠性的第一个方面是，预算分配必须足以支持预算参与者所期望达到的政策结果。只有当财政部和负责支出的部门、机构普遍认为预算分配与其目标相适应的时候，才能进行关于中期财政要求的有意义的讨论。以下几种原因，都会导致预期和实际的资源分配之间出现差异：给予支出部门的指示不明确、不切实际或没有考虑成本的政策预期、对生产成本的认识不足，抑或支出部门和机构不愿意接受财政部所施加的限制。无论是什么原因，现实的分配对中期预算框架来说是必要的。

第二个方面是需要理解政府现有项目和活动的支出力度。精确预测中期支出是困难的。然而，用来确定未来预算经费的标准化方法，可以剔除大量的不确定性。最明显的一个例子是为了弥补收入暂时短缺的福利方案，如伤病补贴、育儿福利或失业津贴。福利水平往往与通胀挂钩，按实际价值计算。如果

---

① 在本章中讨论的但未包含在图4-1中的国家有：捷克、匈牙利、波兰、斯洛伐克、土耳其，因为这些国家只有四年或少于四年的数据。这些样本是根据各国2007年推行的多年度计划的严格程度来划分的，唯一的例外是芬兰，芬兰在2003年改变了其中期支出框架。

这个指数化的机制非常明确，那么中期预测就是数量和通胀的预测。主要受价格上涨影响的行政拨款测算的稳定性和可预测性，也是很重要的。

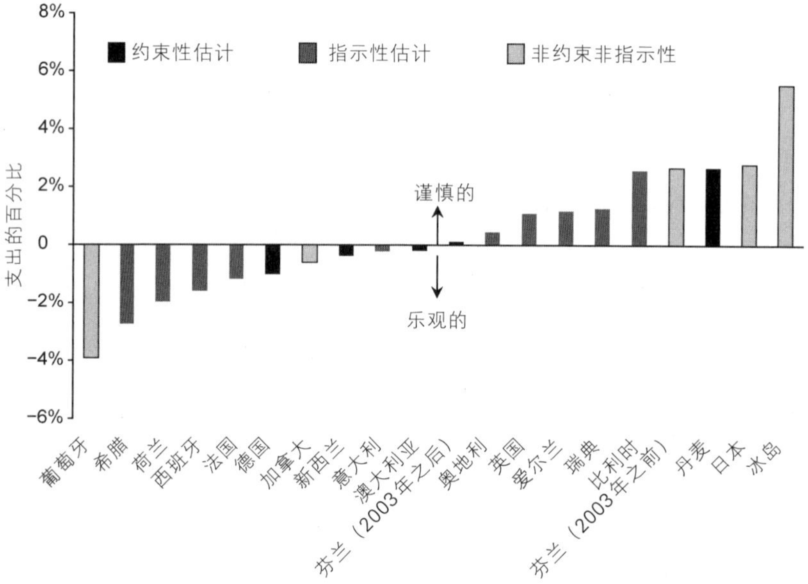

图4-2　之前年度预测的中央政府计划支出与实际支出间的平均差异（1998—2007年）

资料来源　欧盟国家：稳定性和一体化项目。澳大利亚、加拿大、冰岛、日本、新西兰：年终预算调整文件。

注：对于非欧盟国家，用中央政府支出替代广义政府支出。“谨慎的”意味着实际支出低于预测支出，“乐观的”意味着实际支出高于预测。

第三个方面是对预算执行的严格控制，以及对政府遵从立法批准的分配数额的预期。如果预算没有充分准备，外部条件不够稳定，或者对支出承诺的年内控制不是很充分，那么政府可能不得不在预算的执行过程中定期做出重大调整。如果管理机构不能提供经过批准的年度预算，那么就不能指望中期计划会被认真对待。只有在短期稳定的条件下，进行中期规划才是有意义的。

4.3.2　准确的中期宏观经济和人口预测

政府多年度收入和支出预测的可信度，最多只能与其基于经济和人口假设的可信度相一致。在预算中，几乎所有的收入和支出项目都会受到外部因素的影响。个人所得税受家庭收入和就业水平的影响，增值税受消费水平的影响，失业救济受失业人数的影响，而一个建筑项目的完工成本则是受建筑材料和劳动力成本的通胀率影响。上述这些经济和非经济因素的预测精度，限制了中期预算框架的精确程度。图4-3表明2000—2007年间，一些经合组织国家GDP提前两年预测值的平均误差。[①]例如，在芬兰，实际GDP比预测值平均高约0.5%。由图4-3可知，采用更具约束力的中期预算框架的国家，与那些缺乏中期预算框架的国家相比，其中期经济增长预测往往更为谨慎。

正如前文所述，重大经济危机或其他冲击所带来的非常不稳定的宏观经济环境，会使得预测成为一项非常艰巨的任务，以至于难以有效应用中期预算框架。然而，在诸多情形下，还是可以建立足够准确的预测假设的。使用一个可以确保通货膨胀、汇率、消费、失业和产出缺口相互间一致性的全面的宏观经济预测模型，是一个关键因素。

正如第6章所讨论的，通过将独立的投入项纳入公式之中，各国宏观经济预测的准确度和谨慎程度都得到了改善。[②]通过自愿进行的独立预测，各国政府向自身施压，以消除可能存在的偏差，并改善其内部能力。在一些国家，独立预测的使用是中期预算框架的关键投入因素，尽管它采取了不同的形式。

4.3.3　中期财政的目标和规则

在中期内，一个或多个财政总体变量的固定目标，为中期限额或预测的确定提供了标准。尽管主要的发达经济体都设置了某种形式的财政目标或规则，

---

① 在本章中讨论的但未包含在图4-3中的国家包括捷克、希腊、匈牙利、冰岛、日本、波兰、斯洛伐克、土耳其，其原因是数据的年份不充足。这些样本是根据各国2007年推行的多年度计划的严格程度划分的。

② 正如第1章和第2章所讨论的，一些研究已经发现在宏观经济预测中的正偏差（施特劳赫，豪勒伯格，and冯哈根，2004；永和拉齐，2006）。为了解决这种正偏差，各国已做出相关的努力，建立了独立的预测机构（奥地利、丹麦、德国、荷兰、瑞典、英国和美国），或通过承诺来使用私有部门的预测（加拿大）。详见考弗斯和雷-刘易斯（2011）的调查。

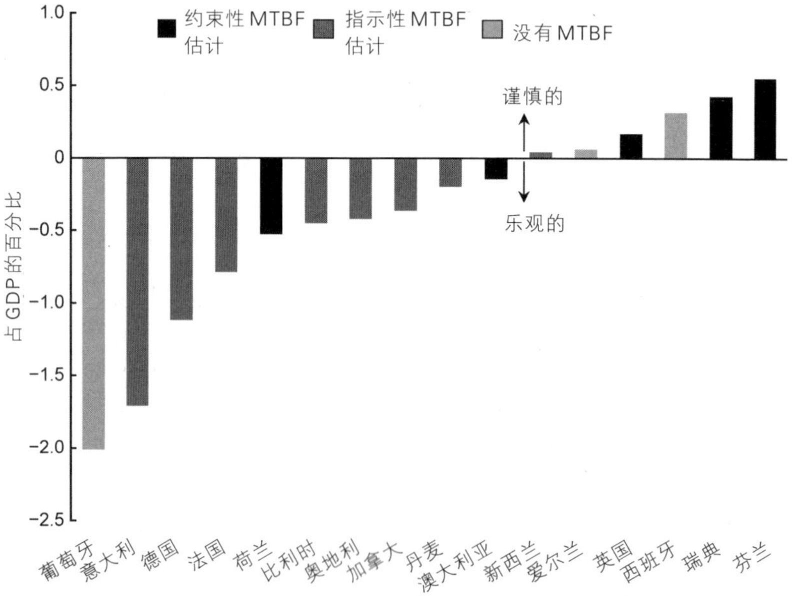

图4-3　2000—2007年对之后两年实际GDP增长率预测的平均误差

资料来源　欧盟国家：稳定与一体化项目。澳大利亚，新西兰，加拿大：每年制定预算更新文件。

注："谨慎的"意味着实际GDP增长率高于预测值，"乐观的"意味着实际GDP增长率低于预测值。MTBF：中期预算框架。

但是这些规则或目标在全面性、透明度和严格度方面均存在着差别（参见第3章）。[①]为了有效引导中期参数的设置，良好的财政政策目标必须是：

- 明确的，这样它就可以很容易地转化为支出水平；
- 以中期为导向，从而界定支出随时间推移所形成的路径；
- 不因时而变，以避免那些会削弱框架可信度的破坏性变化。

总体财政目标和规则，与中期预算框架是相互依存的。只有当政府通过可支配的工具来保证提出的政策与上述目标相一致时，中期的平衡或总体支出目标才是可信的。然而，花费时间和精力来构建中期预算框架，还需要长期财政

① 参见古玛等人(2009)对财政规则的调查和讨论。

框架所创立的约束规则。只有当政府承诺不超过特定的总支出水平或特定的赤字水平时，决策者才会开始要求获取关于政策成本如何变化的信息，而这并非是巧合。

4.3.4　全面、统一、自上而下的预算过程

如果中期预算框架会对财政结果产生影响，那么年度预算过程必须能够协调相互冲突的压力和优先性排序，并使它们在支出分配方面取得一致。由于支出的僵化和决策的碎片化，预算编制往往不能达到这一目标。如果在编制年度预算时将先前的中期计划作废，那么中期预算框架就会失去其应有的效力。为了确保中期支出限额或估计数对年度预算形成约束，有三个要素是必不可少的。

首先，预算编制需要遵循自上而下的顺序，以帮助政府在分配有限资源的过程中遵守总体的支出纪律。[①]一个自上而下的预算过程被定义为一种决策序列，这一序列在支出被分配到具体的部门或部委之前，采纳了总支出的限制规定，并在讨论个别拨款前，固定了部门的支出上限。一个自上而下的预算编制过程，已被证明能有效处理支出增加的压力，而这种压力会削弱中期预算框架的限制。

其次，无论预算还是预算过程都应当全面，以便能在同一时间做出所有主要的支出决策。在理想的情况下，预算应当包括所有的中央政府收入与支出，并作为一个单独的文件被采纳——这就是通常所指的统一原则。如果预算被分解为用于社会保障、养老金、公共投资基金和预算外机构的单独预算，那么政府和议会对政府整体收入和支出状况的理解，就难免是模糊的，从而使得财政的总体控制复杂化。此外，一个预算过程若允许在预算通过后，还可以引进具有财政影响的政策措施的话，预算过程的完整性和纪律性就会被破坏。

最后，预算应当不受大量的专款专用或长期的支出承诺的妨碍。在以下情形下，即某种收入被分配到特定的目标（例如，燃油消费税用作道路维护基

① 参见永曼(2009)关于一个自上而下的预算过程如何帮助加强财政纪律的讨论。

金），或有明确的目标要求一定比例的总支出或GDP被分配到特定的部门（例如，教育、保健或农业支持），政府就会发现很难执行多年期的支出限制。支出的刚性，缩小了政府通过资源再分配来吸纳新政策和压力的范围，这增加了政府通过扩大总体支出上限来容纳它们的压力。

4.4 主要特点和设计要素

各国引入中期预算时面临着不同的制度背景和挑战，并追求不同的预算目标。因此，成功的中期预算框架在很多方面都有所不同，但是成功的模式都有四个相同的关键特征：

- 多年期的支出限额。它定义了未来预算决策中相关限制规定的性质、水平和术语；
- 支出的优先性排序机制。它确保了支出在那些多年期限制的规定下进行分配，以此来反映政府的政策重点；
- 前瞻性的支出控制。它使已更新的中期支出预测和被批准的中期支出计划之间的一致性得到监督和执行；
- 动态的问责安排。它使议会和公众可以针对规定的中期目标是否随时间的推移而被坚持遵守做出评估。

4.4.1 多年期支出限额

在预算过程中引入中期视角，其主要挑战在于，除确保决策者遵从法定预算外，还要坚持遵守多年期的收入和支出估计数。随着时间的推移，政府往往倾向于背离当初对未来的承诺。这种偏差可能是外部环境导致的（例如高通货膨胀或失业，或越来越多的人符合生育津贴和陪产津贴的条件），也可能是因为新政策的引入导致的，或仅仅是由于缺乏对原中期计划的关注。在以上所有的例子中，还有一种情况是允许对原多年期估计数进行向上调整。然而，对上述压力的迎合，会令人质疑中期规划过程的可信度和价值——随之而来的风险体现为：决策者不再投入时间和精力来进行精确的和最新的财政预测。

对中期估计数的坚持遵守和确保先前制订的计划在时机成熟时仍然是适用

并合法的，这二者间存在着矛盾，而解决这种矛盾是设计中期预算框架的一个关键问题。决定（中期预算）框架的多年期支出限额，在定义上会产生四个主要问题：

• 多年期（支出）限额的本质是什么——一个名义数值、一个支出的真实水平，还是关于特定产出数量的承诺？

• 多年期（支出）限额的详细程度和种类应该是怎样的——总支出、部门支出分配、政府项目或经济支出类别？

• 多年期（支出）限额的覆盖范围是什么样的——某些类别的政府开支不应该受到中期的限制吗？

• 多年期（支出）限额应该多久被修订一次，以适应自由裁量权的变动？

一套有效的多年期支出限制规定，应当支持前文讨论的中期预算框架的三个目标：开支应当保持在可获得的资源范围内，预算应当将资金分配给恰当的政策，行政制度能够保证这些政策的有效传达。然而，正如下面详细讨论的，这些目标需要权衡取舍，这种权衡取舍体现在多年期支出限额的设计上。

中期开支限额的本质既涉及政府在中期将对自身施加何种限制，也涉及政府需要采取什么措施才能满足这样的限制。（第一种方法）在其最简单和最直接的形式下，政府针对支出设置了名义上限，并自我承诺不会超过该水平。这种类型的承诺是易于解释和监督的。名义支出上限适合于确保财政纪律，但是当条件变化时，可能会与政府的政策重点产生冲突。

第二种方法是对实际的支出水平进行限制，并允许名义水平随着通货膨胀预测的更新而变化。对真实值设定限制能够避免挤占或扩大资源分配，这仅仅是因为经济中的价格和工资水平各不相同，但这是以降低支出的透明度和可预见性为代价的。

最后一种方法，中期承诺可以被定义为政策输出的一个特定水平，它允许支出分配随着价格和影响政策输出成本的数量参数而变化。关于这样的承诺，最明显的一个例子是法定权利，其分配会随着合格受益人数的变化而变化。这样的承诺机制保护了政府商品和服务的交付，但是需要复杂的成本核算、预测以及支出估计修订机制。

中期支出限额的第二个设计要点是对什么类型的支出进行限制，以及在怎样的总量水平上设置限额。可以总结出三种主要的方法。

- 政府可以对未来的总支出水平做出承诺。通过这种做法，无论在中期有任何特殊结构的支出，政府都可以强调其保持总体财政状况的承诺。
- 政府可以在部门、机构、政策领域或单个项目层面上，对未来支出在行政或政策单位间的分配做出承诺。
- 政府可以对未来按经济类别划分的支出结构进行承诺，例如按照消费、投资、转移支付进行划分。这种做法有助于分析财政政策对宏观经济的影响，并进行跨国比较，但这通常不能支持可持续的财政状况、分配效率和运营效率等目标，因为这跟年度预算拨款的联系不强。

中期支出限额的第三个设计要素涉及它们的覆盖范围。许多国家决定或者从多年期支出限额中剔除某些支出项目，原因在于它们是不稳定的、财政中性的、不可任意支配的或在本质上是反周期的，或者为特定类型的支出设置可供选择的中期支出限制。这些被排除在外或可以单独处理的支出项目包括：利息支付、由需求驱动的使用者付费的支出、由外部捐款作为资金来源的支出、公式化的转移支付、失业救济和其他福利。

如表4-2所示，在不同国家中，中期支出限额的覆盖范围差异很大，这反映了其承诺类型和控制安排上的差别。覆盖范围最广的是澳大利亚更为灵活的前瞻性估计承诺，以及芬兰、荷兰及瑞典的总量限额。而选择名义部门上限法的国家，如英国和法国，其众多的项目被排除在外，以便能在部门层面得到遵守。

多年期开支限额的第四个设计要点是，因考虑政策的任意性变动而对限额进行修改的频率。这样的修改有别于在支出水平和产出水平的承诺下对现有中期计划的更新，后者的目的在于，确保与政府政策对应的资源保持充足。政府可能会通过在不同政策领域之间重新分配政策重点，或者增加或减少公共产品和服务的总量来改变政策的优先性排序。这里有两种主要的修正方法。

表4-2　　多年期承诺中排除的支出

中期预算框架模式							
		总量上限			部门上限		项目评估
排除的标准	项目	瑞典	荷兰	芬兰	英国	法国	澳大利亚
外部义务	债务利息	是	是	是	是		
	国际捐款				对欧盟		
自动稳定器	失业救助		是	是	是	是	
财政中性	外部资助的支出			来自欧盟	来自欧盟		
	特定收入的支出		天然气		彩票		
	公共部门的税收			增值税			
	会计调整				非现金		
由公式决定	社会保险			一些	是	是	
	健康保险			一些		是	
	中央政府对地方政府的转移支付			是		是	
不可预测的	私有化的支出		是				
	意外收入						
	军事行动				是		
多年期限制的覆盖范围（中央政府的百分比）		97	80	78	59	39	100

资料来源　国家官方网站。

年度审查周期（annual review cycle）使得每次对预算本身修订时，都可以对多年期限额进行修改，这可以是一年一次，有时也可以是一年两次。对中期支出限额的审查，将会反映那些被纳入中期范围的年度预算的变化，以及在年度预算之外年份所发生的变化。

多年期限额的多年审查周期可以是两年、三年或四年。在审查期间，这些限额不会再随着自由裁量政策的变动而变化。

中期支出限额的这四个方面，可以在中期预算框架中以不同的方式结合，这可以通过各国不同的实践得以证实。

在瑞典[①]，关于总体财政纪律的关键政治承诺体现为，促使中央政府支出保持在三年期的名义上限之下。这个总量上限包括了所有主要的中央政府支出。上限一旦被设定就不能被修改，并且在每年秋季的预算中，会在上限之上额外增加一年。关于政策方面，27个支出领域都设置了中期估计数的名义值，这些估计数每年更新两次，以反映宏观经济因素的变化、交易系统的数量以及政策变化。此外，预算中500项拨款的每一项，在中期都将被确定为保持名义值不变，并随着通胀进行更新，或由数量变化来决定。根据定义，每项拨款的中期估计数可以随着预算每年更新两次。

在英国和法国，中期预算框架包括一组25～30个部门的开支限额，这些限额是针对两到三年的名义值。部门上限包括行政管理支出、投资和一些项目支出。但是，更广范围的项目，包括利息支出、社会保障津贴和失业救济，并不包含在中期支出承诺的范围内。部门支出上限既被用于加强支出总量控制，也被用于确定广义的部门（支出）重点。

芬兰政府在其四年任期的开始，就会在“政府计划”中为整个任期的预算支出确定一个约束性的上限。[②]上限是针对实际值进行设置的，并且只有当价格和成本水平变动，以及预算结构调整时，年度中央政府开支限额的决议才能被修订。议会任期内的支出限额，针对3/4的总预算支出设定了上限。受周期性波动和自动稳定器影响的支出，如失业保障支出，不在开支限额的范围内（然而，这些项目标准的变化所导致的支出效应包含在开支限额内）。荷兰运行着一套相似的系统，即有一个四年期的、以实际值表达的固定支出上限。

在澳大利亚，前瞻估计模型建立在以下政府承诺的基础上，即传达被批准

① 参见永曼（2007）对瑞典中期预算框架的描述。

② 参见芬兰财政部（2011）对芬兰预算系统的讨论。

的政策，并加入任何会影响政策制定成本的外部变化条件。[①]在实践中，每年会对由参数驱动的中期估计数进行两次更新，允许改变总体支出水平。政策或估计数的自由裁量性变动（discretionary changes），可以在每年的预算或年中更新过程中引入。

4.4.2　支出优先性的排序机制

政府中期支出计划的可靠性以及对它们的尊重，要求中期支出计划既要反映政府的政策重点，同时也要与框架确定的多年期开支限额保持一致。以上双重目标的实现，需要这样一种制度机制：在对竞争性政策进行优先性排序时，将中期预算影响也纳入排序依据之中。一个有效的多年期支出优先性排序机制的关键要素是：

- 一个综合的中期支出计划和预算编制过程；
- 通过一个明确而又被广泛接受的方法，在预算文件中清晰地界定维持现行政策的成本和实行新政策措施的成本；以及
- 一个被认为是全面的、政治上合法的、基于事实的且具有约束力的讨论平台（forum），用来讨论并决定支出重点。

在各国主要有三种方法，用来将中期支出计划整合在预算过程之中。第一种方法，最先进的中期预算框架已然被完全整合进预算过程之中，并且所有关于收入和支出政策的讨论，都是基于多年度的视角来考查其影响。第二种（且不那么严格的）方法，是在最细化的预算层面保持一个年度的视角。对于预算的特定部分会进行中期预测，并且通常是在一个比年度预算更加综合的水平上进行。第三种方法，国家选择将中期规划的编制作为一个单独的过程，它遵守一个不同于年度预算准备和批准的时间表。总体而言，证据表明，后两种方法对实际政策的优先顺序仅有非常有限的影响。

为了评估现有政策的可承受性和政策变化的财政影响，决策者必须将中期估计数分解为现行政策和新的自由裁量措施。在发达的中期预算框架中，新的

① 参见布伦达尔等人(2008)对澳大利亚预算系统的描述。

和现有的政策都是全面且一致地分解开来的，并且要在预算的总体水平和单项分配上得到体现。在其他的情形下，中期财政影响仅能体现在几个特定的、足够重要到能够满足这一分解的政策上。使得支出预测得以分解的一个关键决定是为政策无变化的评估建立基础。不同的国家和同一国家内不同的支出类别之间，使用的方法也有所不同。

在最严格的形式下，不变的政策被定义为在中期内一个名义上的固定的分配。这个定义在英国被用作由多年期部门上限所包含的支出基础，以及在瑞典被作为大多数补贴项目的基础。

在一个更宽松的方法下，基于不变政策的预期，中期分配数额会根据以下参数进行调整，如预期工资、价格上涨以及同时影响成本和政策受益者数量的人口因素，同时还可能伴有分配效率的降低。澳大利亚和瑞典的支出采用这个方法。对于预算执行者而言，这提供了政策将被贯彻的更大可能性，并且当这些政策变得太昂贵（或以瑞典为例，当它们妨害总体支出上限）时，就将做出明确政策变化的责任推给了政策制定者。

中期政策优先次序的最后决定因素是一个政府机构的讨论平台，该平台用于对竞争性的支出压力与提议进行讨论和做出决策。尽管这样的决策机制本质上依赖于制度和政治环境，然而其中最有效率的讨论平台仍然倾向于：（1）包括所有的政府活动；（2）使高层政治决策者参与其中；（3）采用支出绩效的有关证据；（4）代表唯一的和最终的权威决策机构。然而，这些讨论平台的确切结构并没有统一的标准，如以下例子所示：

- 在芬兰和荷兰，中期支出优先顺序的决策焦点是联合协议，这是在每届议会初始时期，由形成执政党联盟的政治团体进行协商的。联合协议本身为四年期的议会会议设定了实际的支出上限。

- 在英国，用于讨论和决定各部门多年度支出限制的主要讨论平台体现为全面的支出审核，由财政部每两到三年举行一次，最终结果由部长、财政大臣和首相协商决定。

- 在澳大利亚，对每个年度预算中的新竞争性支出提议进行仲裁的任务，是由内阁授权给一个内阁的下属委员会——支出审查委员会来完成的。

• 在瑞典，春季的内阁年度预算闭门恳谈会（Budget Retreat）讨论所有主要支出决策的焦点问题，其结果是对27个支出领域中的每项支出水平达成一致。

4.4.3　前瞻性的支出控制

在制定好中期承诺并确定了支撑这些承诺的优先事项之后，政府需要拥有前瞻性的支出控制措施，来确保即使外部条件变化时（支出决议）仍然与中期计划保持一致。以下四种前瞻性的支出控制机制，对于确保支出决议与承诺及优先事项的一致性而言是十分重要的。

• 中期支出预测的定期更新；

• 支出承诺和支出计划之间要有足够的空间，以便在不必重新安排政策优先次序的情况下，也能够应对突发事件；

• 对于部门和机构纳入多年期支出承诺的能力，进行有力的控制；

• 对结转额的累积、存储和下降加以控制。

对于中期预算框架中支出额度的过度频繁设定，会迅速降低其可信度。如欲维护框架的完整性，就需要初始计划准确，同时决策者还应该及时了解各种突发的压力，以便在必要时采取行动。为了确保这种准确程度和信息的及时性，高质量的支出预测和定期更新是必要的。在使用中期预算框架的国家中，通常有三种方法：（1）在一年内，对政府中期计划的预计支出进行两次以上的完整的重新评估；（2）在年度中间，对中期预测进行部分更新；（3）在中期预算计划的准备之外，则不对中期支出预测做出更新。

即使是那些拥有良好预测能力的国家，也会面临未来支出变动的不确定性。因此，拥有有效的中期预算框架的国家，倾向于在其中期支出限额和全部的预期支出总额之间，预留一个未分配的盈余或储备。该盈余的功能是吸收不可避免的、意外的支出压力。这种盈余可采取多种形式（参见表4-3）：GDP预测中明确的谨慎性因素（如英国所使用的），支出预测中的一种保守倾向（如澳大利亚所使用的），在总体财政约束下预留足够的空间（如瑞典）。尽管各国的盈余或储备规模都不尽相同，但是它们均倾向于在预算年度内保持相对较小的比例（大约为总支出的1%），并且伴随着支出和收入结果不确定范围的扩大，在接下来的几年中其规模会继续增长（直到总支出的1.5%~3%）。

表4-3　　　　　　　　中期预算框架中的储备和盈余

隐性盈余			显性盈余		总体的突发事件
国家	GDP预测	其他经济假设	支出估计内	预算平衡内	总支出百分比
加拿大	财政部采用指示性预测的均值	财政部将利率提高0.5%~1%，并运用于模型中	突发事件储备金占总支出的1.5%至2%	财政部将GDP的0.1%的盈余作为目标，而不管平衡规则	3.5%~4.0%
英国	财政部采用低于趋势0.25%进行GDP预测	7个其他明确的谨慎的经济假设	储备和盈余相当于总支出的0.75%和1.0%	财政部将GDP的0.2%作为平均盈余，而不管黄金规则	2.5%~3.0%
瑞典	基于GDP和其他宏观变量[1]的主要假设进行预算		支出限额内的预算盈余，从总支出的1.5%上升到3.0%	无	1.0%~3.0%
荷兰	基于谨慎的经济状况的赤字目标和支出上限，其中赤字目标和支持上限低于GDP的0.5%至1%		中央的意外事件储备金占总支出的0.1%	最新的周期调整目标，结构性盈余为GDP的1.0%	1.1%~2.0%
澳大利亚	预算是基于主要的经济假设[1]	占支出的0.5%到1.5%的前瞻估计保守偏差	没有中央意外事件储备金	无	0.5%~1.5%

资料来源　年度预算文件。

[1]“主要的”是指，采用的预测既不是谨慎的也不是乐观的，而是最可能感知到的事前结果。

然而，应急储备的规模过大，也会带来风险，它会使人们产生这样的预期：随着时间的推移，将有更多的资源可以利用，因而弱化了在确定预算优先次序的过程中，对政策的关注。一个可以防止产生这种预期的方法是，对如何使用储备设置明确的规则。例如，在英国，只有当支出压力是不可预见的、不可避免的以及不能被部门预算所吸收时，才允许行使针对中央应急储备的请求权。澳大利亚甚至对其储备（的使用）有着更严格的限制，这些储备只能被用于处理预期参数的突然变化，并且不能用于为新政策提供资金。

另一组控制因素也会阻止部门或机构做出与已达成一致的部门多年期支出计划不一致的承诺。为了使其有效，这些多年期承诺的控制措施，必须适用于所有的支出承诺，包括政治承诺、法律义务和合同承诺。在英国，对每个部门的控制措施，是以一个名义授权限额的形式存在的。如果超过这一限额，每个部门在参与多年期（支出）承诺之前，就必须得到国会的批准。芬兰和瑞典甚至有着更严格的制度规定，该制度要求所有的多年期支出承诺必须作为预算的一部分，得到议会的批准。

在预算中引入中期视角，通过允许部门将未用完的拨款从一个财年结转至下一个年度，也为提升跨期效率创造了机会。同时，缺乏约束的部门结转额的积累，也会对预算的可靠性造成风险。针对这些问题，国家往往采取规则或数量限制来管理尚未使用的、可结转的拨款数量。这些限制性规定可以采取以下形式：

• 限制可结转的拨款类型。例如，澳大利亚允许部门内部的行政管理费全部结转至下一年，但任何关于项目支出的结转，都需要经过内阁的审批并重新拨款。

• 限制可从一年转至下一年的结转额数量。例如，作为一个默认的立场，法国和瑞典仅允许3%的支出可从当年结转至下一年。

• 限制给定预算年度内减少结转额。例如，直到2010年，英国一直允许部门拥有无限制的积累结转额的权利，但是必须经过财政部批准，才能在一个给定的预算年度内使用那些结转资金。

4.4.4 问责机制

最后，政府中期预算框架的可信度，还依赖于其对以下能力的证明：当下对目前和未来预算状况的评价，如何与之前制订的中期计划保持一致。证明之前的多年期预算计划与目前的预算执行结果和预测之间的一致性，需要一套问责机制加以保证：

• 多年期计划，年度预算和决算，是在一个可比的基础上提出的。

• 多年期计划和支出结果之间的偏差，是可以全面而透明地进行协调的。

• 任何针对多年期计划的不合理偏离，政府和预算执行者都应当被问责。

确保计划和结果之间的可比性，要求政府对于呈报的不同类型的财务报告加以协调。拥有严格确立并且最有效的中期预算框架的国家，通常对多年度预测、年度预算和决算采取一种简单、统一的分类体系。

• 在英国，多年度的部门支出限额、年度部门预算估计数以及最后的部门决算，全部遵照权责发生制来呈报。

• 在瑞典，总体支出上限、27个支出领域、多年度的支出估计数、年度预算和最终的预算执行结果，全部遵照收付实现制来呈报。

• 在芬兰，多年度的开支限额、年度预算和最终的预算执行结果，主要以收付实现制的形式表示。

• 在澳大利亚，多年度估计数、年度投资组合的预算报表以及最终的预算执行结果，既以收付实现制的形式，也以权责发生制的形式表示。

相比之下，所有欧盟成员国的稳定与趋同的项目和目标，在约束财政政策方面就不那么有效了，其中一个原因在于，这些项目和目标的提出并非是基于相同的基础，或者是因为主要的政策工具——国家预算——的覆盖面不尽相同。尽管在《稳定与增长公约》中，三年期的收入和支出的预测与目标，是根据1995年的欧洲会计体系（欧洲会计系统是以权责发生制为基础且覆盖了广义政府）提出的，但是这些预测和目标却很少涉及国家预算和会计，而这些国家预算和会计的大部分还继续以收付实现制为基础，并且只包括中央政府预算。

政府的多年期支出计划，尽管在各连续年份之间总会彼此偏离，并且也会偏离最终的支出结果，但是政府中期计划的可靠性，却可以通过提供对这些差异（主要是因自由裁量性政策的变化而带来的改变，与因政府控制之外的因素而带来的改变，二者之间存在着不同）形成原因的系统说明，而得到进一步的支持。各国的详细程度也会有所不同，但这些调节措施最复杂的部分则在于，将各部门、政策领域和项目对预测与执行结果的差异，分解为以下内容：

• 宏观经济因素，如GDP增长、通货膨胀或失业；

• 针对特定部门、项目或政策领域的运营参数，如低于预期水平的出生率（针对产假福利），或低于预期的入学水平（针对学校支出）；

• 会计处理的变化，如改变部门内部特定交易的会计处理，或从一个部门到另一个部门的特定预算项目的重新分类；

• 能显示以下改变所带来的总体影响的政策措施：在特定部门、政策领域或项目开支中，那些重要的自由裁量权的增加或减少。

这样的分解需要根据以下方面来解释：

• 显示未使用拨款的净减少，或累积的预期及实际结转额；

• 净超支或净支出不足（net over-or underspend），在大多数情况下，需要通过以下方式来解释：对上述应急储备金的请求权，以及授权或未授权的过度开支。

对于那些政府多年期开支限额的不合理偏差，一旦确定了其规模和来源，某些问责机制就必须到位。责任的落实，要求财政部和议会严肃对待那些威胁政府履行承诺的、较之多年期支出计划的偏离，尽管这些偏差往往并不像年度拨款的超支那样严重。例如，在英国，那些被预料到将会在未来年度违反三年期支出限制的部门，会受到与超过其当年预算一样的行政制裁。要求责任部门通过动用中央应急储备，或削减其他年份中某一年的支出上限作为抵偿，来使预测的超支合法化。在澳大利亚，因参数原因导致的支出估计偏差是被允许的，任何超支都要通过议会委员会的系统审核，接受议会审查，其中部门主管要对结果进行报告，并且任何的修改都必须得到解释。

在确保政府对其多年期支出计划的绩效接受问责方面，独立的财政机构也同样扮演了重要的角色。第6章对此做出了详细讨论。

4.5　不同中期预算框架的效果评价

在本节中，评价了不同的中期预算框架模式（约束性的、指示性的及其变化形式）在实现第一节中所讨论的目标方面的相对效果。通过观察跨国层面上不同模式在同一时期的效果，以及同一国家内部的中期预算框架模式在不同时期的变化，本节试图确定哪一种模式或哪些种模式，在实现哪一种关键公共财政管理目标方面是更有效率的（如确保对总体财政状况更好地控制；使得支出在部门之间的分配，以及按重要性进行的分配，变得更有效率；鼓励预算管理者更有效地使用资源）。第一节对公共财政管理目标有着详细讨论。

4.5.1 中期预算框架的路径与模式：跨国分析

这一小节回顾了中期预算计划的三种路径（约束性的、指示性的和没有中期预算框架的政府）在实现上述目标方面的效果，并且进而检验了三种约束性模式（固定总额上限法、固定部门上限法和前瞻性估计法）的相对效果。这一分析是以23个国家为样本的，并且根据表4-1中所总结的中期预算框架的路径和模式，对这23个国家进行了分类。

确保和维持一个可持续的财政状况

不同的中期预算框架，对于确保总体财政纪律的有效性，是通过观察各国多年期财政预测的准确性来评定的。预测的精度是通过以下三项内容的未来三年预测值与最终结果之间的平均差异来衡量的：由政府支出、收入以及基数效应加以控制的平衡。[①]

模式预测效果的相互比较表明，拥有约束性中期预算框架的国家，能够更好地实现其中期财政目标。在所有国家都倾向于高估未来三年（收支）平衡的情况下，那些使用约束性中期预算框架的国家，其高估的程度不到GDP的0.1%，而采用指示性中期预算框架的国家，高估程度为GDP的0.8%；没有使用中期预算框架的国家为GDP的1%（参见图4-3）。约束性中期预算框架的这种强大的财政预测性能，主要由于其成功地约束了中期支出的演变。在大多数国家倾向于低估未来三年支出水平的情况下，在那些使用约束性中期预算框架

---

① GDP的比率是用来控制政府的规模和通胀水平的，否则就会使结果对于小国和低通胀国家更为有利。使用1997年到2007年的平均值，可以排除控制周期性的影响，没有使用2008年的数据是因为全球金融危机爆发产生了异常值，这会影响结果。

的国家，其低估的程度平均仅为GDP的0.3%，而那些使用指示性框架和没有使用中期预算框架的国家则为GDP的1.6%。使用约束性中期预算框架的国家，在预测收入时会更加谨慎。通常的倾向是低估未来三年的收入，然而使用约束性中期预算框架的国家，将收入平均低估了GDP的0.9%，使用指示性中期预算框架的国家，为GDP的0.5%，而没有使用中期预算框架的国家为GDP的0.6%（参见图4-4）。

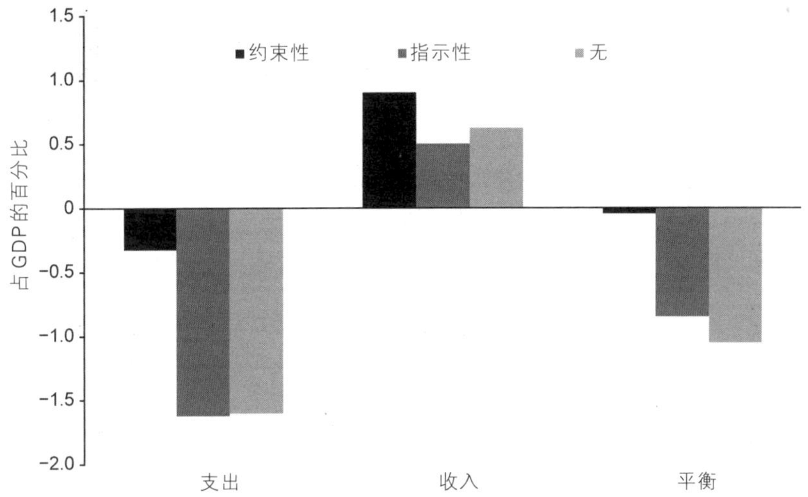

图4-4　未来三年的支出、收入及平衡的平均预测误差（1998—2007年）

资料来源　欧盟国家：稳定与趋同项目。其他所有国家：年末预算调整文件。

注：MTBF为中期预算框架。

在不同的约束性中期预算框架模式中，固定总额上限法在控制未来支出方面是最为有效的（参见图4-5）。使用固定总额上限法的国家，倾向于遵守其未来三年的支出预测，而使用固定部门上限法或前瞻性估计法的国家，则更倾向于超支，其超支部分在GDP的0.8%~1.0%之间。使用固定总额上限法的中期支出框架的成功之处在于，总额上限的覆盖面广泛，以及无论短期内宏观经济和财政如何变动，政府都承诺遵守这些上限。

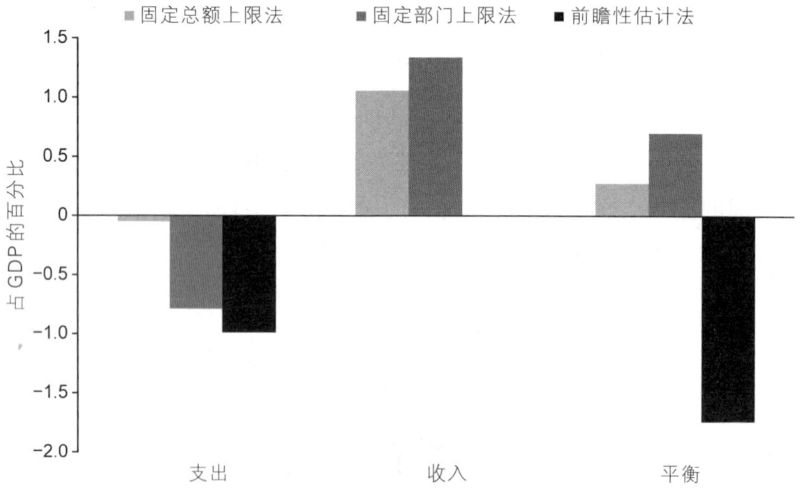

图4-5　不同类型的有约束力的中期预算框架，未来三年的支出、收入及平衡的平均预测误差（1998—2007年）

资料来源　芬兰、荷兰、瑞典、英国：稳定与趋同项目。澳大利亚：多年度预算调整文件。

然而，在项目基础上使用前瞻性估计法的澳大利亚，表现出了最好的财政整体效果。在接受检验的时期，澳大利亚通常低估未来三年的收入，低估的金额约为GDP的1.4%[①]，这意外多出来的1.4%收入中，平均约0.8%的收入用来增加支出。相对于政府初始的财政平衡，政府仍然超收了0.6%的GDP。这是所有的样本国中最为谨慎的财政平衡预测。

尽管上述结论都验证了约束性中期预算框架的有效性，但考虑到预算过程中存在的复杂的相互作用，仅仅从数据中，就得出中期预算框架和财政结果之间的确凿因果关系，仍旧是非常困难的。可供使用的数据点相对较少，同时大量的外部因素在起作用——例如即使单个国家拥有最好的系统，外部的经济冲击也会导致预测的误差。此外，运作良好的中期预算框架和良好的财政绩效可能是强有力的事前预算编制和决策的结果。然而，通过同那些参与中期预算框

① 在某种程度上，这种超收收入是贸易冲击积极方面影响的结果，这种积极方面的影响来自于澳大利亚关键商品的出口价格上升，进而带来了税收收入的增长。

架引进和发展的官员进行讨论，进一步确认了以下事实：实际上，这些框架确实能够改变行为，并有助于产生更好的财政效果。例如，正如专栏4.2中所描述的，英国在30年间试验了三种不同的中期预算框架模式，并且发现更具约束力的中期预算框架模式的逐步引进，伴随着准确进行政府中期预测而稳定提高。

启用中期支出计划

在启用中期支出计划方面，不同的中期支出框架的有效性，是通过检验广义政府支出的平均波动来评估的。政府支出实际增长率的平均同比波动，被用于代表政府支出随时间变动的整体预测，同时该指标也表明了部门可以在何种程度上预期已获得分配的稳定性。[①]基于前述讨论过的原因，我们仍然使用1998年到2007年的平均值作为基准。

使用约束性中期预算框架的国家，在推广中期支出计划方面，也似乎比那些使用指示性中期预算框架的和尚未采用中期预算框架的国家更加有效。使用约束性中期预算框架的国家，实际支出增长的年平均波动率大约为2.5%，与使用指示性中期预算框架的国家5.4%的实际支出波动率相比，还不到5.4%的一半（表4-4）。令人惊讶的是，没有中期预算框架的国家，其实际支出的平均波动，甚至比使用指示性中期预算框架的国家更低。

在应用约束性中期预算框架的国家中，前瞻性估计法在推广中期支出计划方面是最有效的。澳大利亚的前瞻性估计法所产生的支出年均波动率仅为1.8%，相比较而言，英国使用固定部门上限法所产生的结果为2.7%，使用固定总额上限法的结果为3.0%。这种有点不符合直觉的结果可以归因于，澳大利亚前瞻性估计过程所引起的对于支出动态的详细了解，而这种对支出动态的详细了解也有益于稳定每年的资源分配。当然，这也可能是基于这样的事实：在芬兰、荷兰和英国所使用的固定框架下，当多年度的开支计划从一个年度运行到下一个时，可能会出现支出增长率较大的不连续性。

---

① 总支出的波动性也依赖于政府的开支结构。与有着较大比例的政府消费和投资的国家相比，拥有较大比例的社会保障和失业转移支付的国家，往往会经历比较大的支出波动。

表4-4 根据中期预算框架分类的支出预测和分布

	政府实际支出的平均波动 1998—2007年（%）	根据功能分类的政府支出的实际增长率分布
未采用中期预算框架	4.1	9.1
采用指示性中期预算框架	5.4	9.5
采用有约束力的中期预算框架	2.4	6.7
其中：		
采用固定总额上限法	3.1	6.3
采用固定部门上限法	2.7	6.8
采用项目估计法	1.8	8.0

资料来源 国际货币基金组织、《世界经济展望》，2010年10月；联合国统计署，政府数据库功能分类；澳大利亚统计局，根据目的分类的联邦广义政府支出。

促进资源的有效分配

鉴于对何谓有效的资源分配尚缺乏共识（这取决于执政党的政治偏好），衡量不同的中期预算框架模式在提升效率方面的有效性是较为复杂的。

因而，需要使用两个（衡量）效率的代表性措施。第一个是在制定部门预算时非财务绩效信息的运用程度，以衡量在分配决议中支出效率是否被正式地考虑。第二个是在1998—2008年的10年间，不同部门间的实际增长率的平均标准差，这衡量的是对不同部门的支出分配如何随着支出总体增长而变动，以及二者关系的紧密程度（低离散）；或不同部门的支出分配，如何随着其他一些具有特殊意义的部门支出重点而变动（高离散）。

采用约束性中期预算框架的国家，倾向于更广泛地使用非财务绩效信息。所有采用约束性中期预算框架的国家，在制定部门预算时，都会使用非财务绩效信息，而在采用指示性框架和没有中期预算框架的国家中，分别只有45%和29%的国家会使用非财务绩效信息。采用约束性中期预算框架的国家，对非财务绩效信息的广泛使用，使得（我们）无法辨别哪一种约束性中期预算框架模式在将绩效信息整合纳入预算决策方面才是最有效的。

然而，在现有的中期预算框架类型和不同部门实际增长的离散量之间，并没有明显的联系。假设存在着某种联系，如表4-4所示，与采用指示性中期预算框架（9.5%）和没有中期预算框架（9.1%）的国家相比，采用约束性中期预算框架国家的部门之间，似乎有着更低的实际增长的标准差（6.7%）。这种结果可能是由于使用约束性中期预算框架的国家大多数为发达经济体，其部门之间的支出分配本身就更为稳定。这可能也表明，尽管约束性的中期预算框架可能会促使关于支出效率和有效性的讨论更为活跃，但是这样的讨论并不一定会导致（支出）分配实质上的不同。

4.5.2　中期预算框架的应用：金融危机之后

对于许多国家的财政状况、预算体系和中期预算框架而言，全球金融危机可以说是一次重要的检验。在大多数情况下，中期预算框架通过提供一个更复杂的平台，来规划、阐释和传达财政刺激计划和后续的财政稳固项目，从而帮助政府应对本次危机。到目前为止，本章的分析集中在危机发生之前的时期。然而，在一个巨大的、意料之外的冲击改变了世界格局之际，2008—2009年金融危机之后，依然存在着大量的相关案例：通过一种可靠的方式，运用中期预算框架来调整财政政策。

政府债务和针对危机之后主权违约风险的市场判断之间的关系，可以验证中期预算框架在支持国家财政政策可靠性方面的作用。图4-6阐释了截至2011年底，23个发达经济体的广义政府债务水平和信用违约掉期利差之间的关系。它表明：在没有中期预算框架的国家，政府债务和主权违约风险的市场判断（由信用违约掉期利差来衡量）之间的关系是最强的，而在使用约束性中期预算框架的国家中则是最弱的。一种解释是，无论采用约束性中期预算框架的国家的债务水平如何，它们都能够使市场相信其有能力实施中期财政整顿计划。因此，约束性中期预算框架的使用为这些国家带来了额外的财政信誉。

在本节的后续论述中，将更为详细地考查英国和澳大利亚的中期预算框架是如何先通过刺激计划、再通过财政整顿计划来应对危机之后出口和财政收入的大幅下降。

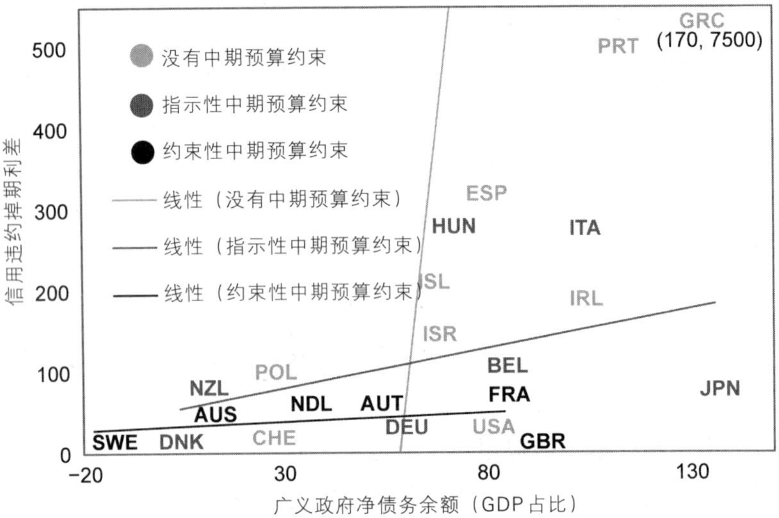

图4-6　违约风险与政府债务水平的百分比

资料来源　信用违约掉期来自汤姆森路透数据流；净债务来自国际货币基金组织，财政监督（2012年10月）。

注：图中三个字母缩写的国别缩略词全称参见联合国统计司清单，网址：http：//unstats.un.org/unsd/methods/m49/m49alpha.htm.

伴随金融危机而来的出口冲击，导致了始料未及的财政收入急速下降（图4-7）。在英国，在金融危机之前，预期2010年的总收入将会占到GDP的42%。危机发生后，经修正后的收入占GDP比重下降了7个百分点，仅占到GDP的35.1%。在澳大利亚，经修正后的收入占GDP比重的下调幅度较小，从预期的GDP的22.5%下降至危机之后的22%。这次巨大的冲击，使每个国家的财政前景都发生了翻天覆地的变化，并且采取需要相应的政策措施，将世界调整到新的状态。这样的应对措施包括两部分：

第一个是短暂的财政刺激计划。许多国家的刺激计划是在广义的层面上制定的，且只适用于未来的一年，且未对之后的公共财政演变做出必要的考虑。然而，英国和澳大利亚却不同于这些国家，它们的中期预算框架在中期的范围内为政府每个财政计划的具体设计和相互衔接提供了平台。中期预算框架的一个重要

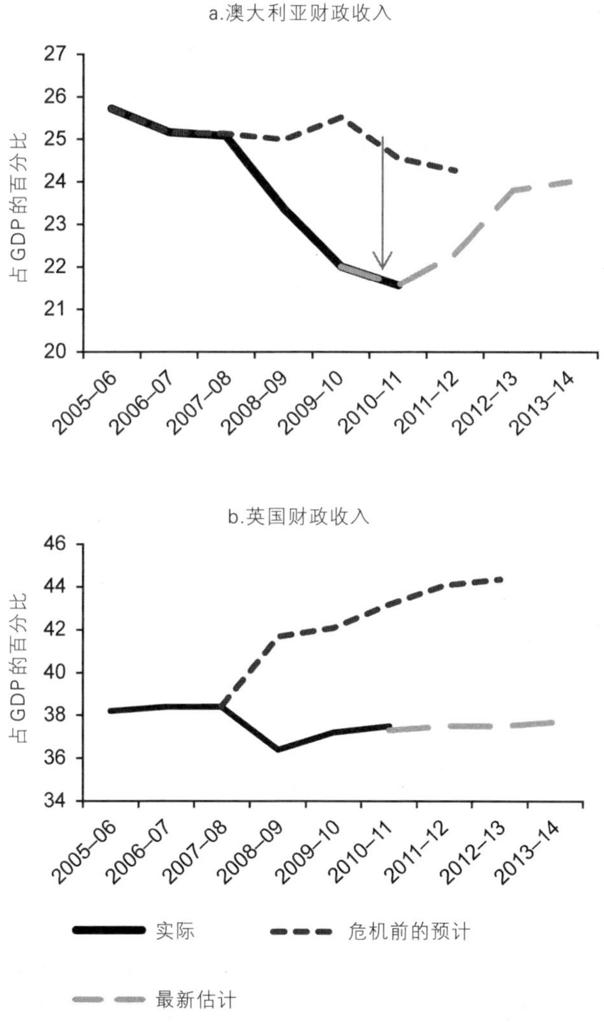

图4–7　危机后收入预测的调整

资料来源　澳大利亚：2008—2009年和2012—2013年预算报告；英国：2008年和2012年预算。

组成部分是，预估财政政策变动对经济的影响，进而将其反馈到公共财政和宏观经济预测的能力，同时为这次冲击和政策应对提供了一个完整的分析。因而，调整后的刺激计划可以在最佳的时机实施，并且有最优的结构和规模。

第二个是中期财政整顿计划。在全方位阐释刺激计划的同时，中期预算框架为验证何时且怎样停止刺激计划、促使公共财政回归到稳定状态提供了一个平台。这样的信息对于控制市场预期是重要的。（在危机冲击之下）年度预算倾向于在以往支出的基础上继续增加开支，而中期预算框架则与此不同，它被用来检验如何撤回财政刺激计划，以及这样的举措会对经济增长和公共财政产生什么样的影响。

在澳大利亚，在实施刺激计划的同时，公布了整顿计划的路径，并且由一个全面的特定赤字退出战略来保证。这一退出战略致力于确保在预算回归盈余状态之前，每年实际支出的增长都少于2%，并且要求所有的新支出都能得到补偿，任何收入的调整都要经过严格确认。在整个前瞻性估计法的使用期间，这些要求的满足是随后的四期预算的关键，以确保在战略上符合预期。

在英国，由时任工党政府在2008年秋季宣布的财政刺激计划，是通过一个（政策）组合来贯彻的，这个组合是增值税的暂时减少和对在一年前的《2007年开支审查》中设定的三年期支出计划的重新安排。这一支出的重新安排，将原计划安排的2010年30亿英镑（56亿美元）的投资支出用于2008、2009两年。在大选之后，新保守派——自由民主党联合政府通过使用《2010年开支审查》，为消除赤字并抑制政府债务增加制订了详细的计划。《2010年开支审查》为每个行业部门编制了2010—2014年的五年预算，并且设定在这一段时期内政府支出将从GDP的47%下降到GDP的42%。

在制订财政刺激和整顿计划时，两国的中期预算框架都迫使他们详细精确地说明了税收和支出将如何变化，并在何时上升和下降。与此相反，没有中期预算框架的国家，其刺激和稳固计划是为了满足特定开支规则或目标的一般性政策声明或承诺。在危机开始时，制订详细的支出计划的义务，也使得部门和机构通过推行立法、行政和运营措施来节约资金，为（财政）整顿阶段做准备。例如，在英国，就业和养老金部推行了一项对于残疾人福利系统的重大改革，旨在降低其日益增加的成本。

关于这些国家的中期预算框架是否有效的真正考验是，这些支出调整路径是否符合其初衷。图4-8表明，到目前为止情况还是这样的。在英国，在

《2010年开支审查》中提出的减少开支的政策已被贯彻，到目前为止，实际支出低于初始设定的路径，预计今后会与初始承诺保持一致。在澳大利亚，初始的刺激计划和停止刺激计划的政策路径已经被执行，作为重新安排各项支出（主要是国防）的结果，虽然在2011—2012年引起了一些变动，但预计2012—2013年支出占GDP的份额，还是会与最初的计划保持一致。

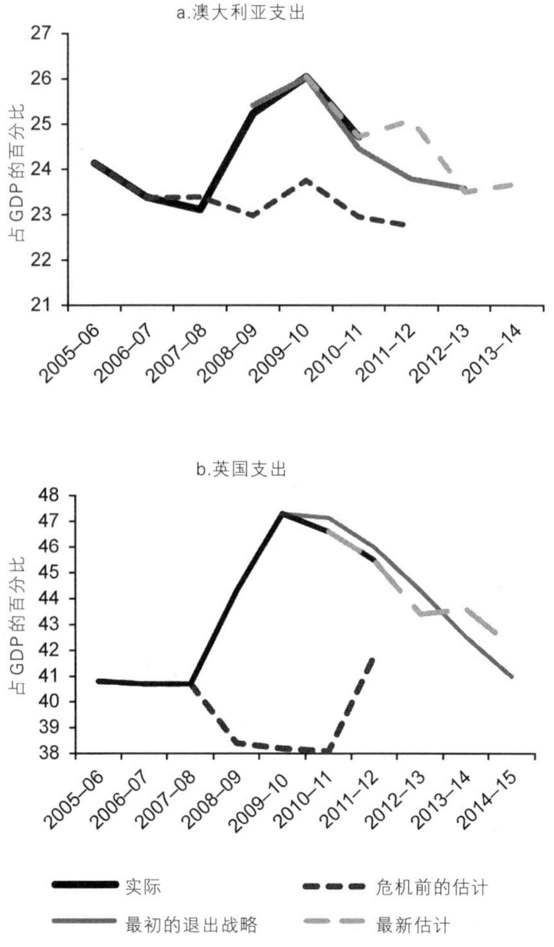

图4-8 支出预测的调整：危机之后

资料来源 澳大利亚：2008—2009年和2012—2013年预算报告；英国：2008年和2012年预算。

4.6 结论

并没有孤立的中期预算框架模式。那些建立中期预算框架的国家，是为了实现公共财政管理的如下目标：保持可持续的财政状况，促使支出在部门之间以及优先事项之间的分配更有效率，鼓励预算管理者更有效地使用资源。

对于一个特定的国家或在一个特定的背景下，最适用的模式取决于政策制定者如何在多年期预算计划的竞争性目标之间取得平衡。总体支出上限会促使多年度的支出纪律更加有效，部门上限在推进多年度支出计划方面更为有效，前瞻性估计则为特定政策结果的实现提供了更多的确定性。

本章的重点是发达经济体应用中期预算框架的如下经验教训，这可以帮助各国开始或继续实行这一路径计划。

成功的多年期预算计划需要健全的基本财政制度。中期估计需要建立在可靠的年度预算之上，以谨慎的宏观经济假设为基础，用稳定且透明的财政目标作为指导，并通过一个综合而统一的自上而下的预算过程来推行。中期计划是以多年期支出限额为基础的，然而在多年期支出限额的设计上，各国面临着覆盖面、特定性和确定性方面的权衡取舍。

政府除了可以依靠特定的机制来对中期支出的限制规定做出可靠承诺外，有效的中期预算框架还需要有相应的制度安排，使得政府能够在这些限制规定的基础上，安排支出的优先顺序，控制支出压力，并证明限制规定和预算现状之间的一致性。在约束条件下对支出顺序的有效安排，需要对新政策和现有政策的成本进行明确的分离，并且需要一个制度化的讨论平台来讨论并选择重点政策。

加强中期预算框架的可靠性，需要对多年期支出预测进行定期更新，包括充足的安全储备量，对多年度支出承诺的有力控制，以及关于未使用拨款的结转额的明确规定。

一国中期预算计划的可靠性，取决于政府的如下能力：年度预算和决算的呈现方式与这些计划保持一致，对任何偏差都做出公开说明，预算执行者会对任何不合理的偏差负责。

在提升总体财政纪律和推进多年度支出计划方面，约束性中期预算框架都比指示性中期预算框架更为有效。一些间接证据表明，约束性中期预算框架，还会引起对支出有效性更为强烈的关注。但很少有证据能够表明，采用中期预算框架可以促进支出在部门之间的再分配。

最后，约束性的中期预算框架似乎也能为财政刺激与财政整顿计划的制定、交流和传达提供一个更加有效的平台。零星的证据表明，在2008年全球经济危机之后，使用约束性中期预算框架的国家，能够更好地说服市场相信其财政整顿计划的可靠性。

参考文献

Ahnert,T.,R.Hughes,and K.Takahashi,2011,"United Kingdom:Four Chancellors Facing Challenges," in *Chipping Away at Public Debt*, ed.by P.Mauro(New York: John Wiley & Sons).

Alesina,A.,and R.Perotti,1994,"The Political Economy of Budget Deficits,"NBER Working Paper No.4637(Cambridge,Massachusetts:National Bureau of Economic Research).

Alesina, A., and G.Tabellini, 1990, "A Positive Theory of Budget Deficits and Government Debt,"*Review of Economic Studies*,Vol.57,pp.403–14.

Blöndal,J.,D.Bergvall,I.Hawkesworth,and R.Deighton-Smith,2008,"Budgeting in Australia," *OECD Journal on Budgeting*,Vol.8,No.2(Sept.),pp.1–64.

Buchanan,J.,and R.Wagner,1977,*Democracy in Deficit:The Political Legacy of Lord Keynes* (New York:Academic Press).

Calmfors,L.,and S.Wren-Lewis,2011,"What Should Fiscal Councils Do?"CESifo Working Paper No.3382(Munich:Center for Economic Studies).

Coate,S.,and S.Morris,1999,"Policy Persistence,"*Public Choice*,Vol.50,pp.5–25.

Finland, Ministry of Finance, 2011, *Developing the Spending Limits System*, Budget Issues 17b/2011(Helsinki).

Jonung,L.,and M.Larch,2006,"Improving Fiscal Policy in the EU:The Case for Independent Forecasts,"*Economic Policy*,Vol.21,No.47,pp.491–534.

Kumar,M.S.,E.Baldacci,A.Schaechter,C.Caceres,D.Kim,X.Debrun,J.Escolano,and others, 2009,"Fiscal Rules—Anchoring Expectations for Sustainable Public Finances,"IMF Staff Paper 09/274(Washington:International Monetary Fund).

Ljungman,G.,2007,"The Swedish Medium-Term Fiscal Framework,"*OECD Journal on Budgeting*,Vol.6,No.3(March),pp.1–17.

———,2009,"Top-Down Budgeting—An Instrument to Strengthen Budget Management," IMF Working Paper 09/243(Washington:International Monetary Fund).

Nordhaus,W.D.,1975,"The Political Business Cycle," *Review of Economic Studies*,Vol.42 (April),pp.169–82.

Persson,T.,and L.E.O.Svensson,1989,"Why a Stubborn Conservative Would Run a Deficit: Policy with Time-Inconsistent Preferences," *Quarterly Journal of Economics*,Vol.104, No.2(May),pp.325–45.

Rogoff,K.,1990,"Equilibrium Political Business Cycles,"*American Economic Review*,Vol.80, No.1(March),pp.21–36.

Roubini,N.,and J.D.Sachs,1989,"Political and Economic Determinants of Budget Deficits in Industrial Democracies,"*European Economic Review*,Vol.33,No.5(May),pp.903–38.

Strauch, R., M.Hallerberg, and J.von Hagen, 2004, "Budgetary Forecasts in Europe—The Track Record of Stability and Convergence Programmes,"European Central Bank Working Paper No.307(Frankfurt:European Central Bank).

von Hagen,J.,and M.Hallerberg,1999,"Electoral Institutions,Cabinet Negotiations and Budget Deficits in the European Union,"in *Fiscal Institutions and Fiscal Performance*,National Bureau of Economic Research Conference Report, ed.by J.Poterba and J.von Hagen (Chicago: University of Chicago Press).

Weingast, B.R., K.A.Shepsle, and C.Johnsen, 1981, "The Political Economy of Benefits and Costs: A Neoclassical Approach to Distributive Politics," *Journal of Political Economy*, Vol.89, No.4, pp.642–64.

第5章 管理和控制财政风险

尼娜·布蒂娜·墨里·皮特里[1]

20世纪90年代初期以来，财政风险管理已经成为公共财政日益突出的主题。新的风险来源和对财政的意外冲击，更凸显了管理财政风险的重要性。2008—2009年的全球经济和金融危机，为公共财政面临的风险量级提供了生动的说明，同时也强调了财政政策在管理这些风险的经济影响中的作用。

财政风险的定义是：从短期到中期，财政变量与政府预算或其他财政预测值相偏离的可能性（IMF，2008）。出于本章的考虑，我们将财政风险定义为：从短期到中期，政府将面临的收入、支出、财政平衡以及资产与负债总水平的变化。[2]这种风险的定义，需要将资产负债表方法应用到财政风险管理之中，包括财政变量的流量、存量以及它们之间的互相作用。

财政风险被分成一般经济风险（例如，比预计低的经济增长，会导致政府收入的减少）或特殊风险（如自然灾害的潜在成本）。来自或有债务和其他不

① 本章的许多部分广泛参考皮特里(2002,2008)。

② 从这个角度看,将可预测的长期不利倾向(如公共养老金或医疗卫生支出中预计的增量),看作是对长期财政可持续性的已知威胁,而不是财政风险的来源,更为恰当。

透明债务（如政府担保）的财政风险，如果任其发展，会引起严重的财政不稳定性。但是按惯例以现金为基础的政府预算和会计，对或有债务的处理常常是不充分的，并且在标准的财政分析中，或有债务的财政结果被频繁地忽视（希克，1998，布里克西和希克，2002）。过去20年中，在确认这些缺陷的过程中，已经采取了许多国际行动，以改进有关财政风险的信息和财政风险管理的有效性。[①]

本章评价了20世纪90年代初期以来，更积极地披露和管理财政风险的国际动向。第一部分描述了对不同财政风险来源进行分类的主要方法。第二部分提出一个通用的财政风险管理周期，并讨论了财政风险管理的范围。第三部分依次解决风险评估和管理的关键问题，包括识别风险、分析风险、合并预算中的风险、披露财政风险、规避风险，以及监督和审查风险。最后一部分讨论已经出现的挑战，并且考虑强化财政风险管理的经验教训和优先次序。

5.1　财政风险的来源

财政风险具有诸多来源和形式。本章将财政风险分为一般经济风险和特殊风险。财政风险的进一步分类有时也可以认定为：束缚财政风险管理有效性的结构性或体制性弱点（赫明和皮特里，2002）。

5.1.1　财政风险的类型

一般经济风险，是指公共财政面临的关键性经济和其他参数与预测中参数水平相偏离的风险。由于宏观经济冲击，财政赤字指标的设计可能会出现偏差。例如，经济活动放缓会导致收入减少，以及在失业救助和其他社会保障要素上的支出增加。如果货币贬值，公共债务可能会暴涨。债务水平相对高的国家易受利率冲击的伤害，低收入国家易受援助突然减少的影响，大宗商品生产

① 关于风险披露，参考IMF（2007a，2007b，2009a）；关于风险管理和缓和，参考布里克西和希克（2002），赫明（2006），以及IMF（2008）。

国易受商品价格大幅波动的影响（通常是对收入的影响）。

相反，特殊的财政风险与一般的预测参数无关。它们发生的范围较小，并由特殊风险来源引起，诸如担保或自然灾害的潜在成本[①]；可能需要对国有企业（SOE）或私人银行提供财政支持；税收不遵从行为的风险；量级水平的变化，例如，自然资源的生产；需求驱动（开放式的）的补助计划和社会救助计划的占比。

来自或有债务的特殊危机是特别重要的；由于源于或有债务隐藏的财政风险，许多政府已经面临严重不稳定的财政。或有债务一般解释为当且仅当出现特殊事件或在未来出现特殊状况时进行偿付的义务。或有债务可以是显性的或隐性的。当政府有清晰且坚定的法律义务或公开宣布的政策，要求为某种特别事件提供财政支持，显性的或有债务就开始起作用。政府担保和其他或有债务使财政管理变得复杂，这在文献中已经引起了大量的注意（布里克西和希克，2002；欧文，2003；赫明，2006）。专栏5.1讨论了一些相关的财政管理问题。

相反，如果没有明确的义务或政策提供到位的财政支持，就会出现来自隐性的或有债务的风险，开始期望政府或迫使政府在出现特殊事件时提供支持。例如，期望中央政府为国有企业或地方政府在可能陷入财政困难时给予支持，对事故性事件提供政府援助。例如，在私有银行倒闭时补偿存款人，在自然灾害发生时提供政府救济（在缺失灾害保险系统或超过其覆盖范围时）。即使（有时特别地）当政府宣布了在这类事件中或超过一定水平上政府将不提供援助，但隐性风险仍然可能存在：在引入2010年的欧洲财政稳定机制以前，欧洲货币联盟的政策结构中的“不救助”条款就是一个恰当的例子。

专栏5.1 政府担保和其他或有债务造成的财政管理问题

或有债务的主要类型如下：

---

① 由于大规模的产出减少伴随着收入损失，以及在一些情况下存在大规模的重建成本，大规模自然灾害的财政影响可能是重大的（例如，2011年的日本和2010—2011年的新西兰）。

• 政府担保，如贷款担保或公私合作关系中的最低收入担保。

• 担保和赔偿，如提供特定损失的保险。例如，当私有化国家资产时，政府有时发布的针对未来场地恢复成本的补偿承诺。

• 资金短缺的公共保险计划，针对保险费无法覆盖期望值的索赔，并且部分（或完全）由一般税收提供支付资金。例如，在累积储备金的早期建立的存款保险计划或灾难保险计划。

• 可能导致政府成本上升的针对国家的法律诉讼。

• 未缴资本，即部分未支付的股东权益，如许多政府在国际金融机构中的未缴资本。

由于某些原因，政府担保作为一种具有一定级别的或有债务，为财政管理制造了特殊问题。第一，政府可能只是提供担保，而不是借款或直接补贴，主要因为后者会立即在政府会计中反映出来。然而，传统的做法是，只有真正因为担保而进行支付时（如果发生），才会在政府会计中报告。第二，尽管在某些情况下，政府担保可以是合法的政策工具（参考欧文，2003；OECD，2005），但它们使财政管理变得复杂，因为其财政影响具有不确定性、会产生不良的诱因、其影响的聚集程度（lumpiness），以及在惯例上不遵守预算过程纪律的事实。在一些国家，政府担保的做法开始激增，这会导致对财政状况的冲击，进而又对政府担保产生了需求（参见布里克西和希克2002年文章中的国家案例）。另外，当财政状况因其他因素而发生恶化时，国家倾向于提供担保，因为那些激发担保需求的因素，也常常负面影响着政府收入和其他支出。

目前的财政危机已经证明了担保对财政状况的不确定性影响。从2010年的年中开始，担保的采用明显地少于提供的保护，2010年，加拿大、英国和美国有一些流动性支持和担保到期，但没有继续呼吁任何担保。然而，来自银行系统的隐性或有债务，仍然对一些国家造成了很大损失，特别是在爱尔兰，损失高达2011年GDP的10.8%。

隐性财政风险的特点之一，就是其隐蔽性和不确定性会诱使政府避免处理这些风险。与此同时，潜在的风险会积累起来，从而可能达到较大的规模。银行业务监管中的宽容性监管就是一个经典的例子，即不处理破产的银行，而是期望它们恢复，或者直到现任政府届满之后，这些弥补救助的成本才会显现。

*结构性或制度性的缺陷*也可以限制财政风险管理的有效性。如果存在这种缺陷，就会增加出现负面事件的可能，以及负面事件出现后对政府造成的成本负担。例如，如果收入来源只有一到两个的话，那么收入会更不稳定，特别是在收入主要来源于自然资源的情况下。其他结构性缺陷包括：法定支出和其他非自由裁量支出占政府总支出的比率过高，将收入过多地用于特定支出项目，以及在不同政府层级中协调财政政策的困难。这些缺陷限制了政府在应对冲击时紧缩财政政策的能力，这在无形中放大了冲击的影响。

确定和管理财政风险的薄弱能力本身，也是一种风险来源。例如，当决策者缺乏优质信息时，对特定风险的经济预测不准确或信息不充分，会使财政管理有点像“盲目飞行”。如果没有明确的机构和工作人员对特定的风险管理职能负责，如果负责风险管理的机构或人员缺乏必要的权威，或者如果预算编制系统阻碍了有效的管理（例如，将当前的预算和发展性预算分开，或使用年度预算而不是中期预算框架），都会使情况变得混乱不堪。

5.1.2 财政风险不同来源的量级之证据

2008—2009年的金融危机及其余波，强有力地证明了各国（特别是发达经济体）面对的不同财政风险的范围和量级。2007至2009年间，财政赤字占GDP的比率平均增加了12倍，从0.6%增加到7.2%；而在2011年，尽管已经从2009年的巅峰水平稳步下降，但赤字比率依然比危机前（2007年）的水平高了7倍。特别地，发达经济体正在经历大规模的财政恶化，并且可能将持续很长的时间（IMF，2011，2012）。为了应对危机，政府和中央银行提供的大量可自由支配的财政支持，已经促成了财政恶化。

然而，经济增长放缓对政府收入和支出的影响，才是财政恶化的主要原因，经济因素作用于税收收入，支出也因为对失业救助和社会保障的需求增多而增加。潜在的支出压力预计会进一步增加赤字上的压力，尤其是增加的社会保障支出和更高的医疗和退休金支出。严重的财政恶化状况将导致相当大规模的公共债务累积，特别是G20成员国，这些国家的公共债务预计在2008—2015年期间平均高达GDP的38.6%（参见图5-1）。

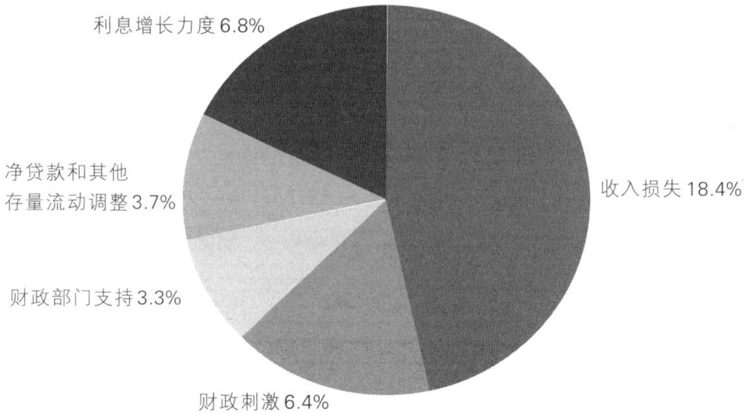

图5-1 2008—2015年G20成员国债务与GDP比率变化的分解情况

注意：共增加38.6个百分点；GDP根据2009年购买力平价进行调整。

资料来源 IMF（2011）。

产出的暴跌和相应的收入减少，是G20成员国积累了大量公共债务的主要根源。根据预测，政府总债务比率自2008年开始增长，到2015年将增长到38.6%，其中大约一半可以归因于经济衰退导致的收入减少，包括资产价格和金融行业利润的降低，还有GDP降低导致债务比率在计算上的直接效应。尽管利率在下降，GDP的下降仍然导致了不利的利率增长差。预测中的债务累积的1/6将归因于财政刺激措施。

5.2 财政风险的管理周期

尽管财政风险的管理是一个不间断的过程，但将其分解成若干个独立的阶段，从而组成一个通用的风险管理周期，仍旧是有意义的（请参阅图5-2）。

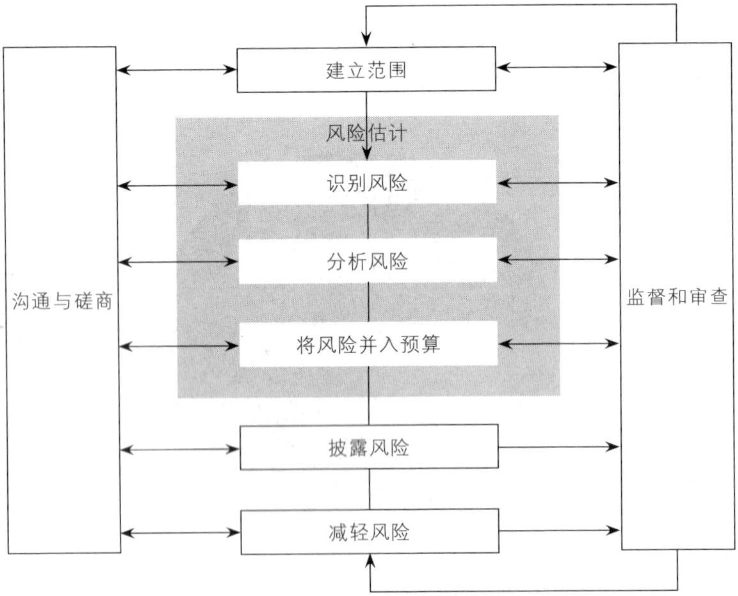

图5-2 财政风险的管理周期

资料来源 根据国际标准化组织（2009）改写。

一个完善的财政风险管理周期结果可以总结为：“将正确的信息在正确的时间提供给正确的人。”管理财政风险所需要的信息，需要与财政风险管理责任进行匹配，并且负责人应该有必要的权威来管理财政风险，并能够对此负责。这个要求强调了风险管理应该成为标准操作规程和所有部门（部委及政府机构）文化的组成部分。

财政风险管理周期从建立政府运作的外部和内部环境开始。外部环境应该包括政治环境和公共财政管理环境。例如，与立法机构的关系、与地方政府的关系以及国企部门和公共财政机构的规模。还应该考虑外部或内部的冲击和自然灾害对经济的影响，以及主要财政风险的近期趋势。内部环境应该包括：政府管理财政风险的目标、风险管理功能的范围、行政部门内部的责任分配，以及目前管理财政风险的能力。

总之，任何实体的财政风险管理目标都是改进财政状况和绩效，同时反过来保护实体以避免不利的变化。然而，政府的总体目标是国民福利最大化，而不是仅仅关注政府的财政状况。政府的财政状况既承担来自经济的其他方面的风险，也是经济的风险来源。健全的政府风险管理，对于有效的风险管理而言，是必不可少的。国民福利最大化可以适当地引导政府承担一部分财政风险(如失业、老年贫困或政府政策变化的风险)。

因此，政府的目标不是最小化财政风险，而是有效地承担这些风险，并且，较之由经济中其他行为人来承担这些经济和社会成本，由政府来承担的成本更低。尽管积极运用那些试图熨平经济周期的财政政策，在过去20年里已经不那么受欢迎了，但全球金融危机是一个有力的提示，财政政策能够在大衰退期间刺激需求。这表明，需要确保有足够的“财政火药”，以便在适当的时机出现之时，闪烁出财政扩张的火花。[①]政府尤其应该设法避免在萧条期间削减支出，正如一些政府面对失去市场信心时（如希腊、爱尔兰、葡萄牙和西班牙）和英国在试图预先防止信心丧失时的做法。

公共财政理论也提示政府应该以稳定的税率来提高收入。[②]与更顺利的和更可预测的路径相比，税率和政府支出的波动会增加福利成本。税收平滑也与反周期的财政政策相一致。

在有利和不利结果的非对称影响以及决策者与官员的乐观偏向和短视行为的背景之下，一定程度的风险规避和谨慎是适当的。风险规避的程度，应该视政府承担财政压力的能力而定。造成各国能力差异的因素有很多，这些因素包括国家的初始财政状况、财政风险的性质和范围、公共财政的结构、财政灵活度（例如，强制性赤字或支出上限内存在的财政空间是多少；或者利用金融资产或借款的能力）以及应对可能出现的风险的能力（包括法律结构、制度能力、信息可得性以及技术能力）。

---

① 证据表明，2008—2010年间，国家的财政刺激与公共债务呈反向相关，至少大部分国家的情况是这样(IMF，2009b)。

② 抛开委托代理成本不谈，根据税收的无谓损失方程式，税率的稳定会最小化税收导致的无谓损失。因此，30%的确定税率比税率为28%或32%的概率各为0.5要好。

5.3 识别财政风险

风险管理的一个先决条件在于，就识别财政风险的责任做出清晰分工，并集中于一个机构之中。当前风险敞口的信息需要集中在政府内部，以便对可能的相互作用和风险均衡效果负责。譬如，一些风险会互相抵消（例如，在一些国家中，石油价格变化已经部分地引起政府收入和支出之间的抵消作用），但其他风险却会产生放大的作用（如当通过不同部门发布的政府担保而导致支出的聚集时）。这些可能性为财政部或类似的中央部门（本章涉及的中央财政机构简称CFI，central fiscal institution）提出了一项清晰的职能，即汇总单个政府部门和政府整体层面上所面临的财政风险信息。

然而，各国的制度安排不尽相同。在一些国家中，单一的财政部负责与财政管理有关的大部分或几乎所有的核心功能：宏观财政政策、宏观经济预测、收入和支出预测、收入和支出政策、预算管理、资产负债管理、援助管理、收入管理、国有企业和地方政府的监督以及财政部门规则。这种集中化促进了风险上的信息整合，然而，在一个统一部门的内部，需要分工和制定运作规程，部委之间也需要进行协作和信息共享。

在另外一些国家中，预算管理由不同的部门负责，或者诸如宏观经济预测、收入预测、援助管理、国有企业和地方政府的监督，以及财政部门规章这样的功能，由单独的部门领导或由单独的部门和财政部共同负责。这些功能越是分散，各机构的自主权越大，部门之间的协调和财政风险信息的集中就越具有挑战性。一些国家发现，为应对财政风险，建立高级别的跨部门委员会是适中的做法，由中央财政机关主持，监督和协调部门间的活动，并保证各项决策过程的整合，如年度预算、公共投资计划以及金融市场监管。

虽然政府通常都有专业单位来负责债务管理（参见第9章），并且一般设立在财政部内部（一些国家的债务管理已然包括或有债务）（柯里，2002），但许多国家的中央财政机关中，似乎没有一个清晰的责任单位，来负责风险识别和从总体上监督与分析财政风险。最近一些国家已经建立了专门管理特定类型财政风险的专业机构，最主要的例子是公私合作伙伴关系（PPP）的机构，但是只有少数几个国家建立了统一管理财政风险的机构（如印度尼西亚）。[①]新西兰具有风险管理的综合框架和清晰的职责描述[②]，这为众多发达经济体提供了榜样。

财政风险信息的集中化，需要清晰的财政风险定义，也需要部门和机构承担定期向中央财政机关提交信息的职责。可以要求部门在年度预算申报表中向中央财政机关提交关于财政风险的信息。政府的会计准则也应该包括风险管理，例如，要求所有部委和机构记录并报告各自的或有债务。

收付实现制或权责发生制标准的选择，对于识别和管理财政风险也具有重要的意义。权责发生制需要在交易或事件出现的时点上进行确认，而不是在支付发生时（假定已经符合其他确认标准，如可靠的成本估计）。权责发生制还需要完整的资产负债表，提供当前政策对未来影响的重要额外信息（参见第8章）。例如，在权责发生制之下，可以确认当前公务员退休金政策的全部成本和债务价值的年度变化信息。例如，在固定缴款和固定收益这两种养老金计划之间的选择，会使政府承担大不相同的财政风险。在固定收益养老金计划下，政府将承担计划持有资产的收益回报与承诺的养老金义务之间错配的风险。在固定缴款计划下，个人缴款者将承担养老基金资产收益不确定的风险。

领先的国际会计准则正在朝更准确地计量风险的方向发展。然而，权责发生制也可能无法确认某些类型的风险。例如，来自PPP的风险。[③]最重要的是，在当前的权责发生制标准下，并不将政府的未来收入确认为资产，也不将许多或有债务确认为负债，如政府担保。此外，采纳权责发生制会计准则是一个严格且持久的过程。因此，许多国家可以在收付实现制会计系统内通过记录和报告一些补充信息，来改进财政风险的管理和披露水平。无论采用哪种会计

---

① 2006年，印度尼西亚财政部建立了风险管理部门。该部门负责对国有企业、政府支持的基础设施建设以及全球经济风险的财政风险分析。

② 参考IMF（2008）的附录2。

③ 参考布蒂娜、布里克西和欧文（2007）中对来自欧盟公私合营企业风险的讨论。

基础，财政风险上的许多信息都需要通过补充报告进行披露，如或有债务，即使在已经采用了权责发生制编制预算和报告的国家中，也是如此（如澳大利亚和新西兰）。

一些缺乏关于当前财政风险的集中性综合信息的政府，可以从财政风险矩阵开始着手，该方法由布里克西和莫迪提出。[①]按照风险是直接的或偶发的、显性的或隐性的，将风险分成两行两列矩阵，有助于确定财政风险的潜在来源并提高风险意识[②]，据报道，这一工具已经被许多国家使用，包括中国、捷克、印度以及美国。

5.4 分析财政风险

除了关于风险的信息以外，中央财政机关还需要具备将风险纳入整体财政分析中的能力。

5.4.1 将一般宏观经济风险纳入财政分析

政府可以运用敏感性分析、情景分析以及随机分析的方法，对宏观经济造成的财政风险进行评估。敏感性分析显示关键宏观经济变量的预测值较小变化的影响（如GDP、汇率和石油价格），在政府收入和支出上采用逐项分析的方法。这些方法的技术要求最低，各国在过去20年间已经广泛使用了这些方法。

情景分析需要选择合理的宏观经济变量组合，说明在关键的宏观经济参数中可能的不利发展对财政的影响（如“低增长”场景）。[③]这种方法检验在关键宏观经济变量面临较大的负面冲击时，财政和债务状况的稳健性（如国内借贷和对外借贷的实际成本、实际产出增长、主要账户余额、实际汇率或大宗商品生产国中的商品价格冲击）。除了分析一般经济冲击的影响以外，情景分析还

① 参阅财政风险调查表（布里克西和莫迪，2002）。

② 财政风险矩阵以财政风险的广泛定义为基础，这种风险包括长期不利趋势，如未来养老金义务。

③ 参考IMF（2010）对全球经济危机余波中发达的和新兴经济体的情景分析。

可以分析可能发生的或有债务。

源于宏观经济不稳定的风险，可以使用随机分析方法来评估。基于对关键风险变量的随机模拟，该方法可以生成未来债务存量的概率分布，明确地捕捉关键宏观经济变量的波动和共同运动趋势，以评估财政面对冲击的脆弱性如何。作为自然资源出口国的主要风险来源，随机分析可以包含对自然资源收入波动的分析。专栏5.2提供了使用随机模拟方法预测（净）公共债务和资产分布及演化结构的实例，明确解释了石油和天然气收入波动和支出政策的原因（IMF，2010）。这种分析方式还需要对石油和天然气产量及收入状况进行预测。通过分析可以形成以各种假设和以石油收入的跨时期分配规则为基础的模拟。例如，已探明石油储量相对有限的国家（如墨西哥）的财政政策，应该与石油和天然气储量丰富的国家（如哈萨克斯坦和俄罗斯联邦）的财政政策略有差异，因为对于储量丰富的国家而言，价格波动将更具挑战。针对基本余额相对于基线水平的偏离，通过局部调整，随机分析可以拓展至涵盖内生性财政政策的反应规则。①

专栏5.2　印度尼西亚在不确定性下的财政可持续性框架

第一步，采用流动预算约束方程，创立公共债务可能的未来时间路径的基线情景。这个方程式对于未来债务占GDP份额的更新，是以公共债务动态的关键性决定因素的宏观经济预测为基础的。在印度尼西亚，这些因素是：（1）非石油的基本赤字；（2）石油和天然气的财政收入，包括石油和天然气开采状况预测、价格以及税收制度；（3）根据增长调整的公共债务实际利息支付；（4）实际汇率变化导致的净外债的资本损益；（5）能够导致债务积累的其他因素。

$$\dot{d} = nopd - R_{oil} + (r - g)\,d + \hat{e}\alpha d + OF$$

这里，d是公共债务占GDP的比率，nopd是作为GDP占比的非石油的基本赤

---

① 参考博恩（1998）对美国的这种反应方程的估计；参阅塞拉松、德伯让以及奥斯特里（2006）对一组新兴市场的分析。

字，g是实际GDP增长率，r是公共债务的实际利率，ê是（双边的，每1美元兑当地货币单位）实际汇率中的变化，这里e>0表示实际汇率下跌，R_{oil}表示石油和天然气的财政收入。其他因子（OF）包括导致债务增加的预算外债务，如隐性的或有债务（银行救助）和需要的担保。

为了处理特殊冲击的脆弱性，并评估应对极端事件的稳健性，这个框架提供了各种压力测试（IMF，2003）。为了提供关于基本预测之风险的更广泛视角，该框架结合了随机模拟方法（塞拉松、德伯让和奥斯特里，2006；IMF，2003；布蒂娜和冯·温伯格，2009）。这些方法以关键债务决定因素的随机实现为基础（实际增长率、实际利率、实际汇率、石油价格），涉及模拟未来债务存量的整体分布。每年债务百分比结果的概率密度，可以通过随机模拟标绘出来，生成一个债务占GDP百分比的扇形图。印度尼西亚的公共债务占GDP百分比包括在2010年初准备的一个案例中（参见图5-3）。使用第t年以前的债务、非石油的基本余额、预测石油和天然气财政收入以及其他存量，可以预测流量调整，可以预测第t年的债务，因此，可以使用债务的恒等方程式，来预测2010年及此后的债务演变。除了主要的宏观经济风险外（对实际经济增长、实际汇率及利率的冲击），风险评估还包含石油和天然气产量和价格的风险。随机分析中还包括内生性财政政策的反应，以评估内生性政策在财政风险上的影响（参见图5-3的右侧部分）。

资料来源　IMF。

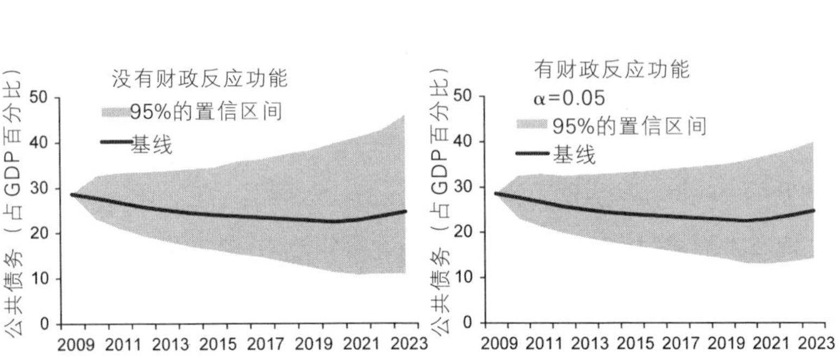

图5-3　公共债务占GDP比例——财政反应规则的影响

资料来源　IMF工作人员的测算。

5.4.2 资产负债管理和政府资产负债表

存在另一个可能的补充方法，可以用来从资产负债管理和政府资产净值的视角分析财政风险。扩展的政府资产负债表包括了未来的收入、或有债务、长期债务、资产和直接债务，以此为背景，这种补充方法使得针对政府直接债务和或有债务而引发的财政风险进行分析有了可能。[①]因此，财政可持续性分析的范围将进行扩展，反映了预算外因素，并通过对政府资产净值、未来财政压力及融资方案的分析，来加以补充。[②]

通过记录资产与债务，运用扩展的资产负债表，可以使分析者能够评估财政政策在净值上的影响以及净值随时间变化的趋势，并以此作为测定财政政策可持续性的基础。许多研究使用了公共部门资产负债表的研究方法，来评估财政可持续性。[③]对整体风险敞口的计算，将依靠这种扩展的资产负债表所体现的个别项目与不同类型风险的关联。扩展的资产与负债管理框架，会为政府的债务策略选择和财政计划编制提供有用的管理环境。例如，为了抵消或有债务引起的政府风险敞口，选择债务工具和债务组合决策（布里克西和莫迪，2002；IMF，2009）。

公共部门净值分析的另一个发展是风险价值模型法（VAR）。特别地，风险价值模型法基于衡量存量价值的主要风险变量的随机实现，使用蒙特卡罗模拟，来追寻主要类别的资产和负债的未来存量分布，因此，确定关键风险变量的潜在方差和协方差结构，是风险价值模型法的重要步骤（巴恩西尔和柯彼茨，2003）。这个方法允许公共部门净值为负的可能性，这标志着缺乏财政可持续性，并可能需要改变政策来恢复可持续性。

---

① 这是合并所有未来现金流入和流出的“经济资产负债表”（“economic balance sheet”），不是会计资产负债表（accounting balance sheet），如本章前面讨论的那样。

② 例如，将政府整体的扩展资产负债表的发展与财政绩效关联起来（包括财政风险矩阵，包含各种预算外账目、承诺和或有债务；财政对冲矩阵，它包含政府财务安全的来源）。参考布里克西和希克（2002）为若干国家提供的财政对冲矩阵和财政风险矩阵。

③ 参考博恩（1998）对美国，以及伊斯特利、乌拉夫利弗克（2002）对哥伦比亚和委内瑞拉的研究。

5.4.3 对或有债务和政府担保的估算

根据风险的性质、数据可得性、风险敞口的重要性和制度能力，存在着许多可能的定性和定量方法，可以用于估计来自或有债务和政府担保的具体风险的成本。在可行程度层面上，估算应该由财政影响组成，即同时包括潜在成本和预期（最可能的）成本。对更极端的结果进行成本（或收入损失）估计时，可以使用风险价值模型法。

由于缺乏相关信息，在某些情况下不可能做出定量分析，如历史数据缺失。在一些国家中，能力缺失也约束了对风险的量化，特别是缺乏使用复杂技术估计政府担保、或有债务和长期债务之财政影响的能力。[①]在这种情况下，应该根据已有的信息或有根据的推测，将政府担保的违约风险简单地分成高、中、低或很低四个等级，并将该分类应用于预期损失的评估。

然而，对于某些存在大量风险的项目，诸如不断为银行借款提供担保的项目（例如，向小型企业或农民），即使缺失历史数据，仍然可以根据借款担保的预期年度成本，来做出可靠的估计。估计担保的预期成本的方法有很多，从有根据的推测、市场或历史数据，到诸如期权定价[②]的量化模型和随机模拟（切博塔里，2008）。当借款人发行的债券在市场中交易时，或当发现其他公司类似这样的操作相当容易时，估计时应当使用市场数据。当难以找到市场数据时，将频繁地使用模拟方法，但只有担保数量很大时，模拟才具有成本效率。

存在价格担保和或有债务的国家，通常使用上述的全部方法。例如，瑞典对价格担保使用市场数据、期权定价和模拟方法。智利、哥伦比亚以及秘鲁在PPP安排下，使用模拟估计与最小收入担保有关的全部或有债务。美国联邦存款保险公司使用历史和机构特定的损失数据，计算出预期损失估计值。韩国运用投资评级机构来评价支付显性或有债务的可能性。可以计算并随时追踪政府

---

① 参考赫明和其他人(2006年和附录4)关于或有债务财政成本的估计技术的讨论。

② 可以参阅克莱森斯和冯·温伯格(1989)对于布雷迪债券担保定价的分析。布雷迪债券是以美国财政部部长尼古拉斯·布雷迪(Nicholas Brady)的名字命名的一种债券，由美国政府发行，是一项供第三世界国家使用的债务工具——译者注。

承诺的现值（例如，信誉或在PPP合同中的最小收入担保）。为了凸显承诺的现值之重要性，可以与债务一样，将其表示成GDP或政府收入的份额。政府可以监控债务组合值和或有的政府承诺，随时按GDP的份额追踪它们的组合值。

或有债务的存量应该与国家债务及其他公共债务一起，合并为单独的组合，以评估相关性、对宏观经济和政策情景的敏感性及整体风险敞口。单独的组合允许政府将或有债务与综合风险策略、风险敞口、资产和债务管理、对冲及标杆管理相关的指导方针相互关联起来。

5.5 预算中的合并风险

对预算过程产生重大的、特殊影响的特定风险，可以通过各种机制来加以管理。例如，一种可以减轻与或有债务有关的潜在损失的预算影响（例如，对担保的请求）的方法，就是为应急拨款分配足够的资源，以满足预算年度内弥补潜在损失的支出。应急拨款应该由中央财政机关加以控制，严格限定相关条件，来规范获取资源的资格，并且事后向相关的预算主管汇报实际支出。相关国家的实践表明，这种应急储备金很少会超过总支出的3%。

对于扩展或有债务的决定，需要结合其他支出提案进行综合考虑，如政府担保。在传统的以收付实现制为基础的会计和预算系统下，政府必须反映补助和借款的全部现金影响，然而只有在偿付之时，才能确认并反映出担保和其他或有债务。这种会计处理上的区别，常常促使政府用“风险支出”代替即时现金支出，即使即时现金支出更具有成本效益。

在条件允许的时候，政府可以在预算中反映全部可能的或有债务的财政成本，从而纠正政府对担保的使用偏好。在使用收付实现制预算系统的国家中，可以通过与每年同担保需求有关的预期年度现金流出中的应急拨款，来表示相应的财政成本。拨款可以是应急拨款或单独的担保拨款（例如，大型项目的相关担保，向小企业贷款的担保）。向赞助部门和机构收取担保费，也可能有助于加强使用政府担保的纪律。

或者，政府可以分摊担保的全部预期成本（所有预期的未来年度现金流出的净现值），加拿大、荷兰、瑞典和美国均使用这种方法。这种权责发生制的方法能够有效地调整激励机制，但是对预期成本的估计准确性有要求。因此，选择方法需要平衡两个问题：（1）如果政府认识到所做承诺的财政成本，在制定决策时就会考虑更多的成本信息，也会调整好相关的激励机制；（2）预算拨款应该以公认的、可靠的预算实践和会计政策产生的信息为基础。

如果激增的担保仍然是一个难题，针对担保的面值，引入一个年度性的数量限额，则是另外一种更为简单的方法。限额可以用于担保的总存量或年度新增担保，限制的额度应该基于可持续评估来加以设置。随后，全部担保限额也可以分配到各种机构当中。

许多石油生产国的政府都通过建立收入稳定基金，尝试管理石油价格波动在预算上的影响，也就是将石油价格升高导致的收入增长部分存储起来，以便在衰退期间，稳定对预算来说可用的经常性资源。[①]这种制度安排可以防止在经济衰退时期大量地借款，因而降低了债务累积的风险。建立稳定基金的另一个原因是出于政治经济方面的考虑：保护资产以确保资源不被挪用。挪威和博茨瓦纳成为最常被援引的有效且透明的管理自然资源收入的案例，但是其他一些（低收入）国家最近也落实了健全的公共财政框架，以管理资源收入波动对预算的影响。

然而，为了确保对激增的石油收入进行审慎的管理，石油生产国的财政框架也应设置支出限额和非石油赤字限额。尽管石油稳定基金储备了激增的石油收入，却不足以稳定支出，因为可以通过不会产生任何净储蓄的借款来为支出提供融资。另外，在基金中存储现金的成本较高，因为可以用现金偿还那些高成本的债务。此外，基金中的现金还可能诱使政府将现金用于其他目的。因此，通过谨慎地选择石油参考价格，建立具有非石油基本赤字占“结构性石油

① 储备基金在一些国家的地方政府中也很普遍，部分原因是地方政府缺乏提高收入或借款的自主权。例如，在美国，50个州中有49个州在财政运营赤字借款（可以减少借款成本）上受到法律限制。当经济衰退且缺乏足够的预算储备金时，这种法律限制要求进行支出削减。

收入”限额的财政框架或规则，在稳定支出和意外收获时期形成盈余，也是十分必要的。最后，有效的公共财政管理和高水平的财政透明度及问责制，也同样可以保证对石油收入的谨慎管理（参阅第13章）。

政府还采取各种方法来确认其风险敞口的中期财政影响。许多政府正在制定中期财政规划，这种规划不仅考虑下一年的支出和收入，而且考虑随后两年、三年甚或四年的支出和收入（参阅第4章）。少数政府（例如，澳大利亚、新西兰、英国以及美国）已经公布：将长期财政报告覆盖的时间延展至今后的30年、40年或更长的时期；来自贷款担保和PPP项目的风险，未来的可能跨度长达20~30年。一些政府通过财政可持续性的分析，来检验政策的长期可持续性，以保证政府不会破产，以及最终是否不得不提高税收或削减支出。

5.6　披露财政风险

尽管不披露财政风险长期以来体现为一种常规做法，但处在不同发展水平的众多国家披露财政风险的趋势正在开始上升。一般来说，更发达的经济体具有更高的披露水平。然而，与技术挑战相比，披露更倾向于是一个政治经济问题。在许多国家的政府内部可以看到一些财政风险的信息，并且根据政治意愿以相对较小的力度公布出来。一些国家已经在法律中强制披露财政风险（例如，澳大利亚、巴西、智利、捷克、新西兰、巴基斯坦）。

一种新兴的观点认为，推测应该在所有实质性财政风险的信息披露基础上产生，并对为数不多的例外进行明确的界定。公布财政风险信息状况的披露方式，可以创造更强的激励，以确保对所有的风险进行识别、量化和审慎管理。披露可以帮助提升政策对环境变化的反应，使之更及时、更顺利，并且提升利益相关者对财政管理质量的信心。披露还能够减少投资者和纳税人面临的不确定性，并增加一个国家进入国际资本市场的可能性。

一些经验证据表明了风险披露对资本市场准入的积极影响。IMF工作人员的研究表明，财政透明度，特别是财政风险披露，与更高的主权债务评级和更容易进入国际资本市场联系在一起（IMF，2008，2012）。财政风险披露上的估计参数显示，一些从不披露宏观财政风险、或有债务以及准财政活动的国家，一旦开始提供这些领域里的部分相关信息，就可以改进它们的平均信用评级（例如，穆迪评级从Baa1级[①]到3A级[②]）。

潜在的正当的不披露情形包括下列几种：

• 如果披露能引起“道德风险”，也就是说，私人机构的行为反应将会增加发生风险的可能性或加大风险真正发生后的成本——例如，披露银行对财政支持的潜在需求，就会引发“银行挤兑”；

• 如果披露会削弱政府的谈判地位——例如，关于公共部门的薪酬。

然而，例外条款不应该比必要条款更加宽泛。例如，可能存在披露风险但不披露具体数量的情况。

披露宏观经济冲击造成的财政风险已经日益普遍，包括所有欧盟国家、OECD成员国以及一些新兴市场经济体（如巴西、智利和印度尼西亚）。例如，在印度尼西亚，年度财政风险报告中就会包括国家预算应对关键宏观经济因素变化的敏感性分析。一些国家有时会通过扇形图来说明不确定的环境基线预测（如美国）。

至于经济风险，一半的OECD成员国公布了财政敏感性分析。同时，将预测数据与真实数据相比较，对宏观经济预算和财政预测的可信度进行评估，并公开评估结果。

除了披露年度预算应对关键宏观经济变量之微小变化的敏感性以外，有选择性地公布中期宏观财政状况也是可取的，新西兰正在这样操作。当经济和财政展望不太乐观，且与预测结果不一致时，政府应该进一步重新讨论财政策略。财政调整方式作为对可能的负面发展趋势的一种回应，向市场提供这些财政调整方式的概要性暗示——例如，削减支出、增加税收、增加赤字或这些措施的若干组合——可能会减少与市场发展趋势截然相反的市场反应突然爆发的

① 信誉一般，稍有风险——译者注。

② 信誉较好，风险较小——译者注。

风险。如果赤字和债务水平已经较高，或者如果公共财政的结构或国家的经济特点将使国家更加脆弱，那么这种对风险的预告就特别重要。

关于或有债务的影响，应该在年度预算、年中财政报告以及年末财务报表中发布综合信息，包括：

• 所有个人担保和其他或有债务的清单[①]；

• 在可能的情况下，披露每项或有债务的总额、持续时间以及公共政策的目标；

• 在可能的情况下，披露支出可能发生的迹象；

• 以往呼吁担保的细节。

另外，应该在引入各项税式支出时和税式支出仍然有效的随后各年度中，披露税式支出预计对财政状况造成的广泛影响，并且每年都要保持有效。[②]

IMF的财政透明度手册建议，财政风险的披露可以有效地集中在预算文件的一个单独陈述文件中（IMF，2007）。[③]一些国家已经采用了这种方式，例如，巴西、印度尼西亚（在2007年首次采纳）以及巴基斯坦。这些陈述文件会呈现宏观经济风险和详细的特定风险，如公共债务、或有债务以及由公私合营企业（PPPs）、国有企业（SOEs）、地方政府引起的风险。[④]这种做法在这些国家中是否会制度化，并被更多的国家采纳，仍旧需要拭目以待。然而，这种方法可能会促进形成更集中的系统且透明的财政风险管理方法，而这一方法受到广泛认可。

在宏观经济展望的大背景下，提供一般经济风险的相关信息，并在预算文件的其他部分呈现特殊财政风险的细节信息，是一个很好的方法，并在许多国家得到实践，例如澳大利亚、新西兰、英国和美国。

---

① 清单上列举的是具有一定重要性的项目；可能将在重要性临界值以下的个别或有债务合并为同一类别。

② 参考IMF（2007）对税式支出报告的讨论。通常不将税式支出列为财政风险，但是它的性质对财政造成了不确定的影响。此外，税式支出的扩散，会导致税基漏损或潜藏的风险增加。

③ 国际货币基金组织的财政透明度手册及遵守标准和规范的报告在2013年已被修订和更新。

④ 参考IMF（2008）对财政风险报告的国家实践的相关论述。

对于披露政府近期支持金融市场的干预措施之成本和风险，财政风险的综合报表是一种有效的工具。由于这种支持涉及众多干预工具（担保、流动性支持、资产购买、资本重组）和政府以外的部门实体（如中央银行、存款保险机构、主权财富基金以及国有银行），使用综合的“国家资产负债表”方法披露相关信息是可取的。虽然政府和其他相关公共部门已经详细地披露了个别干预项目的具体条款，却很少通过系统的和综合的方式披露这些项目可能引致的风险，并且公众很难看到财政部门的干预措施在全国范围内造成的整体影响。

对于最初的财政风险报表或者财政风险上的任何信息，都需要小心地提供给相关群体，以免引起不必要的负面反应。政府应该清晰地说明对披露的风险采取的管理措施。必须特别注意的是：是否和如何披露隐性财政风险。总之，发布财政风险信息的国家，已经逐渐地增加了风险的覆盖范围和报告信息的质量及深度。

5.7 化解财政风险

可以在风险出现或具体化之前，利用化解、削减措施来降低潜在的风险，或者降低风险具体化之后产生的成本。这些风险包括来自于实体影响的风险和超越实体影响的风险。在后者的情况下，风险管理的目标是最小化风险带来的损失。

化解风险的成本效益，从健全的宏观政策和适当的债务管理策略开始，这都会降低国家面对危机时的脆弱程度，并且也能降低对担保的需求。同样地，管理有序的资本市场能够允许投资者分散风险，并将风险分配给风险承担能力最强的投资者，因此，私人投资者更愿意在新的投资上放弃政府担保，并且不大可能遭受不得不寻求政府支持的那种灾难性损失。

5.7.1 风险配置的原则

除了这些一般性的考虑，还可以考虑一些在政府和其他实体之间配置风险的高级原则。[①]这些原则来自保险理论、金融理论以及微观经济学。这些原则的建议如下：

• 风险应该配置到具有最优秀的激励措施的实体，这类实体能够最好地控制和管理风险，或者配置到最能承受风险的实体，例如，在PPP中，政府越来越多地将特定项目的风险（如建设、经营及设计和技术的风险）转移给私人部门，而只承受一些整体经济上的风险（如管理的和政治的风险）。

• 那些能影响事件发生可能性的风险，或者如果事件出现而影响成本的风险，都应该在保证金方面承担一些风险（例如，政府保险项目中的共负保险和免赔额，其中被保险人必须满足首个特定数额或任何索赔的比例）。

• 如果存在道德风险，政府就有理由强制购买保险（例如，存款保险或灾害保险）。

• 当政府通过干预来吸收其他实体的损失时，应该尽可能地保留未来化解风险的激励方式。例如，通过确保实体承担一些损失或在实体未来的活动中施加新的限制。

在应用这些原则时，根据风险敞口的水平，政府具有许多一般性的选择，包括规避风险、转移风险、分担风险或减少风险。专栏5.3概括了政府缓解财政风险的一些一般性方法和技术。这些方法并不互相排斥，而是经常结合起来使用。

专栏5.3　化解财政风险的一般性方法

下面列出了政府可以用来化解、降低风险的许多方法，每种方法都举了例子。

通过不从事冒险性的商业投资或缩小政府参与商业活动范围的方式，来规避风险；为保证私营保险市场的发展，去除管理或税收障碍，并减少政府提供的保险。

通过购买保险和再保险向其他机构转移风险；发行重大灾害债券；将公务

① 这些原则借鉴了国际货币基金组织(2008)的内容。

员固定收益养老金计划转为固定缴款计划；将金融资产证券化并出售，如助学贷款。

通过发行局部担保（如在加拿大、智利及美国那样）分摊风险；收取与风险相关的担保费和保险费；向部分消费者提供补助。

通过税收改革使收入来源多样化分散风险；金融资产投资策略。

通过货币互惠信贷和商品期货对冲风险，平衡外汇和商品的价格风险（许多国家的债务管理机构采用这种方法，墨西哥也采用该方法来规避石油价格风险）。

通过强化财政部门规则降低风险；让所有符合条件的银行加入存款保险计划，以避免发生逆向选择；使财政预测接受独立的审查；保护税基不被侵蚀；使用政府金融资产偿还外币债务，以降低资产负债表的杠杆率；明确各机构管理财政风险的具体责任；采行综合的中期预算；加强内部控制以减少运营风险，如将分析和监督风险的责任从承担风险的机构中剥离。

通过对消费者补贴设置上限规定风险限额；将不明确的隐性或有债务转变为显性或有债务，例如，设立具有固定的单次援助限额的灾害保险或存款保险计划。

构建风险缓冲区，预留可以弥补风险成本（如果出现风险）的额外的财政空间；为突然发生的特殊风险储备金融资产；协商形成针对偶发性风险的财务支持。

所有的国家都通过防止税基被侵蚀来化解风险。偷税和漏税造成的收入损失给各国造成持续的威胁，而日益增加的跨国经济活动会加大这种威胁。管理税基造成的风险，需要密切且经常地监管税收不遵从行为的高发领域，并且主动地改变税收管理方式和税收政策。一些国家税收系统的具体特点，也会对收入基础形成额外的风险，如税式支出的范围和透明度。全球经济金融危机也为许多国家制造了许多税收不遵从风险，如税收拖欠、亏损企业和现金经济（cash economy）。有人建议，税务当局应该针对危机开发税收遵从策略，关注具有最高风险的领域，力图防止税收缺口（应征税收收入和实际税收收入的差距）的扩大（布隆德罗，2009）。

除了非常普遍的存款保险，[①]很少有政府使用保险工具来缓解财政冲击的潜在影响。然而，最近几年，一些政府开始向大型国际再保险公司购买灾难或气候风险的再保险工具。保险市场的综合性和开放性使得汇集各国的风险变得更容易，并且可以逐渐地承保那些之前认为不能保险的项目。例如，墨西哥在2006年发行了地震债券，一些国际机构已经设计了可以管理自然灾害风险的保险工具，如加勒比灾害风险保险基金（CCRIF）（世界银行，2008）。

专栏5.4介绍了国家干旱保险的潜力。在近年各国遭受的自然灾害中，新西兰的地震对本国的资本存量造成了最严重的损害；地震委员会、离岸再保险及商业保险将承担国家重建的大部分成本。[②]

专栏5.4 国家干旱保险

各国正在开发可以保障国家的财政状况不受自然灾害破坏的新工具。例如，墨西哥（自2003年以来）、埃塞俄比亚（2005）和马拉维（2008）已经与国际风险市场签订了合同，以转移一些干旱造成的财政风险敞口（西罗卡和纽西弗拉，2010）。这些工具是一种指数衍生工具合约，使用指定的降雨指数，来保护政府避免干旱救灾造成的财政成本。与传统的保险产品类似，当实际降雨量（常常与粮食产量密切相关）低于规定的水平时，不需要评估实际的损失水平，投保国即可自动得到偿付。这种自动偿付作为政府提供食品救济和其他财政支持的资金。作为预先支付保险费的回报，政府将得到及时的、可预测的资金补充来源。这些资金缓解了干旱对政府财政状况的影响，有了这些资金，在应对旱灾时，政府可以降低对其他项目的支出削减要求，不必在预算应急资金中预留救灾资金，不必增加额外的借款或依靠传统的人道主义援助。

具体来看，在2007年，墨西哥的国有再保险公司在国际市场上承保了大约1 900万公顷土地的旱灾保险，保险费总计970万美元，保险金额高达9 000

---

① 参考霍尔舍、泰勒和克鲁赫（2006）对存款保险计划中的议题和国家经验的综述。

② 其余的重建成本将由中央政府借款来提供资金（占2011年GDP的2.25％）。尽管发生地震，政府预计在2014/2015财年恢复盈余，比计划提前一年完成。地震委员会是向私人房主提供强制性地震保险的政府实体，通过征收房屋和家庭财产保险费来筹集资金。保险金额具有上限，由一个相当大的基金、再保险以及（其余的）政府部门担保支持。

万美元。理论上，这种合同需要高质量的长期数据序列，来建立干旱灾害的相关指标。自从1997年气候风险市场全面启动以来，市场逐渐壮大，已经累计转移了价值超过1 300亿美元的风险。西罗卡和纽西弗拉（2010）注意到，灾害保险合同的目的在于，使国家能够“管理风险，而不是管理危机”，但是，如果要在任何国家的各个季节中试用保险合同，就有必要了解它们的适用范围、局限性以及在政府战略中的作用。

可以使用各种方法来减少大型基础设施项目中的财政风险，包括“华而不实”（white elephant）项目的风险，以及负责筹备和评估公共投资项目的机构产生“乐观偏好”的风险。这两种风险都起因于项目建议书倾向于系统地高估项目效益并低估成本（参阅专栏10.3）。[①]对项目的可行性进行系统的独立性审查，是规避风险的关键（拉贾拉姆等，2010）。例如，韩国发展研究院可以有组织地对项目可行性进行独立审查。另外还有两种可以控制项目风险的好方法：第一，在整个项目周期的关键阶段，使项目接受同业审查；第二，在评估项目提议的可行性时，使用风险调整方法，来提高估计项目成本的精确性。

对于PPP项目，应该存在一个健全的框架，用于说明考虑这类项目的政策原因（例如，更有效的设计与施工、资产管理或服务提供）。在考虑融资方案前，所有的项目都要经过公共政策论证的谨慎评估，并且责任机构应该建立用于评定和管理PPP项目的指导方案。应该谨慎对待主动找上门的PPP项目，因为有可能从根本上破坏竞争性招标市场。[②]

管理风险的另一个选择是利用现金盈余来减少债务，如果未来需要资金，可以再进行借款。使用现金偿还债务的成本可能稍低，但是当债务到期时，政府是否能够借款或提高税收是个未知数，因为届时政府可能正处于经济危机时期。

---

① 例如，在对20个国家258个运输项目的审查中，弗里伯格、霍尔姆和布尔（2002）发现，有90%的项目被低估了成本，并且实际成本平均超过估计成本的28％。

② 南非具有管理PPP的综合框架，包括对主动找上门的投标进行管理的指导方针（皮特里，2002）。

这些选项不是互相排斥的，财政风险潜在影响发生的可能性和重要性，将影响对这些方法的选择。特别地，缓解风险的各种机制组合，应该根据特殊风险真正发生的可能性和特殊风险之财政影响的重要性来做出选择。化解风险的安排可以根据一些参数确定，表5-1利用这些参数建立了一个简单的矩阵。

表5-1　　化解风险优选安排的简单矩阵

<table>
<tr><td colspan="2" rowspan="2"></td><td colspan="2">风险发生的结果</td></tr>
<tr><td>严重</td><td>不严重</td></tr>
<tr><td rowspan="2">风险发生的可能性</td><td>高</td><td>紧急削减（探测所有的选项）</td><td>为……做预算</td></tr>
<tr><td>低</td><td>投保
自我保障
进一步研究和分析</td><td>可接受的</td></tr>
</table>

资料来源　作者绘制。

化解风险的最终步骤是检验留存的（残留的）风险是否是可以忍受的。这个步骤很可能需要将剩余风险敞口的信息提交给决策者和利益相关者，同时进一步探索降低剩余风险的成本和影响。通过在特殊背景下考虑风险收益的权衡，可以轻松地传递大部分的这类信息。例如，债务管理和金融资产组合投资中的风险收益曲线已经非常完善了。在总量水平上，需要分析财政状况在不同冲击下的可持续性。

5.7.2　负责化解风险的机构

分配风险管理的角色和职责，需要接受一个清晰的法律和管理框架的指导。这一框架需要在中央政府和其他公共部门实体之间，以及在中央财政机构（CFI）和支出部门之间，分配风险管理的任务。支出部门应该负责管理各部门的活动对政府造成的风险，诸如担保、针对政府的法律诉讼、公共投资项目的实施、政策监督下的国有企业，以及各部门支持的PPP项目。至于允许部门和机构承担风险的程度，每个实体部门的领导应该负责风险的审慎性管理，并且应该有成熟的风险管理策略、监督及报告安排。

如果将各种化解风险的行动集中起来，成本可能会进一步降低。例如，通过改变新证券发行的策略、回购或使用衍生品，可以很容易地改变公共债务组合的风险特征。因此，转变债务管理方式，可能是调整政府总体风险敞口的一种有效方式。(参阅第9章)。在更复杂的水平上管理政府的风险敞口，可以考虑资产与负债的特性，在投资组合中，将资产与负债按照各自的特性相匹配，一些发达国家正在采用这种方法，称之为资产负债管理方法。[①]

最后，中央财政机构需要具备激励机制，以有效地管理风险，包括完善的会计、预算和披露规则，独立的审查或监督机构，如最高审计机关。

中央财政机构应该有效地控制由支出部门承担的风险，这些部门缺少谨慎管理风险组合的激励机制，否则其可能会将成本转嫁给其他人。同时，风险管理集中化的程度将取决于各国国情。更发达的经济体倾向于下放风险管理权利，让各部门负责监督国有企业、自主机构以及PPP项目。根据宪法对地方政府的安排，一些国家的中央政府对地方政府施加了借款限制的规则。

5.8 监督和审查风险

在对风险的影响进行识别、分析和制定预算之后，以及在披露风险并采取行动化解风险之后，中央政府还必须监控留存的风险。为此，中央政府应该对以下方面实施常规性的监控：

- 主要宏观经济风险和预算及公共债务缺陷的潜在影响；
- 逐渐显现的和潜在的税收不遵从行为；
- 国有企业、公共财政机构和中央银行的财务状况；
- 能够对中央政府产生财政债务的地方政府财政状况；

---

① 参考国际货币基金组织和世界银行(2003)，以及在第5.4节中的讨论。

- 明确的政府担保和政府转贷的所有接受方的财政状况；
- 金融系统与来自其他隐性或有债务的潜在冲击。

监督应该着重于最大的风险，监督范围将包括风险之间的相互影响以及可能发生的极端（或尾随的）风险。应该同时考虑来自官方和非官方机构的观点，从而避免乐观偏好和“从众思维”（group think）。

监督财政风险需要集权与分权的结合，这取决于中央机构和各部门在公共管理系统中的相对作用。应该为部门和机构建立综合性的和惯例性的规程，以便向中央财政机关报告可能会出现财政风险的领域。应该建立对财政风险报告的系统性要求，而不是依靠权威通过要求或特设的方式来获取信息。最后，对政府中会发生财政风险领域的披露，应该服从内部审计，并且最高审计机关应该拥有对审查财政风险任何领域的授权，并且能够启动对高风险领域的审计。

中央财政机关需要将各个公共部门的数据合并，定期告知政府的整体风险水平，并建议采取成本效益较好的措施来降低风险。例如，定期报告国有企业的财务绩效和状况，重点关注个别国有企业；在地方政府会对中央政府构成财政风险的国家中，定期报告地方政府的财政状况。建议在相关领域进行更多的研究、信息收集或分析。中央财政机构应该制订针对特殊风险的应急计划（至少要包括隐性风险，如可能发生的银行救助，这种应急计划应该成为政府内部的机密）。

监控风险的前瞻性方法是重要的。第一，应该例行并定期向决策者提供内部监控报告。第二，报告应该包含有助于降低风险的信息、分析和建议的行动。第三，监控报告应该提交给地位足够高并有权启动风险化解措施的官员。如果决策者没有采取行动来降低重大风险，监测报告应该继续强调风险的存在和扩散的可能性。

最后，应该定期审查整个财政风险管理系统，以检查哪种风险化解措施能够达到最初设立的目标。监控和审查机构还应该警惕经济社会环境的变化，并主动地识别新近形成的风险源。

5.9 加强财政风险管理的经验教训

许多国家的主要弱点就是缺乏系统且集中的财政风险识别方法。许多政府仍然缺乏所面临的财政风险在范围和潜在量级上的基本信息。然而，我们还是可以看到各国所取得的进步。一些国家开始分析公共财政受宏观经济和商品价格风险影响的敏感性；逐渐增加对政府担保的关注；更好地管理来自资源收入波动和金融资产组合的风险；处于不同发展水平的国家都出现披露财政风险信息的趋势。这些都反映出在财政风险管理上的进步。然而，许多国家的中央财政机关缺乏有效的权威、信息或能力，无法为决策者提供综合的、相关的和及时的公共财政风险信息以及化解风险的方法。

全球经济金融危机表明，宏观经济对政府收支的负面冲击，会产生重大的财政影响。所有的国家都需要可靠的宏观经济和财政预测的能力，需要摆脱政治干扰的能力，至少包括预见到主要宏观经济变量偏离预测水平所引起的预算变化程度的能力（参阅第6章）。当能力允许时，也应该使用完善的替代方案、压力测试和随机分析来评估财政的可持续性，并支持谨慎的风险管理决策。

由于政治经济因素和道德风险的存在，各国都具有一个明显的弱点：政府缺乏管理隐性财政风险的能力。受到隐性财政风险影响的主要领域包括：国有金融机构，公司、地方政府，以及私有银行的经营活动。处在各种发展水平的国家均存在这一弱点，但是主要的工业国家在全球经济金融危机中更明显地呈现出在管理隐性财政风险上的困难。危机后，由于首开先河地对非银行机构进行“大而不倒”的测试，还有紧急救助的绝对范围和规模，造成道德风险潜在地增加[①]，这些政府的隐性财政风险敞口增加了。展望未来，需要一个新的方

① 大型金融机构的失败会威胁金融状况的稳定，现在这种机构可能具有较为强烈的动机承担过度的风险，因为政府对这种机构的隐性担保，使借款成本比小型金融机构更低。据IMF估计，这种成本优势的价值为借款成本的0.2%（IMF，2010b）。

法，以更好地动态权衡财政部门的社会效益和周期性财政危机的社会成本。这个方法可能需要财政部门提供更有效且审慎的规则、税收、监督以及设计精良的存款保险计划。

同时，本次经济金融危机的最终成本，将部分地依赖政府和公共机构如何管理资产负债表的表内和表外显性风险。截止到2012年中期，抵押支持的使用率约为70%，并且被使用的支出恢复率约为30%（IMF，2012）。历史上，在金融危机后，解除财政支持的时间一般为5~7年。在今后的风险管理中，应该注意以下几点：针对财政部门干预措施的最终成本，以及这些干预措施在类型、设计、制度安排和其他参数上会如何改变，进行系统性的事后评估。

金融危机还显示出财政风险管理不断面临的另一个挑战：在债务发生时，难以在预算中反映出或有债务的成本。作为不断增长的财政风险来源，PPP也存在着类似的问题，许多政府期待通过公共投资的非传统模式，来解决基础设施建设的资金缺口。PPP在基本的预算编制和会计系统方面形成了众多挑战，政府必须落实健全的政策框架和有效的控制措施，以正确引导关于提供担保和引进新PPP项目的初始决策。

根据财政风险管理周期，应该如何确定财政风险管理的先后顺序？

• 所有的政府应该理解财政风险的主要来源，并重点关注最主要的风险，尽管这一要求较为严格。

• 应该关注对量级较大的重要风险的评估，关注它们如何影响政府财政的不同要素，以及它们如何相互影响（特别是在冲击之下）。如前所述，宏观经济风险分析是最基本的。在许多国家，加强中央财政机关分析风险的能力，可能是一个很好的起点。

• 发布财政状况的敏感性信息，以及特殊财政风险的信息，应该成为早期风险管理策略的一部分，如公共债务和政府担保。这些最初的努力应该逐步扩展成为综合的财政风险报告。

• 应该通过前面讨论的应用风险分配原则、减少财政风险的一般性方法和优先考虑风险的缓解措施来逐渐缓解风险。特别地，必须明确各部门在财政风险管理中的职责，并且确保在承担新的特殊风险（如担保和PPP）时，具有有效的控制措施。[①]

• 必须制订应急计划，并落实预算应急机制。

• 从财政风险管理的视角重新审视一些基本政策，对许多国家来说可能大有益处。例如，综合税制（tax mix）、税收遵从、政府间财政关系的框架，或者财政部门管理的质量。

• 必须保证主动监控和报告财政风险。

• 在能力允许的情况下，为了更好地管理财政风险，必须完善其他部门的相关制度。例如，中期支出框架、更独立的审查，以及更有力的应急安排。[②]

怎样才可以更好地提升财政风险管理水平？国际货币基金组织出版的《财政风险：来源、披露及管理》（2008）有助于促进改善风险管理。需要更加关注或有债务和PPP的会计与预算体系，包括会计准则和估计成本的实用性方法。可以为中央财政机关提供技术援助，用于加强识别、分析、编制预算、披露及监控财政风险的能力。可以在不同的财政风险领域，建立或拓展点对点的从业者沟通网络。对处于不同发展阶段的国家，进行更进一步的考查和案例研究，也有助于说明从加强风险管理的成功和失败经验中汲取的教训，从引进新的风险管理技术中吸取的经验。新技术包括：对宏观经济和财政预测的独立审查、管理担保和PPP框架、权责发生制预算、国家或有债务工具、存款保险和灾难保险以及分配管理财政风险责任的方法。

另外，进一步努力宣传和促进国际货币基金组织的指导方针，也有裨益。它有望激励某些中央财政机关依照指导方针，对自己国家的实践进行评估。独立机构可能在评估国家财政风险管理中发挥作用，如最高审计机关或公共部门“智囊团”。国内的或国际的非政府组织可以帮助更好地实施（监督职能），特别是根据指导方针来监督风险披露情况。国际金融机构可以按照指导方针，在

① 参阅希克(2002)和赫明(2006)对管理担保的一套综合建议标准和实践(后者还包括PPP)。

② 2010年,英国自发建立了独立的预算责任办公室,这说明加强宏观经济风险分析是一个永无止境的过程,即使在英国这种具有先进制度的国家,也是如此。

评估成员国的政府实践和确认加强风险管理的优先顺序这两方面发挥作用。这些评估可能是为了响应技术援助而临时做出的决定，[①]但也有可能是系统性的或主动的评估。

5.10　结论

正如引人注目的全球经济金融危机所证明的那样，改进财政风险管理还需要做出很多努力。在披露和管理风险中透露出各个国家的情况千差万别。处在各种发展水平的国家，都可以提供一些实践成功的例子，但是许多国家对财政风险的管理仍然是相当初步的。

然而，自1990年以来，各国已经取得了一些重要的进展。尽管希克在2002年就曾指出，没有通用的风险管理原则，并且认为没有能够指导政府披露或有债务和其他财政风险的实践模式。但此后国际货币基金组织发布了指导方针，使得良好的实践能够进一步发展和传播，许多国家也开始强化财政风险管理。

通过更好地管理财政风险，处在各种发展水平上的众多国家能够大范围地提升财政绩效。除了本章中提到的各种措施，加强风险管理的优先顺序更多地取决于各国的情况和最初的条件，如经济受外部冲击的程度；国家对自然资源的依赖程度；国家公共债务的规模和结构；国家财政部门、国有企业及地方政府的规模、集权程度和财政状况。风险管理周期对于确定加强财政风险管理的潜在领域，可能是有用的工具，但是成功的改革需要始终依靠对能力约束的正确认知和对政治经济的考虑。最后，尽管全球经济金融危机已经说明财政风险管理将是一个持续的职责，但要始终保持警惕，不断确认新风险源和意外冲击对公共财政的影响。

---

① 例如，在遵守标准和规范使命上，财政风险评估可以作为财政透明度报告的一部分（瑞士采用这种方式），或将财政风险评估作为独立的IMF技术评估任务来加以操作（印度尼西亚和泰国已经采用这种方式）。

参考文献

Barnhill, Theodore, and George Kopits, 2003, "Assessing Fiscal Sustainability under Uncertainty," IMF Working Paper 03/79 (Washington: International Monetary Fund).

Bohn, Henning, 1998, "The Behavior of U.S. Debt and Deficits," *Quarterly Journal of Economics*, Vol. 113, No. 3, pp. 949 - 63.

Brixi, Hana Polackova, and Ashoka Mody, 2002, "Dealing with Government Fiscal Risk: An Overview," in *Government at Risk: Contingent Liabilities and Fiscal Risk*, ed. by Hana Polackova Brixi and Allen Schick (New York: Oxford University Press), pp. 21 - 58.

Brixi, Hana Polackova, and Allen Schick, eds., 2002, *Government at Risk: Contingent Liabilities and Fiscal Risk* (New York: Oxford University Press).

Brondolo, John, 2009, *Collecting Taxes during an Economic Recession: Challenges and Policy Options*, IMF Staff Position Note 09/17 (Washington: International Monetary Fund).

Budina, Nina, Hana Polackova Brixi, and Timothy Irwin, 2007, *Public-Private Partnerships in the New EU Member States: Managing Fiscal Risks* (Washington: World Bank).

Budina, Nina, and Sweder van Wijnbergen, 2009, "Quantitative Approaches to Fiscal Sustainability Analysis: A Case Study of Turkey since the Crisis of 2001," *World Bank Economic Review*, Vol. 23, No. 1. pp. 199 - 40.

Cebotari, Aliona, 2008, "Contingent Liabilities: Issues and Practice," IMF Working Paper 08/245 (Washington: International Monetary Fund).

Celasun, Oya, Xavier Debrun, and Jonathan Ostry, 2006, "Primary Surplus Behavior and Risks to Fiscal Sustainability in Emerging Market Countries: A 'Fan-Chart' Approach," *IMF Staff Papers*, Vol. 53, No. 3, pp. 401 - 25.

Claessens, Stijn, and Sweder van Wijnbergen, 1989, "Secondary Market Prices and Mexico's Brady Deal," *Quarterly Journal of Economics*, Vol. 108, No. 4, pp. 967 - 82.

Currie, Elizabeth, 2002, *The Potential Role of Government Debt Management Offices in Monitoring and Managing Contingent Liabilities* (Washington: World Bank).

Easterly, William, and David Yuravlivker, 2002, "Evaluating Government Net Worth in Colombia and Republica Bolivariana de Venezuela," in *Government at Risk: Contingent Liabilities and Fiscal Risk*, ed. by Hana Polackova Brixi and Allen Schick (Washington: World Bank).

Flyvberg, Bent, Mette Skamris Holm, and S.ren Buhl, 2002, "Underestimating Costs in Public Works Projects: Error or Lie?" *Journal of the American Planning Association*, Vol. 68, No. 3, pp. 279 - 95.

Hemming, Richard, 2006, *Public-Private Partnerships, Government Guarantees, and Fiscal Risk* (Washington: International Monetary Fund).

——, and Murray Petrie, 2002, "A Framework for Assessing Fiscal Vulnerability," in *Government at Risk: Contingent Liabilities and Fiscal Risk*, ed. by H. Polackova Brixi and
A. Schick (Washington: World Bank), pp. 159 - 78.

Hoelscher, David, Michael Taylor, and Ulrich Klueh, 2006, *The Design and Implementation of Deposit Insurance Systems*, IMF Occasional Paper No. 251 (Washington: International

Monetary Fund).

International Monetary Fund (IMF), 2003, "Sustainability Assessments—Review of Application and Methodological Refinements" (Washington). Available via the Internet: https://www.imf .org/external/np/pdr/sustain/2003/061003.pdf.

——, 2007a, *Guide on Resource Revenue Transparency* (Washington). Available via the Internet: http://www.imf.org/external/np/fad/trans/guide.htm.

——, 2007b, *Manual on Fiscal Transparency* (Washington). Available via the Internet: http://www.imf.org/external/np/pp/2007/eng/101907m.pdf.

——, 2008, *Fiscal Risks: Sources, Disclosure, and Management* (Washington). Available via the Internet: http://www.imf.org/external/pp/longres.aspx?id=4265.

——, 2009a, *Crisis-Related Measures in the Financial System and Sovereign Balance Sheet Risk* (Washington).

——, 2009b, "The Size of the Fiscal Expansion: An Analysis for the Largest Countries" (Washington). Available via the Internet: www.imf.org/external/np/pp/eng/2009/020109 .pdf.

——, 2010a, *Indonesia: Selected Issues*, IMF Country Report 10/285 (Washington: International Monetary Fund).

——, 2010b, *Fiscal Monitor: Fiscal Exit—From Strategy to Implementation*, November (Washington).

——, 2011, *Fiscal Monitor: Addressing Fiscal Challenges to Reduce Economic Risks*, September (Washington: International Monetary Fund).

——, 2012a, *Fiscal Monitor: Balancing Fiscal Policy Risks*, April (Washington).

——, 2012b, *Ireland—Sixth Review under the Extended Arrangement*, May (Washington: International Monetary Fund). ——, 2012c, "Fiscal Transparency, Accountability, and Risk," IMF Policy Paper (Washington).

Available via the Internet: http://www.imf.org/external/np/pp/eng/2012/080712.pdf.

——, and World Bank, 2003, *Guidelines for Public Debt Management* (Washington).

International Organization for Standardization (ISO), 2009, *Risk Management—Principles and Guidelines* (Geneva).

Irwin, Timothy, 2003, "Public Money for Private Infrastructure—Deciding When to Offer Guarantees, Output-Based Subsidies, and Other Fiscal Support," Working Paper No. 10 (Washington: World Bank).

Organisation for Economic Co-operation and Development (OECD), 2005, "Explicit Contingent Liabilities in Debt Management," in *Advances in Risk Management of Government Debt* (Paris).

Petrie, Murray, 2002, "Accounting and Financial Accountability to Capture Risk," in *Government at Risk: Contingent Liabilities and Fiscal Risk*, ed. by H. Polackova Brixi and A. Schick (Washington: World Bank), pp. 59 - 97.

——, 2008, "Controlling Fiscal Risks," paper presented to the East-West Center/Korea Development Institute Conference "Sustainability and Efficiency in Managing Public Expenditures," Honolulu, Hawaii, July 24 - 25.

Rajaram, Anand, Tuan Minh Le, Nataliya Biletska, and Jim Brumby, 2010, "A Diagnostic

Framework for Assessing Public Investment Management,"Policy Research Working Paper No. 5397 (Washington:World Bank).

Schick,Allen,1998,*A Contemporary Approach to Public Expenditure Management* (Washington:World Bank Institute).

——,2002,"Toward a Code of Good Practice on Managing Fiscal Risk,"in *Government at Risk: Contingent Liabilities and Fiscal Risk*,ed. by Hana Polackova Brixi and Allen Schick (Washington:World Bank),pp. 461 - 71.

Syroka,Joanna,and Antonio Nucifora,2010,"National Drought Insurance for Malawi,"Policy Research Working Paper No. 5169 (Washington:World Bank).

World Bank,2008,*The Caribbean Catastrophe Risk Insurance Facility: Providing Immediate Funding after Natural Disasters* (Washington:World Bank).

第6章　财政委员会在促进财政责任中的作用

理查德·赫明　菲利普·乔伊斯

有效的财政管理依赖于目标与设计等信息的可用性、财政政策的影响，以及需要适当的激励以达到良好的财政结果。设立独立的财政委员会，越来越被视为一种应对支出和赤字偏差的方式，使之更好地促进财政责任，提高财政政策讨论的质量，这些都是通过提供独立审查的财政政策、计划以及绩效来实现的。

本章回顾了设立财政委员会的理由与经验，包括要求独立审查的背景；由财政委员会行使的职能；财政委员会实际上做了什么；影响财政委员会做决定的因素；两个财政委员会的比较——拥有35年历史的美国国会预算办公室、创建于2007年的瑞典财政政策委员会；根据最近的全球经济危机影响，关于财政委员会的一些重要问题的讨论。[①]

有人认为，在原则上，财政委员会在管理财政政策以及加强政府财政方面，发挥着积极作用，但是它们的益处不应该过分夸大，特别是在那些财政政策改革议程长久且制度能力有限的发展中国家。[②]此外，随着许多其他良好的

---

① 对于财政委员会其他方面的讨论，参见卡尔弗兹（2010a）和哈格曼（2010）。

② 这一结论与朱加乐（2010）的贡献形成对比，他认为从发达经济体到发展中国家，财政委员会或类似机构的发展传播，都是不可避免的，也是受欢迎的。

财政政策的实践和创新，是否建立财政委员会以及委员会应扮演什么角色，都必须符合国情。

财政委员会通常是行政或立法机构，它们应区别于财政部门，类似于与财政相对应的独立的中央银行。其理念在于，给予财政当局设立财政目标或在规定限制内调整税收和支出的权力，应该使财政政策决策去政治化，从而改善财政结果。然而，与独立的中央银行类比是不准确的。制定财政政策决策，比制定货币政策更加复杂，因为税收、支出和举债决策非常复杂，且经常出现有争议的分配结果。普遍认为，这种决策只能采取民主形式，由那些对其结果负责的人来制定。因此，财政部门没有获得吸引力。出于这个原因，本章不考虑财政部门。[①]

本章的第一部分讨论了国家为什么要建立财政委员会，它们的作用和功能，以及一个成功的财政委员会应具备的要素。第二部分比较了两个财政委员会，第三部分考虑问题和现状。

6.1 为什么要设立财政委员会?

宏观财政管理往往缺乏财政纪律，这会产生三个后果：由于赤字和债务不断上升，因而支出的成本增加被隐瞒了，或因延期支付而被忽略；在繁荣时期，顺周期的超额收入被随意花费，而不是留存下来，在衰退时期用于支持经济；支出效率低下，导致糟糕的服务供给和政府浪费。由此对宏观经济的稳定与增长所产生的负面影响，也就解释了恢复和保持稳健的财政政策为什么常常被重点关注。

为什么财政政策恶化到存在违约风险，或需要救市以及被迫采用大规模具有破坏性（而且常常是由外部强迫）的财政调整时，才会引起人们的注意？虽然众所周知的政治经济学解释，支持政府支出的相对自由（时间不一致性，公

① 见德布兰、豪纳和库马尔(2009)关于设立财政机构建议的讨论。

地悲剧问题，寻租和政治经济周期），但金融市场和选民应该有能力惩罚严重的财政管理不善。然而市场和选民往往做不到这一点。随着财政状况的恶化，政府压力逐渐增加，就这个意义而言，市场约束不一定具有前瞻性。现实是，市场反应经常“太过且太迟”，这种反应往往趋于混乱（在危机时，如果一个或几个国家出现市场情绪低迷，就会导致普遍的低迷）。同时，信息的不对称性意味着，政治家可以相对容易地对选民隐瞒他们正在做什么，这使得选民很难做出对于不良政策的惩罚。

此外，以制度创新来填补缺口，似乎也被寄予厚望。透明度举措（如IMF的《财政透明度良好做法守则》和评估）[①]改进了财政信息的披露和其他良好透明度的实践，并且在公开政府的政策、计划及绩效上，对政府施加了更多的压力。同时，通过在财政政策自由裁量权的使用上设置限制，财政规则已经被政府用来表明其对财政纪律的承诺（参见第3章）。可是，很少有证据表明，透明度或者规则对政府财政状况具有系统且持久的积极影响。[②]除非市场约束是有效的，抑或欠佳的财政绩效存在政治成本，否则的话，透明度和规则均缺乏任何真正的执行机制。政府根本没有能力自行制裁财政绩效不佳，即使一个联盟的成员打算用规则和惩罚来促进财政纪律，比如欧元区。事实上，考虑到简单的（平衡预算）规则缺乏灵活性和可信度，在实践中，规则已经变得相当复杂，这破坏了透明度，使合规性很难被监控，为国家避开它们的限制创造了回旋的余地。[③]

2008—2009年爆发的全球金融和经济危机及其后果，已引起了人们关注

---

① 这个守则在2013年被更新。

② 这里强调的是“有系统而持久的影响”。有证据表明，透明度和规则的力量与财政绩效相关，但如果只承诺政府可以运用它们，就说二者之间因果关系成立是困难的。也很少有证据表明，它们对商业周期是有效的。

③ 这个回旋余地源自不精确规范的规则（例如，当规则必须适用于中期或商业周期时）、一个不够明确的基本假设，以及便于创造性操作的宽松的会计和统计标准。因此，当商业周期开始和将要结束时，英国根据其黄金法则，通过修改其观点，为额外的支出创造了空间。美国围绕格拉姆-罗德曼-霍灵斯规则（Gramm-Rudman-Hollings rules）的创建，通过乐观的经济假设，试图战胜19世纪80年代的赤字问题（希克，2007）；希腊和其他国家利用会计和《稳定与增长公约》的统计漏洞，低估了赤字和债务。

当前促进财政纪律方式的缺陷。紧急救助和刺激措施的财政成本，连同资产价格和经济活动崩溃的影响，已经暴露出政府在创建财政空间方面的无能为力，而这种财政空间不仅仅是用来管理极端事件，也被用来管理正常的财政风险。同样受到质疑的是：现阶段，许多发达国家和一些新兴市场的经济体，在没有更好的财政机构下，能否提供当前所需的前所未有的财政调整计划。当然，本节重点关注实施规则会更加有效，包括短期财政超支和鼓励适当的中期财政计划，正如第4章讨论的那样。然而，即使更优规则的承诺，有可能提升财政大规模调整的成功机会，但单靠这种承诺可能还是不够的。

一切的前提是，更好的规则与良好的透明化实践，必须相互结合以限制博弈。这就是组建财政委员会的原因，因为增设财政政策的独立审查职能并监督财政政策实施，是帮助政府保持诚信的财政透明化实践。反过来，这种监督又可以加强基于规则的财政纪律的承诺。[①]一些跨国证据表明，财政委员会的设立，有助于营造一种政府能够保护和维持好财政纪律的积极观念，特别是设定条款以规范它们的影响并保证其独立性（德布兰和库马尔，2008）。然而，尽管比利时的高级财政委员会在这两点上都取得了很好的成绩，但研究表明，即使在20世纪90年代欧元面世之际，其对于促进财政调整是颇为有效的，但其影响随后逐渐减弱。[②]因此，即便是财政委员会也不能保证财政纪律。

有关财政委员会的许多讨论，着眼于其对财政纪律的潜在贡献。同样重要且必须铭记的是，政府缺乏以有效方式分配和管理资源的激励机制，最终导致政府不能有效地使用公共资金。寻求更多有关资源分配决策成本和绩效信息的改革，通常会为促进支出效率提供必要的激励机制（参见第7章）。财政委员会的审查是否有助于支出效率的提高，将在本章后续进行讨论。

---

① 虽然国际货币基金组织财政透明度规则（IMF，2007）没有正式提出设立独立的监督机构，但它强调财政信息的外部审查的重要性（第四个核心）包括对宏观经济和财政预测的独立评估（如4.3.3节良好的实践）。

② 哈格曼（2010）讨论了财政委员会影响的证据。

6.1.1 财政委员会的角色和功能

财政委员会的独立性主要体现在其职责上，他们提供独立的财政政策决策，并提供财政政策实施的独立观点。因此，财政委员会不是通过正式的规则和权力来影响政府的政策，而是通过为政策制定者提供更多的信息，促使决策者制定更有效、更负责的政策。因此，在许多国家，财政委员会作为一个正式或非正式“审查”的行政性财政机构而存在。

独立审查作为一种加强财政纪律的良好财政透明实践的认知，正在逐渐得到认同。财政透明部分地基于这样的理念，即政府应表明其财政政策的意图、宣布结果并解释实际结果与计划的偏差，这种做法能够对立法机构和公众更加负责。此外，如果立法机构和公众知道财政政策、计划和绩效会受到独立审查，他们也会更加坚信自己有能力判断财政政策决策的质量。为此，财政委员会可以执行两个重要功能：就财政政策和计划提出建议，对财政计划和绩效进行审计。

作为一个咨询机构，财政委员会可以审查和评价财政政策的很多方面，包括：

- 政府的中期财政政策目标，常常特指债务或赤字路径，包括其所依据的债务可持续性分析；
- 无资金偿还的债务和或有债务，以及其他潜在的发展及财政风险来源，确定未来需要的财政空间；
- 短期财政目标是否恰当，从而满足中期财政目标；
- 经济、商品价格变动，以及可能保证财政政策响应的其他经济发展的周期性状况；
- 自动稳定机制的规模和影响，以及可自主决定的税收和支出措施的设计和时机；
- 所提出政策的影响和成本，着眼于审查这些政策是否高估其收益和低估其成本；
- 涉及财政委员会授权的或政府要求的财政政策的任何其他方面。

作为审查机构，财政委员会能够核实政府提供的财政信息的可信度。例如，这一核实包括：有关计划和绩效（或预算和结算）的财政报告是否全面覆盖了财政活动，是否遵从国际公认的政府会计和统计准则。[①]财政委员会还能够分析并解释计划是否能够纠正他们的目标、计划和绩效之间的偏差，尤其是宏观经济和财政预测中的误差，包括对新项目的成本误判。

财政委员会可以承担咨询或者审计功能，但存在某种情况可以让其同时担任这两种角色。两个功能之间存在着很强的协同效应。如果其所依据的信息不可靠，或者不能将审计活动加以调整以适合咨询活动，那么让其提供良好的建议，就是非常困难的。因此，许多财政委员会同时兼具咨询和审计功能。

财政委员会的一个常见的审计功能就是审查政府的预测。欠佳的预测一直是计划外赤字和债务的永久来源，政府预测质量的改进，也常常是最为优先的议题。然而，一些财政委员会走得更远，实际上提供独立的预测以供政府使用。正如第3章和第4章所讨论的那样，宏观经济和财政预测常常偏离实际（它们倾向于乐观或悲观）或低效（它们并不使用所有可用的信息）。[②]特别需要关注的是，基于乐观的收入预测而倾向于承诺过多的支出，当收入筹集不佳而又不调整支出时，就会导致额外的借款。

由预测偏差造成的问题常常有三种方式进行应对。第一种是保守的预测工作，第二种是采取谨慎的方法制定财政目标，第三种是设立应急储备金（见第4.4节）。保守预测的问题在于，它可能会导致预算外的资源积累，这些预算外资源可用于政治上最方便的任何地方，或者在没有适当的审查备选方案时，被用来减少债务。制定财政目标的谨慎方法——瞄准一个更加雄心勃勃的财政目标，而不是必要的财政目标，以应对潜在的收入不足——会忽略首要财政目标的真正意义，并破坏财政透明度。最好的方案是产生无偏好的预测，旨在达到有意义的首要财政目标，然后依靠应急储备金来处理预测误差（以及实际支出

---

① 这里可能与签署政府最终财务报表的外部审计办公室的职责有一些重叠。虽然在报告预算和结果时，使用与财务报表相同的会计准则和报告惯例具有一定的价值，但现实中，财务报表生成的时间较长，财政委员会应该专注于制定及时的财政报告，以便于制定短期财政决策。但同时应警惕明显违反公认会计原则和统计准则而造成虚报的可能性。

② 巴尤米、克雷约夫、默海森（2007）详细分析了工业国家的财政预测。

与目标的其他偏差)。然而，考虑到这一误差的必然性，以及收入短缺所导致的严重的财政和宏观经济影响，保持谨慎的态度是可以理解的。

在任何情况下，政府都应该尽可能使用最佳的预测。虽然非官方宏观经济预测可以直接使用，或作为政府预测的基准，但非官方预测通常不形成收入和支出的预测。在这种情况下，有三种提高财政质量和宏观经济预测的方法：（1）在政府内部建立预测专家的评定机制；（2）成立类似于财政委员会的机构来审查政府的预测（这是财政委员会审计职能的一部分）；（3）使这一机构负责准备供政府使用的宏观经济或财政预测。前两点显然是相辅相成的，而第三点已经被一些国家采用，比如智利、荷兰和英国。所有这些都有望提高预测的质量。

然而，第三个选项存在一个问题——政府，或者更具体地说是财政部，是否愿意真正地放弃预测的责任。一方面，预测的本质是评判，政府很可能会认为，如果它对预测误差负责，那么它就应该做出预测。政府也可能在提供预测中判断财政政策的空间，即使这一益处通常被证明是没有事实依据的。另一方面，如果财政委员会是唯一的预测者，政府可以因欠佳的财政绩效，而将委员会作为替罪羊，这可能是一个有吸引力的选择。然而，在实践中，即使政府对预测责任做出让步，财政委员会也可能最终会与财政部就预测方面进行合作，这将不可避免地导致财政委员会的独立问题。[①]

预测不仅要有宏观财政视角，还要有微观预算视角。当政府频繁地更改税收和支出计划时，特别是当主要的税收和支出改革正在进行时，判断这些变化的总体财政影响，对于制订财政计划和将计划付诸执行都是极其重要的。面对低估新项目的成本和因减税造成收入损失，以及高估支出削减和增税而带来的储蓄增加的自然趋势，财政委员会能够核算（或“计分”）税收和支出变化的成本。美国国会预算办公室（CBO）在核算功能上为自己赢得了一些声誉，

---

① 这种担忧是通过英国预算责任新办公室的一些评论表达出来的。预算责任办公室(OBR)已取代了财政部预测宏观经济和财政的职能。因为预算责任办公室计划在预测上与财政部保持持续的对话，后者作为预算编制的基础，预测最终会通过协商达成。

在20世纪90年代获得很大的重视，此时预算规则需要有新的税收和支出措施。一些财政委员会也核实现存支出项目的成本。

专栏6.1列举了财政委员会（或类似的安排），包括它们的功能（咨询、审计、预测和成本核算）。[①]它涵盖了初期和已存在很长时间的财政委员会。最近建立财政委员会的国家是葡萄牙和斯洛伐克。在国家层面上，作为试图加强财政管理和财政纪律的一部分，欧盟（EU）建议成员国政府建立独立的财政委员会，以监督财政政策和评估，并遵守财政规则。欧盟目前正在考虑使这一建议成为要求（参见第3章）。

专栏6.1并未对各国财政委员会开展的全部活动进行报道。在许多国家，包括瑞典和英国，国家审计办公室中也有财政委员会，执行一些财政委员会的功能。在其他国家，研究执行机构也履行这一职责，比如包括奥地利的经济研究所和高等研究所，以及英国的财政研究所。除了专栏6.1中提到的，其他一些新兴市场经济体，乃至一些发展中国家，正在考虑将独立性正式纳入到财政政策之中（例如，印度尼西亚、约旦、尼日利亚）。

专栏6.1 财政委员会以及类似的安排

澳大利亚：国会预算办公室（初步建立于2011年，全面组建已有四年多）。它提供了关于全预算周期、财政政策和提案之财政影响的独立的、无党派的且政策中立的分析，包括政党选举前的承诺成本。（职责：咨询、审计、成本核算）

奥地利：政府债务委员会（成立于1970年，专注于赤字融资，2002年授权扩展；有16位成员）。广泛地分析和评价财政政策。奥地利经济研究所和高级研究所提供独立的预测。（职责：咨询、审计）

比利时：高级财政委员会（成立于1936年，改制于1989年和2006年；有14名职员。）。由财政部主持并聘任人员。关注政府借款的需求、财政政策周期、债务的可持续性。协调各级政府的财政政策，以确保遵守欧盟的财政规

① 关于欧洲财政委员会和其他独立机构更全面的描述，请参阅欧洲委员会(2006)。

则。联邦规划局着眼于宏观经济预测，供预算编制使用。在欧元的启用中扮演了重要的决策角色，但其影响已减弱。(职责：咨询、审计)

加拿大：国会预算办公室（成立于2008年；有14名职员）。提供公共财政各方面的建议，准备预测，以及按要求对新政策进行评分。不负责财政绩效的事后分析。(职责：咨询、预测、成本核算)

智利：两个专家小组（成立于2001年；GDP趋势咨询委员会，16名成员；铜价咨询参考委员12名）。以确定中期结构性盈余的目标偏离为基础，进行GDP趋势和铜价预测。(责任：预测)

丹麦：经济委员会（成立于1962年，35名职员）。独立于财政部。监督财政规则是否得以遵守。也被授权负责包括税收、支出和其他结构性财政政策制定。(职责：咨询、审计)

德国：联邦财政部和联合经济预测项目组咨询委员会（成立于1950年）评估遵从财政规则和债务的可持续性，并提出财政政策建议。提供独立的宏观经济和财政预测。税收收入预测工作组根据政府的宏观经济预测，提供独立的收入预测。(职责：咨询、审计、预测)

匈牙利：匈牙利共和国财政委员会（成立于2009年，有30多名职员）。关注财政政策的制定、公共财政的透明度、公共债务的可持续性。监督功能包括总体评估和部门评估，遵从标准、程序和财政规则。进行无约束的预测。注重向公众宣传（职责：审计、预测）。2011年改组后，其作用显著弱化，解雇了冗员，并将预算削减近零。

爱尔兰：爱尔兰财政咨询委员会（成立于2011年，5名成员）。监督政府是否遵守自己的财政目标。关注政府宏观经济预测、预算预测以及财政状况的适当性和稳健性。2012年的《财政责任法案》在确定和建立国家财政规则上具有重要的作用。(职责：咨询、审计)

日本：财政体制委员会。委员会内有学者。在一系列广泛的财政政策问题上提出建议。经济和财政政策委员会提供宏观经济和财政预测，而政策评估委员会评估财政绩效由财政部和外部专家负责。(职责：咨询)

墨西哥：公共财政研究中心（成立于1998年；150名职员）。模仿美国国

会预算办公室，但授权更为严格。审查财政计划，正式向国会提交自己的评估，以及评估财政规则的绩效。（职责：审计、成本核算）

荷兰：中央计划局（成立于1945年，170多名职员）。属于经济事务部正式的一部分。产生政府官方预测，审查政党竞选的经济政策，并协调联盟伙伴的预算政策立场。（职责：审计、预测）

葡萄牙：财政委员会（成立于2012年，5名成员）。监督财政项目以评估目标进展情况，评估预算预测和政府为实现财政目标而采取的措施；分析现有承诺的可持续性，如养老金、医疗体制、公私伙伴关系等。但不针对可选择的政策路径提出建议。（职责：审计、预测）

韩国：国民议会预算办公室（成立于2003年）。包括议会感兴趣的任何财政政策。审查财政计划，准备可供选择的宏观财政预测，以及评估重大项目。不独立审查财政绩效。（职责：咨询、预测、成本核算）

罗马尼亚：罗马尼亚财政委员会（成立于2010年，5名成员，6名职员）。审查经济和财政预测，监督预算执行，评价财政政策。（职责：咨询、审计）

塞尔维亚：财政委员会（成立于2011年；3名成员）。评估财政政策的可信度，遵守财政规则，以及法律草案的财政影响。审查支撑预算的宏观经济预测，评估财政风险和经济政策，准备财政战略报告的意见草案。（职责：审计、预测、咨询）

斯洛伐克共和国：预算责任委员会（2011年依法建立）。发布财政可持续性报告；向议会提交一个有关财政规则和财政透明度规则的财政政策评估，并公布法律草案的成本。（职责：审计、咨询、成本）

斯洛文尼亚：斯洛文尼亚共和国财政委员会（成立于2010年，7名成员）。职责包括短期财政政策、公共财政趋势、政府财务的长期可持续性、结构性政策的有效性、公共资金的使用效率（包括欧盟基金），以及担保的监督。（职责：咨询、审计）

瑞典：财政政策委员会（成立于2007年，8个成员，4名职员）。监督中期财政盈余目标和支出限额的承诺。国家审计办公室评估预测质量。（职责：咨询、审计）

英国：预算责任办公室（成立于2010年；3名高管和15名职员，全体公务员）。核心任务是准备宏观经济和财政预测，并评估财政可持续性的进展情况，也核算预算措施的成本。（职责：审计、预测、成本核算）

美国：国会预算办公室（成立于1975年，250名职员）。依据自己的假设和预测，分析总统的预算，为财政政策考虑可替代路径，评估新的政策。深入研究并报告各类主题。在政治独立和分析质量上具有较高的声誉。（职责：咨询、审计、预测、成本核算）

资料来源　德布兰、豪纳和库马尔（2009）；欧洲委员会（2006）；赫明、凯尔（2001）；哈格曼（2010）；IMF（即将出版）；相关国家的网站。

6.1.2　成功的财政委员会具备的要素

尽管正式的影响和确保独立性，被认为是决定财政委员会影响力的因素，但尚未针对财政委员在成功促进财政纪律方面的决定性因素进行过全面的调查。然而，相关的因素包括以下几个方面：

• 政治支持。首先，如果政府内外的政治人士向局外人公开提供财政计划和绩效的完整信息，如果他们摒弃外部影响，愿意听取基于上述信息的独立意见并以此行事，那么财政委员会成功的概率就很大。其次，政治人士必须给予财政委员会作为独立实体的永久性法律地位，并保证其长期预算，确保其职员在不受到干扰和害怕报复的环境下工作（例如，借调的公务员和研究者可能希望未来政府能为他们的研究筹资）。如果政客不能使其个人利益服从于财政纪律，财政委员会将是无效且短暂的。这就是匈牙利财政委员会的命运。由于2010年批评了新政府的财政计划，委员会2011年的预算几乎被缩减为零，并且削减了它的专职人员。委员会变成了规模更小且更顺从的委员会。[①]

• 适当的财政框架。承诺接受财政约束的要求，绝非是设立财政委员会这么简单，否则的话，对于摆脱疲软的财政状况或维护强势的财政状况，就几乎没有什么影响了。政府要想真正强化政府财政，可以通过提高财政透明度、建立财政规则、改革预算程序，以克服整个财政框架的缺点。这些步骤理论上包

① 柯彼茨（2011）描述和讨论了匈牙利财政委员会短暂的历史。

括逐步建立中期预算框架，但是以其基本的预算程序需要达到必要的水平（参阅第4章中更详细的讨论）为前提的，还包括解决其他制度性障碍，以制定和实施健全的财政政策。

• 明确界定的授权。尽管财政委员会只有审计功能或咨询功能，当它同时履行咨询和审计功能时，才是最有效的，后者具有审查预测和评估成本的部分功能。财政委员会是否能提供供官方使用的宏观经济预测，或者财政预测及成本核算的新政策，取决于政府的预测和成本核算的质量，以及财政委员会的资源和优先顺序。资源总是有限的，它可能约束财政委员会承担某些任务的能力。一旦财政委员会的角色被确定，就应该正式授权其具体的职责范围和限制。

• 明确的法律支持。法律应明确规定组建财政委员会，明确其作用和职责；明确立法机关、行政机关和财政委员会之间的关系。财政委员会的作用也应包括在预算程序的正式描述中（例如，在预算法中），甚至其投入的时间也应反映在预算时间表中。

• 正确的定位。在拥有总统制和分权制的美国，国会预算办公室作为立法机构，正式地独立于行政机关。实际上，凭借其判断的无党派性，也独立于立法机关。墨西哥和韩国的国会预算办公室也是如此。在议会制里，财政委员会通常是一个独立的行政机关，如比利时、丹麦、荷兰和瑞典。在一些情况下，由专家委员会履行财政委员会的某些职能，这些委员会实际上是政府的一部分，如德国。一般而言，并无所谓正确或错误的定位，特别是如果财政委员会确实是独立的。如果立法机关或国会能够有效制衡挥霍无度的行政机关，将其设置在立法机关或国会就会更加强势。同样，如果立法机关是赤字偏差的根源，因为它干预了政府的合理政策，那么设置在行政机关就更佳。如果立法机关得到预算、公共账户和其他专门委员的充分支持，将其设立在行政机关也是相对合理的。

• 技术上合格的人员。有些财政委员会的规模很小，有的却非常庞大；规模最终会反映到授权上。[①]授权将会决定职员配置是临时的还是兼职的——在这种情况下，专家委员会可能是合适的——或者财政委员会是否具有掌握应对复杂任务技能的固定人员编制。在财政委员会人员编制中出现的一个问题是，寻找技术胜任的人员，特别是在专业人才稀缺的国家。例如，财政委员会从财政部聘请有才能的预测人员，由审查能力较弱的预测员做出的预测，显然是毫无意义的。聘请这些有才华的人员来做出独立的预测，以供政府使用（然后重新配置能力较弱的预测人员），则会更有意义。这就是说，财政委员会并非是一个有效政府（尤其是一个有能力的财政部）的替代品。将财政部的一些功能转移给一个独立的机构，并让这样的机构从事其他监督功能可能是有益的，但是财政部仍然要很好地履行其核心功能。这样的话，财政委员会将会帮助财政部运转得更好。

• 清晰的报告要求。为了提高效率，财政委员会的工作必须公开，向公众公布其报告。政府也应该对财政委员会的报告做出反应，指出哪些地方听从了财政委员会的建议，使用了它的预测，同意了它的分析等，并且指出哪些地方没有遵循财政委员会的报告。当出现分歧时，政府应该解释为什么全部或部分忽略了财政委员会的观点。[②]通过限制政府采用欠佳选择的能力，以及帮助政府抵制其他欠佳的选择，这些要求在确保财政委员会的独立性，以及帮助政府寻求制定更好的财政政策决策上发挥了重要作用。这些要求也会保证信息的有效性，使得任何差的财政政策都会相应付出财务上或者政治上的代价，进而使政府更加负责。

• 问责制。最后，财政委员会是否能够进行高质量的工作，也是一个问题。尽管财政委员会工作的有效性，将会反映在政府对其意见的反应和最终的财政结果上，但适当的模式或许是国家审计署，国家审计署在工作中由国际机

---

① 到目前为止，美国国会预算办公室在财政委员会中拥有最广泛的授权，并且有相对较多的人员，大约250人。很多财政委员会的规模很小，只有3～12名核心成员和10～30位技术人员。

② 但是，这并不意味着财政部和财政委员会讨论的细枝末节都要公之于众。披露细节（如财政可持续性、财政目标、预测等诸如此类的技术性讨论）是否能提高透明度，仍然是不确定的；有时候甚至适得其反。

构——国际最高审计机构（the International Organization of Supreme Audit Institutions）来组织指导，旨在促进良好审计实践的交流和提升。财政委员会可设立一个类似的机构。然而，尽管财政委员会的数量有所增加，但增长也很有限，也许一个非正式的知识共享机构，会对此提供必要的保证。

6.2 美国的国会预算办公室和瑞典的财政政策委员会

除了上述对财政委员会较为一般性的讨论之外，回顾特定机构的经验，能从总体上对其加以说明。本节回顾了美国的国会预算办公室和瑞典的财政政策委员会。选择这两者的原因在于，虽然这两个机构都是有良好声誉的财政委员会，但本质上是不同的。美国国会预算办公室已成立超过35年，而瑞典财政政策委员会在2007年才成立。美国国会预算办公室较之瑞典财政政策委员会，拥有着更广泛的权力，以及更多的员工。最终，美国国会预算办公室存在于总统制政体之下，而瑞典财政政策委员会则存在于议会制。

6.2.1 美国的国会预算办公室

作为支持美国国会在预算过程中发挥更大作用的措施之一，美国国会预算办公室于1974年开始组建，正式诞生于1975年。[①]这发生在理查德·尼克松总统和国会预算激烈冲突的结束期间，主要的例证是，由于总统拒绝为他反对的各种项目花钱，而这些项目已经得到了合法的拨款。作为1974年的《国会预算和截留控制法案》（Congressional Budget and Impoundment Control Act of 1974）所推动的国会预算改革的一部分，新委员会（称为预算委员会）在国会中成立了。这些委员会负责制定预算决议，也就是总体财政政策的年度报表。

作为这个新程序的一部分，美国国会预算办公室被赋予如下的职责：

- 通过发展预算基线（budget baseline），帮助国会汇总预算决议，这实际

---

① 讨论完全依赖于乔伊斯(2011)。

上代表了可供选择的财政展望，该展望由总统在其年度预算建议中提出，并要求国会预算办公室做出独立的宏观经济预测；

• 相对于基线而言，由国会考虑为立法提供成本估算（或“评价”）；

• 当有需要和要求时，进行有关经济和预算问题的研究。

美国国会预算办公室的发展，有两个最重要的设计特征。第一是独立性，在某种意义上，国会预算办公室不仅是一个立法分支机构（因此不受总统控制），而且不直接向任何议会议员报告。第二是无党派，领导者是明面上的人物，而其他预算办公室的人员则隐在幕后，并乐意为领导者效劳。在2012年，国会预算办公室大约有250位工作人员，大约1/3在预算分析部门，他们负责成本评估和预算基线的支出部分。其他人员则负责宏观经济预测、收入评估和分析，以及面向国会的其他问题的政策分析。该机构主要由具有博士学位的经济学家组成。

经过一段时间，国会预算办公室在经济和预算方面作为高度客观、可靠的信息源，为其赢得了赞誉。这不是偶然的，国会预算办公室通过结合管理决策和政策分析，来建立并巩固其声誉。它的第一任领导艾丽斯·里夫林培养了一种无党派文化，并且这种文化通过随后7位领导得以维持下来。历史上有许多次——最引人注目的回应是1977年由吉米·卡特总统提议的能源法、1981年罗纳德·里根总统的经济纲领，以及1994年比尔·克林顿总统和2009年巴拉克·奥巴马总统提议的医疗改革提案——国会预算办公室在这些政策辩论中保持了中立的立场，其分析对策被认为是无党派的和可信的，而通常在面对来自国会多数党的巨大压力下，得出的往往是不同的结论。

根据美国国会预算办公室在其历史期间的经历，可以得出以下观察结论：

• 它最大的影响是其成本估计功能。据称，自国会预算办公室创建后，更加关注于立法的成本。许多议案被改变，以响应——或期待——国会预算办公室的评估。

• 它在公众教育中扮演了更重要的角色，这超出了预期。相关信息可以直接获得（在CBO网站上，所有CBO估计和研究的资料都可以免费获得），也可以间接通过媒体，因为媒体都将国会预算办公室作为获得可靠预算信息的主要来源。

• 国会预算办公室的存在，对于总统和国会之间的关系，有着深远的影响。行政部门时常在预算上“博弈”来打“擦边球”，比如描绘一幅未来经济增长的美好情景，以实现其自身目的，而预算办公室一直倾向于中立。此外，因为在美国的制度中，总统很倾向于启动新的政策，国会预算办公室涉及对总统政策提议的响应，常常受到瞩目。最近的例子是奥巴马2009年的医疗改革。国会预算办公室作为独立的机构，比其只作为国会委员会的一部分，更有影响力。鉴于美国国会的高度党派环境，国会预算办公室在后来的安排中不可能一直保持无党派性。

• 尽管它在个别政策层面上有一定的影响，但在约束赤字上的影响甚微，直到2010年，仍维持在第二次世界大战后的水平。保持无党派性的努力，有时督促决策者勉强采取行动，即使在面临巨大的预算赤字之时。虽然在提供赤字风险的建议上，它毫不迟疑，但却几乎未能直接或有说服力地促使政治家采取行动，以控制赤字。

美国国会预算办公室成功的两个最重要因素——规模和专业技能——是很难在其他国家复制的。有限的资源可能阻碍类似规模的组织在其他国家中建立起来（即使国家为此调整规模）。在立法机构中建立预测的智库，可能会占用人力资源，继而削弱财政部门的相应专业能力，这不大可能导致宏观经济或微观经济水平的改善。另外，根据一项对28个国家的考查研究，得出结论认为，美国国会行使最强的独立预算权力。[①]在立法机构较弱的国家里，像美国国会预算办公室那样的财政委员会，估计就没有这种影响力了。

6.2.2 瑞典的财政政策委员会

瑞典财政政策委员会的组建比美国国会预算办公室要晚得多，是在2007年才建立的。[②]其建立的部分原因，是为了防止再度发生像20世纪90年代那样影响全国的极端财政危机。瑞典财政政策委员会是一个政府机构，由八位委员

---

① 详见利纳特(2005, p.23)。

② 以下讨论基于卡尔弗兹(2010b)。

组成——六位是学界中的经济学家，另外两位是前政治家。财政政策委员会成员履行他们的职责，除正常工作外，名义上每月有固定津贴。有四位专职人员辅助他们工作。财政政策委员会通过聘用外部顾问的方式来增补人员，以形成报告。财政政策委员会的成员也负责报告的起草。

瑞典财政政策委员会有相当广泛的职责，具体如下（卡尔弗兹，2010b，pp.7－8）：

- 评估政府财政政策目标达到了何种程度。这些目标包括长期可持续性、盈余目标，中央政府的支出上限，以及与经济周期状况相一致的财政政策。
- 评估经济发展是否与健康的长期增长以及可持续的高就业相一致。
- 考查政府预算议案和春季财政政策议案的清晰度，特别是关于给出经济政策立场的理由和政策建议的动机。
- 监督和评估政府经济预测的质量及潜在的模式。

瑞典财政政策委员会唯一正式的报告要求是编制年度报告，自2008年开始公布。这些报告包括委员会对政府政策的诸多批评，涉及诸如财政刺激和失业保险改革等问题。他们还批评了一些政府经济报告的实践。除这一正式报告外，瑞典的新闻媒体经常报道委员会分析的结果，并就全年视角的经济和预算问题，采访财政政策委员会成员。当制定替代的经济政策时，反对派也使用财政政策委员会的分析。

根据瑞典财政政策委员会的简单经历，可得出几项观察结果：

- 给予了其广泛的职责，但实际上财政政策委员会的资源非常有限，全部预算大约700 000欧元（约875 000美元）。因此，财政政策委员会被很好地定位于对其他机构的分析做出评论，但却没有足够的资源进行更多独立的研究。例如，它不能进行独立的宏观经济预测。
- 与美国国会预算办公室不同，在很大程度上，瑞典财政政策委员会依赖于学者对总体政策方向的把握和其报告的写作水平。因为财政政策委员会成员有独立于其委员会职位的全职工作，单个成员的活动和意见可能被采纳，以看作是委员会的立场，这有可能是真实的，也可能不是真实的。委员会中前政治家的存在增加了其合法性，并改善了其报告的可读性。

• 尽管起初认为（对财政委员会的争论认为），相比政府，财政政策委员会持更为保守的财政政策立场，而事实上财政政策委员会有时会倡导更为激进的财政政策。财政政策委员会不满于政府政策，已经成为它与财政部门关系紧张的原因之一，这已经威胁到了财政政策委员会，可能遭受预算削减。反之，财政政策委员会声称，如果它是一个议会办公室，其独立性会更有保证。

• 在瑞典，财政政策委员会对财政政策有明显的影响，但判断其影响还为时过早。财政政策委员会的有限规模以及预算，是否限制了其充分有效的能力，这仍是个未决的议题。但问题似乎不大，在其短暂的生涯中，财政政策委员会由于其独立、高质量的分析，而很快在国内和国外获得了声望，并且作为其他国家应该仿效的财政委员会的例子，而经常被提及。

6.2.3 美国国会预算办公室和瑞典财政政策委员会之比较

美国国会预算办公室和瑞典财政政策委员会在某些方面颇为相似，而在其他方面又大相径庭。两个机构显然都有保持独立性声音的目标。对于美国国会预算办公室，这意味着独立于政治影响，其许多最有争议和最引人注目的分析，回应了总统的政策提议，这一事实证明了这一点。对于瑞典财政政策委员会，意味着它独立于政党或权力联盟。此外，两个机构似乎由于合理、无党派的分析而赢得了声望，与不存在这类机构的情况相比，它们并没有产生更为激进的政府赤字立场。

可以看出这两个机构之间的许多区别。美国国会预算办公室的职责是提供可替代的宏观经济预测、预算基线，成本估计需要有更多的内部技术分析能力。实际上，美国国会预算办公室重点强调成本估计，在这方面可以感受到它的巨大影响，这是两个机构职责中最具代表性的区别。考虑到两个机构规模的差异，以及财政制度的复杂性，美国国会预算办公室需要更多的人员。此外，两个机构人员的配置方法实际上也不同，瑞典财政政策委员会更多地依靠兼职顾问，而美国国会预算办公室几乎完全依赖专职人员。

6.3 问题和挑战

财政委员会的讨论并未直接解决某些问题，但在应对全球金融和经济危机遗留的重大财政失衡中，如果财政委员会成为其政策组合的一部分，那么这些问题就是相关的。

*是否有必要将财政委员会与财政政策结合起来？*单凭监督和财政绩效报告，财政委员会就有潜力制定更加有效的运作良好的规则。例如，对自由裁量权的不当使用进行限制，从而改善财政结果。同样，通过提供评估财政绩效的标准，财政规则应该使财政委员会能够做出更明确的判断。财政委员会与规则能否很好地协调运作，还言之过早，部分原因在于，在财政绩效规则效果方面，迄今为止证据尚不清楚，很难评估它们的因果关系。此外，如果政府总是设法绕开规则，最终就必须依赖金融市场和选举制度来约束政府。那么，问题是财政委员会如何致力于财政约束，而不仅仅是使规则更为有效。这取决于针对以下问题的回答：

*财政委员会有助于金融市场和选民更有效地约束财政政策吗？*市场约束不能很好地发挥作用，是因为它没有足够的前瞻性。正如希腊发生的情况，它最终发挥了作用，但需要强调的是，在过去，为何金融市场对于不良政策及其结果的累积记录，反应总是迟缓且剧烈，而未能在政策和结果恶化时，以更快和更具测量性的方式做出反应。其中一个原因可能是，在许多国家，持续且及时地监督财政发展，其成本太高，即便像经济合作与发展组织、国际货币基金组织以及欧洲委员会那样有监督职责的组织，也是如此。因此，财政委员会可以通过提供定期更新的财政绩效信息，使市场约束更为有效。通过提供相关的财政政策信息，这些更新能够使财政状况更加透明，因为金融市场并非监控财政进展，而是监控监督者的财政政策报告，财政委员会就扮演了监督者的角色。[①]

---

① 即使没有财政委员会，相比以往，国际货币基金组织和欧洲委员会也在发布更多的欧洲发生危机的国家有关财政政策的信息，并且市场迅速回应了有关财政进展的新闻（有些人也许说是反应过度）。财政委员会能够保证，在危机过后，同样多的信息对更多的国家仍然有效。

同样，获得较好的信息使得选民可以培养自己对财政政策事宜的理解，并且政治家也明白，选民能够很好地使用投票箱，以惩罚不好的财政绩效，并奖励良好的财政绩效。这样一来，财政委员会就有助于加强民主问责制。如果因为财政政策的独立分析成为标准范式，金融市场和选民的判断变得更加有效，那么规则就不大可能被当作是财政约束的独立来源，而应是作为财政绩效评判基准的明确的财政政策意图声明。换句话说，规则的作用（辅之以财政委员会的帮助）在于，促进透明度，帮助金融市场和选民做出判断。

*财政委员会应该发挥稳定性作用吗？*虽然财政委员会能够做出关于给定经济的周期性状况，以及财政政策立场是否适当的判断，但并不直接涉及某些财政当局提议中所设想的稳定性。这没有解决众所周知的自由裁量的稳定问题，特别是在经济状况良好时的顺周期性。然而，将“雨天”或稳定基金的短期管理作为财政委员会职责的一部分，是值得考虑的。例如，为应对稳定需要，财政委员会可以提供以下建议：迅速启动这类资金、逆向改变关键税率或支出项目。这种方法以更及时的、临时的和定向的方式，提供了有助于自由裁量稳定运作的实际措施，融合了独立性投入（independent input）和民主问责制。然而，尽管对稳定措施的最终决定，不可避免地取决于政府，但当涉及有限税收和支出决定时，财政委员会似乎也很像一个财政当局。

*财政委员会对支出效率有什么影响？*当关注财政约束时，容易忽视支出效率，然而提高效率是大多数政府的关键目标。虽然财政委员会没有将支出效率作为其职责的一部分，但其行动可以提高效率，因为财政约束和支出效率密切相关。[①]不能专注解决财政失衡及其广泛宏观经济后果的政府，可能更关注财政政策的微观经济方面，包括支出效率。[②]此外，针对具有中期影响的支出，财政稳定性制定了合理的决策，提供了适当的背景，尤其是在中期预算框架之

---

① 虽然一些财政委员会负责新政策的成本核算，但并不意味着能够及时地评估。财政委员会关心的是项目成本的低估会对财政约束有何影响。

② 有时认为财政困境促进寻求效率提升，但记录表明，财政调整的负担可能主要落在生产性支出上，特别是公共投资上。

内。支出效率是一种难以捉摸的目标，其原因之一在于，财政约束本身已然被证明是难以捉摸的。因此，即使支出看门人的角色应该留给别人，比如国家审计署和相关议会委员会，财政委员会仍旧可以对财政约束和支出效率做出贡献。

*其他机构能够扮演财政委员会的角色吗？*显然，其他机构常常行使一些财政委员会的功能。国家审计署、研究机构、国际组织，甚至中央银行，都这样做过，通常还做得相当好。可是，专业化提供了效益，对于国家审计署而言，财政咨询的功能只是一个副业，往往也就难以很好地适应他们的分析视角或配置人员以执行这些功能。国家审计署将精力放在其传统的财政和绩效审计上，这可能会更好。此外，如果财政委员会是唯一承担相应功能的组织，如果这个组织在政府内部，以便它可以在财政政策规划和实施中（特别是在预算过程中）发挥正式的作用，那么其政治上的合法性和影响将会更大。可是，这个议题一定要放在国别范围内讨论。

考虑哪种现代公共管理实践是适合的，以及如何最好地实行那些措施，是存在高昂成本的，只有存在运作良好的财政制度和良好技术能力的发达国家与新兴市场经济体，才能够承担得起。而许多发展中国家却负担不起。虽然它们确实可以从财政政策的独立审查中受益，但这可能不是其最佳选择，即使它们对此感兴趣，可能也无法进行高质量的投入。在这种情况下，相关的局外人就应该考虑，在什么时候，在何种情况下，这一改革可以比其他改革具有更为显著的不同。针对外部视角需求的明确回应，也应适合国家的要求和机会，并且可能很难建立一个财政委员会。[①]

① 这样，如果增加预算的现实性是一个优先事项，并且不良的预测导致预算和结果之间偏差较大，那么预测咨询小组可以提供关于经济和财政展望的独立观点。当出现新的财政优先事项时，这一方法可以逐步扩展，直到巩固财政委员会独立审查财政政策的责任，成为逻辑上的下一步。

6.4 结论

关于创立独立的财政机构，最有说服力的理由是，它们将客观性引入预算过程，以审查政府的两种倾向：追求财政上无法持续的政策，做出有关这些政策效果的乐观假设，或许这两种倾向同时存在。这种状况可以通过客观视角的存在而得以缓和，比如财政委员会。但也不要过分吹嘘独立机构的好处，或让它们淡化政府经济政策的专业知识。要弄清楚财政委员会对财政结果的影响，还为时过早，而且这类证据可能很难发现。此外，特别是在发展中国家，经济和预算专业知识可能已经很丰富，重要的是，不要通过减少财政部的关键技术人员来创立财政委员会，这些人对于成功实施财政政策是必不可少的。

参考文献

Bayoumi, Tamim, Vladimir Klyuev, and Martin Mülheisen, eds., 2007, *Northern Star: Canada's Path to Economic Prosperity*, IMF Occasional Paper No. 258 (Washington: International Monetary Fund).

Calmfors, Lars, 2010a, "The Role of Independent Fiscal Policy Institutions," report to the Finnish Prime Minister's Office (Helsinki).

——, 2010b, "The Swedish Fiscal Policy Council—Experience and Lessons," paper prepared for Conference on Independent Fiscal Institutions, Budapest, Hungary, March.

Debrun, Xavier, David Hauner, and Manmohan S. Kumar, 2009, "Independent Fiscal Agencies," *Journal of Economic Surveys*, Vol. 23, No. 1, pp. 44 - 81.

Debrun, Xavier, and Manmohan S. Kumar, 2008, "Fiscal Rules, Fiscal Councils and All That: Commitment Devices, Signaling Tools, or Smokescreens?" *Proceedings of the Ninth Banca d'Italia Workshop on Public Finance* (Rome: Banca d'Italia).

European Commission, 2006, "National Independent Institutions," in *Public Finances in EMU* (Brussels).

Giugale, Marcelo, 2010, "Fiscal Quality: A Developing Country Perspective," in *The Day after Tomorrow: A Handbook on the Future of Economic Policy in the Developing World*, ed. by Otaviano Canuto and Marcelo Giugale (Washington: World Bank).

Hagemann, Robert, 2010, "Improving Fiscal Performance through Fiscal Councils," Economics Department Working Paper No. 829 (Paris: Organisation for Economic Co-operation and Development).

Hemming, Richard, and Michael Kell, 2001, "Promoting Fiscal Responsibility: Transparency, Rules and Independent Fiscal Authorities," in *Fiscal Rules*, papers presented at the Banca D'Italia Research Department Workshop, Perugia.

International Monetary Fund (IMF), 2007, "Code of Good Practices on Fiscal Transparency" (Washington). Available via the Internet: http://www.imf.org/external/np/fad/trans/code.htm.

——, forthcoming, "The Functions and Impact of Fiscal Councils" (Washington).

Joyce, Philip, 2011, *The Congressional Budget Office: Honest Numbers, Power and Policymaking* (Washington: Georgetown University Press).

Kopits, George, 2011, "Independent Fiscal Institutions: Developing Good Practices," *OECD Journal on Budgeting*, Vol. 11, No. 3, pp. 1 - 18.

Lienert, Ian, 2005, "Who Controls the Budget: The Legislature or the Executive?" IMF Working Paper 05/115 (Washington: International Monetary Fund).

Schick, Allen, 2007, *The Federal Budget: Process, Politics, Policy*, 3rd ed. (Washington: Brookings Institution Press).

第7章　探求结果：公共部门绩效的提升

特里萨·克里斯汀　苏珊娜·弗琳

在过去20年间，通过引进诸多改革举措（包括绩效测度、绩效管理及绩效预算），政府试图提高公共部门的绩效。这些改革都依赖于绩效信息（PI），因为信息对于衡量、评估和提升绩效而言都是必不可少的。目前，发达经济体的政府已然能够比以前提供更多的绩效信息（绩效衡量和评估）。许多政府还力图将绩效信息引进预算编制、计划和问责的过程之中。如果信息仅仅应用于决策过程，它就只能改进绩效，但信息并不应仅止于此。最初的设想是：更多且更好的信息，将为决策者提供正确的动机，从而改变决策行为，但经过实践检验，并非在所有情况下都会发挥这种作用。较之在管理中应用绩效信息，在预算中将绩效信息的使用作为一种常态，则更具挑战。

然而，需求和供给因素正在对政府施加压力，促使政府在绩效监督和改进上更有作为。与40年前相比，大部分国家的选民都受过更多的教育，他们对于服务质量和政府责任有着更高的期望。私营部门的服务质量已经随着通信和信息技术的改进而提高，经常提供全天24小时都可以获取的信息和服务。公民也正在期待来自公共部门的更高质量的服务，要求政府不仅改进服务的质量，而且还能提供量身定制的服务。另外，许多国家的公民正在要求政府更负责任地花费纳税人的钱财。与这种现象伴生的是公民对政治家和政府的不信任，而且这种不信任被全球经济和金融危机放大了（道尔顿，2004）。这使政治家感到必须做出努力，并产生明显的效果，从而向公众展示他们是负责任的。

预算约束已经在供给侧形成了压力。自从第二次世界大战之后经济繁荣以来，许多发达经济体开始面临着财政赤字、疲弱的经济增长以及医疗卫生和养老金支出负担的增加。政府面对这些财政压力，已经开始改进公共部门的绩效，试图以较少的资金来完成更多的任务。既往的一些经济危机，就曾激发过政府引进绩效改革。例如，20世纪80年代的瑞典、丹麦和90年代末的韩国。最近的危机可能会产生同样的效果。

本章关注于政府如何寻求改进公共部门的绩效，以及这些方法在未来如何能够产生更多的效益，将特别重视那些经验丰富的发达经济体的经验。本章专注于运用预算和其他公共财政管理过程的改革。第一节简要讨论了在一个更广泛的范围内改进绩效的途径。第二节考查了绩效改革和公共财政管理系统之间的联系，并概要描述了公共财政管理工具以及发达经济体提升效率和有效性的趋势。第三节讨论了一些国家贯彻这些举措的经验及其所面临的关键问题和挑战。第四节探求构建有关绩效预算所产生的效果的持续性争论，以及在此过程中消除围绕这些举措的一些谬见。最后一节讨论了最近的财政刺激期间对绩效信息的使用，以及绩效信息用于财政整顿的一些国家经验。

7.1　在更广泛的范围内改进绩效

“绩效运动”有着很长的历史，以前也有过几次类似的运动（雷德本，谢伊，布斯，2007）。当前绩效改革的浪潮是随着“新公共管理”的兴起而在25年前开始的。在这个标签之下，许多国家进行了大量的改革，包括绩效评价、绩效管理[①]、绩效预算、绩效审计、绩效合同、绩效工资、政策和计划评估、战略和支出审查，以及标杆管理。最主要的目的是将政府管理、预算和问责系统，从投入和合规性的控制取向，转向实质性的结果控制。绩效运动的拥护者宣称，这些改革提升了公共部门的效率、受托责任以及透明度。

在广泛的持续时间和范围上，在以计算机为基础的通信和信息技术背景下，当前的改革浪潮不同于以往的改革，具有更广泛的时间和空间范围，并且运用信息技术和计算机进行沟通。绩效改革无处不在，特别是绩效评价、管理以及绩效预算（一种程度更小的绩效改革）。它们不仅存在于大部分发达经济体中，而且还扩展到许多新兴市场经济国家和一些低收入国家。这些改革还被不同程度地引进许多发达的和新兴市场经济体的地方政府之中。

发达经济体已经进行了多种多样的改革，以提高绩效和服务质量。这里没有单一的方法，因为许多国家采用的改革，是适应其各自的历史、政治以及制度环境的。政府的各种举措包括了机构整合（合并各部委、建立机构和共享服务）、改革提供服务的性质（一站式服务，电子政务）、向较低层级的政府下放权力并提供服务、精简政府服务、引进市场竞争机制（合同外包、内部市场、私有化、公私合作伙伴关系），在提供公共服务中向公民提供更多的信息和选择。[②]

相比公共财政管理而言，绩效改革在更多方面是与更广泛的公共管理体系相关的。改进绩效不仅涉及公共财政管理，绩效还会受到人事、组织、问责系统和各部门的公务员文化的影响。不考虑广泛的公共部门的影响，就难以提升效率或有效性。

---

① 绩效管理可以宽泛地定义为，绩效信息在改进公共部门绩效中的应用，包括制订战略计划、人力资源管理以及预算编制。经济合作与发展组织（1996）更严格地将绩效管理定义为，建立起在计划或组织起来的绩效目标和指标之下的管理周期，让管理者灵活地实现这些目标和指标，衡量和报告实际的绩效，并且将这些信息融入运作、设计、提供资金以及奖励和处罚的决策之中。

② OECD（2005）介绍了OECD成员国的公共部门的改革趋势。

7.2 绩效改革和公共财政管理

尽管承认前述举措的重要性，但本章的研究重点则在于，在预算和公共财政管理过程中，那些致力于提升绩效的改革。促使绩效改革与财政管理相联系的原因有很多。其中之一就是，所有的部门都必须参与到预算过程中来：在预算准备阶段，绩效信息促使机构开发和改进相关信息，并利用绩效制订计划、申请及分配资金的决策；中央预算机构（central budget authority，CBA）可能会利用绩效信息来制定预算决策，并监控支出部门和机构的进展，敦促相关部门对预算结果负责。总之，预算决策者对于计划结果的关注，可以激励机构负责人和管理者采取改进绩效的行动。然而，仍然存在这样的风险：预算过程和其他公共财政管理系统容易被资金和财务控制所主导，绩效问题可能被边缘化或不予考虑，特别是年度预算所施加的时间限制。

在公共财政管理框架内部，政府采取了一系列工具来致力于改进效率和有效性。这些工具包括绩效评价（产出和效果措施）、绩效预算、规划和政策评估以及支出审查。本部分将考查OECD各成员国使用这些工具的趋势。

7.2.1 绩效评价

绩效评价是一个监督和报告组织或项目绩效的过程，尤其是衡量达到预先设定目标的进展情况。监控和记录机构绩效的绩效评价框架，既可以是预算过程的一部分，也可以在预算过程之外。政府开发了不同类型的信息来评价绩效，包括绩效测度、绩效指标以及标杆管理。

绩效评价是由80%的OECD国家提出的，并且可以用来衡量过程、产出（生产或提供的商品或服务）以及效果（活动的最终业绩）。大多数国家同时开发了两种评估方法：产出（90%）措施和效果（73%）措施（OECD，2007）。OECD各国实际形成的产出和效果措施数量各不相同。例如，芬兰提供了大约300项产出和50项效果评估措施。差不多3/4的OECD成员国，在预算文件中包含绩效数据。然而，支出与具体绩效指标的相关程度却各不相同。据报道，法国在预算中包含了600项绩效指标，并且超过90%的支出同特定绩效指标相衔接。墨西哥在预算中包含350项绩效指标，并且有不到31%的支出与绩效指标衔接（OECD，2007）。

大约30%的政府使用了标杆管理，以衡量公共部门的相应绩效（例如，医院或学校）或状态。例如，英国使用排行榜对学校和医院的绩效进行排序。[①]*澳大利亚政府服务的审核*也使用了标杆管理，对各州所提供的14项公共服务中的绩效和效率进行比较。丹麦和挪威还使用标杆管理，来比较各地方政府和自治市的绩效与效率，瑞典使用该方法来评估医疗卫生服务提供的质量和效率。

7.2.2 绩效预算

绩效预算涉及在预算准备与决策中所包含和使用的绩效信息（绩效测度和评估）。在20世纪的第一个10年，更多的OECD国家开始发展绩效预算系统（如奥地利、波兰、韩国）或修改（和修正）现有的系统（如加拿大、英国、美国）。截至2011年，几乎70%的OECD成员国，已经形成了针对支出部门的标准绩效预算框架。[②]

绩效预算的模式并非只有一种。文献中的定义集中于三种类型：呈现式的（presentational）、告知式的（performance-informed）以及直接的（direct）绩效预算（参见专栏7.1）。OECD国家中应用最为普遍的绩效预算模式，是告知式的绩效预算。在该模式下，绩效（或者预计实现的或者实际的结果）和资金提供之间，并没有机制性的或自动的联系。绩效信息与其他信息一道，被用于经济、政治以及政策的优先级上，为预算过程提供更多信息，但并不决定预算分配。绩效预算的重要程度取决于政策领域、信息的有效性以及政治和经济环境。

告知式绩效预算要求包括这样一些内容：为政府支出建立战略目的和目标，发展绩效信息以衡量和评估结果，以及正式地将绩效信息融入预算准备过程和资金分配决策之中。几乎所有的OECD国家都开发了绩效信息，并且许多国家通过

① 这些排名表是有争议的，因为它们未能解释不好的或好的绩效之成因。补充原始数据并予以更详细的解释是非常重要的。

② 结论系根据2011年的一项关于绩效预算的调查得出的，34个OECD个成员国中，有31个国家和俄罗斯联邦参与了这项调查（OECD，2012）。

调整或添加新的规程、改变计划或产出–结果预算分类等做法，将绩效信息整合纳入预算过程中。已经采用了产出–结果预算分类的国家有澳大利亚、新西兰、瑞典以及英国。许多政府改变了规程，在中央预算机构和支出部门之间的预算协商中，以及部门及其下属机构之间的预算协商中，都将绩效信息囊括其中。

大约77%的OECD国家表明，评估报告已经成为中央预算机构和支出部门之间预算讨论和协商的一部分，并且67%的成员国结合指标来应用绩效。[①]尽管这些国家正式要求在预算协商中运用绩效信息，但并不意味着需要在所有情况中、在所有部门和机构中都使用绩效信息。如图7–1所示，绩效信息的覆盖范围差异甚大。例如，其中8个国家，在与超过80%的部门的讨论中，使用了针对指标的绩效信息，但有6个国家仅在20%或更少的部门中使用绩效信息。

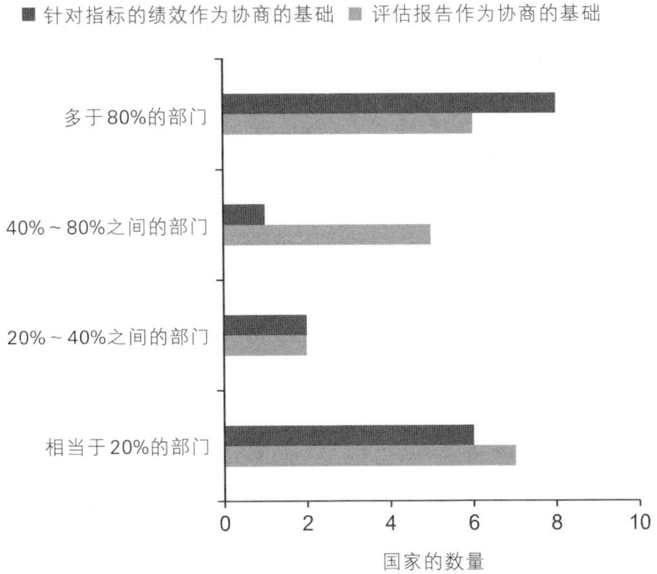

图7–1　将绩效信息用于与中央预算机构进行协商的支出部门比例

资料来源　经济合作与发展组织（2007a）。

① OECD(2007a)中的问题83。

图7-2展示了中央预算机构和各部门在决策中使用绩效信息的不同方式，包括针对监督、预算编制和分配三种目的，其中绩效信息通常用于中央预算机构和各部门的决策。

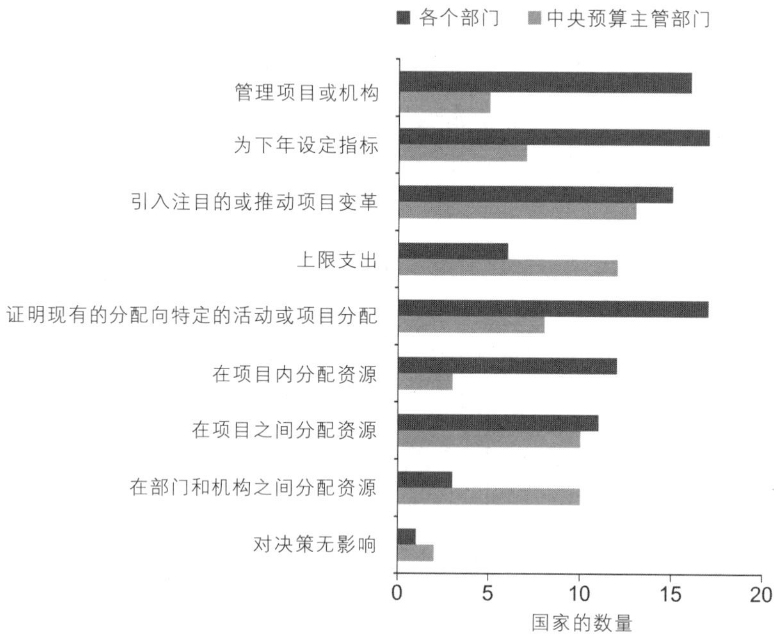

资料来源 经济合作与发展组织（2007a）。

图7-2 中央预算机构和各部门使用绩效信息的用途

最为常见的是，中央预算机构将绩效信息用于推动项目的调整，往往伴随着支出削减以及在部门与机构之间分配资源。2007年的时候，支出部门很少使用绩效信息，而且往往出于三种情况才使用绩效信息：证明对具体规划和活动的现有分配之正当性；出于计划的目的，为下一年设立指标；管理规划和机构，并敦促规划的变化。到了2011年，支出部门开始应用绩效信息来进行项目配置，并针对支出、策略计划以及优先权拓展新的应用领域（OECD，2012）。研究表明，与中央预算机构相比，在支出部门与其他机构的磋商中，更多地使用绩效信息（OECD，2007）。通过机构的绩效协议和合同，将绩效信息整合纳入预算准备过程，是一种常用的方法。这种方法在具有执行机构的国家中得到应用，如新西兰。

专栏7.1　绩效预算的定义

下面讨论绩效预算的不同模式和方法——呈现式的绩效预算、告知式的绩效预算，以及直接的绩效预算。

呈现式的*绩效预算*。绩效信息存在于预算文件或其他政府文件中。信息可以涉及指标或结果，或者两者均涉及，并且包括某些背景信息——问责制、立法者及公民关于公共政策议题的对话。绩效信息在决策中不具有正式的作用。

告知式*绩效预算*。在这种绩效预算模式中，资源间接地涉及计划的未来绩效或既往的绩效。在预算决策过程中，绩效信息确实非常重要，但并不决定资源分配的数量，在决策中也没有预先设置的权重。绩效信息与其他信息一同使用，以使决策过程拥有更多信息。大多数在预算过程中使用绩效信息的OECD国家，都采行告知式的绩效预算。

直接的绩效预算。直接的关联包括：根据取得的绩效以及广义产出，来直接且明确地分配资源。这种绩效预算模式只在特定的部门和为数不多的OECD国家中使用。在系统性的整个政府规模上，并不推荐将融资与绩效结果进行直接或紧密的联系。

资料来源　OECD（2007b）。

7.2.3　项目和政策的评估以及支出审查

OECD国家在操作项目和政策评估方面有很长的历史。在2007—2008年，超过80%的OECD国家报道了评估的操作。图7-3提供了由中央预算机构、财政部及支出部门开发的详细的评估类型。支出部门比其他实体实施了更多的评估举措，而且它们对进行中的项目实施了最为频繁的评估。这些评估可以用在预算准备过程期间或者预算过程之外。

许多国家也进行了开支或支出评审。这些评审在许多方面有别于传统的项目和政策评估。评审由中央机构（中央预算机构、财政部或首相办公室）领导；得到了更广泛且普遍的多国政府的关注；并且不仅倾向于集中改进效率和有效性，而且还关注支出的优先顺序、再分配和削减方面。在2011年，15个OECD国家报道了指导性支出评审。

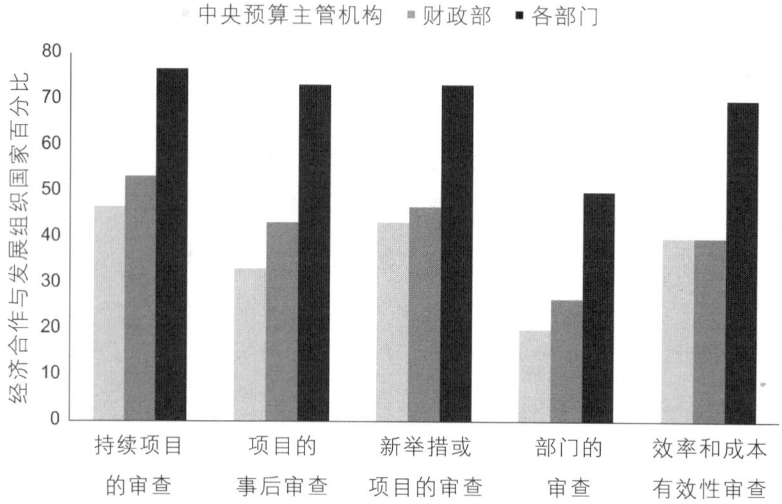

资料来源　OECD（2007年a）。

图7-3　由中央预算机构、财政部和支出部门委任和（或）指导的评估类型

支出评审可以是专设的或系统的，并且可以集中在所有政府部门或经过挑选的策略政策、功能或领域中。1994年，加拿大的项目评审属于专设的评审，评审涉及所有的政府部门，并聚焦于支出削减。自20世纪90年代末以来，英国系统地推进综合性支出评审。首先，在1998年，评审涉及所有的政府部门，并将资源按照优先级别重新分配，以提升效率。随后的评审每两年到三年进行一次。支出评审也可以集中在经过筛选的政策或功能上。例如，荷兰部门间的政策评审就着眼于特殊的政策领域，包括社会福利和劳工政策。

开展评审的动机有所不同，包括具有不同政治优先顺序的新政府就职、需要重新分配的新政策，财政压力对结余形成要求，或作为更广泛的改革努力一部分的效率和有效性的提升。评审不一定主要集中于支出削减。澳大利亚的策略性评审，就将重点置于经过挑选的政策领域或项目上（如气候变化项目），重点改进它们的绩效和有效性。美国项目评价等级工具（PART）由美国管理和预算办公室（OMB）监管，通过评估项目的目标、设计、计划、管理、结果以及责任，在四年的周期中，重点评估所有联邦项目的有效性。然而在财政紧张时期，支出评审倾向于重点关注预算结余。这些问题将在7.5节中进行详细的讨论。

7.3　关键的问题和挑战

对于改进公共部门效率和有效性的需求，如果存在着广泛的一致性意见，并且相关工具又是普遍有效的，那么缘何实现这一目标却是如此之困难呢？许多国家宣称启动了改革或已然通过了立法，但是在具体实施中，在将这些工具整合到预算、管理和问责制系统中，仍然面临着挑战。实施改革不仅意味着推进其技术状态，而且还要改变关键人员的行为，引导他们去关注结果。这些挑战已经在其他文献中进行了讨论（OECD，2007a，2007b）。本节专注于三个问题：（1）改进绩效信息；（2）开发激励框架，以激发支出部门和机构改进结果；（3）政治家参与到改革中来，并鼓励他们使用绩效信息。

7.3.1　改进绩效信息

许多政府正在努力设计（产出的和效果的）评估方法，并改进绩效信息的质量、可信性、相关性与及时性。至少自1995年以来，40%的OECD成员国已经有了产出评估方法，并且这些方法在教育、卫生以及运输业中得到了很好的发展。然而，许多国家仍致力于克服准确衡量政府活动多样性的困难，特别是那些无形的任务——如外交政策建议。虽然大多数OECD国家致力于开发测度效果的方法，但测度效果远比测度产出复杂。不受服务提供者控制的外部因素会影响服务效果，而且也难以将某些效果归因于特定的项目或活动。因此，让服务提供者对结果负责的做法存在着一定的问题。对于产出和效果，及时地形成基线信息，并维护用于提供高质量的数据系统，也是一种挑战。

许多国家还遇到了计划与政策评估的质量和及时性的问题。财政部频频抱怨支出部门的评估质量很差，经常是支持而不是质疑相关计划，很少能够解决实质性的问题，也不能及时用于预算决策。这确实很难兼顾各方，因为支出部门拥有可以支持高质量评估所需要的信息，但也会为了既得利益而想要确保评估结果对自己有利。

尽管已经产生了大量的绩效信息，但改进质量仍然是一种挑战。在国际层面和国家层面上，针对产生优质的绩效信息，存在着大量的指导方针。然而，建立中央指导方针并不能自动地改进质量。有必要监督这些指导方针在各支出部门和机构的实施情况，并比较跨机构报告的质量。

2009年的一项研究凸显了样本国家的支出部门绩效报告质量的变动性（波义尔，2009）。例如，经过对澳大利亚三个部门（农业、卫生和运输）的考查，发现不到40%的指标是定量的，只有30%建立了指标，并且只有20%拥有与这些指标相关的基线数据。没有指标和基线数据，就难以评估绩效中的变化和进展。其他发达经济体已经注意到，在改进其支出部门报告的质量时，也存在类似的问题。

许多国家已经找到了解决问题的方法，那就是通过独立的审查指标以及监督、报告系统来提高质量。在一些国家中，最高审计机关已然尝试着改进绩效信息的有效性和质量。例如，新西兰审计署开始着手对绩效信息的质量和使用情况进行审查。在美国，一家私人部门机构在审查政府绩效报告中发挥着作用。[①]其他关于这方面的努力也在逐渐增多，包括让独立的专家参与到评估过程中，避免只有支出部门参与评估的情况。绩效信息的用户应该了解绩效信息的局限性，还要知道开发实用的绩效信息需要几年的时间，因为就许多发达经济体的经验以及国家及地方政府层面的经验而言，这个时间被低估了。

7.3.2 形成正确的激励措施组合

长期以来，改革者面临的问题在于：改变各利益相关方的行为，进而改进公共部门绩效。任何奖励制度的基本假设是个人、群体或者组织均因获得奖励和避免处罚之可能，而受到激励。可以应用许多工具以在公共部门中产生激

---

① 从1999财年到2009财年，位于乔治梅森大学的莫卡特斯中心评估了所有联邦机构的绩效报告，以考查它们将信息传递给国会和公众的反应。

励，包括工资、职业前景、预算、点名批评、管理上或财政上的灵活性、合法的奖励以及竞争和市场压力。[①]在这些工具下创立的奖励机制，可能是明确的抑或含糊的、积极的或者消极的。本节讨论中央机构（和支出部门）可以使用的三种工具（预算、管理上的灵活性、点名批评），用于激励支出部门和机构改进绩效。

使用预算激励绩效的提升

如前所述，绩效信息大部分被中央预算机构和支出部门用于预算协商，旨在制订计划、分配预算以及监督。传统的预算协商包括有讨论部门期望得到什么样的分配。通过绩效考核或指标，使得这些期望更明确，绩效预算系统将这种讨论变得正规化。这种策略为部门在各自的预算准备中应用绩效信息创立了激励机制。很多时候，部门使用绩效信息来为项目分配资源，并向中央预算机构证明新的和现有支出的正当性。然而，中央预算机构希望增加的支出和新项目可以带来物有所值的结果。中央预算机构使用绩效信息进行监督和问责，可以建立隐性奖励，来鼓励各部门和机构关注绩效结果和存在问题的领域。如果绩效指标未被满足或项目评估结果不好，中央预算机构将进行更集中的项目监控，通过变革来推动。

理论上，可以根据协商的指标或事后评估的绩效，自动地增加或减少预算。实际上，通常许多国家并不根据单独的绩效结果，机械地减少或增加机构（或项目）的预算。在大部分国家的政府层面，绩效信息只是为预算决策提供更多信息，不能决定预算分配。中央预算机构很少根据绩效信息做出取消项目或支出的决定。虽然中央预算机构和支出部门确实会使用绩效信息削减业绩不佳项目的支出，但它们很少这样做。只有5个OECD成员国报道过：它们的中央预算机构有超过40%的频次采取过此类行动。[②]这个低比例反映出许多原因，包括获取高质量绩效信息存在困难。将预算自动与结果相联系，会激发操纵数据的动机。即使优先项目的绩效表现不佳，也不太可能削减项目支出。在

① 参考伯恩和胡德(2010)对不同类型奖励和工具的详细讨论。

② 经济合作与发展组织(2007)中的问题85。

一些情况中，缺乏资金确实是绩效表现不佳的原因之一。

直接的绩效预算和绩效奖励制度

政府也在探索明确且积极的财政激励机制，以促进绩效的提升。直接的或公式化的预算（参见专栏7.1）是上述讨论的例外情况。这种类型的预算，使用公式自动地将资金与产出相联系。它不会在广泛的政府层面上应用，只是在特定的部门中使用，主要是教育和卫生部门，特别是相关类别的群体。这些直接的或公式化的绩效预算系统，要求详细且优质的绩效和成本信息，但这些信息的获取有些困难。它们在教育和卫生部门中的应用效果受到广泛的争论。虽然这些信息被认为能够增加产出，并且有时能够改进效率，但这要取决于具体的项目设计，[①]它们对服务质量和成本控制的影响也受到关注。

另一个政府正在应用的积极财政激励措施，是绩效奖金或填补计划（top-up schemes）。在这些情况中，组织或国家会因达到了绩效指标、实现绩效改进或在所选领域和项目内实施体制能力建设而获得财政奖金。虽然目前缺乏关于这些方案的详细的各国比较研究，但存在着一些国别层面的案例（参见专栏7.2）。

为提高与资金提供紧密相联的绩效而建立的财政激励，具有产生不正当激励的风险。对于直接的绩效预算系统，由于所有提供的资金均由绩效结果决定，因此该系统的风险比绩效奖励机制的风险更为明显。此外，不正当激励还会导致舞弊、目标错置（只关注所衡量的目标）以及博弈[②]，即歪曲绩效指标或数据。

专栏7.2 绩效奖金方案的案例

将绩效指标的成就与绩效奖金直接联系的方案包括：美国运输部的公路安全带计划，这个计划奖励在改进安全带使用中达到指标的各州；还有英国的地

① 参考史密斯(2007)对卫生部门方案的研究。

② 贝文和胡德(2006)将“博弈”定义为被动的颠覆，如“达到目标和忽视重点”或降低不使用指标的项目的绩效。著名的博弈问题包括棘轮效应(ratchet effects)、门槛效应(threshold effects)以及产出扭曲。

方政府公共服务绩效协议，如果至少60%的地方当局达到绩效指标，依据协议，就将针对能力建设提供补助金，并且由中央政府提供额外的资金。澳大利亚的国家伙伴关系系统，将绩效指标的成就与联邦提供给各州的补助金和奖励基金联系起来。在2010年之前，英国的国民医疗保险制度向医院支付奖金，奖励就诊等待时间的缩短和4个小时内处理急诊病人人数的比率（克尔曼和弗里德曼，2009）。

奖金还与实现管理现代化和制度能力建设的改革相衔接，包括欧盟结构基金的4%的绩效结余；意大利的区域发展政策补助金（2000—2006年）；在美国，则有奥巴马政府的“竞争卓越教育计划”。

增加或者减少管理弹性，以刺激绩效

理论上，绩效管理和预算系统促使机构或管理者对结果负责，反过来，机构或管理者将得到更大的管理灵活性和宽松的投入控制（预算和人员），来实现这些目标。关于应该如何运作这种机制，存在着许多互相抵触的理论。理论之一认为，管理的灵活性应该是引进绩效预算和管理系统改革的一部分。理论之二要求，管理的灵活性应该是通过展示改进绩效而“挣得的”。理论之三认为，对投入控制的放松应该与绩效分开，并且根据具体情况决定，这取决于机构内具体的财政和管理控制。政府接受这种取舍的能力和意愿，会受到体制环境和各不相同的公共管理系统的影响。

实际上，不管采取什么方法，在增加管理的灵活性和放松投入控制上，OECD各国并没有形成清晰的模式。研究表明，样本国家的绩效预算改革都伴随着放松投入控制，尽管并没有显著降低控制的程度（安德鲁斯，2010）。然而，对美国经验的比较性研究表明，新的报告要求和信息技术系统不仅没有提高管理的灵活性，还加强了管理控制（莫伊尼汉，2006）。

通过减少投入控制和增加管理灵活性来奖励优秀的绩效表现的做法并不普遍，虽然英国在布莱尔和布朗执政下采用过这种做法：针对绩效提升的地方政府给予奖励，使之不受监督和中央政府的管制。当一项计划执行情况不佳时，中央预算机构（CBA）会频繁地加强监督和控制，以处罚不良的绩效表现。针对欠佳的绩效，政府还可能采取更强大的行动。例如，在美国，在《不让一个孩子掉队》(No Child Left Behind)法案中，持续表现不佳的学校可能会面临一系列处罚，包括开除员工和关闭学校。在这种特别的情况中，通过早期的处罚与技术援助或定向的资金援助，共同帮助绩效表现不良的机构发展其能力。

公开点名批评

自21世纪初以来，不管是作为预算文件的一部分，还是作为单独的绩效计划和报告，向公众发布的绩效信息数量已然显著增加。即使信息的质量存在差异，但公共信息确实提升了透明度。理论上，公布机构、项目、州、学校和医院的信息，可以凸显那些良好的表现，并迫使表现欠佳者提升绩效。它还可以在服务提供者中形成竞争以提升绩效，特别是当有众多不同的服务提供者可供选择的时候。

潜在的假设是，公民、外部机构以及利益群体对绩效信息感兴趣，并使用绩效信息来监督组织和推动绩效提升。[①]尽管这个主题正在研究当中，但很明显，在大部分国家中，公众对政府层面的计划和绩效报告的兴趣有限（波利特，2006）。公民最感兴趣的是对他们有直接影响的服务绩效，如卫生和教育，但是，与报道的绩效信息相比，公民如何评价这些服务，更多的是与他们接受相关服务的个人经历有关。为了部分实现公开绩效信息，许多国家正在寻求能够改进客户服务质量以及公民与一线雇员之间互动的方法。

在公务员中，公众对于良好绩效的认可（例如，一个奖励仪式、一封信件，或与部长的会面）也可以发挥激励作用。在合作的环境里，公认的绩效领导者（个人、群体或机构）可以交流看法、经验，以及其他人的最佳实践。

对于每个国家，正确的工具和激励组合，依赖于公务员在其中工作的更广泛的公共管理与治理的体制结构。这些系统有多个目标。例如，不仅会关注政府各级人事系统的绩效，而且还关注如何防止腐败、如何促进多样性和平等性。

---

① 参考世界银行(2010)关于公共部门的绩效是否影响公众对政府信任的讨论。

7.3.3 政治经济带来的挑战

改革者面临两种主要的挑战。第一，必须引导政治家为政策和项目设立清晰的目标。政治家经常受到指责，说他们设置模糊的和难以达到的目标。这可能是有意的，因为目标是政治妥协的产物；也可能是无意的，因为政治家缺乏设置目标的经验。在衡量和实现这些模糊目标的时候，往往是困难的，难以达到的目标削弱了公众对公务员的支持，并最终导致不切实际的期望。第二，必须诱导政治家在决策中使用绩效信息。他们使用绩效信息的能力受到广泛的政治体系的影响，即政治体系是总统制、半总统制还是议会制体系，是少数派政府还是多数派政府，流行的政治文化是对立的还是共识的。

立法部门中的政治家参与

立法者倾向于有限地使用绩效信息，特别是在预算分配决策中。甚至在许多立法部门是绩效预算主要发起者的国家，也存在着这种有限使用，如法国和美国。[①]信息层面和制度层面的原因，限制了立法部门使用绩效信息的积极性。这些因素包括信息超载、信息低质量或信息展现的效果欠佳。立法者通常没有时间、资源以及专业知识来识别绩效信息。此外，他们的紧迫性排序还会受到政治、意识形态和选民利益的影响。

立法权在预算过程中的变化很大。许多立法机构在预算分配决策上具有重要作用的国家，在决策中无法使用绩效信息是一个较大的问题。例如，美国的联邦政府和州政府。然而美国州政府的经历展示了更复杂的情况。虽然绩效预算不直接作用于分配决策，但它为预算辩论提供了丰富的信息。一项调查强调了这样一个问题：在一些州中，绩效信息改变了预算决策的性质和立法机关提出的问题。绩效信息在关于结果的预算审议和公共资金能够实现什么结果这两方面，引起了更大的关注（威洛比，2004）。

在其他国家中，有迹象表明，立法机关出于问责的目的而使用绩效信息。从绩效报告中得知信息的立法机关，可能会对机构或部门的绩效提出质询，但

---

① 法国2011年8月1日颁布的《组织法》第2011-692号是关于财政法的(通常被称为财政组织法)，美国有《1993年政府绩效和报告法案》。

也可能并不实施相关质询。这种类型的质询往往是有选择的，而不是系统性的，且集中于更引人注意的主题。各立法者彼此间也会出现分歧：新议员比那些执政多年的议员更愿意使用绩效信息（波尔多，2006；波尔多和齐科特，2008）。

行政部门中的政治家参与

有证据表明，在一些国家，行政部门的政治家会更普遍地使用绩效信息。案例研究提供了行政部门政治家以及任命他们的人，在国家、州、城市以及地方政府中使用绩效信息的情况。在国家层面上，一些政治家使用绩效信息来丰富预算决策的信息来源。例如，在加拿大，作为其部门战略评估路演的一部分（参见专栏7.3），财政部内阁委员会（the treasury cabinet committee）对削减提议进行审查并做出决定。在澳大利亚，支出审查委员会（the expenditure review committee）审查新增资金的提案，这些提案包括计划实现的绩效和成本收益分析。

澳大利亚的各州、巴西的地方政府、中国的广东省和哥伦比亚的波哥大市，都报道过在预算中使用了绩效信息。在美国，政府的州长、地方管理者和政务官，为了预算编制、监督和管理，在不同程度上使用了绩效信息。[①]在美国，38个州引入了绩效预算立法，并且50个州纷纷启动了绩效预算授权。政府绩效项目强调：特拉华州、马里兰州、俄勒冈州、得克萨斯州、犹他州、华盛顿州是绩效预算的领路者。

可能也有观点指出，在很多时候，政治家出于监督和控制的目的而使用绩效信息。在智利、哥伦比亚和墨西哥，为了监督高优先级目标和指标的实现过程，总统开发了绩效系统。[②]这些系统通常由财政部在预算过程中开发出来。[③]然而，建立过多的监督和报告系统，却未能将各个系统联系起来，也可能会引

① 对美国各州和城市绩效预算的讨论，可以参考卢、威洛比以及阿内特（2009）和福尔茨、阿伯德拉泽克及钟（2009）。

② 在智利和哥伦比亚，这发生在前总统政权时期。

③ 参考世界银行（2010）对拉美国家的讨论。

发问题。

在布莱尔和布朗执政下的英国政府，可以说是最全面和持续时间最长的绩效监控系统。将绩效信息与支出审查过程放在一起讨论。部长们负责公共服务协议中的指标传递。财政大臣主持内阁公共服务和支出小组委员会讨论和监督关键绩效指标的进展情况。由于无法实现关键的绩效指标，一位大臣甚至会提出辞职。然而最终，英国体制的成功广受争议，特别是硬性控制指标的使用。议会制度下的政务官员和职业公务员人数有限，政治家可以潜在地使用绩效系统来获得更多的信息，并控制传统上具有信息优势的高级职业公务员。

尽管以上讨论了许多案例，但激励政治家在预算决策中使用绩效信息，仍然是一个挑战。政治家未必以改革者期待的方式来使用绩效信息。相比过去，已经产生了大量绩效信息。对绩效信息的兴趣和使用，随着问题的政治重要性或敏感性、政治制度的变化和个别政治领导人而有所不同。然而，作为管理和监督工具，各国已经逐渐意识到了绩效系统的价值。当政权发生变化时，改革者根据新上任的政治家的利益和时间约束，以对他们有利的方式来展现绩效信息，这是非常重要的。改变问责制结构，可以建立积极的激励措施。如果高层领导人建立了让部长和政治任命下的官员为绩效负责的系统，反过来，部长又会建立激励措施来监督其部门内部的进展情况，并为公务员和机构建立改进绩效的期望。

7.4　消除谬见与设定争论：汲取教训

前述内容解决了国家在应用绩效工具中面临的一些问题。经过绩效改革迅猛发展的十年，绩效措施有何好处始终存在着争论，特别是绩效评价和绩效预算系统。尽管我们使用技术性和中性术语来描述绩效改革，但依然引来了热情的支持者和反对者。

一方面，文献中存在着研究者和实践者对成功案例的丰富研究（波利特，2006；奥斯本和盖伯勒，1992；卡门斯基和莫拉莱斯，2005）。[①]报道的预算改革的益处包括：改进计划机制、目标设置、监督计划的机制、更高的透明度；更多关于有效果的与没有效果的政策和项目的信息，以及为什么没有效果的原因；效率和支出配置的提升。另一方面，同样有很多文章突出了缺点、障碍以及绩效衡量和预算系统的意外后果。这些批评声称，改革提出的通用衡量标准，忽视了项目和部门的独特性、扭曲了目标、创造了适得其反的激励措施和博弈、施加了烦琐的报告要求，以及转变为合规性的操练。另外，改革被谣传成集中控制、与基本的预算改革背道而驰，以及形成了直接将绩效结果与资金链接可行性的不切实际的期望（拉丁，2006，2009；希克，2009）。

要想得出严格的结论非常困难，其原因在于，正如大部分公共财政管理改革那样，绩效衡量和绩效预算的影响也很难确定。[②]这种不确定性反映出各国和部门在改革上缺乏一致同意的条款定义，有不同的目标和实现方法，并且缺乏系统性的评估。将外部因素与具体制度的绩效改革影响分离开来，评估短期和长期影响的差异，这些都存在诸多问题（克里斯汀，隆迪，朱玛，2007）。对这些举措的评估是相互矛盾的，这不仅使得获取这些举措之影响的结论存在困难，而且还会产生许多谬见。[③]本部分通过论述和消除这些谬见来形成持续性的辩论框架，具体如下：

*绩效改革将形成理性决策，并结束预算中的政治干预。*早期绩效预算举措的潜在假设是：有关政策和计划绩效的信息“目标”将会颠覆资金分配中的政治因素。实践经验已经证明，这种情况出现的概率很小，特别是在政治上具有很强的意识形态和党派意见分歧的竞争环境中。这种假设忽视了大部分政府制定决策的混乱性。一个决策者很难仅仅根据一条信息就做出决定，而且会使大

---

① 参考波利特（2006）关于四个欧盟成员国（芬兰、荷兰、瑞典、英国）的绩效管理和衡量的更多比较性经验。

② 参考波利特和鲍克尔特（2004）中第5章对这些议题的讨论。

③ 胡德和杰克逊（1991）已经采取宽松的类似方法来讨论管理学说。

量的信息（政治的、金融的、经济的、绩效的）、众多决策者及决策制定阶段都将牵涉其中。较新的绩效预算方法主要是告知式的绩效预算，认为绩效信息是在制定预算决策过程中众多信息中的一种信息，并且政治因素仍然发挥关键作用。

*绩效信息只是绩效指标。*文献和公共领域倾向于只关注绩效指标。英国绩效系统已经成为中央驱动的绩效指标的代名词。许多对绩效衡量的批评集中于这种指标的扭曲效应上。实际上，政府会生产多重绩效信息，并形成广泛的评估，因为绩效衡量和指标，只能代表绩效的简单印象。欲理解不良的和良好的绩效的潜在原因，需要评估的信息以及其他形式的绩效信息。

*信息越多越好。政府生产的大量绩效信息并未得到相应的使用。*在建立绩效评价系统时，国家倾向于发展大量的指标或目标来衡量每一事项。然而，信息并不是越多越好。要求支出部门和机构提供大量信息会消耗时间，并且会分散其他工作。强加给决策者太多的信息，会使他们难以辨别哪些信息是相关的和有用的。各方已经逐渐意识到：过多的指标难以关注主要的紧迫事项，而且监控成本高昂。

*绩效预算自动地或机械地链接资金供给和绩效结果。*告知式的绩效预算是OECD成员国中最常见的绩效预算形式。这种方法在资源和结果之间没有自动的或机械的链接。直接链接只存在于部分部门和奖励方案中；在广义政府层面上通常会避免这种直接的链接。将结果与提供资金的决策自动链接，需要详细的产出和成本的信息，但是这些信息在广义政府层面上难以获取。此外，对良好的和不良的绩效表现的财务奖惩，没有考虑政府对项目的优先安排，以及绩效表现不佳的原因，这些原因可能包括项目资金短缺、管理不佳，抑或项目设计不好。财务奖励也可能激发操纵数据的动机。

*当出现博弈行为时，绩效系统会不可避免地失败。*在大部分将资金提供与绩效相互链接的系统中，都存在着博弈动机，特别是当关键角色出于自身的利益，学会如何运用规则和操纵系统的时候。然而，博弈不会将绩效的改进排除在外。问题的关键在于，即使存在博弈行为，与完全没有绩效系统相比，绩效

系统能否形成较好的绩效表现。[①]其他的问题在于：在这种系统下的绩效提升，是否可以持续下去。这凸显了将绩效系统发展为动态系统的重要性，这种系统会随着改革的推进而改变规则和激励。当机构和项目的支持者为各自的利益而寻求更多资金时，所有的预算系统都在一定程度上存在博弈行为，绩效系统也不例外。

*孤立无援的绩效预算。绩效预算与绩效管理密切相关。*绩效预算力图开展激励措施，来鼓励机构提升绩效；因此，它将涉及目标设置、绩效监督，以及引导各部门和管理者使用绩效信息来改进公共部门运营、管理和资源分配状况。与之前的改革相比，当代的绩效预算改革与绩效管理举措更为密切相关，过去的改革更多地集中在支出的优先配置上。具有发达的计划系统的国家，必须保证将计划与绩效系统结合，从而防止建立两个分离的系统来负责监督和报告。

*绩效预算总是伴随着增加管理的灵活性和放松投入控制。*政府增加管理灵活性和放松投入控制的能力与意愿，会受到体制环境和各种公共管理系统的影响。放松控制的推动力和完成这种放松的速度，同样依赖于环境。问题的关键在于，当前的控制系统是否会约束管理者改进效率和有效性的能力。在放松投入控制时，需要对风险进行评估，并且除了效率以外，还要考虑腐败问题和未能遵守规定的行为。此外，还存在如何平衡这些目标的问题。

*绩效预算不可避免地变成一种合规性演练。*带有广泛的和详细报告要求的绩效改革，会退化成为报告与合规性的演练。如果改革增加了对报告的要求和控制，并且降低管理的灵活性，这就更有可能发生了。当政府负责提供服务的机构几乎没有绩效目标或措施的制定权，并且机构唯一的作用是向中央报告绩效时，这种结果也会成为问题。然而，绩效改革并非不可避免地沦为合规性的演练，如果在设计改革时，减少对报告的要求，并去除针对每个规则做出的规定；如果管理者将绩效信息视为对工作有用的信息；如果将对使用绩效信息的

---

① 参考克尔曼和弗里德曼(2009)关于为减少急诊等待时间的有争议的英国国民医疗保健制度中绩效指标的讨论。

激励，与广泛的管理和问责制系统相关联，这种发展势头是可以避免的。这些系统需要对绩效方法再调整，需要与传统的合规性截然相反。绩效系统必须随时间推移进行改变和调整，以保证它们不变成惯例，不断更新绩效的关注点。

*如果整个政府不使用绩效信息以进行大规模的改进，绩效改革就是一种失败。*或许因为改革者的高期望或评论家施加的高标准，如果不将绩效信息统一用于大规模地改进绩效，绩效措施有时会被贴上失败的标签。对改革措施能够在整个政府层面实施的期望并不现实。对于大部分公共财政管理改革而言，进步是喜忧参半的。一些机构和项目是改革的带头者，一些是落后者，还有一些从未参与改革。虽然存在机构和组织的绩效快速转变的实例，但这种进步可能仅限于特定的部门或领域。

改革者常常确信，一旦通过了法律或改变了内部规则，所期望的行为就会接踵而至。然而，关键人员所使用的激励措施和所置身的制度结构，与规则同样重要。对于绩效改革，改变公务员和政治家的行为，让他们去关注结果的过程，是非常复杂的，并需要说服和激励措施来刺激决策者放弃制定预算决策的传统方式。

7.5　绩效信息在财政刺激和财政整顿中的应用

众多对绩效信息使用状况的研究，均发生在财政状况良好的时期。自2008—2009年全球经济和金融危机发生以来的三年间，许多发达经济体经历了从实施大规模刺激计划，向面临财政整顿转变。迅速变化的状况引出了两个问题：如果绩效信息确实有用的话，对于财政刺激政策在选择和监督规划及项目而言，绩效信息到底可以发挥什么作用？在财政整顿中，绩效信息又将发挥什么作用？绩效改革的拥护者认为，在财政状况良好的时期，绩效信息可以巩固预算决策；而在财政状况不好的时期，绩效信息能够帮助决策者制定更明智的支出削减决策。绩效改革的批评者声称，在危机中，绩效信息将被忽略，取而代之的是以更直接的方式削减支出。

7.5.1 财政刺激

在国际上，调节财政的刺激措施所致力的主要目标是：抑制全球金融和经济混乱，并刺激经济增长。许多国家的预算系统已经进入危机模式，以实施财政刺激计划，在许多情况下会对标准的预算过程有所调整（参见第1章，以及希克，2009b）。政治决定计划的总规模和结构，但是在属于刺激政策的计划和项目中，绩效信息在分配资金中发挥什么作用呢？

当需要通过快速支出资金来满足经济体急需提振经济的需求时，国家将会面临平衡资金支出的速度和质量的挑战。考虑到紧急性和时间限制，依照传统的观念，在事前运用绩效信息，这似乎是非常困难的。与之相反，资金分配决策中使用了三个标准（及时性、针对性、临时性）。许多国家通过诸多途径来运用这些标准。例如，包括提前批准支付，增加基础设施项目支出，以及维护道路和建筑。

在监督和报告一般的和具体项目的刺激计划时，会更多地使用事后绩效信息。许多国家，包括加拿大、智利、法国以及美国，使用了指标来监督刺激性支出。绩效评价集中于支出了多少、速度如何、创造了多少工作岗位以及对经济增长的影响。有些国家，包括澳大利亚和智利，对个别项目和政策进行了事后评估。对于刺激计划对经济增长和就业的贡献，国际上和各国已经对此进行了评估。[①]的确，一些政府（媒体也如此）将更多的注意力放在了监督和货币刺激的影响上，而对政府的传统支出绩效关注不多。[②]普遍认为，国际上的协调努力达到了主要目标，并防止了全球金融和经济灾难，但是刺激计划对具体国家的经济增长和就业的影响仍然存在争议。

7.5.2 财政整顿

在发达经济体中，2012年政府总债务预计将超过GDP的110%。另外，到2030年，养老金和医疗卫生支出预计增加到GDP的4%以上，比发达经济体的

---

① 例如，美国国会预算办公室根据2009年的美国复苏与再投资法案，定期形成创立就业数量的评估报告。

② 例如，美国有线电视新闻网财富频道就定期报道联邦刺激，包括结果方面的新闻。

财政赤字还多（IMF，2012）。对于许多发达经济体来说，考虑到预计的债务规模和与老龄化相关的支出增长，在加强未来公共财政可持续性上，似乎需要额外的措施。

对于那些当前正在经历财政整顿的国家，财政调整的规模、步伐以及内容不尽相同。[①]通常，财政整顿有广泛的基础，包括支出和收入措施。在发达经济体中，大约60%的调整来自支出方面（参考附录7.1中2009—2012年间样本国家引进措施的细节）。大部分国家引进了与老龄化相关的支出改革，包括延长退休年龄和严格审核领取养老金的资格。医疗系统的改革包括努力扼制药费支出，以及在医疗卫生费用上增加成本分摊。

削减支出的建议还包括减少经常性支出和项目支出，如冻结工资、减薪和裁员。例如，美国联邦政府冻结了雇员的两年工资，英国曾提议削减33万个公共部门的工作岗位。另外，一些政府采纳了对全面的效率结余或支出封顶（削减）的要求。

在财政整顿中，绩效信息能发挥作用吗？如果能，是如何发挥作用的？

2008—2009年金融和经济危机的爆发，可以从三个方面支持对绩效信息的使用。第一，与以前的衰退不同，OECD国家目前已经建好了绩效指标系统、评估系统以及耗时多年开发的绩效预算系统。第二，如果经济状况保持当前的预测，很可能大部分发达经济体的整顿过程将不是一次性的，而是要持续多年。这可以为在制定整顿决策中使用绩效信息提供时间，但当初在实施刺激计划时，这是没有时间考虑的。第三，考虑到所要求的支出削减规模，政府具有相关利益和动机在项目和机构绩效上使用信息。整顿的最初阶段倾向于专注“容易实现的目标”，即最容易确定和可以最快实施的削减项目。当财政整顿超越了最初阶段时，支出削减的选择就可能变得更加困难。[②]政府可能不仅需要解决如何提供服务的根本性问题，而且还要解决提供什么服务和国家应该发挥

① 如欲了解个别国家整顿的规模和步伐的细节，可以参考IMF(2011a,2011b,2012)。

② 由于市场压力，被迫形成前期整顿计划，并宣布或很快制订大规模支出削减计划的国家是一种例外。

什么作用的问题。

许多国家都需要战略性工具来削减支出，从而保持财政状况的长期可持续性。使用绩效信息，包括对支出和策略的审查与评估，可以帮助各国做出更明智的选择。绩效预算系统发达的国家建立了组织目标、目的和措施，许多国家还有效率指标。甚至在危机之前，一些OECD国家就要求公共部门的机构有效率结余。[①]尽管意识到测度效率中存在的困难以及质量问题是非常重要的，但这些指标系统可以为内部效率审查提供信息。一些国家开发了运营效率审查来寻找结余，如加拿大和英国。

绩效信息对宏观决策没有帮助，宏观决策是以政治和社会选择为基础的，包括关于整顿计划组成内容的决策：是更集中于增加税收还是削减支出；支出削减是针对所有部门还是只针对个别部门；如果存在一些领域会免于支出削减，那么会是哪些领域呢？然而，在理论上，绩效预算可以在微观层面上促进这些选择的实施。决策需要在部门内部、部长之间以及项目的经常性支出和项目支出中做出。实际上，财政整顿倾向于是一个由中央机构（主要是财政部）领导的集中过程。各机构面临的一个挑战是，如何获得支出部门详细的绩效和成本信息。如果这些信息是可用的并且是优质的，那么信息可以帮助弥补差距并促成下列事项：

• 针对支出部门提议的预算削减或再分配方案开展策略性评估。

• 使用支出审查对减少和替代融资方案提供选择。此外，审查突出了任务蠕变（mission creep）和重叠项目（overlapping programs）。运作审查同样也会突出潜在的机构效率结余。

• 促进从低到高的优先级，以及高绩效项目及领域的策略再分配。

如果要求支出部门或机构实施支出削减或支出上限规定，理论上，绩效信息可以通过以下方式发挥类似作用：

• 审查部门的任务和目标，并确认部门的项目和功能仍与要实现的目标相

---

① 对于10个OECD成员国（奥地利、加拿大、芬兰、法国、德国、意大利、荷兰、挪威、瑞典、英国）的考查，揭示了需要公共部门组织改进生产力和效率（隆蒂和伍兹，2008）。

关。如果有要求，绩效信息可以促进更多关于裁员的策略决策。

- 为实现相同目标和任务的不同计划提供绩效信息。

总之，在所有计划的绩效上促进支出削减或者再分配。

- 通过部门所有机构相似服务的绩效和成本信息，为结余提供多种选择。
- 确认运作、结构或规程中的变化，这些变化将允许机构或项目运行得更有效率。

在实践中，迄今为止发生了什么？

大部分国家仍然在发展或实施着各自的财政整顿计划和规程。由于仍处于整顿阶段的早期，因此可用的研究和资料是有限的。尽管轮廓已然初现，但未来的前景还是喜忧参半。图7-4展示了2011年OECD的调查结果，该调查向受访者了解了近期的紧缩政策如何影响本国的绩效预算实践结果。一方面，超过1/3的受访者认为，绩效管理和资金提供之间有较强的联系；超过1/5的人认为，绩效管理已经更多地成为一种优先考虑的事项。另一方面，另外1/3的受访者认为不存在紧缩措施；在5个国家中，绩效管理和资金提供之间的联系较弱；有两个国家，绩效评估并未被赋予优先级。

财政整顿中使用的支出审查有很多类型，并且迄今为止，许多国家并未完全发掘出审查机制的全部潜力。据调查，只有15个OECD成员国开展了支出审查。最新一轮的支出审查采取的结余措施包括：根据运作效率的评估，以及针对计划的调整（OECD，2012）。下一小节将讨论一些国家的例子，这些国家正在使用支出审查。

规则和审查

在国家层面上，一些国家正在改变或修正其现有的绩效预算系统，或正在发展新的规程来协助整顿工作。许多国家开展了基于规则–审查方法（rules-and-reviews approach）的支出审查。在整顿措施实施之初，规则设定了减少支出的数量或百分比。各国运用规则来强制结余，并保证整顿措施的严格执行。对促进反映优先顺序和绩效的策略选择来说，审查是极其重要的。绩效指标系统和评估提供的数据是支出审查必要的组成部分。

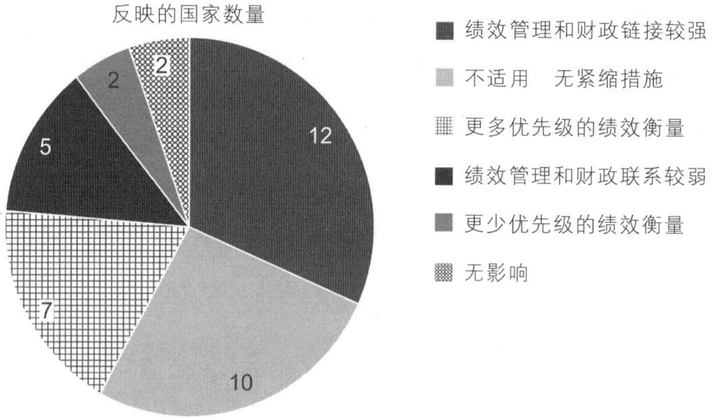

图7-4　近期的紧缩政策如何影响绩效预算实践

专栏7.3讨论了三个国家以不同方式采用规则-审查方法的实践，分别介绍了韩国、加拿大以及荷兰的情况。该专栏对这些国家如何建设现有的系统和在财政整顿中使用绩效信息的现状进行了介绍。

专栏7.3　规则-审查结合的方法：国家经验

韩国。2005年，在既有的绩效预算系统基础上，韩国政府引进了各部门预算项目的自我评价系统。它模仿了美国的项目评估评级工具，使用规则-审查相结合的方法。韩国企划财政部审查支出部门和机构对项目的评估，每年审查大约1/3的主要预算项目。所有参与评估的项目都被排序。那些列为无效排名的项目要进行10%的预算削减。在2005年，也就是改革的第一年，15%的项目被纳入无效之列；到第三年，这个数值降到5%。这种变化有许多原因，不排除机构学会如何操纵数据，与制度博弈，并减少企划财政部参与的可能。针对财政整顿需求的反馈，企划财政部提高了项目评级的门槛，并且有更高比例的项目被纳入无效之列。截至2010年，24%的项目被列为无效，而且预算分配和评估之间的联系，在经历了三年的弱化之后，开始有所恢复。在这种情况下，韩国政府调整了已有的绩效预算工具，来帮助实现财政整顿。

加拿大。始于2007年的战略性审查程序，会评估所有超过四年的直接项目支出，以确保现有的支出物有所值。这些审查会评估项目是否与政府的优先

顺序一致，以及项目的效率和有效性。审查程序要求部门确定资源再分配和再投资的机会。这包括对最低优先级和表现处于最差5%的项目重新分配资源，以及对较高优先级项目和表现较好项目的再投资。5%的支出削减提议，将提交给财政委员会，由其决定通过或驳回。第一年后，如果提议通过，结余会返还给中央。这个措施既应用了规则，又应用了审查。往前推移，政府正在进行更有操作性的审查，并集中于提高政府运作的效率和有效性上。2011年的预算引入了一次性策略和操作性审查，审查涉及750亿加元的直接支出，尽管主要强调运营成本，但也使用了绩效信息。行政服务审查也旨在考查各级政府改进服务的解决方案，包括重构政府提供公共服务的方式和查看后勤部门的运行情况。

荷兰。在2009年和2010年，荷兰政府启动了基本政策审查，该审查以20世纪80年代和90年代间类似于不同部门间的审查行动为基础。这些审查建立了独立的工作组，对20个政策领域的支出进行审查。这是由内阁指定的官方行动，由内阁选择政策领域。这些领域包括某些在许多国家始终不可触碰的领域（儿童福利和收入补助、公共安全和恐怖主义、开发援助、国防、运输和水资源管理、高等教育以及能源和气候变化）。工作组由公务员和独立的专家组成。每组的组长都是与各自审查领域无关的高级官员。工作组提出的看法不能被阻止或否决。对每个政策领域，如果没有通过审查，必须强制性削减20%的支出，在内阁会议上进行展示。政治家对此做出最终决定，并将结果送交议会。支出审查的结果作为新任政府联合协议的一部分，其中一部分决定能够最终执行。

许多国家在审查方面的实践可以提供诸多经验和警示，包括为审查建立规则和预算目标，以及获得来自高层的政治支持的重要性。其他一些警示包括：指导审查的过程，需要透明的规程和条例、建立清晰的机构角色、规定关键人员的职责，以及在审查过程中包含某些独立要素。

挑战

在财政困难期间，随着绩效信息在预算决策中的使用，许多挑战开始出现。这与处在繁荣时期的国家面临的诸多挑战是相似的，但也有所不同。这些挑战包括绩效信息的质量、及时接受相关信息的方式等问题。有一种很明显的危险，即政治家和政府预算官员在危机模式中会忽略绩效信息，并采用“刀耕火种”式（slash-and-burn）的方法来削减支出。

侯等人（2011）的研究指出，尽管美国许多州已经开发了良好的绩效预算系统，但使用绩效信息的程度仍旧不能与危机前相比。这项研究得出结论：与财政状况不好时相比，良好的财政时期会更多地使用绩效信息。一种解释是，许多州在产出和收入中经历了空前的衰落，并且它们的预算系统处在危机模式中，因此需要迅速地展开行动。一直以来，政府都强调要保护优先领域，几乎没有时间考虑绩效信息。除了经济和市场因素以外，另外两个问题也迫使各州迅速行动起来。其一，在危机期间，各州只收到联邦政府提供的临时额外资金帮助。其二，几乎全美国都运用平衡预算财政规则，这迫使各级政府在预算年度内进行削减。整顿财政的中期方法缺乏完善的规程，不过也没有足够的时间来考虑一个更全面的方法了。

在财政状况好坏两种时期中，使用绩效信息之间的主要区别，可以被视为激励悖论。在财政紧缩时期，中央层面在预算中使用绩效信息的需求激励得到增强，但是支出部门提供这种信息的激励却在下降。财政部和政治家会寻求能够协助审查旧的支出和帮助降低成本方法的信息和规程，这在财政紧缩时期尤甚。

在紧缩时期，支出部门的激励结构从胡萝卜转变成大棒。财政状况良好时，部门和机构通过提供绩效信息来支持和证明新的或既有的支出。一旦支出部门发觉这种信息将用于削减支出，它们就会产生制度博弈和操纵数据的激励。但是，一些国家的实践表明，即使当需要削减支出时，仍然会使用财政激励来促使各部门提供绩效信息。例如，在加拿大，在第一轮策略性审查中，允许部门通过投标，将结余重新分配至更优先的项目。在一些国家里，允许部门保持一部分效率结余。例如，芬兰的支出部门可以保持最高50%的效率收益。

在当前的危机情况下，我们对各国是否能够使用财政激励措施来鼓励机构提供信息，还不甚清楚。可能还需要使用其他类型的激励。非财政的和更含蓄的激励可能会发挥作用。例如，如果对财政整顿的需求在政治领导者和一般公众中得到广泛认可，并且已经开展相关计划，那么所有的部门都将感受到压力而展开合作。当所有的计划和支出作为整顿计划的一部分而受到审查，传统上受到利益集团保护的旧支出有被削减的危险时，执行财政整顿的压力就特别大。

如果涉及全面的或者针对个别机构的削减，一个部门可能会有动力使用绩效信息来形成各自的计划，而不是等待外部机构来决定它们的支出削减。许多部门也可能有兴趣指导或参与策略性审查，并将此作为一种工具，重新思考如何在支出削减的情况下，保持现有的服务提供水平。诸如增加管理的灵活性和允许部门自主地重新设计工作过程和结构，这些激励手段有助于提高参与度。作为一种选择，许多国家在审查中已经包含了独立的要素，如建立独立的财政委员会，或者像荷兰那样，允许独立的成员参与审查。然而，度过整顿期以后，就存在着一种危险，即绩效预算和管理的积极性可能变成与支出削减相关，而不是作为可以优化决策制定过程、改进绩效的信息提供工具。

在整顿期间，任何关于绩效预算的结论都为时过早。国家采用的方法需要依赖于诸多因素，包括整顿所要求的速度、国家现有的绩效预算和管理系统、绩效信息的数量、质量和类型，以及使用绩效预算的政治意愿。政策制定者和改革者能够以需要的方式和时间节点向决策者提供绩效信息，这是至关重要的。虽然刀耕火种式的方法可能很快就会产生结果，而且这种方法对一些国家而言是必要的，但对其他国家来说，那些更具有策略性的选择能够缓和绩效管理对国家长期管理和服务提供能力的冲击。

7.6　结论

在OECD国家，绩效工具已经成为政府运作不可分割的一部分。几乎所有OECD成员国的政府都开发了绩效信息（评估和绩效衡量），并且在过去的十年间，将之整合纳入管理、问责制和预算过程中，获得了不同程度的成功。虽然许多国家采取了多种方法发展和实施这些改革，但还是出现了一些共同的趋势。支出部门和机构出于管理和监督的目的，会更经常地使用绩效信息，行政部门的政治家也会使用。而那些在预算过程中使用绩效信息的国家最常采用的方法是告知式绩效预算方法。虽然一些国家在中央预算机构和支出部门之间的协商中会使用绩效信息，但似乎在支出部门与各自机构以及国家与地方政府的协商中，会更经常使用绩效信息。

尽管如此，我们已经明确：确保在编制预算中使用绩效信息，比在管理中更具挑战。这是因为在调整激励措施、政治经济问题、预算编制的时间压力以及信息和制度约束中，均存在着困难。大部分国家继续努力改变关键人员的工作文化和行为，使他们更关注结果。一些国家的实践经验突出了一些对后者的警示。这些警示包括：在政治和制度两个层面上，支持改革的领导能力和对绩效改进施加压力，是非常重要的；直接提供服务的部门对绩效目标的所有权与参与度的重要性；当政治和经济环境发生变化时，需要发展和采用绩效系统；最后，调整和发展激励结构也很重要，避免出现博弈行为，防止绩效改革成为一种合规性运动。

大衰退（the Great Recession）之后，对于财政整顿的需要，已经改变了激励结构。财政整顿使财政部和政治家都产生了使用绩效信息的兴趣，这种兴趣同时针对起作用的和没起到预期作用的项目。许多国家的实践经验突出了绩效工具如何能够与“规则-审查方法”一起应用，以促进更有策略性的选择和对政府目标和支出更根本地审查。绩效工具可以提供支出削减抉择需要的信息，以及更重要的——如何改进绩效。然而，最终还是由政治家做出选择。过去的危机已经为改革提供了机会，并且激发了在公共财政管理和更广泛的公共管理中的根本性变革。本次危机再一次为许多国家提供了新的机会，对已经存在的绩效系统进行改进，并且转变公共部门的工作文化。

附录7.1 2009年以来所选样本国家的收入和支出措施

支出措施							
	冻结或减少公共部门的工资	控制公务员规模	与养老金相关的支出结余	与医疗保健相关的支出结余	减少社会福利[1]	减少公共投资	其他支出措施
发达经济体							
澳大利亚		√	√	√		√	√[2]
加拿大	√	√	√			√	√[2]
法国		√	√	√			√
德国					√		
希腊	√	√	√	√	√	√	√[2]
爱尔兰	√	√	√	√	√	√	
意大利	√	√	√	√	√	√	√[2]
日本	√	√				√	√
韩国							
葡萄牙	√	√	√	√	√	√	√
西班牙	√	√	√	√	√	√	√
英国	√	√	√	√	√	√	√[2]
美国[5]	√			√			√[6]
新兴市场经济体							
阿根廷							√[7]
巴西			√				
中国							
匈牙利	√	√	√	√	√		

续表

	冻结或减少公共部门的工资	控制公务员规模	与养老金相关的支出结余	与医疗保健相关的支出结余	减少社会福利[1]	减少公共投资	其他支出措施
印度							√[8]
印度尼西亚							
拉脱维亚	√	√		√	√	√	√[7]
立陶宛	√	√		√	√	√	√[7、9]
墨西哥	√	√				√	√[7]
波兰	√	√	√		√		
罗马尼亚	√	√	√	√	√	√	√
俄罗斯	√	√				√	√
沙特阿拉伯							
南非							
土耳其	√			√			

收 入 措 施

	增加个人所得税	增加法人所得税	增加资本收益税	增加社会保险贡献率	增加增值税和销售税	增加消费税	增加财产税	改进税收承诺
发达经济体								
澳大利亚	√[3]	√[4]				√		√
加拿大	√			√		√		
法国	√	√		√	√	√		
德国		√						
希腊	√			√	√	√	√	√

续表

	增加个人所得税	增加法人所得税	增加资本收益税	增加社会保险贡献率	增加增值税和销售税	增加消费税	增加财产税	改进税收承诺
爱尔兰	√		√		√	√	√	√
意大利	√	√	√	√	√	√	√	√
日本	√			√		√		√
韩国								√
葡萄牙	√	√	√		√	√	√	√
西班牙	√	√	√	√	√	√	√	√
英国	√		√	√	√	√		√
美国[5]			√	√		√		
新兴市场经济体								
阿根廷					√		√	
巴西					√			
中国						√	√	√
匈牙利				√	√	√		√
印度						√		
印度尼西亚	√		√	√	√	√	√	√
拉脱维亚					√	√	√	√
立陶宛					√	√	√	√
墨西哥	√	√			√	√		√
波兰	√		√	√	√	√		

续表

	增加个人所得税	增加法人所得税	增加资本收益税	增加社会保险贡献率	增加增值税和销售税	增加消费税	增加财产税	改进税收承诺
罗马尼亚				√	√	√		√
俄罗斯				√		√		√
沙特阿拉伯								
南非								√√
土耳其						√		

资料来源　欧洲委员会工作报告；国际货币基金组织职员报告和评估。

[1]：排除养老金和医疗保健福利。

[2]：来自支出效率的结余。

[3]：包括洪水税、私人健康保险折扣削减以及汽车额外福利税的变动。

[4]：包括矿产资源租赁税和碳排放税。

[5]：所有的调整仅涉及联邦政府。社会保险缴款指工资税。

[6]：自由裁量支出的上限和自动削减。

[7]：补贴。

[8]：2010年11月放宽汽油价格。

[9]：减少地方政府转移性支出。

参考文献

Andrews, Matt, 2010, "Good Government Means Different Things in Different Countries," *Governance: An International Journal of Policy, Public Administration, and Institutions*, Vol. 23,No. 1, pp. 7 - 35.

Bevan, Gwyn, and Christopher Hood, 2006, "What's Measured Is What Matters: Targets and Gaming in the English Public Health Care System," *Public Administration*, Vol. 84, No. 3, pp. 517 - 38.

Bourdeaux, Carolyn, 2006, "Do Legislatures Matter in Budgetary Reform?" *Public Budgeting and Finance*, Vol. 26, No. 1, pp. 120 - 42.

——, and Grace Chikoto, 2008, "Legislative Influences on Performance Management Reform," *Public Administration Review*, Vol. 68, No. 2, pp. 253 - 65.

Boyle, Richard, 2009, "Performance Reporting: Insights from International Practice," Managing for Performance and Results Series (Washington: IBM Center for the Business of Government).

Boyne, George, and Christopher Hood, 2010, "Incentives: New Research on an Old Problem," *Journal of Public Administration Research and Theory*, Vol. 20, Suppl. 2, pp. i177 - i180.

Curristine, Teresa, Zsuzsanna Lonti, and Isabelle Joumard, 2007, "Improving Public Sector Efficiency: Challenges and Opportunities," *OECD Journal on Budgeting*, Vol. 7, No. 1, pp. 1 - 41.

Dalton, Russell J., 2004, *Democratic Challenges, Democratic Choices: The Erosion of Political Support in Advanced Industrial Democracies* (Oxford: Oxford University Press).

Folz, David A., Reem Abdelrazek, and Yeonsoo Chung, 2009, "The Adoption, Use and Impacts of Performance Measures in Medium-Size Cities: Progress toward Performance Management," *Public Performance & Management Review*, Vol. 33, No. 1 (September), pp. 63 - 87.

Hood, Christopher, and Michael Jackson, 1991, *Administrative Argument* (Aldershot, U.K.: Dartmouth).

Hou, Yilin, Robin S. Lunsford, Katy C. Sides, and Kelsey A. Jones, 2011, "State Performance-Based Budgeting in Boom and Bust Years: An Analytical Framework and Survey of the States," *Public Administration Review*, Vol. 71, No. 3, pp. 370 - 88.

International Monetary Fund (IMF), 2011a, *Fiscal Monitor: Addressing Fiscal Challenges to Reduce Economic Risks*, September (Washington).

——, 2011b, *Fiscal Monitor: Shifting Gears—Tackling Challenges on the Road to Fiscal Adjustment*, April (Washington).

——, 2012, *Fiscal Monitor: Balancing Fiscal Policy Risks, April* (Washington).

Kamensky, John M., and Albert Morales, 2005, *Management for Results 2005* (Lanham, Maryland: Rowman and Littlefield).

Kelman, Steve, and John N. Friedman, 2009, "Performance Improvement and Performance Dysfunction: An Empirical Examination of Distortionary Impacts of the Emergency Room

Wait-Time Target in the English National Health Service," *Journal of Public Administration Research and Theory*, Vol. 19, No. 4, pp. 917 - 46.

Lonti, Zsuzsanna, and Matt Woods, 2008, "Towards Government at a Glance: Identification of Core Data and Issues Related to Public Sector Efficiency," Working Paper on Public Governance No. 7 (Paris: Organisation for Economic Co-operation and Development).

Lu, Yi, Katherine Willoughby, and Sarah Arnett, 2009, "Legislating Results: Examining the Legal Foundations of PBB Systems in the States," *Public Performance and Management Review*, Vol. 33, No. 2, pp. 266 - 87.

Moynihan, Donald P., 2006, "Managing for Results in State Government: Evaluating a Decade of Reform," *Public Administration Review*, Vol. 66, No. 1, pp. 78 - 90.

Organisation for Economic Co-operation and Development (OECD), 1996, *Performance Management in Government: Contemporary Illustrations* (Paris).

——, 2005, *Modernising Government: The Way Forward*, Directorate for Public Governance and Territorial Development (Paris).

——, 2007a, International Budget Practices and Procedures Database, 2007/8 (Paris).

——, 2007b, *Performance Budgeting in OECD Countries* (Paris).

——, 2012, Budgeting Levers, Strategic Agility and the Use of Performance Budgeting in 2011/12: 8th Annual Meeting on Performace and Results, GOV/PGC/SBO (2012)10 (unclassified; Paris).

Osborne, David, and Ted Gaebler, 1992, *Reinventing Government* (New York: Basic Books).

Pollitt, Christopher, 2006a, "Performance Information for Democracy: The Missing Link," *Evaluation*, Vol. 12, No. 1, pp. 38 - 55.

——, 2006b, "Performance Management in Practice: A Comparative Study of Executive Agencies," *Journal of Public Administration Research and Theory*, Vol. 16, pp. 25 - 44.

——, and Geert Bouckaert, 2004, *Public Management Reform: A Comparative Analysis—New Public Management, Governance, and the New-Weberian State* (Oxford: Oxford University Press).

Radin, Beryl A., 2006, *Challenging the Performance Movement: Accountability, Complexity and Democratic Values* (Washington: Georgetown University Press).

——, 2009, "What Can We Expect from Performance Measurement Activities?" *Journal of Policy Analysis and Management*, Vol. 28, No. 3, pp. 505 - 12.

Redburn, F. Stevens, Robert J. Shea, and Terry F. Buss, 2007, *Performance Management and Budgeting: How Governments Can Learn from Experience* (Armonk, New York: M. E. Sharpe).

Schick, Allen, 2009a, "Performance Budgeting and Accrual Budgeting: Decision Rules or Analytic Tools," in *Evolutions in Budgetary Practice*, ed. by Allen Schick and the OECD Senior Budget Officials (Paris: Organisation for Economic Co-operation and Development).

——, 2009b, "Crisis Budgeting," *OECD Journal on Budgeting*, Vol. 9, No. 3.

Smith, Peter, 2007, "Formula Funding and Performance Budgeting," in *Performance Budgeting: Linking Funding and Results*, ed. by Marc Robinson (Basingstoke, UK, and

New York: Palgrave Macmillan).

Willoughby, Katherine G., 2004, "Performance Measurement and Budget Balancing: State Government Perspective," *Public Budgeting and Finance*, Vol. 24, No. 2, pp. 21 - 39.

World Bank, 2010, *Results, Performance Budgeting and Trust in Government* (Washington).

第三部分

强化基础：公共财政管理基础设施的现代化

第8章　公共财政管理中财政报告的作用

吉尔海姆·布隆迪　茱莉·库帕　蒂莫西·欧文
克里斯·考夫曼　阿卜杜勒·卡恩

没有优质的信息，政府就难以制定英明的公共财政决策。而且，除了公开的信息之外，政府的决策也缺乏评价的基准。财政报告——不论在审计的账目中、财政统计中，或者其他文件中——都处于公共财政管理的核心位置。

因为信息的重要性，甚至连财政报告技术层面的选择，似乎都具有重要的影响。例如，假设在现金支付中衡量雇用公务员的成本，政府希望既能遏制预算赤字，又可以赢得公务员的好感；那么它就很可能选择给予那些雇员更慷慨的退休金，而不增加他们的工资。相比之下，如果未来退休金成本变化的评估包括在当年的预算赤字中——有时确实是那样——政府就更可能增加工资或根本不增加报酬。这样，报告的选择可以影响具有主要财政影响的重要决策。

因为报告是重要的，所以一直都对它有争议。虽然保皇党的政治理论家罗伯特·菲尔默（1588—1653年）认为，公众对政府应该有"隐式的信仰"并尊重其"深刻的秘密"，但哲学家和社会改革家杰里米·边沁（1748—1832

年）相信“公众的眼睛”产生“政治家的贤德”。边沁还厌恶英国政府可能采用的经济核算制的理念，因为他相信这个术语会导致公共财政的模糊。边沁指出，如果它被引入，“退出公众舆论：进入黑暗：形成像专制政府那样的特点[①]”类似的担忧时至今日仍旧时常被表达出来。

尽管这些担忧依旧存在，财政报告仍在许多方面变得更像私人部门的财务报告。许多曾经只报告现金流和债务的政府，现在也报告利润表和资产负债表。另外，一些政府扩展了财政报告的范围，不仅涵盖政府各部门而且也包括了更广泛的公共部门实体。这些变化已经促进了账目和财政统计新标准的发展，并反过来受到了后者的指导。

之所以产生这些变化，是因为人们渴望通过这些新的方法，揭开传统财政报告所隐藏的问题。例如，采用权责发生制报告的理由之一，就是收付实现制报告不能及时地披露成本。对公共部门实体实行新型的“预算外”支出，为财政报告覆盖范围的拓展提供了动力。在这之前，财政问题逐渐显现，但并没有报告披露。

2008—2009年的全球金融与经济危机及其持续的长期余波表明，更多的工作需要落实，以改进财政报告。危机摧毁了许多国家的公共财政，但是危机前的报告很少对那些浮现的问题发出警示。在希腊，政府报告隐瞒了公共支出和债务，部分原因在于，早期其努力改进其综合性和覆盖范围，如它常常做的那样，而后期更是加倍努力保持支出和债务的账外循环。在其他国家中，财政部门发展的烦恼最终成为财政问题，但是这些问题在财政报告中没有受到关注，甚至在财政风险的陈述中也未提及。在大部分国家中，未来养老金和医疗保健的成本——这虽然不是危机的起因，对危机却有复杂的反应——是已知的，但是没有反映在任何债务和赤字措施中。

财政报告有许多方面。本章着眼于20世纪90年代以来20年中变化显

---

① 来自菲尔默（1680/1991，pp.3-4）和边沁的语录（1843，第10卷p.145和第5卷p.383）。

著且在下一个20年中可能变化的四个方面。第一个方面考虑报告的综合性，就是他们确认的资产与负债的范围。第二个方面考虑报告的覆盖范围，就是其包含的公共机构的多样性。第三个方面考虑对会计和统计标准报告的影响。第四个方面考虑加强传统报告的可能性，特别是考虑到危机时。

8.1　报告的综合性

正如在此所定义的，增加报告的综合性，与财政报告从收付实现制记账转向权责发生制记账的过渡密切相关，因为基于权责发生制的流量报告，自然就与全口径的资产和负债的报告有关，而不仅仅是现金。

8.1.1　收付实现制和权责发生制报告的区别

财政报告始终是财政管理工作的一个核心要素。各类政府都颁布过宪法、法律或法令，来对货币的使用进行管理。在议会民主制中，政府管理是通过如下规则操作的，即不经议会的批准拨款，不能花费由政府掌握的资金。强化这些规则需要从两个方面着手：一是针对随意挪用而进行现金支出的管理控制机制，二是为方便合规检查以及审查差异点，而对收入和支出的详细报告。收付实现制会计，记录政府国库中现金流入与流出的走向，从历史上来看，都与遵守上述规则有关。图8−1a说明了收付实现制核算的逻辑结构，图中报告期的净流入等于这一期间银行存款余额的增加值。

可是，收付实现制报告存在着缺陷。政府一些重要的经济事态并不包含即时的现金支出。例如，采购存在收款期的商品和服务时，可以立即获得商品，而只在账款到期时才会支付现金。类似的，资产随时间而贬值，表明资产在提供服务中正在丧失其使用价值，并且需要花费资金用于其整修或更换，然而这些都没有在现金账户中涉及。这些弱点还允许政府通过使用会计手段推迟现金支付，或提前收入现金，以使赤字最小化（专栏8.1）。

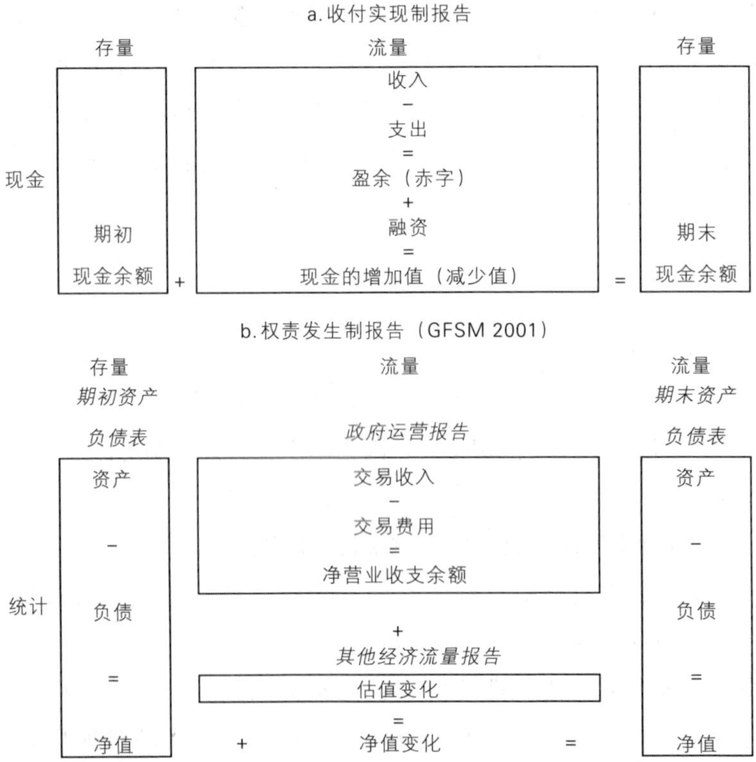

图 8-1　收付实现制和权责发生制报告的结构

资料来源　作者；国际货币基金组织（2001）。

注：图 b 中的每个框包含一个以斜体字命名的财务报表。2001 年《政府财政统计手册》（GFSM 2001）中，还生成了对盈余的测量方法，被称为“净贷款/借款”等于净营业收支余额加上非金融资产的净收益。

专栏 8.1　赤字策略和财政幻觉

赤字策略的本质在于削减赤字，而并不实际改善公共财政的状况，也不通过减少赤字而将公共财政改善至预期状况之下。因此，这种策略在初期，或者是增加报告的收入，或者是减少报告的支出，而在以后的年份中，或者是减少报告的收入，或者是增加报告的支出。因此可以区分为四种类型的策略。通过会计手段，可以扭曲权责发生制的记账结果，但收付实现制会计则更加脆弱，因为收付实现制下，只有现金发生转移时才会产生记录：记账的时间可以通过改变现金交割的时间而轻易操控。

推迟支出会减少当下的支出但会增加以后的支出。许多政府通过对供应商的逾期付款来满足基于现金的赤字指标。美国政府曾经通过将军人的发薪日从一个财政年度的最后一天，拖延到下个财政年度的第一天，来满足这类目标。这种推迟减少了本年的赤字，但增加了未来的赤字。

隐藏借款会增加报告的当前收入，同时会增加以后的报告支出。一个例子是售后回租合同。在这种合同中，政府出售其正在使用的建筑物，同时与新业主签订一份长期租赁合同。通过简单的核算，就将销售收入作为年度收入，这样就减少了当年的赤字。但这种销售很像是一种贷款，租赁支付就像是举债来提供服务，所以将销售收入作为普通的收入，其实是一种误导。

收回投资增加当前报告的收入，并减少未来报告的收入。在简单的现金核算之下，私有化的收入就属于减少赤字的收入。但是如果销售使政府失去未来的股息，其真实的财政利益可能比它报告的效果要小得多。在衡量赤字的其他规则之下，销售金融资产的收入并不减少赤字，比如公营企业的股份。但是销售非金融资产的收入，则会导致赤字的减少。

放弃投资会减少当前报告的支出，但也会减少以后报告的收入。一个例子是在使用者付费的基础设施中，通过特许权的使用来取代公共财政投资。如同其他许多有良好会计效果的政策那样，特许权有时是很好的政策，但它们对政府的吸引力，仅仅是因为在短期内能减少赤字，尽管（较之公共财政的状况）这会增加未来的赤字。

资料来源　欧文（2012）。

使用收付实现制会计的政府，常常会通过监督和控制承诺及现金支付等方法，来解决上述中的若干问题。权责发生制会计通过记录交易，即关键经济行为的发生时间，而不是记录现金易手的时间，从根本上解决了收付实现制会计存在的问题：支出被认为是当时使用或消耗的商品或服务，当相关的潜在经济事件（例如，税收评估）发生时，收入才被确认。[①]改变资产与负债价值的事件会被记录，不考

① 支出和收入也都服从确认的标准，这个标准是政府有可能花费或接收资金，并且资金的数量能够被可靠地衡量。

虑相关的现金流入流出的时间。因此，如果政府推迟它必须做出的支付，债务就会在其资产负债表上加以披露，并且权责发生制会计下的赤字也不会改变。

现金会计中的净流入等于库存现金的增加，相似的，权责发生制会计中的净流入等于政府净资产的增加。由此，权责发生制会计包含完整的资产负债表以及损益表的结果[①]——典型意义上，还应该包括现金流量表。[②]图8-1中的图b，说明了权责发生制会计的逻辑结构，在此使用IMF的2001年《政府财政统计手册》作为例子。

一些会计实践介于收付实现制和完全的权责发生制会计之间。图8-2显示了资产负债表中资产与负债范围的谱系，其中越是向右移动，相关的收支流就变得更加完整（且更复杂）。虽然没有嵌入到准则中，但这些称谓已经沿着这条路径延伸到各个节点，“修正的收付实现制”会计，经常用于描绘现金制会计，其中一些开支在发生时会被记录（而不是在实际支付时），而“修正的权责发生制”则用于描绘带有一些基于权责发生制原则的会计，但存在着例外。譬如，不承认诸如土地和建筑物之类的非金融资产（夏沃-坎波和托马斯，1999，pp.226-27）。

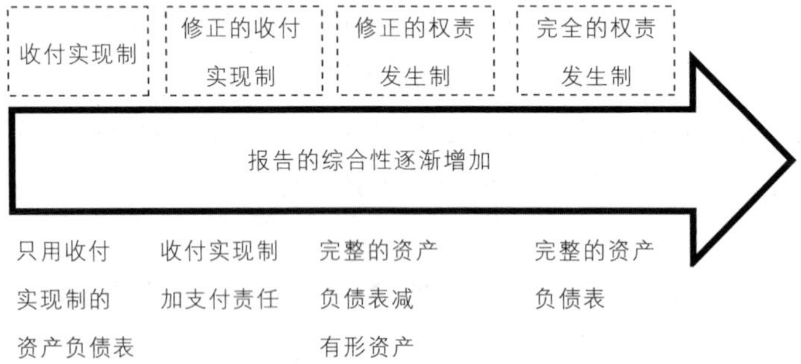

图8-2　会计方法的谱系

资料来源　作者绘制。

① 在会计中，损益表也称为盈亏表或财务绩效表。在财政统计中，主要的权责发生制流量表称为政府运营表。

② 尽管从收付实现制报告转变为权责发生制报告，叫法是正确的，但是更准确的描述应该是，由单纯收付实现制报告转变为权责发生制和收付实现制混合的报告。

8.1.2　采用权责发生制报告的趋势

政府和其他相关主体，长期以来始终清楚权责发生制报告的潜在价值。例如，在20世纪的头10年里，改革者为在美国地方政府推行权责发生制报告制度进行了宣传活动，1949年和1955年的胡佛委员会报告也建议，美国联邦政府应采用权责发生制会计（陈，2008）。但是直到90年代，美国才开始采用权责发生制核算。

有若干种方法可以检验政府是否从收付实现制转换到了权责发生制。如果采用权责发生制报告被解释为：在完全的权责发生制上，中央政府公布经过审计的所有政府会计报表，包括损益表、现金流量表以及对金融和非金融资产均加以确认的资产负债表，那么或许只有十几个国家符合这样的标准。

但是，在宣告采用权责发生制会计和将其完全实现之间，往往相隔很长时间，并且许多政府抛弃了收付实现制会计，但并没有完全贯彻权责发生制会计。例如，尽管英国政府直到2011年才满足表8-1中的全部条件，但它在1994年的咨询文件中，就提出权责发生制会计，并且在2001年各部就开始呈交权责发生制财政报表。许多其他政府目前只差一个条件就满足表8-1中权责发生制会计的全部条件，可能不久就会全部满足。巴西和丹麦只差公布现金流量表。冰岛只差确认非金融资产。日本和韩国使用了权责发生制会计但未经审计。

国际货币基金组织的《政府财政统计年鉴》，提供了衡量权责发生制普及范围的另一个基础，并能够识别那些放弃收付实现制报告而尚未完全采用权责发生制报告的国家。表8-2列示了从2004年到2011年，资产和负债变化的综合性报告。纵向的总和显示了2004年的报告，横向的总和显示了2011年的报告。在2004年，有9个国家提供了金融和非金融资产的数据，以及完整的权责发生制报告的粗略指标；到2011年，这个数字达到了14个。另外27个国家，包括许多欧盟国家，报告了金融资产，而没有报告非金融资产——粗略地对应图8-2中“修改的权责发生制”类型。还有17个国家至少报告了债务。年鉴还提供了不限于收付实现制会计的基于流量的指标：2004年有38个国家、2011年有64个国家报告了一些非现金基础形式上的流量数据（IMF，2012a）。

表8-1 中央政府开始以完全的权责发生制公布经审计的所有政府会计报表之年份

国家	年份
新西兰	1992
瑞典	1995
澳大利亚	1998
芬兰	1999
美国	2002
加拿大	2003
菲律宾	2003
爱沙尼亚	2006
俄罗斯	2006
法国	2007
瑞士	2009
英国	2011
智利	2012

资料来源 作者，所列示的是政府正在使用的财务报表。

注：在这张表中所列示的每个中央政府开始公布经审计的财务报表的时间，其中包括损益表、现金流量表，以及确认金融和非金融资产的资产负债表。由审计机构生成的报告则被视为经过审计的。只有自起始年以来一直持续公布上述所有报表的政府，才被包括在本表中。

表8-2 国际货币基金组织对资产和负债进行报告的全面性

2004年资产负债表内的资产和负债	2011年年鉴中资产负债表内的资产和负债：无	只有负债	负债和金融资产	负债和金融及非金融资产	2004年总和
无	113	6	14	3	126
只有负债	12	9	3	3	27
负债和金融资产	0	2	10	0	12
负债和金融及非金融资产	1	0	0	8	9
2011年总和	126	17	27	14	184

资料来源：2004年和2011年的政府财政统计年鉴（IMF，2004，2012b）。

注：数据是针对年鉴之前两年中更具全面性的那一年。表中所包括的国家，系2002年和2009年的国际货币基金组织成员国。无论何种定义的政府，相应的报告都被包括在内。哈萨克斯坦，在2004年的年鉴中，它报告了非金融资产而没报告金融资产，按那年没有报告资产处理。

财政管理职能的一个传统特点是，通过应用财政报告，政府对获批预算的执行承担责任。当编制的预算和决算报告是基于同样的基础时，这项工作较为简单。在引入权责发生制报告的情况下，要在相同的基础上，实现预算和报告那些原本令人满意的结果，则进一步产生了的复杂性，这种复杂性不仅挑战了会计人员的能力，也挑战了预算人员、决策者、国会议员以及利益相关者的能力（参见第11章）。为了保证与预算的可比性，并保留具有相似性的优点，一些政府选择了引进权责发生制的财政报表，但仍继续在其他会计基础上生成其他财政报告（统计或预算执行报告）。例如，美国政府既生成以权责发生制为基础的年度财政报告，又生成主要以收付实现制为基础的预算执行报告，这些报告被称为收入、支出和平衡的联合决算表。

在一些国家中，采用权责发生制报告已然与财政管理中的相关变化联系起来——比如采用中期预算（参见第4章）和采用财政责任立法或新的财政规则（参见第2章和第3章）。这样做的一个理由是，权责发生制报告较之收付实现制会计，能够提供更广泛范围的财政指标。例如，在首次引进的公共部门负债表中，英国政府注意到"纳入公共部门资产意味着，披露资产负债最终较之单独披露公共债务，时常能够提供更丰富的公共财政运行状况的指标"（英国财政大臣，未注明出版日期，p.1）。至于现金流转，在表8-3中，显示了权责发生制核算中四个可用的标准指标，其中只有一个——现金结余——是在收付实现制报告中可用的。相比这些指标中任何单一的指标，所有其他的指标在财政政策的可持续性上，为使用者提供了更为广阔的视角。

在一些国家中，如澳大利亚和新西兰，将采用权责发生制会计与更广泛的经济改革联系起来，这种经济改革旨在将传统上由政府密切监管或拥有的一系列部门投入到市场竞争中，以提高效率（参见第1章）。在这两个国家中，在之前政府掌控的传统领域中（通过合同外包私有化或公私合作关系），开始推进与私营部门更密切的接触，并且明确地采用以绩效为基础的方法，给予公共部门的管理者以更大的财政灵活性，来管理政府的资源（参见第7章）。采用权责发生制会计被看作是对这些努力的支持。

公共部门中的会计人员和审计人员也自然有兴趣改进私营部门的会计准则。政府以私营部门的准则为基础，经过修改后，形成了反映政府特殊情况的

表8-3 俄罗斯联邦政府采用的权责发生制中有效的财政指标（2010）

指 标	广义政府（占GDP的百分比）
净运营收支余额	1.6
净值变化	0.9
净贷款/借款	−1.5
现金结存	−2.6

资料来源：IMF（2012b），国际货币基金组织，《世界经济展望》数据库。

权责发生制准则[①]，进而将其用于规范和执行，这也促进了权责发生制会计的采用。会计电算化系统的发展，使得更复杂的权责发生制会计成为可能，这也为政府应用权责发生制提供了支持。随着对统计和会计的各种以权责发生制为基础的国际标准的发展——包括1993年的联合国国民经济核算体系和1995年的欧洲委员会的欧洲账户系统，以及后来的公共部门国际会计准则委员会和国际货币基金组织的2001年《政府财政统计手册》——权责发生制会计成为许多国家向往的国际标准。

采用完整的权责发生制会计可能会遇到实际的障碍包括：政府内部缺乏经过培训的专业会计人员，缺乏技术和政治领导，缺乏变革的推动者（以克服植根于组织文化中的改革障碍），能力建设的成本支出，以及贯彻新系统的成本支出。走向完整的权责发生制会计的一个特别挑战是，需要开发出实物资产的完整数据库，并按照权责发生制会计准则的要求，对这些资产进行评估。在资产缺乏活跃市场的情况下，一些评估方法——比如2001年《政府财政统计手册》要求的以市场为基础的评估——要求会计技术能力和面对困难的判断能力。在发展中国家中，采取强有力的收付实现制会计——辅之以财政债务的信息——通常是优先选项，并且是采用完整的权责发生制会计之前的典型选项。

① 例如，此前有人认为，政府和企业业务的差异，就是保留收付实现制会计的原因。

在实现权责发生制报告中，克服这些障碍的成本绝非是无关紧要的。例如，在2010年荷兰财政部长的通告议会上，在中央政府中实施权责发生制报告制度，最初至少要1.29亿欧元，其后的一年要1 300万欧元。[①]相比之下，中央政府在2010年的总花费是2 690亿欧元（国际货币基金组织，2012）。截至目前，尚缺乏全面的权责发生制报告的成本效益分析，可能是因为对所期望的效益进行估值存在困难，如透明度和问责制。

尽管成本很高，但发达经济体中不断增长的财政问题，很可能激励更多的政府采用权责发生制报告，或者，在采用权责发生制报告的情况下，就可以更全面地认识到资产和债务。在应对全球金融危机中，政府制定了许多干涉措施，包括不良资产的购入和发行担保，权责发生制比收付实现制会计能够更好地反映出这些干涉措施。但即使在大部分权责发生制的报告标准之下，在政府的资产负债表中，担保也不是经常被识别出来，并且在一些标准之下，合同养老金以及与公私伙伴关系相关的债务也识别不出来。这些纰漏造成了同样类型的问题，这些问题导致许多政府首先从收付实现制转向权责发生制会计，并可能在政府内部和外部利益相关方中形成进一步的压力，从而保证财政报告的全面性。

8.2　报告的覆盖范围

传统上，中央政府的财政报告与预算是密切关联的，并进而显示出政府各部门的支出和收入——这种方法很简单，并能够让政府、立法机构以及公众知道大部分税收收入是如何花费的，并检查预算是否按制订的计划执行。在预算中，向中央银行、国有企业以及其他预算外实体形成的转移支付会被报告，但这些实体的总支出或总收入则不会被报告。如果政府报告债务，它很可能只报告其直接债务，而不报告其他公共机构的债务。

---

① 2010年6月10日，荷兰财政部长J.C. 德亚赫博士写给荷兰议会议长的信，原文为荷兰语。

尽管预算报告有吸引力，但它们的局限性已经被广泛认识到。预算外资金可以执行普通的公共功能，所以预算报告可能低估政府在经济上的影响。类似地，国有企业的债务可能隐性或显性得到政府的担保，所以，只衡量直接债务，就有可能低估政府的相关债务问题。并且如果支出正在从中央政府下放到次级政府（参见第12章），预算报告可能给出全部公共支出变化的误导性图景。

随着时间的流逝，局限性也开始增加。第二次世界大战之后，有别于政府部门的公共机构之重要性扩大了。譬如，发展了公共福利系统，私营企业的国有化，以及建立了独立的管理机构。后来，许多政府寻求将其部门和各机构以市场为基础的活动转移到公营公司，只有其中的一部分最终被私有化。在减少其赤字或债务报告的压力之下，政府发现通过向这些实体支出和借款来转移责任，很是便利，因为这些实体处于预算报告的范围之外。特别是在发展中国家中，政府建立了有其控制和担保的开发银行，这种银行能够将资源引导到有利的项目上。几乎在所有领域，政府都鼓励它们的国有企业追求社会和商业目标。可问题在于，中央政府的预算成本常常是不可避免的，只是被推迟：在某个时点上，开发银行和国有企业就会需要政府的救助。当覆盖范围狭窄的报告之局限性变得更为明显的时候，报告的覆盖范围常常被延伸到预算之外——尽管会计和统计中的指向各异。

政府财政统计是更广泛的国民核算体系的一部分，其中国民经济被分成五个部分：家庭、非营利组织、金融公司、非金融公司以及政府经济。因此统计学家既将政府作为一个部门（*广义政府*）来加以报告，也为广义政府的分支部门编制报告，譬如*地方政府*和*中央政府*（比*预算意义上的中央政府*更广泛）。在典型意义上，国有银行和其他企业被分为金融或非金融公司，并排除在政府财政统计之外，虽然它们可以被包括在有关公共部门的报告中，但这种分类将广义政府与政府控制的金融和非金融公司整合到了一起。

统计范围的扩展在欧盟已然得到最为清晰的体现。在那里，财政统计在诸多国家中被作为财政规则的基础，这些国家在不同政府层面上——中央政府、省级政府以及地方政府——的公共责任分配存在很大的不同。由于这些差别，欧洲规则的制定者和统计学家强调广义政府数据的重要性，而不仅仅是中央政府。早在1990年，除了意大利和葡萄牙以外的所有欧盟成员国，都向国际货币基金组织报告了广义政府的财政数据（IMF，1990）。现在所有的国家都这样做了。面对政府坚持由国有企业承担预算外支出的努力，欧洲统计学家也力图将所有的公共实体包括在广义政府中，这些公共实体执行着非商业性的政府职能，不管它们的法律形式是什么。

覆盖范围的扩展不仅局限于欧洲。与表8-2有同样结构的表8-4，显示了向国际货币基金组织报告的财政统计所覆盖范围的变化，以及在其年鉴中公布的财政数据。它揭示出从2004年到2011年间，财政统计覆盖范围在59个国家中扩大了，在106个国家中保持不变，在19个国家中缩小了。4个以前只报告中央政府预算的国家，以及10个以前只报告中央政府预算的国家，现在都报告了广义政府预算。

表8-4　　向国际货币基金组织报告财政统计的最广泛覆盖范围

2011年年鉴中财政统计的覆盖范围					
2004年年鉴中财政统计的覆盖范围	无	预算中心	中央政府	广义政府	2004年总和
无	53	17	5	23	98
预算中心	3	9	0	4	16
中央政府	5	4	3	10	22
广义政府	2	3	2	41	48
2011年总和	63	33	10	78	184

资料来源 国际货币基金组织（2004，2012b）。

注：出于具体性的考虑，以收入报告为代表。也可参阅表8-2的注释。

会计的覆盖范围也扩展了，但是往往并非以相同的方式拓展。现代商业会计要求公司合并其控制的（通常是拥有的）所有实体会计，即使那些实体在法律上是独立的。根本的原则在于，这些实体都是它们可以为其财务状况合理地担当责任的。某些政府已经完全地或部分地遵从这一原则。例如，在澳大利亚、新西兰以及英国，中央政府的会计将国有企业囊括进来。但是在中央政府不控制地方政府的国家中，会计则没有扩展到合并不同级别政府的运作。

因此，会计和统计以不同的方式来划分公共部门。图8-3采用假设的由7个机构组成的公共部门来说明这一点：控制国有企业（SOE）和中央银行的中央政府，独立于中央政府的两个地方政府，两个地方政府各自控制着一家市政企业。虚线表示共同的统计群组（其他都是可能的群组），实线表示合并会计的覆盖范围，这一范围遵循所有受控制的实体都必须被合并的规则。

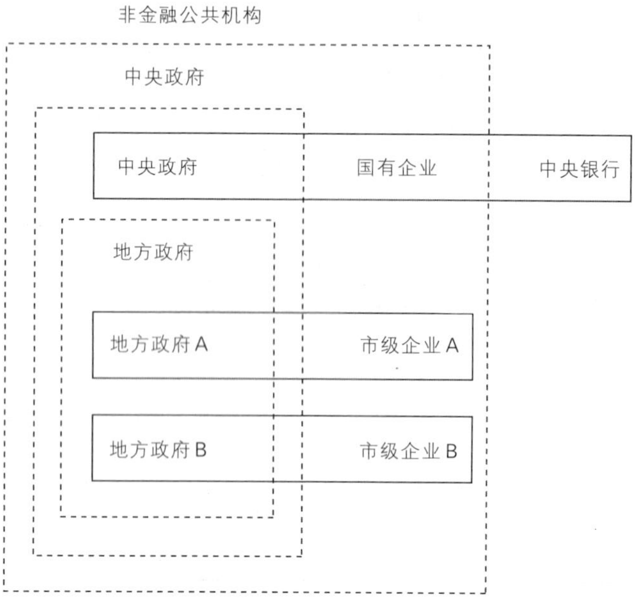

图8-3 会计和统计如何对公共部门进行划分

资料来源 作者。

可是，在统计和会计的覆盖范围中，都保留有相当大的多样性。许多国家尚未报告中央政府的统计（表8-4），在一些拉丁美洲国家中报告了非金融公共部门。澳大利亚报告了全部的公共部门。中央政府会计的覆盖范围也有所不同（表8-5）；应该通过控制来确定哪些实体被合并在政府会计中，这种理念不被普遍接受，或者即使被接受，也是以不同的方式进行阐释。例如，美国使用了控制标准，但基于货币政策指导基础的独立性，并不合并中央银行。与之相反，澳大利亚合并了中央银行，也考虑到了货币政策中的独立性，但不意味着出于采用控制标准的目的而失去控制。

表8-5　　所选中央政府当前账目的覆盖范围

国家	委托方	立法机关	国有企业	中央银行	次级政府	所选其他除外事项
澳大利亚	中央政府和它控制的实体	是	是	是	否	
加拿大	中央政府和财政上受控制的实体	是	部分[a]	否	否	
芬兰	中央政府	是	否	否	否	
法国	国家	是	否	否	否	
新西兰	中央政府和它控制的实体	是	是	是	否	
瑞典	中央政府	是	否	否	否	
瑞士	中央政府	是	否	否	否	
英国	行使公共功能或实质上由公共资金资助的公共部门机构	否	是	否[b]	是	受援助的财政机构
美国	中央政府	是[c]	部分[d]	否	否	受援助的财政机构

资料来源　政府财政报告。

注：所选的政府是表8-1中的发达经济体政府。

[a] 主要是自筹资金的国有企业，如加拿大邮政就没有被整合在内。

[b] 英国政府曾宣称，会将中央银行整合在未来的会计中。

[c] 在国会的财政中，会计只提供以现金为基础的数据。

[d] 例如，邮电业务被合并，但美国铁路公司及很多金融企业则没有被合并。

实践中的多样性表明，关于覆盖范围的选择是存在争议的。一方面，扩大覆盖范围有助于披露政府的如下意图，即通过促使支出与债务游离于当前报告系统的边界之外，来减少其报告的赤字和债务。并且随着危机的演进，政府拥有了大型的新的银行以及其他金融机构，而中央银行承担新的资产与债务，并从事可能具有财政影响的活动。另一方面，也有一个很好的理由继续考虑只涉及政府非商业的且由税收资助活动的报告。例如，公营企业与政府各部门是相当不同的，将公营企业的运营与政府各部门的运营混为一谈，会导致具有政府色彩的那些规模和绩效方面的信息损失。

解决报告困境的一个出路在于，为全部公共部门和主要分支机构提供信息。表8-6提供了从澳大利亚的财政统计中得到的说明。它显示了总资产、总债务、广义政府的净值、非金融公共部门以及全部公共部门的信息。这种资产负债表——特别是，如果它所包含的资产和负债是综合性的——有时被称为“主权资产负债表”（sovereign balance sheet）。[①]在会计中，政府一栏的报告中，受控制的实体也同样允许采用类似的分类（参见《公共部门国际会计准则第18号》，分部报告）。

表8-6 公共部门资产负债汇总表，

来自澳大利亚2010—2011年财政统计说明（占GDP百分比）

	广义政府	非金融部门	公共部门
资产	111	119	129
负债	48	56	67
净值	63	63	63

资料来源 澳大利亚统计局国际货币基金组织《世界经济展望》，2012年4月。

注：负债包括股份和其他已投入资本。

① 见国际货币基金组织(2009)，特别是附录Ⅱ。

8.3 报告的标准化

过去的20年或30年间，政府会计和统计标准已经得到了提高，特别是国际货币基金组织的《政府财政统计手册》和《公共部门国际会计准则》。

国际货币基金组织的第一部手册（IMF，1986）规定，报告支出和收入应以现金为基础，部分原因在于，政府就是这样准备其账目的。另外，联合国采用的方法也是以收付实现制为基础的国民核算体系。2001年《政府财政统计手册》彻底更新了1986年的手册，它规定了包含存量与流量整合的权责发生制结构（图8-1b）。这一变化反映了本章第一部分提及的对于收付实现制核算局限性的担心，还反映了对1993年所采用的联合国国民核算体系中权责发生制概念的担忧。一些政府采用权责发生制会计产生了一些实际问题，虽然这些因新结构造成的问题并没有那么可怕，但人们认识到，要完全采用新的系统还要经过许多年。的确，2001年的手册公布10年之后，只有萨尔瓦多、中国香港特别行政区、俄罗斯联邦以及斯洛伐克，针对2011年的统计年鉴，提供了对于广义政府的《政府财政统计手册》所设想的四个主要报告（参阅IMF，2012）。

公共部门国际会计准则委员会是一个不具有官方立场的私人实体，但是随着时间的推移，其准则变得更具影响力。采用《公共部门国际会计准则》的第一批机构均是国际机构，如北大西洋公约组织和经济合作与发展组织。最近，许多政府或者开始采用《公共部门国际会计准则》，或者使自己的标准与之趋同。法国政府的报告与其他标准均涉及《公共部门国际会计准则》，而瑞士政府主要参考了《公共部门国际会计准则》（有一些修改）。其他很多政府已经宣布了采用《公共部门国际会计准则》的计划。

《公共部门国际会计准则》和2001年《政府财政统计手册》的出现，引出了这两套准则是否应该进一步协调的议题。会计和统计服务的目的有所重叠，但又不完全相同，这样就有理由假设它们应该是相似的，但又不是完全一样的。两者都允许评估政府的财政状况，但会计主要关注于既定实体的受托责任，而统计则被设计用来汇总实体组合的财政现状。譬如，在一个特定地区的所有政府（国家的或超国家的）。会计和统计的协调受到以下两方面的约束，既要避免不同部门的统计出现矛盾（如一个部门的债务是另一个部门的资产），也不应导致政府会计和其他实体之间不必要的差别。另外，从不同角度制作的报告也有助于分析，就算没有这些报告，绘制两张图也能避免弄错（统计）区域。

但是统计和会计标准之间的一些差别，仅仅是二者在起源方面的一些无关紧要的差异反映，在其目的方面并没有根本的差别。此外，设计中的会计和统计，常常使用由财政管理信息系统产生的同样的源数据，因此避免不必要的差别就可以简化报告。在20世纪中期成立的一个特别小组，除了其他工作外，还讨论了协调方面的问题。该小组进行的工作引导了政府会计信息的披露，这是关于广义政府内部一部分合并的政府信息（参见《公共部门国际会计准则第22号》，广义政府部门财政信息的披露）（杜普伊斯、拉里伯特、萨克利夫，2006）。

有一些争议性的不太重要的差别依然存在。图8-1b和图8-4显示，2001年《政府财政统计手册》和《公共部门国际会计准则》表述的主要结构是相似的，但是每个系统使用其自身的术语，并以各自的方式按期初存量和期末存量对流量进行分类。与《公共部门国际会计准则》不同，2001年《政府财政统计手册》区

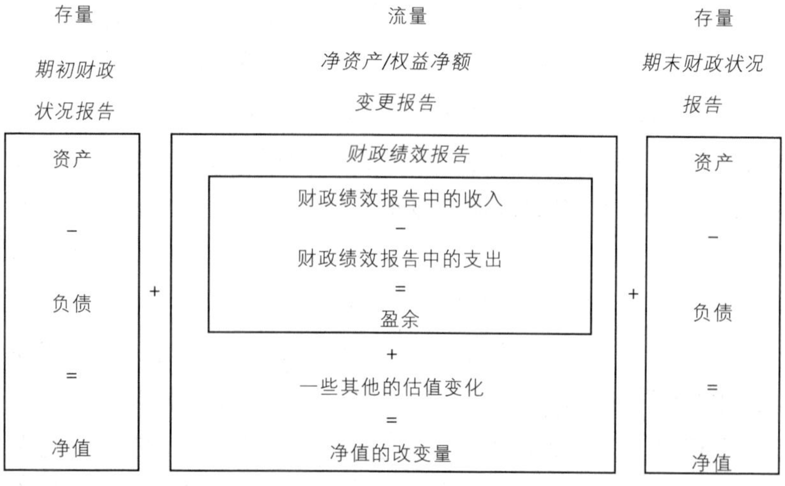

图8-4 《公共部门国际会计准则》报告的结构

资料来源 作者，公共部门国际会计准则委员会的信息。

分出了净值中的相对可预测的变化，这些变化是由市场价值中的波动的和典型的不可预知的交易引起的。与2001年《政府财政统计手册》不同，《公共部门国际会计准则》包括了一种单一的报告，其底线在于净值中的全部变化。

再有，虽然许多资产和债务既出现在按《公共部门国际会计准则》编制的资产负债表上，又出现在按2001年《政府财政统计手册》编制的资产负债表上，但差异依然存在。较之2001年《政府财政统计手册》，《公共部门国际会计准则》更可能认同只在特定情况下产生支付的债务。一个理由是，在统计中，政府部门资产负债表上存在或有债务，意味着另一个部门存在或有资产。最后，资产和债务不总是以同样的方式计价：2001年《政府财政统计手册》支持市场（公允）价值，而《公共部门国际会计准则》有时允许按其他价值计价，如按历史折旧成本。

在澳大利亚可以发现整合统计和会计的有趣尝试，那里的中央政府在其会计报表中，创造了一个单一的以权责发生制为基础的流量报表，这很像按照《公共部门国际会计准则》编制的会计报表，这种会计报表吸收了来自2001年《政府财政统计手册》的概念（表8-7）。

表8-7　　在会计中，GFS盈余措施的使用

	占GDP的百分比
净经营收支余额	−3.8
+在财政绩效报表中识别的其他经济流量	−0.6
=经营结果	−4.4
+在净资产/权益净额变更报表中识别的某些其他经济流量	−0.1
=净值变化	−4.5
账目中有效的其他措施	
净贷款/借款	−4.4
政府财政统计的现金盈余	−1.7

资料来源　澳大利亚政府2009—2010年的财政报告、国际货币基金组织、《世界经济展望》、澳大利亚的GDP。

8.4 强化的财政报告

按照《公共部门国际会计准则》、2001年《政府财政统计手册》或类似标准制定的会计和统计体系，仍然排除了公共财政方面的诸多重要信息。本节简略地评述了由政府提供的一些新型财政报告，并考查这些报告在未来可能会如何演变。

8.4.1 未来的支出和税收

从制定标准的角度看，财政报告的首要关注点是回溯既往，尤其是在财政报告的准备和上一财年的相关统计上。这些回顾性的报告支持了透明度的目标，也执行了预算管理工作中的问责基础。例如，财政报告允许公共会计委员会对被审查的财政报表中出现的问题进行听证。

20世纪90年代早期以来，出现了一种倾向，就是政府提供更具前瞻性的数据，以加强财政报告。现在许多国家编制的预算包括了中期预算，为此，产生了特殊的前瞻性财政报告——典型的是以三年或四年为一个周期的报告（参见第4章）。在应对财政可持续性的新挑战中，许多国家选择了用远超过典型的中期预算框架所覆盖的三年到四年的前瞻性报告。这种报告意在支持考虑当前政策诸因素之于更长期影响的分析，如人口老龄化以及增加的医疗保健成本（参见第1章）。分析这种类型的具体例子包括：

• 长期财政预测，试图考查当前政策的长期影响。表8-8列出了一些国家编制的这种报告。

• 债务可持续性报告，报告中的债务和债务还本付息，通常占GDP的百分比，被当成长期的活动。经常性地进行敏感性分析，可以发现预计的债务水平，如何随假设的借款成本、主要的财政收支平衡和经济增长的变化而变化。

• 代际核算，它表示在若干年龄段中，每一个年龄段中人们的税收现值（这些税收可望在其剩余的寿命期间支付），减去他们可以期望获得的转移性支付——当然，这些都在当前政策保持不变的假设之下（科特里科夫和拉费尔胡森，1999）。

• 特定部门分析，分析其中特定政策的长期影响，如美国国会预算办公室对社会保险的长期预测。

表8-8 七国集团中公共财政长期可持续性的独立报告

国家	最近的报告	覆盖范围	周期性	强制性
加拿大	议会预算办公室，财政可持续性报告，2011年	广义政府	一次性	无
法国	经济，财政和产业部，稳定性计划，2011年	广义政府	年度性	有
德国	财政部，公共财政可持续性报告，2008年 财政部，稳定性计划，2011年	广义政府	至少每四年一次 年度性	有
意大利	经济和财政部，人身健康和长期保健系统的中长期趋势，2011年 经济和财政部，稳定性计划，2011年	广义政府	年度性	有
日本	—	—	—	无
英国	预算责任办公室，财政可持续性报告，2011年 预算责任办公室，收敛性计划，2011年	广义政府	年度性	无
美国	行政管理和预算局，分析前景，2011年 国会预算办公室，长期预算展望，2011年 国家审计局，联邦财政展望，2011年 国家审计局，各州和地方政府的财政展望，2011年	中央政府 州和地方政府	年度性	无

资料来源 所列示政府的报告。

公共部门国际会计准则委员会发布了关于公共财政长期可持续性报告的推荐做法指南的征求意见稿（公共部门国际会计准则委员会，2011）。该指南不是强制性的，它设计了多种选项，其中提出了以假设的未来现金流现值为基础的措施。就这一点而言，美国政府的报告令人兴趣盎然。与提出假设的未来现金流一样，它也显示了对这些现值的估计（参见表8-9）。现值继承了预测的不确定性，并且在折现率中引进了不确定性的新来源，所以本质上就不应该将其视为精确的预测。该方法的价值在于，通过有助于引起人们对当前政策的预测和可持续性加以关注的方式，概括了现金流动预测的影响。特别是表格的底行（主要的收入减去支出的净现值），起到了评估当前财政政策可持续性的作用。

在提供传统资产负债表的同时，美国政府也展示其未来支出和收入的现值，这种披露也可能逐渐发展成可以称为“强化的资产负债表”的报表，正如表8-10中说明的那样。更具体地说，可能被显示的未来支出和收入的种类，是那些已经在传统的资产负债表中被认可的资产和债务价值中所未能反映的价值；否则就会存在重复计算。如同主要的收入和支出现值表那样（见表8-9），强化的资产负债表总结了未来现金流动的预测；与前述报表不同，这种报表在一个熟悉的环境中纳入了价值的考量。

表8-9　　2010年美国联邦政府长期财政预测的摘要

（75年长期预测的现值）

	万亿美元	75年GDP的百分比
收入	175	20.2
社会保障工资税	38	4.4
医疗保险工资税	12	1.4
个人所得税	91	10.5
其他	34	4.0
主要支出	192	22.1
自由裁量的国防开支	31	3.6
自由裁量的非国防开支	31	3.6
社会保险	49	5.7
医疗保险A	17	2.0
医疗保险B和D	20	2.4
医疗补助计划	24	2.8
其他强制性支出	19	2.2
收入减去主要支出	−16.3	−1.9

资料来源　美国政府的财政报告，截止日期：2010年9月30日。

根据《公共部门国际会计准则》和2001年《政府财政统计手册》，公共养老金、医疗保健和其他服务的未来税收和支出的现值，并非是资产与债务（例如，税收直到能够征收的时候，才是资产，或者养老金直到支付的时候，才是负债）。然而，它们代表了潜在的经济效益和成本，这种成本是可以估价的，至少是近似估价。在表8-10中，改进的资产负债表承认这些权利与义务之间的差别，并且通过显示不同类别中的两组价值，承认当前被认可的资产与债务。通过对这两组价值组合之净值衡量的呈现，它承认存在着相似性。

表8-10 强化资产负债表的可能形式

	资 产	负 债	净资产
金融的	现金	债务	
	债券	短期	
	其他金融资产	长期	
	……	……	
非金融的	金融资产合计	金融债务合计	净金融价值
	土地	合同养老金	
	建筑物	保险负债	
	……	……	
未来的	现有资产总量	现有债务总量	净值
	未来税收收入的现值（以当前政策为基础）	未来支出的现值（以当前计划和福利政策为基础）	
	总的长期资产	总的长期债务	长期净值

资料来源 作者说明。

这种强化的资产负债表是否有用处，还需要认真加以考虑。在实践层面上，避免重复计算可能是很难证明的。此外，准确地预计未来现金流和选择一个适当折扣率的困难，意味着围绕未来税收和支出现值的不确定性，比围绕着传统资产和负债估价的不确定性要大得多。在概念层面上，未来现金流的现值与标准的资产负债表上公认的资产和负债，是根本不同的。因此，在相同的报表中呈现不同的项目，以及将其界定为任何类型的资产负债表，这种做法是否适当和有用，这些都仍旧是开放式的问题。

8.4.2 风险

旨在增强对过去和现行政策选择以及相关风险之理解的强化版报告，在当今的全球经济环境中特别重要。危机增加了对财政可持续性的担忧，不仅仅因为意识到当前相当大的财政赤字，而且还因为更清楚地意识到暴露出来的财政风险和未来成本。例如，包括人口老龄化对养老金的影响。通过使用强化的前瞻性财政报告，非常有利于恰当地分析和透明地解决这些议题。

目前，一些政府在其前瞻性的财政报告中包含了有关风险的信息——这些信息包含了不同于预测的财政结果之风险因素。许多国家披露了与宏观经济冲击相关的风险。所有的欧盟国家，大部分经济合作与发展组织成员国，以及一些新兴市场经济体（如巴西、智利和印度尼西亚）——通过敏感性分析、选择性的宏观经济情景分析或者对财政总量的压力测试（参见第5章）（IMF，2009）——披露了与宏观经济假设有关的风险，如增长、通胀、利率、汇率以及国际石油价格。与或有债务有关的信息，也在财政报告中被频繁地披露出来，尽管披露的范围有所不同。披露此种信息的国家包括大部分发达经济体，加入欧盟的大多数国家，余下的1/3是新兴市场经济体和经济转型国家，以及少数发展中国家（OECD，2007；IMF，2009）。

对最近危机的回应——主要由政府对财政部门某些债务的担保引起的——突出了政府在披露或有债务程度中的差异。一些国家，比如日本，披露了它们的担保和或有债务，但不做任何估计，或仅针对这些潜在负债规定预期支付的数额。其他国家，如瑞士和英国，当可能必须支付并且数额可以估计时，就报告或有负债并承认这些债务。类似地，在美国应用了信贷改革会计（credit reform accounting）的情况下，报告会将源自于债务贷款担保所估计的未来支付之现值，视作债务。

8.4.3 其他议题

许多财政报告在年度或季度基础之上生成。可是，最近的危机显示，财政和货币状况的显著变化，特别是那些受到金融市场驱动的变化，可以非常快地发生。有人建议，政府应该采用连续披露的系统，将其中财政状况的关键变化公之于众，从而实现对政府财政状况的彻底披露，而不是在下一次安排的报告中披露。

在一些重要的经济报告中，收入或支出不顾预算底线而发生突然巨大的变化，这样就无法实施稳定的经济政策。当市场和评论者因为波动过大而倍感意外时，这种状况就更加恶化。私营部门在连续披露的规则下运营，公共部门为

什么就不应该呢？（澳大利亚政府，2008）

在2010年，新西兰政府对其国有企业施加了连续披露的要求，而澳大利亚政府现在也要求国库和财政部在其网站上公布出现的收入和支出预测的重大变化。

针对改进绩效的改革，包括在更大的管理灵活性和绩效预算环境中，增强绩效问责制，产生了对非财务数据的更多需求。这些报告依靠由项目产生的产出和结果的特定信息（参见第7章），来严格地补充财政报告。如果预算是在商定的产出基础上明确制定的——譬如，在所谓的“采购方–供应方”约定中，存在项目融资和项目产出间明确的对应关系——就表明已经达到的商定的产出指标，确系公共部门问责的核心要素。

在财政报告中实现收入政策的透明，也是一种特别的挑战。许多国家已经采取了提供各种税收优惠的方式（减少税率或免税），来实现特定的政策目标。然而，这些收入举措的影响，在财政报表中还不够透明：作为这些措施的结果，虽然在损益表和现金流量表的收入，将低于可能的最大值，但这种可能损失的收入不会在报告中披露。许多OECD国家每年报告税式支出，但是主要在单独的报告中（或预算附件中）出现，这样，税式支出就不能随同预算中包含的直接支出计划呈现出来，并且一般只为之后一两年的支出而预计（OECD，2010）。

许多国家在会计电算化系统的辅助之下，已经设计出了自己的会计科目表，使得一系列信息报告能够不依附于国际标准的要求——例如，包括项目的绩效信息（出于管理目的）、支出的地理位置（以便支持发展政策的分析）、来自项目产出的不同性别的受益比例或者所购商品的来源（以便进行经济分析）。

全球正在对将自然环境状况纳入报告产生兴趣。传统会计实践根本不能提供足够的环境管理目标的信息。可是，将环境信息包含在强化版报告中的兴趣正在形成——受到政府控制的自然环境领域，将被视作公共资产，并且环境的退化也被当成一项支出。为了解决全球变暖的后顾之忧，已经有一些国家正在征收碳排放税，并发明了排污权交易方案，在此背景下，强化环境报告的倾向有可能对政府越来越重要。

目前正在讨论中的一个议题是，以上关于加强财政信息的任何报告是否应该成为规范，如果答案是肯定的，那么是否应该考虑进一步发展成为国际标准？作为向这个方向发展的一个例子，联合国统计委员会已经开创了一个不断更新的环境经济核算体系。

8.5 结论

最近几年，财政报告得到了显著的发展。随着政府寻求解决财政问题和更好地利用它们的资源，报告的综合性和覆盖范围都得到了增强。新的以权责发生制为基础的国际统计和会计准则已经发展起来。而且，许多政府已经选择了准备有关风险、公共财政的长期可持续性以及其他议题的附加报告。

然而，许多议题仍未解决。虽然许多发达经济体的政府或者已经走向了完全的权责发生制会计，或者计划着很快这样做，但有些人怀疑采用权责发生制会计的效益是否高于其实施成本。其他人认为，权责发生制报告是必要的，但需要更具综合性。例如，要确保识别更多的或有债务。关于财政报告的恰当覆盖范围问题仍然存在。在统计上，对广义政府报告的需求被广泛地接受，也有对全部公共部门进行报告的情况，但目前非常少见。在会计上，类似的辩论正在出现，讨论政府会计是否应该合并中央银行和国有企业。尽管许多政府报告了风险和长期预测，但如何准备这种报告并没有一致的意见。一个尚未解决的问题是，如何以某种方式总结长期财政预测，针对政府主要的财政报表，澄清它们的含义和关系；在前一节里提到的改进后的资产负债表，就是这种总结的尝试。

全球金融和经济危机加剧了对这些议题的关注。缺少来自财政部门的针对可能之财政问题的警告，可能造成对财政风险报告的重新关注，许多政府财政状况恶化的速度，或许会导致更频繁的报告乃至要求连续的披露。此外，财政政策的溢出效应，可能进一步刺激财政报告基于国际准则的协调。由危机暴露或产生的问题，应该会对财政报告形成压力，促使财政报告更具综合性，覆盖范围更广，更加标准化，并且更多地揭示财政风险、长期性的财政问题和其他重要的公共财政管理议题。

参考文献

Australian Government, 2008, *Operation Sunlight: Enhancing Budget Transparency*, Ministry for Finance and Deregulation(Canberra).

Bentham, Jeremy, 1843, *The Works of Jeremy Bentham*, ed. by John Browning, Vols. 5 and 10 (Edinburgh: William Tate).

Chan, James L., 2008, "American Government Accounting Standards" (unpublished). Available via the Internet: http://jameslchan.com/papers/ChanAmGASCh3Sept08.pdf.

Dupuis, Jean-Pierre, Lucie Laliberté, and Paul Sutcliffe, 2006, "Task Force on Harmonization of Public Sector Accounting—Final Report," paper presented at the fifth meeting of the Task Force on Harmonization of Public Sector Accounting, Paris, March 8–10.

Filmer, Robert, (1680) 1991, *'Patriarcha' and Other Writings*, Cambridge Texts in the History of Political Thought, ed. by Johann P. Somerville (Cambridge: Cambridge University Press).

International Federation of Accountants (IFAC), 2008, "IPSAS Adoption by Governments" (New York).

International Monetary Fund (IMF), 1986, A Manual on Government Finance Statistics (Washington).

——, 1990, *Government Finance Statistics Yearbook 1990* (Washington).

——, 2001, *Government Finance Statistics Manual* (Washington).

——, 2004, *Government Finance Statistics Yearbook 2004* (Washington).

——, 2009, "Crisis-Related Measures in the Financial System and Sovereign Balance Sheet Risks" (Washington).

——, 2012a, "Fiscal Transparency, Accountability, and Risk" (Washington).

——, 2012b, *Government Finance Statistics Yearbook 2011* (Washington).

International Public Sector Accounting Standards Board (IPSASB), 2011, "Reporting Service Performance Information," consultation paper prepared for the International Federation of Accountants (New York: IFAC).

Intersecretariat Working Group on National Accounts (ISWGNA), 1993, *System of National Accounts* (New York: UN Statistical Commission).

Irwin, Timothy, 2012, "Accounting Devices and Fiscal Illusions," IMF Staff Discussion Note No. 12/2 (Washington).

Kotlikoff, Laurence J., and Bernd Raffelhuschen, 1999, "Generational Accounting around the Globe," *American Economic Review*, Vol. 89, No. 2, pp. 161–66.

Organisation for Economic Co-operation and Development (OECD), 2007, *Budget and Procedures Survey* (Paris).

——, 2010, *Tax Expenditures in OECD Countries* (Paris).

Schiavo-Campo, Salvatore, and Daniel Tommasi, 1999, *Managing Government Expenditure* (Manila: Asian Development Bank).

United Kingdom Chancellor of the Exchequer, n.d., "The Public Sector Balance Sheet" (London).

第9章　现金管理和债务管理：是一枚硬币的正反两面吗？

约翰·加德纳　布赖恩·奥尔登

在过去的20年中，审查和管理政府金融资产和债务的方式发生了深刻的变化。这种变化由许多因素驱动，包括金融市场容量和复杂性的增加，其原因在于，有更多的国家（特别是拉丁美洲和东欧的国家）接触到了资本市场，并且融资工具变得更为复杂。在信息和通信技术、制度设计以及能力建设中，已经出现了重要的创新——主要是在发达经济体内，但也在新兴市场经济体和发展中国家里出现。市场和投资组合复杂度的增加，要求更高程度的专业化和战略发展水平，从而进行能力建设，并留住关键员工，而这些员工所具备的技能对私营部门而言，也是非常具有吸引力的。

自20世纪90年代初期以来，人们已经逐渐认识到，需要将所有政府金融资产和债务的管理整合在一起。乍一看，现金和债务管理在它们的目标与功能方面相当不同，而且在许多国家中两者确实是各自独立发展起来的。现金管理有一个相对短期的视角，而债务管理则是中期到长期的视角。现金管理的关键目标是，在正确的地点和正确的时间拥有正确数量的货币，以最具支出效率的方式来履行政府的职责（斯托尔基，2003）。债务管理的主要目标是，从中期到长期，以尽可能低的成本，保证政府的融资需求和付款义务得到满足和履行，同时符合谨慎型风险等级（IMF和世界银行，2001）。

尽管存在着区别，但两者在许多点上有交叉。因此，在新西兰、瑞典、英国等国家，被指定负责现金管理业务的债务管理办公室的数量显著地增加了。

本章认为，将现金和债务管理相结合的方法之所以有意义，是有很多原因的。现金和债务管理责任的相互结合，会增加将所有政府财政资源作为单一投资组合进行管理的激励；它有助于确保不向市场发送关于政府财政管理策略的令人困惑的信号，并且保证发行债券的决策是在考虑政府整体现金流的背景下进行的。在一个单位中实现现金和债务管理功能的结合，能够整合稀缺的财政部门资源，减少招聘紧缺的专业人员的困难，并且简化信息技术系统和后勤设备的使用，比如结算和清算业务。

有效率且有效果的现金和债务管理，对处于正常时期的政府而言，是非常重要的，但在财政危机期间就成为至关重要的了。在正常时期，良好的现金管理实践，可以通过准确地了解和管理流动性金融资产及短缺，为政府产生大量存款。在财政危机期间，这些功能可能意味着，避免政府在最糟糕的时间点撤回对重要经济部门的支持。类似地，有效的公共债务管理允许财政政策的有效运作，同时促使那些与市场运转和债务滚动有关的金融组合之投资风险最小化。与此相反，设计、实施和沟通都很差的债务管理策略，能够引起不良的投资情绪，提高偿债成本，损害政府声誉，并且加剧市场的不稳定性。在财政严重不稳定的时期，如果一些国家的债务管理运作无法预知并规避风险，它们的总体经济福利就可能处于岌岌可危的境地。

2008—2009年的全球金融与经济危机，已经并将继续给发达国家和欠发达经济体造成现金和债务管理运作的严重后果。危机前已经具有成熟系统的国家，在危机期间明显地从中受益。

政府现金和债务管理运作的专业化，对本书中叙述的全部公共财政管理目标做出了至关重要的贡献。本章重点关注最近几年在现金和债务管理运作中呈现出来的创新，并且关注在寻求这些运作的效率和效果最优化时，为什么政府财政资源管理的综合性方法是更可取的。第一部分描述公共现金和债务管理中的发展趋势和创新。第二部分讨论当前的问题和挑战，包括改进现金和债务管理之间协调性的需求。第三部分考查新兴市场经济体和发展中国家的特殊议题。第四部分简略地解释一下现金和债务管理危机的影响，之后是一些一般性的结论。

9.1　现金和债务管理的发展趋势和创新

9.1.1　公共现金管理

成功的积极现金管理的优势是显而易见的。政府确信其公共政策之优先顺序，在实施中不会面对以下情形：资金短缺的约束，或者因支出的定量配置而导致拖欠付款。净短期借款成本降至最低，并且将盈余的现金用于投资以赚取市场利率。通过现金的应急缓冲储备，尽可能地控制财政风险，并且货币政策不受政府金融市场活动的不利影响。

编制现金计划是这样一个过程，政府由此预测其未来一段时间——常常是一个财政年度的现金可用性及现金需求，在更短的时期内则预测得更详细。它的目标是了解在所选择的时间范围内，总体的流动性财政资源的预期趋势，或者简言之，在其银行账户中总体的预期余额。现金管理对政府现金管理者承担的活动进行界定，从而保证融资到位，以满足政府的支出责任，并确保已确认的现金盈余得到最有效的使用，且符合所定义的风险参数。

在过去的20年里，政府现金计划的信息可用性的发展已经改进了其绩效。信息数据库的计算机化和通信技术两方面的科技进步驱动了这些变化。这些进步已经使中央政府和次级政府的公共现金管理的各个方面都得到了改善。技术进步促使政府发布银行技术细则，以便商业银行可以跨越很大的地理区域方便地处理大量的电子商务收支交易。另外，每天都可以出现零余额账户，并且在某些情况下更频繁地出现，用于未来支付的承诺数额可以自动地包括在现金计划内，而且对于年度预算法案拨款中的数千条项目，进行实际与预测误差的电子数据表分析。政府现金管理还非常依赖于历史收入和支出的完整数据库的可用性，以此通过使用趋势分析以及经常配合使用的政府财务管理信息系统，更好地编制现金计划（卡恩和佩索阿，2010）。

9.1.2 政府的银行业务安排和支付系统

现在，维持国库单一账户（TSA）被认为是有效编制现金计划的先决条件。如今许多政府自动地运用国库单一账户来管理收入和支出的给付（参见专栏9.1）。这个概念虽然不算新，但非常简便。这一概念可以追溯到英国殖民的时代，其最初是被用来设计单一的实际银行账户的（因为大部分政府支付和收入以现金方式进行），而不是今天认为的会计分类账。

专栏9.1 国库单一账户的基本原则

国库单一账户对政府银行账户的结构进行了统一，使得政府现金资源的使用得到合并和优化。它将交易层面的控制从整体现金管理中分离出来。换句话说，国库单一账户是一个银行账户或一组相关联的账户，通过该账户，政府进行其所有收入和支付交易，并且可以了解每天的现金状况。这种针对政府交易的银行技术细则，以不考虑所有现金最终用途的可替代性原则为基础。虽然为了控制和报告的目的，需要区分各个现金交易（例如，政府单位的一个典型收入或支出交易），但这些目的是通过会计系统，而不是在个别银行账户的不同交易中持有或存储现金达到的。这使财政部和国库解除了现金管理和交易层面的控制之间的关联。

一个有效的国库单一账户系统，建立在三个关键原则之上：

• 政府银行技术细则应该是统一的，使财政部和国库能够监督在这些银行账户上进出的现金流，并且允许所有现金资源的完全可替代性。如果设置了电子银行业务，还需要具有实时基础。虽然国库单一账户结构可以在单一银行体制（不一定是中央银行）下包含分立账户的子账户，并且可以在若干商业银行中容纳外部零余额账户，但这些分立账户应该与顶层账户（所谓的国库单一账户的主要账户）结合，通常在中央银行，以便合并余额（通常在每天结束时）来确定总体的现金状况。

• 其他政府机构不得在国库监督之外运营银行账户。制度结构和交易过程安排，决定了国库单一账户如何存取和运作。作为政府主要财务机构的国库，应该管理政府的现金（和债务）状况，以保证有足够的资金用于满足财政责任，闲置的现金得以有效地投资，并且根据适当的法规以最佳的方式发行债务。在一些情况中，债务和现金的管理由债务管理处执行。

- 国库单一账户应该有综合的覆盖范围，也就是说，它应该较为理想地包括所有政府部门的现金余额，既有预算内的又有预算外的，以保证完全整合政府的现金资源。

资料来源　本专栏主要摘录自帕塔纳亚克和芬伯伊姆（2010）。

虽然这一概念并非全新的，但国库单一账户的引进和应用仍然是一种创新，并且常常是一个充满挑战的过程，特别是在新兴市场经济体和发展中国家。例如，在印度尼西亚，国库单一账户的创立，涉及合并超过24 000个独立的由政府控制的银行账户，这项任务要求通知从校长到教育部，他们的银行账户和支票簿都将被转移。

国库单一账户的运作规则直截了当，并且许多国家已经不再使用多重账户，同时推出了财政管理信息系统（FMIS）。支付过程——通常通过国库单一账户集中起来——是独立于政府机构的支出决策功能的，一旦这一点被清晰地理解，就不需要机构处理实际的支付。在机构层面上应用财政管理信息系统时，这个业务流程常常被改变。机构通过财政管理信息系统来承担采购过程，在批准支出之前，自动检查预算执行情况是否符合拨款规则。在财政管理信息系统中，机构确认商品和服务已经按照合同进行了交付。以一种集中的方式（在国库），从国库单一账户向供应商产生自动支付。国库单一账户的每日账户核对工作，也会通过与国库单一账户的电子链接，而在财政管理信息系统内自动完成，并且由财政部进行统一报告。

政府的银行技术细则也随着技术的发展而改变。许多国家的银行运作正在走向更强的多样性、竞争性和透明性。例如，在发展中国家，标准的商业银行设备可能很少出现在偏远地区，现在通过手机网络而进行的银行业务正逐步出现。政府正在积极考虑采用这一方式向供应商进行一系列的支付、向公务员支付工资，并用于改善公众的福利。这种创新可以极大地减少作为交易手段的现金的使用。它可以保证按时向供应商的支付，不会导致拖欠和逾期支付费用。它还能彻底减少产生舞弊行为的机会。使用这一技术还能有效地完成向政府的收入给付。

技术变革迫使中央银行的工作变得现代化。在以现金完成收入和支付为标准的时期，代表政府承担所有交易的中央银行，加强了对货币政策的控制，它常常是国家中现金流动的最大推动者。在许多情况下，中央银行用高级别的员工和资源服务单个客户，建立和维护遍布全国的分支网络。

随着覆盖一国大部分地区且快速而有效的电子商务银行网络出现，一些中央银行的经营效益已经成了问题。在如今的环境里，中央银行可能无法为其唯一客户——政府——发展其计算机化的网络，或者证明该网络的成本合理性。私营部门企业在全国即时地获得和转移财政资源，而政府仍然要用一周乃至一个月时间，向中央账户进行支付或转移收入，银行账户对账甚至要花费更长的时间（如果发生的话）。

现在许多政府认识到不应该让中央银行扮演政府的零售银行（retail banker）角色。虽然遭到一些中央银行的反对，但从公共现金管理的角度看，使用商业银行和它们的电子商务网络，来执行尽可能多的政府收入和支出交易，被普遍认为是更有效率的。这个变化是可行的，因为在商业银行的政府账户结余，可以每晚以电子商务方式，划入中央银行的国库单一账户。

政府，特别是那些拥有颇为有效的财政管理信息系统的政府，现在可以将它们的零售银行业务，提供给那些拥有遍及全国的电子商务网络的商业银行。假设银行可以有效地提供服务，它们通过交易费获得报酬。这种设置对银行集团是一项极具吸引力的业务，因为它们可以说服政府雇员、供应商、承包商以及政府机构，在它们的分行保有银行账户，从而有效地接受政府支付或对政府进行支付。这样，银行就可以向新客户出售额外的有利可图的服务。的确，这种潜在业务如此具有吸引力，以至于在一个亚洲大国，这种政府银行业务的第一次偿付产生了一种负面竞标——银行为每笔交易支付给政府少量费用。

政府通过使用这些现代银行和支付系统可以实现许多收益。国库单一账户的运作，可能通过避免以下情况，从而使得政府以三种方式节省资金：

- 商业银行账户中设置的现金池，赚取很少利息或不赚利息；
- 尽管有这些现金池，还要承担高昂的借贷，来为支出提供资金；
- 中央银行，为了运作有效的货币政策，因巨大的成本而使得银行系统中政府的流动资产逐渐消耗，减少了政府的红利。[①]

国库单一账户显然为记录和协调政府交易提供了更有效的方法。它也帮助现金管理者编制现金计划，因为必要的政府现金资源总量已经实现，并且它有助于积极的现金管理，因为单独的融资或投资运作可以在需要的时候以符合要求的方式直接进行。

总之，一个集中支付系统有助于说明、记录以及协调银行账务。政府利用商业银行提供的零售银行业务，可以使交易更加有效且效率更高；减少政府交易的现金使用；减少贪污的机会；并且允许快速的、定期的电子银行对账。它还使中央银行从其无法有效承担的任务中解脱出来——只有一个客户，并且很少有动机对这一业务的盈亏进行明确的说明。

中央银行仍然为政府经营着大金额银行业务，也就是国库单一账户，由于这些账户每天清除不使用的现金余额，这样就避免了将政府信贷情况暴露给商业银行；有助于提高货币政策运行的效果；按照要求，对代理机构和捐赠者账户保留子分类账目的完全控制权。

9.1.3　编制现金计划

许多国家现在正在效仿发达国家政府的做法，建立现金管理单位（CMU），有时隶属于债务管理办公室（DMO），其职责是编制现金计划并进行积极的现金管理。电子化预算管理的技术进步，在预测可获得的政府现金资源方面，已经很大地促进了现金管理。不论是否采用全面发展的财政管理信息系统或电子表格预算模型，都可以使用包含全部年度预算分配的可转换的数据库，来为当前财政年度的国库单一账户余额实施总量预测。这些预测的复杂程度，可能由编制现金计划的人员来选择。基础常常是最近一个月的每天预测，下两个月的每周预测，以及财政年度剩余时间的每月预测。

现代政府的现金规划人员使用支出的电子记录，来计算单个项目的季度模

① 有报道说（或许是杜撰的），在一个亚洲政府，当它充分实施国库单一账户时，可以一举减少其所有的支出拖欠、全部借款，以及它的预算赤字（总计大约占国民生产总值的5%），其闲置在中央和全国商业银行账户中的“未知”资金数额是如此巨大。

式，或者在适当的情形下，计算项目组合的季度模式。[①]现代计算机化电子表格的能力，使得计划人员可以从会计账簿中下载项目的历史数据，来填充模型。然后，模型能够判断出，在这一年中是否存在可以用于预测未来支出需求的趋势。此外，这些计算的复杂度取决于计划的需求和有效的技术能力。在许多发展中国家，简单的历史平均数被有效地用来进行这种分析。[②]通过发展同最活跃的收入和支出机构进行联系的网络，经常能产生最准确的预测。这些机构官员应该能在现金计划内提供完全剔除季度因素的更新计划。

现代的债务记录数据库可以与现金管理单位电子表格相连接，以便在预测了可获得的现金资源之后，将财年内的偿债要求直接包含在其中。同样特别重要的是承诺计划和预算的有效性。承诺控制允许财政管理信息系统在相关要求之前，就设立针对承诺支出的预期支付日期，并且现金管理单位可以容易地使用这种信息，将其包括在计划模型中。

现金计划模型还可以用于模拟可能在年内出现的财政风险的短期现金影响。财政部或政府的高级官员可以要求现金计划人员提供流动性约束的评估，这种流动性约束会在某种确定的情况下出现，比如收入预测的显著变化，因公共政策变化而增加的支出，如担保等或有风险的具体化，道德风险预期（在当前的危机中尤其具有相关性，特别是涉及银行部门的紧急救助），以及因为利率和外汇价值的变动而发生的偿债成本变化。

现金计划人员通常应该通过银行系统向中央银行提供预测政府收入和支出的现金运转的详细信息。这些运转常常最显著地（且难以预料地）自动影响货币状况，而且这一信息非常有助于货币政策的实施。如果一个发展中国家没有可靠的现金计划和预测，中央银行就需要在银行系统中开发评估政府现金运转的能力。如果财政部能够出于自身的目标而更准确地履行这一任务，中央银行的这项额外成本就可以得到去除，同样，如果这样做增加了中央银行的红利，

---

① 年度收入预测通常是收入机构专家的职责。

② 例如，柬埔寨和黎巴嫩正在开始使用来自历史平均数的基本趋势外推法，而澳大利亚有了很复杂的数学预测模型。

则会有利于政府预算。

9.1.4　积极的现金管理

积极的现金管理的先决条件是现金管理单位的现金计划和预测是可信的。在一段重要时期内，如果实际支出结果与预测能够很好地匹配时，就具有可信性。在这种可信性明显的阶段，控制现金管理单位的委员会或机构能够通过为这种特定目的而颁布的规则，给予现金管理单位权力，去执行积极的现金管理业务和交易。

在发达国家，大约从2000年开始，现金管理活动已经变得非常复杂，通常需要与债务管理办公室的行动密切协调。现金管理单位之现金计划活动的主要目标，是在任何现金管理活动发生之前的一段时期，提前估计国库单一账户中预期的平衡。这一银行余额情况，必须覆盖可用于预算目的的全部政府现金资源，通常在正值和负值之间大幅波动。现金管理单位的第二个目标，是在现金管理运作之后，使该余额情况尽可能稳定并接近目标水平。

由于市场利率的利差和信用评级的影响，借款成本几乎总是远远超过存款利息，因此有经验的现金管理者会首先关注预期的现金短缺时期。发达国家在政府的国库券市场中筹集短期现金通常没有困难。现金管理者与中央银行有协议，前者可以在国内市场中为国库提供财政代理，必要时进行借款，但是不与公开的市场货币操作相冲突，也不会给市场参与者带来混乱。市场能理解财政政策、现金管理活动以及货币政策是分开且独立的，这一点很重要。这样，预期的现金短缺要么被发行定期国库券所覆盖，要么被单独宣布的拍卖所覆盖。这些公告有时会特别声明，借款是为了现金管理的目的。例如，美国联邦政府必要时会发布“现金管理议案”。这些国库券的到期期限与预计的短缺期限相匹配，直至预计收入超过支出。

现代现金管理者在国库单一账户中经常运用现金缓冲系统。这种定向性的现金盈余可以充当现金计划预测出现错误时的应急储备金。显然，如果国库券市场非常有效，保证政府可以在24小时内借款以覆盖几乎任何意外开支，那么可以将缓冲水平设置为零或者接近于零，例如瑞典那样。可是，其他许多国家认为，计算缓冲储备[①]应该考虑其预测出现错误的概率。为了使这一变化满足一定的置信水平（例如95%），必须在国库单一账户中设立最低的现金缓冲水平。

9.1.5 公共债务管理

债务管理体现为一个框架、系统或过程，它按照政府的风险和成本目标及任何其他债务管理目标，筹集所需要的政府资金。20世纪80年代，发达经济体中借款水平的提高，以及20世纪90年代初苏联解体后随之出现的新兴经济体对大型基础设施和融资的需求，这些无疑都是更加关注债务管理的催化剂。图9-1显示了20世纪90年代初以来，所有国家的国内公共债券总额的显著增长。

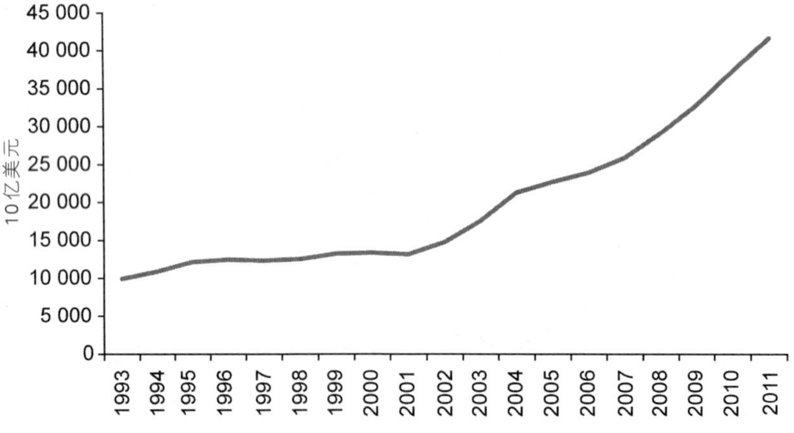

图9-1 所有国家的国内公共债券总额

资料来源 国际清算银行。

大量的融资需求使人们意识到，债务管理运作对于长期财政可持续性和公共财政管理系统的效率，是非常重要的。金融市场和所开发工具复杂性的增

① 来自商业银行的隔夜信贷额度是另一种类似的选项。

加，也让人们意识到需要实现债务管理功能的专业化，因为一般公务员的技能不足以管理这样复杂的投资组合。

提高债务经营管理中的风险意识

债务管理中已经改进的关键领域之一就是风险管理。将所有债务的经营管理集中到单一机构，并实现包含所有政府债务责任的债务数据库，促进了基于投资组合的债务管理方法的引进，而这不可能在分散的框架中存在。可用的集中化数据还将风险管理技术——例如概率和情景分析（参见第5章）用于估计市场风险敞口。市场风险可能包括利率、汇率以及债务投资组合的期限结构对债务成本的影响。

先进的债务管理办公室正在使用复杂的建模技术，它们对风险管理专家和系统进行大量的投资。债务管理办公室也一直处于精炼风险模型以适合公共部门需求的前沿。一个例子是，开发风险成本模型（来源于由私营部门金融机构和资产管理者使用的风险价值模型），以估计与债务投资组合有关的财政和预算风险。即使是那些不那么成熟的债务管理者，也已开始发展简单的风险管理能力，常常使用情景分析和其他基础性模型技术，来分析他们的债务投资组合结构，将其作为他们债务管理决策和策略制定过程的一种投入。由国际货币基金组织和世界银行建立的通用模型，可以帮助债务管理办公室分析其投资组合。

随着债务管理者已经变得更加复杂，并且引进了很多工具，比如衍生工具[①]、回购协议[②]，以及将银行存款的增加用于政府现金盈余的投资，发展信贷风险管理能力的需求已经有了更大的重要性。危机后银行业所面临问题的出现，更凸显了这种重要性。发达经济体使用了首先由私营部门使用的各种技术，逐步精炼其信贷风险模型。很遗憾，最近的危机已经表明，用于金融服务

① 衍生工具是将风险从一方转移到另一方的协议。衍生品的价值来源于潜在的价格、利率、指标或金融工具的价值。衍生品允许特定的金融风险凭它们本身的实力在金融市场中交易。有两大类金融衍生工具:一类是远期合同,包括互换(例如利率互换);另一类是期权合同。

② 回购或回购协议是出售抵押物,它是在日后以商定的价格买回抵押物的协议。对于一个商定的时间期限,一方获得现金贷款而对方获得抵押物。

业的一些模型不能提供所设想的防护，因为许多错误的假设被输入进去。这些缺点的后果是一种虚假的安全感，以及风险管理过程中主动性投入的更多缺失。如欲这种危机不会重现，就需要吸取从最近危机中得出的教训，并且需要彻底检查政府的管理实践（如私营部门中那样）。

在新兴市场经济体和发展中国家，传统上对复杂的信贷风险管理规程的需求较少，因为它们的投资组合较为简单，并且集中在债务方面（如果整个投资组合是由借贷构成并且不使用衍生组合，信贷风险就不是主要的问题）。因此，它们的信贷风险模型一直是较为初级的。可是，随着能力和市场化的改善，对更复杂的信贷风险模型的需求很可能增长。考虑到风险管理专家对于私营企业有极大的吸引力，并且几乎所有国家的公共部门都受到缺乏技能的困扰，人力资本的能力建设就是一个相当大的问题。

债务管理办公室的风险管理能力的进步，起因于对债务和政府担保组合中内在财政风险的意识增强，以及最小化预算执行波动的需求，这种波动源于偿债成本的波动。与大部分其他预算支出不同，偿债成本很难受内生因素的影响，因为与这些成本有关的许多波动是外生因素决定的，或者因国际利率和汇率的变动而改变，或者因对各个主权借贷人国际信用评级的变化而改变；后一个因素在危机期间已经充分体现出来。

债务管理者需要对各种风险做出说明，并采用特定程序使投资组合中的风险最小化并监督风险。专栏9.2确认了在债务管理操作中需要考虑的关键性风险。

良好的风险管理框架需要一套识别、监督以及报告风险的指导方针或规则（参见第5章）。大部分先进的债务管理办公室都有适用于风险管理过程之每一阶段的规程。至于如何分析风险的清晰规则，则需要由高级管理层审核，并且良好的国际实践也表明，应建立专业化机构以监控风险，并向债务管理办公室的高级管理层报告风险。

尤其应该频繁地监控市场的风险敞口：发达经济体实时地监控市场风险敞口，或者至少每天监控。有了现代信息技术系统，高级管理人员和监控者应该能够在线了解市场风险敞口，而且应该由高级管理层确定可接受的敞口程度的明确限制，违反这些限制应该要求立即说明并改正。

世界上的许多国家，仍然运用以现金为基础的预算和会计系统，在这种情况下，风险管理需要双管齐下。在收付实现制下，决策者主要关心的是，保证年度预算估计不被过多的风险所影响。公共部门债务管理者为此目的开发了风险成本模型。这些模型表明，如果某些定义的风险成为现实，就需要由预算承担额外成本。可是，为了确保年度预算数据的操作不以损害长期经济投资组合的价值为代价，必须有适当的指导方针来分析市场风险，它将确定长期投资组合的敞口。因此，最先进的债务管理办公室的风险管理者，既分析基于现金的风险敞口，又分析基于市场的风险敞口。

经验不丰富的债务管理办公室可能缺乏管理高风险的能力，但是应该对投资组合的潜在敞口进行简单的分析，以确定战略决策。例如，一个基本的先决条件是，要报告关于货币、利率以及投资组合的债务期限结构的需求。信用风险同样应该受到监督（参见专栏9.2）。

随着债务管理办公室变得更专业，衡量债务管理者绩效的压力也增加了。几乎所有的先进的债务管理办公室都会用一套定量的和非定量的标准来衡量，以确定债务管理者在实现预算储备时带来的“增值”，在这一过程中，他们要应对外生因素的影响，如利率下降或有利的货币流动。一些国家，包括爱尔兰和瑞典，用基准投资组合作为衡量实际表现的标准，而其他国家，包括英国，更多地使用非定量的绩效测量方法，因为在这些国家里政府是最大的参与者，在市场中很难生成基准。

专栏9.2　政府债务组合投资中关键的内生性风险

市场风险。在欠发达的债务管理办公室里，除了其他基本的情景分析以外，经常使用利率和汇率对偿债成本的影响模型，这种模型简单而且具有确定性。发达经济体使用风险价值或风险成本及其他技术，诸如风险调整后的绩效测量方法，以检测投资组合中内在的市场风险。

信贷风险。如果政府处在（相对于另一方，通常是银行）贷方的位置上，政府则承担风险，这种风险是一旦对方破产，将无法偿还所有的资产。如果政府在银行里存有现金，这种风险是显而易见的，但是衍生工具也可能体现政府对于交易对手的重大信贷敞口，这个敞口常常难以察觉和量化。这样，投资组合变得越复杂，信贷风险就越重要。衍生工具和其他具有资产特点的工具的使用，需要特别慎重，如今监测交易对手的风险敞口已成为风险经营管理的必要工作。

监管和法律风险。金融工具复杂性和数量的增加，已经导致大范围的监管和法律风险。例如，当前由发达经济体和新兴市场经济体使用的许多工具合同，尚未经过国家法院的检验。那些要求担保的工具对这种类型的风险特别关注，如回购协议和证券化工具，并且如果在合同义务上发生违约，担保物的所有权可能因为证券化工具而有争议。

操作风险。操作风险指的是，由于不充分的或失败的内部过程、人员以及系统或来自外部的事件，而受到的损失风险（斯托尔基，2011）。不管是在发达国家还是在发展中国家里，债务管理中已经出现的关键进步，就是在债务管理职能中逐渐关注内在操作风险。未能充分控制操作风险，可能不仅会导致不利的财政后果，还会影响国家的国际声誉。内部控制和审计的优化，编制业务连续性计划，或者灾难恢复，以及通过改良信息技术系统转向“直通处理”交易，这些也都有助于操作风险管理实践的改进。

中期债务策略的必要性

目前，许多国家将中期债务管理策略视作一种指导债务管理运作的必要工具。在20世纪80年代，能够进入国内和国际资本市场的，很大程度上都只限于OECD中的国家和少数其他大的经济体；大部分新兴市场经济体和发展中国家主要依托来自国际金融机构提供的优惠资金支持。因此，发展中国家的借款策略实际上取决于国际金融机构提供多少可供使用的资金。直到20世纪90年代，只有少数国家才具有影响货币或利率组成的能力。

这种状况已经发生了显著的改变。开发和实施中期债务管理策略的国家数量的增加，很大程度上归因于新兴市场经济体（危机发生前）进入国际和国内资本市场的机会增加了，并且它们的借款需求和投资组合也因此有了更多的选择。发展中国家（例如，加纳）也成功地进入国际资本市场。随着国际金融机构在货币、到期期限以及利率（特别是非优惠贷款）方面提供了更大的选择灵活性，债务工具的范围也极大地扩充了。套期保值工具的使用增加，一些机构（比如世界银行）现在也提供套期保值的建议和工具。

可是，这些进展也使得决策过程复杂起来。过去，问题是借款与否，但现在更广泛的可行选择表明，债务管理者寻求将他们的债务投资组合进行结构化的指导方针，以满足潜在的债务管理目标。中期债务管理策略考查可替代的选项，并评估与不同政策选择有关的风险和成本。

中期债务管理策略必须是现实的并且是可实施的。由于未能考虑财政政策背后的宏观经济和债务可持续性假设，太多的债务策略已经不可避免地被弱化了（参见第5章）。中期债务管理策略的许多早期尝试，生成了所期望的投资组合结果的一个意愿清单，但几乎没有考虑基于债务管理者可获得的工具，能够完成什么样的目标。通过包括国际货币基金组织和世界银行在内的捐赠者的共同努力，在新兴市场经济体和发展中国家中培训出了债务管理者，现在开发出了更现实的策略（IMF和世界银行，2007，2009）。

中期债务管理策略应该反映政府计划的时间视角，典型的是三年到五年的期限，并且应该反映其各项投入之间的重要关联。这些投入包括成本和风险分析、宏观经济框架、年度借款需求、政府现金需求和资金来源的时间安排以及风险规避。国内资本市场发展的关注点，也可能是中期债务管理策略的重要因素。中期债务管理策略应该经政府批准（在一些情况下由议会批准），以保证它具有政治上的合法性，并且为债务管理者提供中期运作的蓝图。还应该经常评审中期债务管理策略（至少半年一次），而且对策略实施进展情况的定期监控也是必不可少的，这样就可以保证其具有相关性，并且反映宏观经济或宏观财政政策中的变化。

必须有明确的激励措施，以保证有现实的中期债务管理策略，来指导债务管理者。缺少中期债务管理策略，债务经营管理就会有背离其他财政目标的风险，或者可能缺乏与其他宏观目标的一致性。准备周全的、现实的中期债务管理策略，能够指导债务管理者。本质上，它成为一个判断绩效的参照点。[①]

发展国内的政府债券市场

20世纪90年代初期以来，发达经济体的国内政府证券市场已经发生了显著的变化。引进一级交易商系统[②]以及增加基准债券发行规模（见专栏9.3）的趋势，有效地促进了国内证券交易活动二级市场的发展。更好的和更综合的结算及清仓系统也鼓励外国投资者进入国内市场，这进一步促进了流动性。欧元的出现对欧洲证券市场有着深远的影响。遍及欧元区的交易和清算平台得以创立，欧元区的较小国家现在可以使用套期保值工具，如流动性期货与期权，这些在货币量较小的国内市场可能是无法使用的。这些发展增加了小国的国内债券市场的国际市场投资组合。

许多拉丁美洲和东欧较大的新兴市场经济体中，国内市场已经显著增加（参见图9-2），目前政府证券中存在流动性交易，并覆盖大部分的收益曲线，而且很大程度上维护了流动性（比如，巴西、哥伦比亚、捷克以及波兰），尽管在全球金融和经济危机期间，流动性受到不同程度的破坏。在东欧，通过对养老金和保险业的改革，也出现了一批具有更长期投资视野的国内投资者；这些投资者的数量将不断扩大，并产生对长期政府证券的自然需求。

外国投资者的需求也是最成功市场发展的一个特点。外国投资者给国内市场带来了国际上的专门技术，并对发行人要求严格，以保证国内市场服从国际标准。可是，这些优势却被这样的认识所削弱，那就是，外国投资者倾向于较少依赖于国内市场，并且在市场波动期间更快地退出，如在20世纪90年代晚期亚洲金融危机的初期和全球金融经济危机早期所经历的那样。但是，总的来说，外国投资者的出现有助于发展国内市场。

---

① 在爱尔兰（危机发生前），得到政府批准的基准投资组合，用于考量债务管理者的绩效，被认为是实际上的债务策略。每年审查基准以保证它符合由财政部和其他财政政策目标规定的指导方针。

② 在许多国家，政府指定了金融企业集团作为政府证券市场的主要中介；这些中介被称为“一级交易商”或“一级交易商系统”。

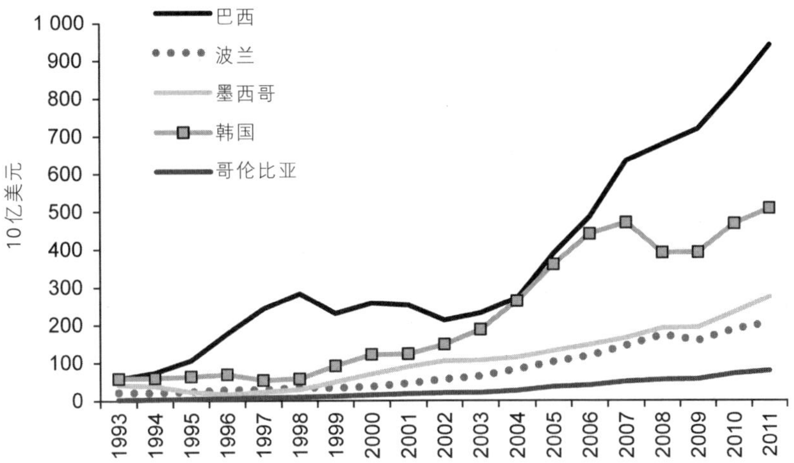

图9-2　样本国家中政府发行的国内债券

资料来源　国际清算银行。

一些较小的新兴市场经济体和发展中国家的现状并不乐观。较小的国家由于其国内市场缺乏规模而在吸引资本方面面临着问题，这就影响了流动性，而且这些问题常常由于缺乏发展良好的国内投资者基础而变得更为严重。结果，许多较小的经济体很难建立起流动性市场，特别是针对长期证券。专栏9.3概述了发展国内证券市场的一些先决条件。

对于大部分新兴市场经济体和发展中国家，国内政府债券市场的存在，是一个更大的国内资本市场的增长的重要先决条件。因此，虽然主要目标可能是拓展中期到长期政府融资的新来源，但有助于发展更广大的财政部门基础设施则是一个更宽泛的目标，也是一个非常令人满意的副产品。这对货币当局来说也很重要，因为完善的货币和资本市场对于货币政策而言，是必要的传导机制。

专栏9.3　发展证券市场和吸引国外投资的先决条件

政府证券的技术特点。为了吸引外国投资和鼓励二级市场交易，国内证券中所设计的合约应该遵照国际标准。还应该保证在清算期间符合国际惯例。外国投资者不应因投资受到处罚，也就是说，不应对非居民扣缴税收。

流动性。市场流动性（愿意并且能够随时交易的买卖双方）对于吸引国外投资和鼓励二级市场交易是必不可少的。实现流动性的策略包括发行基准证券，这种债券可以在一个持续的基础上创建足够促进流动性的规模，还包括使用证券回购和转换规程。可是，这些政策在一些较小的国家里可能不适用，那里的整个市场对于发展流动性证券市场来说，可能太小了。

价格透明性。许多国家建立了一级交易商系统，它为所选择的做市商（典型的是银行）提供权利和义务，以促进价格透明性并改善市场中的流动性。在证券拍卖期间，作为对降价的回报，一级交易商的典型义务包括：需要在基准库存上报价，并保持较小的买卖价差。推进电子交易并公布交易价格及数量，也有助于改善价格透明性。

市场营销和投资者关系策略。越来越多的人认识到，市场营销和投资者关系策略对发展国内证券市场而言关系重大。一些国家甚至建立了投资者关系办事处（墨西哥和土耳其）。在对外国资本的竞争不断增强的时期，综合的营销策略将会越来越重要。各国需要使自己的产品从那些与自己评级类似的国家的产品中脱颖而出。

市场基础设施和监管环境。保证清算与结算系统遵照国际标准，如果可能，保证国内系统可以连接到国际支付系统，这一点是非常重要的。近年来，在新兴市场经济体和发展中国家中，市场基础设施的发展已经被着重强调，经常受到捐助者的帮助。大部分国家现在至少是在使用初步的系统，并且许多国家有功能完整、国际上受认可的清算与结算体系框架。

9.2 现金和债务管理的议题与挑战

9.2.1 现金管理挑战：完整的政府覆盖范围、缓冲水平以及信贷风险的管理

自20世纪80年代末期以来，一些发达国家的政府似乎已经解决了许多现金计划上的难题。它们能够保证支出被准确而现实地计划出来。它们有复杂的收入预测模型，该模型可以产生高质量的现金流动估计。这些进步让政府预知其可用的现金余额，而预测仅有很小的误差。这些国家现金计划的剩余挑战是承诺控制、预算和国库单一账户的覆盖范围，以及未知的财政风险。

可是，最近的金融危机暴露了一些发达国家现金计划和管理的严重缺陷，特别是欧元区的外围国家。虽然可以合理有效地预测中央政府的现金需求，但如果不覆盖全部广义政府，就可能出现突然的意外现金需求和短缺。这些财政风险常常涉及未受监督的实体的活动，如次级国家政府和国有企业及机构，或者涉及或有债务，如公私合作伙伴关系和各种其他类型的政府担保（参见第5章和第10章）。没有完全的覆盖范围，现金管理者并不知道现金资源上所有的潜在需求，并且不能容易地计算在国库单一账户中需要持有的现金缓冲量，以满足支出或收入的意外变化。这样，在某些情况下，政府就不能履行由政府政策优先顺序要求的短期支出需求，进而导致支出拖欠的累积。

计算现金缓冲量可能是极其复杂的数学计算过程，通常其概率置信区间来自于现金流量预测误差的统计分布。可是，这种精确的缓冲计算并不总是必要的。现金计划模型可以用于完成“假设分析”模拟，以确定各种情景下适当的缓冲水平。即使在不寻常的情况下，计算也是相当简单明确的。比如在冰岛，随着2008年后期开始的银行业危机，一些大型的国内证券拍卖流拍了。这些即时借款需求的规模，远大于国库单一账户中余额的定期波动，并且如果国库单一账户不是已经持有了大量的现金储备，就可能会在政府的商业活动和偿债上引发严重的问题。这种储备存在被危机期间的支出需求所耗尽的风险。一种推荐的做法是，在正常基准证券发行之上，保持最小的现金缓冲水平，直到政府的证券市场稳定，并且进一步的拍卖失败风险变得无关紧要时为止。

对于现金管理者来说，有预期现金盈余（大于必要的缓冲）的时候，常常比出现预期短缺的时候更加困难。一个简单的解决方案是，现金管理单位在预期的盈余时期，将盈余存放在商业银行。可是，这个解决方案忽视了货币政策对中央银行的影响，以及一旦商业银行破产政府所面临的信贷风险。从中央银行的国库单一账户中提取大量货币，并将其存入银行系统，会刺激信贷增长，依据流动性的其他变化，可能需要通过中央银行的公开市场操作，来进行削减流动性的操作。[1]现金管理单位需要与中央银行谨慎地协调这类行动。

将存款存放在商业银行时，为了保证政府不承担信贷风险，现金管理单位常常在回购市场上进行操作。这一市场开发了一旦银行倒闭后向储户提供抵押品的业务。回购市场允许由一方（例如政府）向另一方（例如商业银行）进行短期存款，这提供了一种不受信贷风险影响的高质量抵押品（如政府发行的有价证券）。在许多国家中，回购市场变得庞大且有效，在存款期内，政府可以将大量的现金以优惠的利率投放在市场中，同时承担极少的风险，甚或不承担信贷风险。

有效率的回购市场为政府存款提供了看似理想的工具。可是，在最近的危机期间，某些发达国家很难为它们的盈余现金获得回购利率。信贷紧缩极严格地限制了高质量抵押品的供应，如政府的有价证券，针对回购交易没有了可供使用的工具。比如在法国，现金管理单位或者根据非抵押品或者根据许多较低质量的债券（比如按揭证券）来向商业银行提供存款。这些活动遭到了指责，指责称这些活动向银行系统提供了非官方的流动性支持，并且应该受到严格的审查，因为这种不透明的行动被认为不属于现金管理单位或政府的职能。

通常，现金管理单位只是用国内货币进行操作，因为政府拥有最高的国内信贷质量——如果有必要就能够印刷钞票。可是，如果现金管理单位保有外币，就可能会有其他的有价证券可以用于短期投资。如果政府掌握某些流动性货币的盈余（美元、日元、欧元、英镑），那么短期高信贷证券可以用于吸引市场回报，同时也不会引起上述的问题。如果以原始货币形式持有存款，那么这些有价证券对国内货币政策或外汇汇率没有影响。许多商品生产国使用这种方法，在它们的盈余现金上获得适当的回报，同时为预算的需要维持足够的流动性。

积极管理盈余现金的另一个备选方案是，在二级市场上赎回已发行的政府

---

① 如果认为流动性水平太高，中央银行会向银行系统出售债务工具，并且它必须在这些工具上支付市场利息。这是过分简单化的描述，因为在某些情况里中央银行可能希望将货币返还给银行系统。例如，如果征缴的税收收入出乎意料的多。

有价证券。这一选择往往较少受到青睐，因为它可能会影响货币政策，影响方式和在商业银行存款是一样的。它还要求与政府债务管理者紧密协调，因为债务管理办公室可能不愿意由现金管理单位购买它的有价证券，这可能会引起市场混乱或打乱其计划好的证券拍卖日期。

在发展中国家里，现金管理单位通常会被建议与中央银行进行谈判，以使其盈余现金的存款利息得以支付。这些谈判集中于以下两者之间的矛盾：因减少由现金管理单位存放在银行系统中的货币，而给中央银行带来额外成本；因存放在商业银行，而使得政府承担信贷风险。在几个国家中，如印度尼西亚，中央银行已经同意就现金管理单位在特定盈余时间的存款，支付市场相关利率。虽然这种利率稍微低于来自商业银行的现货市场利率，但这种妥协充分地化解了货币政策和信贷风险之间的矛盾。

9.2.2　债务管理的挑战：减少分裂，改善协调和专业化

在20世纪90年代初，跨越许多机构的分散化政府债务投资组合，是相当普遍的，并且内债和外债通常由不同机构来管理。国外和国内的债务投资组合在中央银行和财政部之间也频繁共享，在某些情况下，个别预算单位以它们自己的名义借款。①

不过，这种分裂的债务管理方法有很多负面影响，包括缺乏借款和债务管理策略的协调，以及无效率的成本核算和风险管理。问题还延伸到或有债务的批准和监督上，如政府担保，因为各部门经常管理它们自己的投资组合，导致产生了许多没有量化且不受监督的财政风险。结果，报告和监督常常极为复杂，被延误，并且易于出错。

这种分裂是出现债务管理办公室的原因之一。其他原因包括：因金融市场复杂性的增加而需要提高专业化，将债务管理与货币政策进行分离的需要。

虽然专门的债务管理办公室的概念并不新鲜——瑞典的债务机构已经有

---

① 在许多国家里这是一个普遍的问题，这些国家为了特定部门的项目严重依靠来自国际金融的项目融资。通常情况下，中央财政并未真正参与其中(如果有参与的话)。

200多年的历史——但20世纪90年代以来，专业化的债务管理办公室的数量显著增加。借款、监督和进行政府债务投资组合报告权力的集中，增加了透明度，提高了债务管理操作的效率，并且允许很多国家在债务管理上采用基于投资组合的技术，这类似于私营部门的制度化资产管理公司所使用的技术。

早期设立独立的债务管理办公室的国家包括爱尔兰、葡萄牙以及瑞典等；它们的体制模式是最激进的，债务管理办公室完全独立于财政部。[①]在爱尔兰（如在其他国家那样），早期在公务员的刚性结构内发展债务管理单位的努力失败了——这种单位无法吸引并留住那些具备金融市场专业知识的工作人员，不仅因为薪酬的限制，并且因为人事政策倾向于偏爱一般的管理技能，而不是建立专门的债务管理办公室所需要的高度专业化技能。这些“早期采用者”喜欢的体制模式之所以较为重要，是因为这些独立的体系享有高度的代理权限，由综合的法律框架来规制它们的运作，并且关键的一点是，这种体系有能力超越公共部门薪酬指导方针的限制，去招聘和留住员工。

在20世纪90年代末和21世纪初，债务管理运作的专业化受到大量关注，而独立的债务管理办公室并非这一做法的唯一模式。虽然一些国家，如匈牙利，走上了分离独立的债务管理办公室的路线，但其他国家，包括哥伦比亚、法国、泰国以及土耳其，选择了将债务管理办公室作为财政部或国库内的部门或理事会，类似于早期新西兰的模式。仍然有其他国家决定建立直接向财政部报告的单独的债务管理办公室，并且少部分国家决定坚持将中央银行作为主要的债务管理者。后一种模式已经变得不常见了，因为越来越多的国家尝试将货币政策与财政政策的操作分开。表9-1提供了不同国家对于债务管理操作所使用的体制结构的一些例子。

---

① 瑞典国家债务办公室存在200多年了。爱尔兰国库管理局和葡萄牙国库公共信贷管理机构自20世纪90年代中期以来一直在运作。新西兰债务管理办公室成立于20世纪80年代，但体制上不独立于财政部。

表9-1　　中央政府债务管理体制安排的例子

分立的和独立的债务管理办公室	作为财政部机构的分立的债务管理办公室	国库或财政部内的债务管理办公室	中央银行内的债务管理办公室
德国	澳大利亚	阿根廷	丹麦
匈牙利	比利时	巴西	印度[1]
爱尔兰	荷兰	加拿大（与中央银行分享）	
葡萄牙	新西兰	智利	
瑞典	尼日利亚	中国	
	英国	哥伦比亚	
		法国	
		印度尼西亚	
		意大利	
		日本	
		韩国	
		墨西哥	
		俄罗斯	
		西班牙	
		泰国	
		土耳其	
		美国	

资料来源　国际货币基金组织。

[1] 外债由财政部管理。政府在2012年考虑针对建立独立的债务管理办公室的立法。

精确的体制模式虽然重要，但这是次要问题。更重要的是，在单独的组织单位内要有这样的政治意识，使债务管理操作变得专业化，以及承诺迎接这种专业化带来的挑战。政治承诺并不容易实现，因为在一个激进的经济变革时代，还有许多其他的需要决策者关心的财政议题。特别是在新兴市场经济体中，那些直接受苏联解体影响的国家，这个问题曾经存在，并将继续如此。在发达经济体中，对于这种相对小的财政政策领域保证政治兑现，也是有困难的，在债务投资组合的规模并不处于政治议程的最前列时，更是如此。[①]

20世纪90年代，公共债务管理者的作用变得更精细的时候，涌现出许多规则和最佳实践，更先进的债务管理办公室也随之出现。债务管理办公室的早期创新，如奥地利、爱尔兰、新西兰以及瑞典，起因于重铸在私营部门财务服务中的标准做法，以符合公共部门财务管理的现实。许多这些改进都在诸如国际货币基金组织和世界银行的《债务管理指导方针》（IMF和世界银行，2001）之类的出版物中有所记录。关键的规则包括：鉴别债务管理目标，债务管理操作的透明性和问责制，符合国际标准的体制结构，以及关于中期战略性债务和风险管理的框架。

在新兴市场经济体和发展中国家，主要目标是保证政府融资需求和支付责任“在整个中期到长期内，以尽可能低的成本得以满足，并符合谨慎型风险等级”（IMF和世界银行，2001，p.6）。这个目标常常伴随着一个次要目标，就是发展国内债务市场以扩大融资机会，并促进国内非政府资本市场的发育。

债务管理办公室的内部组织结构以职责分离为原则。大部分发达的和新兴市场的债务管理办公室，追求一种区分交易发起者和交易处理者的组织模式。这种系统对于实施现代操作风险控制过程和规程是至关重要的。专栏9.4凸显了构建现代债务管理办公室运作的良好国际实践。

专栏9.4　债务管理办公室中职责分离的良好国际实践

- 高级管理。由内部审计和承诺提供支持。
- 前台。负责内部和外部的证券发行和执行，以及所有其他融资和投资组合的管理运营，包括二级市场和衍生品交易。

---

① 一些最早支持债务管理功能专业化的国家，包括爱尔兰和新西兰，在20世纪80年代面临严峻的经济挑战以及不可持续的主权债务水平。许多其他发达经济体只在20世纪90年代晚期或21世纪初，当它们的债务问题变得更严重时才开始考虑这个议题（例如，法国、德国以及英国）。

• 中台1。负责政策和投资组合策略的开发和问责制报告。

• 中台2。负责内部风险管理：政策、过程以及控制。

• 中台3。负责内外机构的联络和协调；财政政策、货币政策，以及信用评级机构。

• 后台。负责交易记录、对账、确认以及结算；维护财务和会计报告以及数据库的管理；与财政部协调预算执行和会计功能。

信息技术系统的进步在使运营风险最小化的过程中发挥了主要作用。信息技术系统在交易和结算过程中减少了人为的干扰（从而减少人为的错误）。信息技术的改进，还提高了债务管理操作的透明度，并极大地加强了对政府财政运作的监督和分析，从而增强了风险管理能力，在发达经济体中尤为如此。新兴市场经济体和发展中国家，仍然需要进一步发展它们的信息技术系统；不过，自21世纪初以来，它们已经取得了重大的进步。

建立专业化的债务管理办公室，对能力有着深远的影响。那些能够规避公共部门工资指导方针的办公室（例如，在奥地利、爱尔兰、新西兰以及瑞典的办公室），能够成功留住关键的专业化人员。但是，在那些没有这种灵活性的国家（例如，英国），由独立的债务管理办公室提供更专业的环境，对职员来说是一种激励，即使是在薪酬水平无法与私营部门相比的情况下。在债务管理办公室中工作而获得的经验，也是一种吸引力，并且能够有助于留住人才，至少在这些人夯实自身的市场化能力的这段时间内是这样的。

通过债务管理功能的更多集中化，形成了预算储备，并减少了财政风险，这一激励因素推动了这些发展。在那些提供了必要的资源和政治承诺的国家中，能够感受到资本市场中有更专业的债务管理方法，这一点也具有一定的益处。由这些国家发布的主权债务的风险溢价显著地减少。[①]21世纪第一个十年中的巴西，就是一个前危机时代的生动例证。

① 全球危机对某些主权信贷利差有影响，尤其是希腊、爱尔兰以及葡萄牙，但是危机是一场灾难事件，即使再大的专业化也不能将其逆转。

9.2.3 现金管理和债务管理的协调

本章认为，现金和债务管理的协调，对于避免冲突和达到兼容性而言，是非常重要的。发展专业化债务管理方法的最初策略，几乎只关注资产负债表的负债方面。现金管理常常被忽视，或者由国库或财政部的其他单位进行管理，有时候是中央银行进行管理。这种次要地位经常导致次优的效果，因为现金和债务管理操作不协调，或追求的目标不一定符合财政和货币政策。例如，如果政府债务管理者正在市场中发行债务（为了开发市场的目的），与此同时，现金管理者以相当低的存款利率，试图将盈余资金投放到市场，这就会引起紧张的局势。

但是，在过去的10~15年期间，对需要整合所有政府财政资源的认识已经有所增强，特别是带有债务管理运作的现金管理。这种认识与需要更专业地管理政府资产和债务的理念相一致。

因此，被指定负责现金管理操作的债务管理办公室的数量显著地增加了，包括许多欧元区国家，以及新西兰、瑞典和英国。考虑到那些在管理债务投资组合中培养的稀缺技能也可能被用于其他目的，债务管理办公室逐渐被认为是政府的财政投资组合管理者。

现金和债务管理相结合的方法之所以有意义，原因有很多：

• *在财政部所有类型的工具之间协调发行策略*。收益率曲线的短端经常用于与现金管理操作有关的发行工具，而长端用于债务管理的操作。整合现金和债务管理的操作，可以保证收益率曲线上不同点的策略不会发生冲突。

• *连带责任强化了将政府财政资源作为投资组合而进行管理的激励*。由一个机构管理所有的政府财政活动，能够保证不向市场传递关于政府财政管理策略的混乱信号，并且保证不进行资产和债务的次优化管理。

• *债务发行决策在政府全部现金流量的背景下制定*。一体化可以实现更好的信息流与战略性债务发行决策之间的协调，以保证这样的决策是在充分了解政府净现金流量的状况之后制定的。

• *稀缺的财政部门资源合并在一个单位中*。有金融市场经验的熟练的专业人员在公共部门中供不应求，即使不是在所有国家中，也是在大部分国家中如此。因此，建立分立的单位来处理与市场有关的活动（如在一些国家中的情况），就会使资源变得更加稀缺。

- *整合信息系统和交易处理程序。许多管理财政资产和债务相关交易的程序和过程是相似的。*将这些功能进行整合，使得信息技术系统和后台设备的使用——如结算和清算操作——得以简化。

总之，现金和债务管理的集成化方法是最佳的制度安排，尽管一些国家已经选择了维持分立的现金和债务管理单位（例如，印度尼西亚和塞尔维亚）。这种分立的制度安排也可以奏效，不过需要密切的协调和沟通。但是，这种协调水平通常是很难实现的。

9.3　新兴市场经济体和发展中国家中的现金与债务管理的挑战

那些设法实施有效的现金计划和积极的现金管理技术的新兴市场经济体以及发展中国家，面临着许多在更发达的经济体中并不显著的挑战。国库单一账户结构和集中支付系统常常受到政府内部有权力的个人和机构的强烈反对，仅仅因为他们不理解业务流程变化的技术性。支出机构常常不理解集成化支付并不意味着在财政年度中失去执行已核准预算的控制权。对这种变化的抗拒是自然的，这种抗拒可以通过国库或现金管理单位的教育和培训加以克服。可是，负面反应有时表明，在不愿放弃对现金资源的控制背后，还隐藏着不良动机，如腐败行为。

发展中国家面临艰巨的任务，它们要测定现有的政府银行账目的数量，然后说服账户所有者将其关闭，并向国库单一账户转移余额。然而，这项任务是可实现的，并且在许多国家已经不同程度地成功了。和许多创新的实现过程一样，不论是要战胜那些反对意见，还是要颁布迫使政府机构服从的规章制度，政治意愿和政府最高层的支持都是必要的。

发展中国家的中央银行也可能抗拒将政府的零售银行业务转移到商业银行机构。如果中央银行建立了特别为政府服务的省级分支银行网络，不愿意承认其商业银行竞争者更有效率是很自然的。现代通信和数据处理技术，在现金管理和会计及报告目标方面，可以极大地帮助国库。现金管理单位必须就使用现代方法所获得的效率向财政部做出详细的说明。

在发展中国家，准确的现金计划也可能是一项艰巨的任务。虽然实施跨越各项预算的现金计划相对简单，并且可以轻易地通过技术援助轻而易举地建立模型，但更实质性的问题是，现金管理者没有能力获得准确的、及时的和更新的收入和支出计划。现金管理单位缺少足够的权威去要求这些预测和准确性方面的改进。这个问题既涉及可以由政府发布的规章制度，也涉及政府机构数据提供者的网络。现金管理者必须能够与支出单位进行现金流估计的个人直接沟通，并且这些人必须负责确定为什么预测会出现错误，以及如何可以改正这些错误。要实现以上情形，可能需要艰难的制度和文化变革。

在许多发展中国家，不存在编制精确现金计划的某些先决条件。这些先决条件可能涉及有效的记录债务的数据库，承诺控制，或者覆盖范围。如同在发达国家一样，现金计划必须包含尽可能多的财政风险领域。

20世纪90年代末以前，发展中经济体的公共债务管理处于初级阶段。公共部门借款主要由国际金融机构的优惠债务和出口信贷机构的双边信贷组成。相关的债务管理“决策”由贷款方强加的条款和条件所左右。贷款条件往往是僵化的，并且几乎不允许国家官方投入。

70年代末发展中国家出现了还款问题，在这之后很快就有越来越多的人认识到，免除债务将成为强力推动发展中世界经济增长的战略基础。由此出现了一系列减免债务行动，从双边协定到正式的巴黎俱乐部重组谈判，国际货币基金组织和世界银行在1996年支持的高负债穷国计划，将这一系列计划推向高潮。2005年6月，八国集团格伦伊格尔斯会议产生的多边减债计划提出100%地免除多边债务，也就是免除高负债穷国向经济合作与发展组织国家、世界银行和非洲开发银行所欠下的债务。

随着国际金融机构（例如世界银行）增加了与其借款相关联的一系列工具和条款，与减免债务计划相对应的是更加多元化的资金来源。减免债务计划改善了宏观经济的基本状况，进而改善了信用状况，这吸引了私营部门投资者，并且对一些国家来说，在21世纪进入国际资本市场成为现实。

发展中国家需要提供它们的债务投资组合分析，以确保符合高负债穷国计划以及后续债务减免计划的条件，这使得合并债务记录和报告的重要性得到更普遍的认可。许多用于引进债务记录系统的援助者供资项目，极大地增强了这个领域里的能力。[①]更新的计划，如由国际货币基金组织和世界银行发布的《债务管理指导方针》（2001）及最近国际货币基金组织和世界银行联合倡议在发展中国家和新兴市场经济体中加强债务管理，包括使用中期债务管理战略的建模技术以实现债务管理策略，也提高了发展中国家的意识和债务管理能力。

一些新兴市场经济体面临特殊的问题。例如，大规模地改善基础设施的投资需求，要求新独立的国家迅速发展它们的债务管理能力。同样，捐助者非常积极地协助新兴市场经济体实施债务管理对策和发展债务管理能力。尽管可以肯定地说，大部分新兴市场经济体的债务管理能力总体都有显著的提高，但这些举措的结果还是喜忧参半的。

可是问题依然存在。虽然债务管理的法律框架有所改进，但仍然需要进一步强化，特别是在发展中国家。债务管理运作的适当制度设计、培训和留住人才，仍然是发展中国家和新兴市场经济体的重大议题。虽然许多国家已经改进了债务管理系统，但还需要进一步的作为。另外，2000年以来实施的许多债务管理系统，仍然需要与其他公共财政管理系统集成起来，尽管债务管理操作和现金管理相结合具有如前所述的明显优势，但是二者的整合在许多国家仍然是一个问题。

除了较大的新兴市场经济体之外，国内政府债务市场的发展仍然处于初级阶段，并且在许多情况下需要继续改革养老金和保险业，为更长期的政府证券建立稳定的国内需求。此外，发展中期债务管理策略的举措并不总是现实的，

① 联合国贸易和发展会议-债务管理和财务分析系统，以及英联邦秘书处的债务记录和管理系统，二者都专门用于帮助中低收入国家开发其债务管理能力。这些系统的实施经常是由捐助者资助的。

而且，对于在不同发展阶段的预期成果也没有清晰的认识。

在新兴市场经济体和发展中国家，债务管理运作的进一步改进，需要技术援助，并吸取发达经济体的经验教训。近来关于加强债务管理的举措可能会有所帮助，如国际货币基金组织和世界银行所采取的行动，虽然需要做的还有很多（IMF和世界银行，2007）。在迄今取得进步的基础上，有必要继续在系统和人员方面加强投资。

9.4 危机的影响

作为危机的后果，发达经济体将可能对风险进行重新估价，特别是对于那些经历了最严重危机的国家（希腊、爱尔兰、葡萄牙、西班牙），导致中期内更高的借款成本。一些经济合作与发展组织国家的融资需求，加上恶化的宏观经济状况，在可预见的未来，可能会导致更大的信用利差。债务管理者需要更加努力地使投资者相信投资他们的证券将会具有优势，而且对资本的竞争有可能增加利差。

危机还将对新兴市场经济体和发展中国家产生持久的影响。在短期到中期内，发达经济体要发行的债务量，将会减少那些信用评级较低的国家获得国际资本的机会，并且可能为那些需要国际性资金的国家带来更高的融资成本。当国外投资者要求更高的收益时，国内市场的发展也可能会受到影响。进入国际市场还要依靠更强大的市场营销和更紧密的投资关系策略，以区分其信用，并吸引国际需求。

在国家努力摆脱危机的影响时，这些启示强化了债务和现金管理者的重要作用。公共财政资产和债务的富于效率的且有效的管理，对于实现财政可持续性和恢复到正常中期增长路径等国家战略而言，是一个至关重要的因素。必须以过去20年间所做出的改进为基础，以确保政府债务和现金管理者充分具有履行其职责的能力。

9.5　结论

现金和债务管理者可用的技术创新范围和工具范围，已然极大地增加了，但是仍旧面临更大的挑战。这些挑战包括：确保实施适当的控制和风险管理过程，以允许在更广泛的财政政策目标内，完成特殊的债务和现金管理策略。发达经济体已经积极地寻求适当的过程。当发展中国家接触更多的以市场为基础的工具时，它们还需要进一步的能力建设。

在大部分制度设计中，现金和债务管理的综合方法较之更分散的方法，显得更为可取，这一论点很难反驳，在体制或政治上追求私利的情况除外。大部分私营部门的资金业务是在一个综合基础上管理其金融资产和债务的，而公共部门的环境也应该如此。

可是，债务管理办公室的恰当制度设计，因国家不同而出现很大差异，影响因素包括政治环境、法律框架以及债务和现金管理运作可达到的复杂程度，以及其他一些因素。

全球金融与经济危机将会对未来债务和现金管理者的作用带来多大的影响，这一点是很难预测的。债务和现金管理者的重要性很可能会增加，因为他们要应对高债务水平和更加规避风险的投资者，以及为致力于维护政府的流动性而面临进入资本市场的更激烈竞争。对于那些跨越不同发展过程的国家而言，这些令人望而生畏的挑战，更加要求它们实施金融资产与债务管理中更具整合性和专业性的方法。

参考文献

International Monetary Fund (IMF) and World Bank, 2001, *Debt Management Guidelines* (Washington, amended 2003).

——, 2007, "Strengthening Debt Management Practices: Lessons from Country Experiences and Issues Going Forward," Joint IMF and World Bank paper (Washington).

——, 2009, "Managing Public Debt: Formulating Strategies and Strengthening Institutional Capacity," Joint IMF and World Bank paper (Washington).

Khan, Abdul, and Mario Pessoa, 2010, *Conceptual Design: A Critical Element of a Government Financial Management Information System Project*, Technical Notes and Manuals No. 2010/07 (Washington: International Monetary Fund).

Pattanayak, Sailendra, and Israel Fainboim, 2010, "Treasury Single Account: Concept, Design and Implementation Issues, " IMF Working Paper 10/143 (Washington: International Monetary Fund). Available via the Internet: http://www.imf.org/external/pubs/cat/longres .cfm?sk=23927.0.

Storkey, Ian, 2003, "Government Cash and Treasury Management Reform, " *Asian Development Bank Governance Brief*, Issue 7 (Manila).

——, 2011, *Operational Risk Management and Business Continuity Planning for Modern State Treasuries*, Technical Notes and Manuals No. 2011/05 (Washington: International Monetary Fund).

第10章 管理公共投资

伊斯雷尔·范博姆 邓肯·拉斯特
艾文德·坦贝格

在过去的几十年中，公共财政管理与公共投资管理均发生了很大的变化。复式预算（dual budgeting）的老方法被摒弃，取而代之的是一种更为综合的方法，这种方法使得投资任务更多地由支出部门来支配。尽管这种方法最初获得了成功，但它淡化了公共投资对经济的重要性，并且导致具有长期性、高成本的决策（如许多大型基建项目）受到短期政治幻觉的影响，并最终影响到经济繁荣。正因为认识到了这种危险，另一种方法应运而生，这种方法更富有战略性，并且能系统地确认长期优先级。

实物资产的制造和更新是政府基础设施项目的最终结果，也是本章关注公共投资的主要领域。健全的公共投资管理应该符合公共财政管理的三个要求：（1）财政的可持续性，以及在整个过程中与全部公共投资支出的一致性；（2）配制效率，要求选取的项目与政府的部门优先顺序一致，并且资源可以转入更富有成效的部门；（3）运营效率，项目和规划产生的产出与结果，在成本控制上是有效的。

近些年来，公共财政管理改革一直向着这些目标的方向不断努力。例如，中期预算框架（参考第4章）使项目中期融资具有更好的保证，绩效预算（参考第7章）使政府政策目标和预期结果之间的关系更加紧密，从而可以鼓励更有效率的支出。此外，越来越多的国家开始采用长期财政预测的做法。

本章考查公共投资管理的变化本质，并吸取实际操作中的经验教训，寻求未来可能的演变方式。本章分为三个部分：第一部分讨论传统的公共投资管理的挑战，以及它与新的公共财政管理创新的兼容性，并探寻新的公共财政管理创新在政府管理其公共投资方法上有什么影响。第二部分着眼于是否仍然需要管理公共投资支出的专业化过程，以及如何调整传统的公共投资管理工具，使得更广泛的公共财政管理改革得以实施。第三部分探讨政府如何通过有效运用签订契约和融资等不同方法，为公共投资提供资金（如公私合作伙伴关系）。通过简要考查2008—2009年全球经济与金融危机及其余波引起的新问题，形成本章的结论，并归纳公共投资管理的经验教训。

10.1 公共投资和公共财政管理新方法

随着时间的流逝，公共投资管理已经成为一种技术职能，大多数职能被分散到下级部门，中央层面保留有一些监管和协调的职能。与此同时，公共投资占GDP的份额自1965年至1998年之间约从17%缩减到4%，此后基本维持在这个水平上。即使在公共投资具有较高地位的中低收入国家中，其占GDP的份额，也从1965年的32%，下降到2000年的10%以下。

2000年以来，特别在最近几年里，人们对公共投资的兴趣再度高涨。是什么驱动了这种变化呢？驱动力之一就是公共投资逐渐衰弱所造成的不利影响。在一些发达经济体中，充裕的欧盟结构性资金（EU structural funds）重新唤起了政府对公共投资的兴趣。在其他国家中，融资的新形式（如公私合作伙伴关系）可以在很少或不影响预算和税收的前提下，为项目提供资金，这是非常具有吸引力的。最后，2008—2009年的全球经济与金融危机，重新引发了人们对反周期财政政策的兴趣，许多国家开始采取经济刺激计划，包括加速基础设施维护和对准备启动的公共项目增加投资。

10.1.1　公共投资的特征和传统公共投资管理面临的挑战

与大部分其他支出不同，公共投资通常都起伏不定。尤其是大型基础设施项目的设计和实施阶段都有很长的前置时间，并且由于它们一般是在特定场域，因此存在巨额的沉没成本。这些特点形成了诸多要求：中期乃至长期的规划结构，谨慎定义的项目周期，以及专业化的技能、工具以及制度与资金的安排。

公共投资管理的传统方法，一般集中在由计划编制部门分别制定的国家发展规划方面，这些方法有几个弱点：具有脱离财政约束的倾向；计划需求资金与预算资金配置之间的错配；顺周期的支出；在复式预算中投资支出不与其他预算一并进行；无效的项目排序和优先级别，以及不充分的项目计划、设计和监督。

为了克服这些弱点，20世纪80年代采用了公共投资计划方法，这种方法试图创立一条完善的项目通道，为制定年度预算提供选择。公共投资计划方法旨在通过运用全部项目的系统化和标准化的严格项目周期，来强化计划编制过程。但在实际操作中，许多国家使用公共投资计划来建立冗长的却没有清晰的优先等级和排序的意愿清单；然后为清单中的项目寻找资金。[①]在其他国家里，更为整体的中期预算框架轻易取代了公共投资计划方法（下一部分中将会讨论中期预算框架）。

如果预算纯粹以年度为重点，且由中央来计划和管理，那么传统的公共投资安排就不只是关注整个项目周期内的运营成本，尤其是在实行复式预算的情况下，更是如此。结果可能是：直到项目完成时，都无法为项目运行成本或者操作新设备的技术员工提供资金，导致延误经营。为了解决这个问题，一些国家已经将投资管理的职能转移给直属部门，该部门在中期部门战略的实施中，负责投资与经常性支出项目之间的协调。可是，因为支出部门对于从预算中获得的资金过于乐观，而财政部一般不能满足其全部期望，所以权力下放也无法

① 在20世纪90年代，公共投资计划是低收入国家选择的工具，使用这个工具在捐助者圆桌会议上提供项目的意愿清单，并且所选择的项目取决于捐助者的偏好。

解决项目投资和由投资引起的经常性成本之间的这种不匹配状况。

在许多中低收入国家中，依然存在传统的计划编制部门，其投资常常是由捐助者提供资金，并且支出部门制订计划和实施项目的能力仍然薄弱。在大部分经济合作与发展组织国家中通常不存在这些问题，传统的计划编制部门已经取消，并且该部门的职能已经并入财政部或者移交给支出部门。

10.1.2 新公共财政管理创新对公共投资管理的影响

2000年以来，在公共财政管理方面取得的重大进展，已经对公共投资管理产生了正面影响，并促使其进一步融入财政管理和预算编制的主流。虽然这种影响受到欢迎，但新的公共财政管理工具并不能完全满足公共投资管理更加专业化的要求。要想了解这些新公共财政管理工具的优缺点，首先需要了解公共投资管理演变和未来发展的途径。本部分讨论那些最相关的、在公共投资上具有清晰影响的进展：中期财政框架、中期预算框架或支出上限、绩效预算和权责发生制会计。

10.1.3 聚焦中期维度的公共投资

财政结构可以为公共投资创建更现实、更可持续的环境，只要它们的覆盖范围广、时间范围足够长，并能准确地反映公共投资成本。然而，在许多国家的实践中，财政结构常常偏离这些要求，有时这种偏离程度相当大。

此外，在危机和整顿时期，由于融资波动的不确定性，公共投资一般首当其冲成为受害者。当实行紧缩性财政政策时，投资往往会大规模缩减；相反，实行扩张性财政政策时，则更倾向于扩大支出。这便产生了顺周期的财政政策和断断续续的公共投资方法。在未完工的项目甚至未能产生经济效益就开始恶化的情况下，这种行为的成本是巨大的，同时资本存量难以维持，未来的改建费用也是巨大的。

为公共投资提供充足的财政空间，一直是编制预算过程的重要考量。如今，正如第4章中所讨论的，投资支出必须纳入中期宏观经济和预算框架以及相关的财政指标。这些财政指标可以通过以下方式来影响公共投资支出的水平：

- 考虑到公共投资支出通常属于自由裁量支出的范围，全面的财政平衡一般会针对公共投资支出设置一个上限。用于投资的预算，在所有非自由裁量的经常性支出（工资、转移支付、债务服务、运营成本）确定之后，根据余额来确定。

• 限制公共债务总额会进一步限定投资支出的范围，因为大型基建项目的资金通常来源于借款。

• 结构平衡目标可以在支出中减少顺周期性，包括公共投资支出。

然而，这种对公共投资轮廓鲜明的影响，不能被认为是理所当然的。例如，欧盟的《稳定与增长公约》对公共投资的影响，研究人员的看法依然存在分歧（加利和佩罗蒂，2003；布兰卡德和吉亚瓦奇，2004；麦罗特拉和瓦利拉，2006；达汉和斯特拉乌琴斯基，2010）。

中期财政指标以及潜在的中期预算结构，假设公共投资项目，特别是基础设施项目，可以通过收费或收税，或者通过由投资导致的高增长形成的高收入，来支付投资成本。尽管对于某种类型的基础设施投资（道路、港口、机场）可能会很快地形成收入，但其他项目（社会部门投资）可能在相当长时间以后才获得收益（并且影响将是间接的），并且更多的项目（政府大楼、监狱）不大可能提供任何额外收入。

此外，这些大规模公共投资项目，在施工期间会出现重大的成本超支和预期效益高估的问题。弗吕夫布耶格、斯卡姆利斯·霍尔曼、布尔（2004年）针对跨五大洲的20个国家，在1927年和1998年之间的258个已经完工的主要交通基础设施项目进行了研究，发现大多数项目都存在成本超支或效益不足的现象。例如，90%的成本超支项目会带着问题而完工，并且铁路客运量结果比估计的低51.4%（参见专栏10.3）。

投资支出上的决策也可能受到外部驱动，使国家总体的财政政策管理趋于复杂化，正如欧盟的结构性资金（structural funds）、凝聚性资金（cohesion funds）以及接受援助的中低收入国家那样。外部出资机构一般有其自身的关注点和优先顺序，在这一点上可能与国家自己的政策优先顺序相冲突。而且，许多国家出于财政平衡的目的，将这种出资作为预算外资金对待。在这种情况下，为了维持一个连贯的财政政策结构，就需要与外部组织密切协调，并在外部组织所预期的支出方向上获取信息。如果这些条件不能满足，或者外部流动不稳定，财政政策结构就可能变得无效。

10.1.4 中期预算框架

20世纪90年代，在发达经济体中，中期预算框架取代了国家发展计划和公共投资规划。中期预算框架对于在预算约束下实施公共投资、抵制复式预算的趋势、在预算决策中超越传统观念，以及避免上一年投资项目的误导性影响，都具有积极效果。更为有效的中期预算框架，通常会将具体的预算管理责任分散到各个部门，促使各部门将自己的投资、成本开销与部门中期预算战略、项目目标相互整合，并纳入中期预算框架的预算上限内。

中期预算框架方法一度为中期综合预算规划和政策扶持提供了良好的平衡，并聚焦其可交付性、结果和财政可持续性。中期视野包含了那些即将完工的项目的运营成本和持有成本，并且至少在中期预算框架的期限内，为那些已经批准的投资项目提供资金。当中期预算框架成为分配资源的主要工具时，传统的中央计划职能就失去了其资金分配的作用，只留下项目设计和监督任务，而在许多国家，这些任务已经委托给各直属部门。

然而，正如第4章所指出的，只有约束性中期预算框架才能在整个中期跨度内提供实在的确定性资金。大部分的中期预算框架只能为几年后的预算提供指导性的上限，许多国家很难遵守这一上限，特别是在不稳定的时期或发生政府换届的情况下。因此，许多中期预算框架仅仅保有了乐观的一方面——过高估计收益并低估成本——地方性的传统计划结构，并未能有效解决融资的确定性问题。而且，与10~20年的期间相比，中期预算框架3~5年的短期跨度，对主要资本投资项目来说，在实施期间，可能会使其优势地位不保，并使得它在完工前遭到抛弃或者削减，进而使得问题更加复杂化。

这部分解释了为什么在中期预算框架出现以后，一些国家并不愿意放弃传统的计划结构。从20世纪90年代中期开始，一些国家（如爱尔兰）开始赋予国家发展计划一个新的发展前景，其他国家在21世纪初也效仿了这一做法。从此，对投资计划过程和制度安排有兴趣的国家，变得越来越多。虽然方法有所改变（参见专栏10.1），但目的都是通过保持所关注的计划，并与财政规划过程保持一致，来促进可实现性。一些国家，如爱尔兰和英国，已经进一步选择了引进对大型投资项目长期预算承诺的概念，通常还结合了用于促进投资计划和执行的结转机制，来加强中期预算框架和长期计划之间的衔接。[①]

专栏10.1　国家发展计划的最新进展

爱尔兰是实行现代国家发展计划（NDP）的第一个国家。其第一个国家发展计划，从1993年到2000年，尽管超过90%的资金来源于常规预算，该计划还与欧盟的结构性资金计划周期一致。爱尔兰的国家发展计划属于政府的战略性投资计划，广义的定义包括资本支出以及提高人力和社会资本的经常性支出（如教育）。爱尔兰的国家发展计划，由财政部来管理并配合预算过程，提供符合长期财政预测的融资指标，定期在中期和年度预算回顾时进行更新和修正（进一步论述可以参阅：2007—2013年的最新国家发展计划，http：//www2.ul.ie/pdf/932500843.pdf）。

丹麦在2001年发布了《丹麦未来计划》。该计划描述了公共投资的最新进展，确定了下一个10年各种需要的优先级，为该时期建立了财政结构，并且确定了将要实施的投资项目（参阅http：//www.fm.dk/db/filarkiv/3749/future2001.pdf）。

在2008年末，英国通过立法组建了新的、独立的基础设施规划委员会（IPC），其目的是为国家重要的基础设施计划打开一条快速通道。每个国家部门（诸如能源、航空、公路和铁路运输，以及水利与公共卫生领域）都应邀建立国家政策声明，以详细阐述各个部门中国家基础设施的优先顺序。继续推进某一项目的决定，由基础设施规划委员会独立制定，在各部门建立的框架内进行运作（参阅http：//infrastructure.independent.gov.uk）。

在2008年，澳大利亚建立了澳大利亚基础设施建设局，从而构建了独立的公共投资评估和决策过程。其四个目标是：（1）提供“物有所值”项目的独立评估；（2）在融资限制下，建立实施重点工程的通道；（3）提供国家基础设施优先级的展望；（4）创建“克服支出部门只考虑有限的一组投资选项的任何倾向”之能力（参阅http：//www.infrastructureaustralia.gov.au/index.aspx）。

---

① 劳尔森和迈尔斯(2009)讨论了这些案例和其他案例。

10.1.5 绩效预算

长期以来，目标、产出和效果一直是公共投资领域中耳熟能详的概念。项目提议往往通过该项目有望满足的公共产品和服务的特殊需求，来证明其必要性——诸如始终未能得到充分服务的病人或学生、堵塞的道路，乃至办公用品的供给不足。论证大型项目往往是耗财又耗时的。项目论证需要在以下几个方面做出努力：项目规范和轮廓设计；成本收益（cost-benefit）或成本效益（cost-effectiveness）分析的可行性研究；在实施之前，完整地给出项目最终的详细设计，以说明具体的可交付性和预期结果。

绩效预算所运用的技术，也是在预算全过程中公共投资计划所使用的技术，从而为能够提供更广泛服务的预算计划编制，创建更加全面的环境（参考第7章）。绩效预算以中期环境为先决条件，因此是一个天然适合中期预算框架（MTBF）的方法。这种非常理想的结合，保证了计划和预算过程在策略层面和操作层面上均能得到协调，平等对待项目生命周期中的投资支出和融资保证行为。

理论上，绩效预算涉及权力的下放，这种下放主要是针对项目管理者根据协议所应交付的产出和效果而言的。这种委托责任包括了投资，以及避免通常会与项目实施单位有关的孤立状况。项目管理者被赋予某些预算上的灵活性，可以在中期预算框架限制内调整支出，并且解决出现的紧急情况，包括那些涉及项目执行的问题——如成本超支、储备、延期和设计更改。

因此，将项目管理责任下放到支出部门，与绩效预算是完全相容的。

10.1.6 权责发生制方法与公共投资的关系

从经济的角度看，实物资产和当期支出之间的主要区别在于，一旦资产得以交付使用后，其生产能力的存续期。基础设施有用的存续期可以达到数十年。会计基本原则将决定资产在账目中的存在方式。在收付实现制下，凡是在建期间发生的支付，资产就会作为费用处理。在权责发生制之下，费用作为其生产能力存续期间的多年期“消费”而发生，而在建期间产生的支出就反映为政府获得的资产——在权责发生制下，“消费”体现为资产价值的累计折旧。

权责发生制会计被逐步采用（参阅第8章），它可以更加精确地核算政府的资本资产，促进资本预算和当期预算决策之间的整合，并能够更理性地选择何时开始启动新的投资项目。这种会计类型的主要优势在于，能够在维护资产和投资新项目之间进行明确的权衡。

权责发生制会计的大力推广，正在改变政府看待公共投资的方式。权责发生制可以更全面地了解资产，允许政府从创立资产的那一刻开始，在整个资产存续期内，系统地报告资源的使用情况。根据资产年限、服务时期和利用率记录信息，能够指导在维护资产存量上的花费，并且使计划变得更为有效，使资源维护性支出得到更好的使用。

表10-1概述了新的公共财政管理工具如何适应和影响公共投资管理。该表既强调了这些工具的优势，又指出在解决传统公共投资管理挑战时面临的缺陷。

表10-1 公共投资和新的公共财政管理工具

适合公共投资			
新工具	优势	缺点	良好的实践和挑战
中期预算框架	促进财政投资在预算过程内有效的一体化，避免复式预算，在整个中期（3~5年）提供融资担保	对于大型基础设施项目时间范围太短，这些项目可能有跨越10年或稍短一些的存续期。仍旧需要强劲的投资计划过程以保证所选项目的质量	应该停止单独的投资预算。然而，需要保持较长时期的公共投资计划结构，并且必须与滚动的中期预算框架衔接
绩效预算	关注全部预算的绩效，而非仅关注公共投资预算绩效。有助于整合运营成本和投资	需要提高监督绩效的能力和系统性	需要将公共投资绩效结构与新的绩效预算结构联合。需要在整个投资期间和之后不断地关注运营成本
权责发生制会计	提升资产管理透明度以及强调维护成本的公共投资决定的价值	需要利益相关者的能力和关注	需要管理引入权责发生制会计后变化的过程

资料来源 作者整理。

10.2 公共投资管理工具的最新发展

本部分讨论公共投资本身的管理如何不断修正并演变至今，以及新开发的公共投资工具。与前述讨论的公共财政管理创新一样，公共投资管理仍然需要其本身的一些专业化工具。这部分主要着眼于公共投资新结构的广泛特点，主要聚焦于如下方面：（1）评估阶段；（2）项目选择阶段；（3）项目管理、监督和事后评估阶段。

10.2.1 改变公共投资管理的结构

新的公共财政管理创新有助于解决一些传统的计划编制框架问题，以及之前讨论的公共投资管理的弱点问题。经过调整的公共投资计划编制和管理，与公共财政管理创新是相容的，在从中受益的同时，还可以改变其本身的总体结构。

新计划编制结构的第一个前提就是，完全融入整个财政管理和预算过程，并在每个项目上保持有效的监督和报告。这种融合意味着：

- 公共投资的宏观结构，应该与整体宏观结构相同，或至少应保持一致。这种一致性将确保与政府总体支出的共同宏观经济目标相一致，并且能够促使投资的财政空间设置具有更强的现实性，至少在整个中期范围内应该是这样的。

- 公共投资与政策的优先顺序之间需要高度匹配，还应该包括长期战略目标（如果已确定），并且不能对推进中的项目投资产生挤出效应，除非这些项目已经正式暂停或放弃。

- 公共投资应该通过中期预算框架来为其融资，公共投资还应该作为新预算举措的一部分而得到核准，作为政府服务拓展的组成部分而加以调整，并且与全部预算绩效管理相互匹配。

通过在更全面的资源使用框架中整合投资支出，中期预算框架和绩效预算有效满足了大多数需求。不过，公共投资管理的某些特殊需求，并不在公共财政管理改革之中。这些需求包括：持续性跟踪和确保融资，因为在典型意义上，投资项目的执行周期，往往比中期预算框架和平均的政治周期更长。为了解决这一问题，除了那些列出的要点以外，新的计划编制结构应该具有以下特点：建立具有10～15年期限的长期发展目标和优先顺序的战略结构，具备建设从启动直至事后评估的项目跟踪能力，以及确保决策者获知公共投资决策之长期影响的能力。

一些最新的进展，试图超越3～5年规模的中期预算框架的财政和预算范围。例如，正日益广泛使用的长期财政预测（参见第1章）。不过，这些努力往往发生在相当于总体支出的水平上，在该水平上通常关注于人口统计的变化。若干国家在某些部门中已经引入了更长期的承诺——例如，爱尔兰和英国的运输部门。[①]这些都是具有特殊性的部门，旨在提供足够的资金来提供部门所需，而不是提供给专门的项目。

从启动到事后评估的管理阶段（即项目周期）并没有改变，包括：

- *启动阶段*，包含对不同选项的项目说明和初步成本评估；
- *评估阶段*，保证每份项目建议书都经过严格的、具有咨询性的广泛评估；
- *选择阶段*，提供一个充分的评估和估价项目通道，由决策者从中选择；
- *设计阶段*，为项目提供详细的设计计划；
- *执行阶段*，提供持续的项目状态评估，包括持续的相关性，潜在的成本超支和风险；
- *事后评估阶段*，为未来的项目拟定和管理，总结可借鉴的经验教训。

20世纪90年代初期以来，在采取的各种公共投资管理举措中，都强调有效的项目周期。这些举措的区别在于：周期中关键决策点上使用的具体工具，较之规程会有所不同。许多国家采用了首先在英国得以使用的“网关”（gate-

① 爱尔兰的《运输法案21条》是爱尔兰政府为了解决交通基础设施显性债务的主要政策承诺。这个项目延长到2016年，由财政部同意在10年期限下覆盖国家公路、公共交通、区域机场——相当于用于投资的其他领域期限的两倍时间（劳尔森和迈尔斯，2009）。同样，英国对于运输投资的长期计划，已经采用过去的7年预算指导方针来指导了，由财政部提供给运输部门（劳尔森和迈尔斯，2009）。

way）模式，该模式将战略评估与风险评估结合起来，其中战略评估贯穿于项目周期的关键节点，从而确定项目是否可以从一个阶段进入下一阶段。战略评估可以是集权的，也可以是分权的，后者渐渐成为一种趋势。新西兰应用的网关模式，使得各部门和机构管理者在既有的规程和期望值内来承担责任（表10-2）。

表10-2　　　　新西兰的网关审核过程

审　核	目　标	描　述
战略评估	确认项目或规划的需求。检查是否可以达到预期的效果	用于审核处于初级发展阶段的规划和项目。它调查项目或规划的方向和计划的效果，以及项目委托的进展，并在规划或项目整个存续期的关键决策上反复审核
业务理由和选择：指导性业务事例	确定如何能够达到业务要求，以及如何建立支付能力、树立成就感以及创造货币价值	该项目评估在指导性业务草案完成后进行。在批准一项发展提议的关键决定之前，评估关注项目的业务理由
交付策略：详细的业务事例	确定收购和交付策略是否适合希望的业务变化。要求实施计划已经到位	在与潜在供应商或交付合作者进行正式接洽之前，该审核步骤调查起草的详细业务事例和交付策略。该评估在长期的或复杂的采购过程不断重复
投资决策	确定项目是否仍然需要、负担得起，以及切实可行。要求实施计划是稳健的；投资决策是恰当的	本项审核调查更新的详细业务事例和政府对投资决策的安排。在工作安排交给供应商之前，并且资金和各种资源得到保证之前开展审核工作
准备就绪的服务	要求机构已经做好项目实施的准备；所有权和管理权已经准备就绪	该审核关注机构应对必要的业务变化的准备和运营服务的安排
运作审核和利益的实现	确认项目平稳运作、成果交付以及利益的实现	该审核确认项目是否达到期望效益，以及是否顺利运行。在服务或设施的存续期间，定期进行审核

资料来源　新西兰政府（2010）。

其他举措则主要关注融资决策点之前的发展进程，很少强调项目实施和传统的事后评估。这种模式在新兴市场经济国家和低收入国家中更为普遍，在那里，“发展”仍然是优先的政策安排，并且确保资金来源是公共投资的重要议题。拉丁美洲国家开发的国家投资系统（SNI）可以作为一个好例子，其中智利模式（在专栏10.2中涉及）是最古老也是最先进的（包括事后评估）。与网关模式相似，国家投资系统模式给中央机构的任务，也是为各部门和执行机构制定规程。

10.2.2　评估过程

有效的评估过程要求彻底复核预期成本和每个项目的效益，包括与其他项目选项的比较。在许多国家中，投资评估并不受制于财政方面的考虑，致使批准的项目有可能超过可利用资源规模的好几倍。此外，在这些国家中，项目评估倾向于关注每个项目是否与国家广泛定义的“发展需要”相一致，而不是关注成本收益或成本效益分析。

然而，项目评估有所不同，其核心目标是保证提出的项目建议书服从于详细的审查和分析，并且保证投资项目的组合与可使用的资源相一致。通常还要提供与项目准备和评估相关的实质性议题的详细指导方针，诸如如何进行成本效益分析，在项目评估中使用哪种影子价格和贴现率。[①]

可是，仍有一些为数不多的新举措，成功解决了乐观偏好的问题，这些乐观偏好在许多重大的投资建议书中都可以找到。专栏10.3概括了解决乐观偏好的两种措施类型。第一个是改进项目成本预测；第二个依靠激励，包括财务的和刑事的处罚、独立的同行评审，以及公众听证会。在各部门负责的项目准备和评估中，一些国家建立了强化项目准备和评估质量的机制，但没有建立起协调和监督的集中体制。

---

① 英国绿皮书可以提供一个很好的例子，获取地址：http://www.hm-treasury.gov.uk/data_greenbook_index.htm。为了讨论公私合作伙伴关系影响方面不同的观点，参阅康诺利和沃尔(2007)。关于“个别公私合作伙伴关系评估仍然广泛地受到争论，并且在得出很强的严谨程度之前，还有很长的路要走”的物有所值评估结论的全面审查(霍奇，2001)。最后还有，欧文(2012)表明公私合作关系的好处可能是虚幻的。

专栏10.2 智利的国家投资系统

智利的国家投资系统（National Investment System，SNI）创建于1973年，在宪法、若干法律以及诸多条例中，拥有根深蒂固的法律基础。多年以来，这一系统已经建立起项目评价、投资规划培训、人才管理方面的重要能力。

国家投资系统的主要目标是通过向政府提供可行的相关社会投资项目的投资组合，来提高公共投资的质量。国家投资系统试图在预投资阶段就清除那些“华而不实”的项目。

国家投资系统的目的既体现在预先投资阶段（理念或概念、定义或进行框架性准备、初步可行性研究、可行性研究、融资以及批准），又体现在投资阶段（具体的设计、投资、运作以及事后评估），从而促使全部投资都主动遵守项目生命周期的分析。国家投资系统保证所有的公共投资项目（包括国防）遵守识别、规划、评估以及分析的质量标准和规范，使其投资动议能形成项目建议书，进而形成投资决策。在国家投资系统项目周期的关键性的预执行（pre-execution）阶段中，典型的活动包括：

• 理念：鉴别效益、地理区域和目标。

• 框架：考查技术和制度上的选择；针对投资、运作、项目周期和其他要求，进行初次成本评估；交付初步的评估。

• 预可行性：移除不可行的选择。融资的早期评估。对各方面的研究：营销、需求、技术、环境、人力资源和制度。提交对财务、经济和分配的评估，敏感性和风险分析。确认最好的选择。

• 可行性：定义关键的风险参数。安排最终的融资方案。对具有最高风险的模块进行更深入的研究，检查所有的评估。

• 设计：详细的工程设计、蓝图以及说明书；明确后勤事务；执行阶段前，最后的调整；起草承包申请。

• 事后评估：各种关注项目和机构绩效的方法，而不是传统的事后投资评估。

社会发展部（2011年以前称为计划部）和预算署共同管理国家投资系统，前者负责预投资阶段和事后评估阶段的分析（包括成本收益或成本效益分析）与批准，后者负责监督投资阶段。主管部门或机构提出想法，追踪项目周期的每个阶段，一旦项目完成就接管运营。国家投资系统方法着重事后评估，通过衡量短期、中期和长期结果，以反馈程序来确定每项投资的效率与效果，并且将预测与实际的项目性能进行比较。指导性材料和手册、定期更新的项目库，都用来支持国家投资系统过程，并促进广泛的投资分析。

资料来源　莱伊（2006）；米米卡（2008）。还可参阅：http：//sni.ministeriodesarrollosocial.gob.cl。

专栏10.3　解决投资项目中的乐观偏好

弗吕夫布耶格、斯卡姆利斯·霍尔姆和布尔（2004）介绍了两种改革举措，用来修正在大型基础设施项目研究中出现的乐观偏好：更好的预测方法；改进的激励结构。

为了改进预测方法，作者们建议使用“参照类型预测”（reference class forecasting）来减少错误和偏见，特别是针对非常规项目——体育馆、博物馆、展览中心以及其他独特的项目。应该以可比较（参照类型）的预测为基准；成本和收益应该服从参照类型预测。其目的并非是预测影响特定项目的不确定事件，而是将项目置于参照类项目的统计结果分布中。每个项目需要三个阶段：

1.识别以往项目的相关参考类型。参考类型要足够宽泛，从而在统计上有意义，又要有所限制，从而与特定项目具有真实可比性。

2.为所选参照类型建立概率分布。这需要在参照类型内有足够多的项目的可信实证数据，以便产生的结论在统计上是有意义的。

3.将特定项目与参考类型的分布进行比较，为该项目建立最有可能的结果。

通过构建成本和收益偏差范围的历史基础，参考类型预测为敏感性分析提供了一个较好的支点。最初汇编历史信息的工作量巨大且成本高昂，但几年之后，真实的评估结果产生的收益，会弥补这些成本。

关于激励，作者们提出以下制度检查和平衡方法解决乐观偏好：（1）在成本、收益和风险评估中，针对反复出现的不正当偏好，加强财务、专业乃至刑事处罚。（2）独立的同行评审，并且向公众公开。（3）通过公众听证会、公民评委会、科学会议以及审查小组，允许利益相关者和公民社团对项目进行参与或批评。预算激励也可以降低乐观偏好。如果私营部门参与项目，应该避免国家担保，以保证风险是可承受的。

资料来源　弗吕夫布耶格（2004，2007）。

10.2.3　项目选择机制

作为其预算规程更新的一部分，许多国家采用了在同一时点上针对不同部门制定关键预算决策的方式。目前，大部分发达经济体将预算过程高度结构化，关键决策在预决定阶段就由内阁或内阁小组委员会的专门会议做出决定。

同样的情况也适用于公共投资。因为项目开发过程时间长，并且不同项目要在不同的时间才能达到关键的决策点，故而基于延续性来批准投资项目是一个自然趋势。然而，许多国家目前在内阁会议上制定公共投资决策，将此作为预算过程不可分割的一部分。摘自英国绿皮书的图10-1说明了英国制定预算和公共投资方案的综合决策过程。图中交通标志图的含义是，在正常的预算过程和预算时间段之外，禁止“空降”新的投资项目。

各国新投资的特殊决策规则可能相差很大。在中期预算框架的约束下，要求各主管部门（line ministries）在预算上限内为新项目融资，在某些情况下，预算上限还进一步分为经常性支出和资本性支出。这种方法迫使每个职能部门按轻重缓急来考虑内部支出。一些国家的新举措需要专门审查，如澳大利亚，新项目融资的决策，也要经历同样的专门审查过程。

在中期预算框架的环境下，预算上限只是象征性的，融资项目的最终决策通常交由内阁或内阁下属的委员会来决定。公共投资计划结构，如果实施得当，就可以保证资金投向那些通过了正确评估并与政府优先顺序一致的项目。

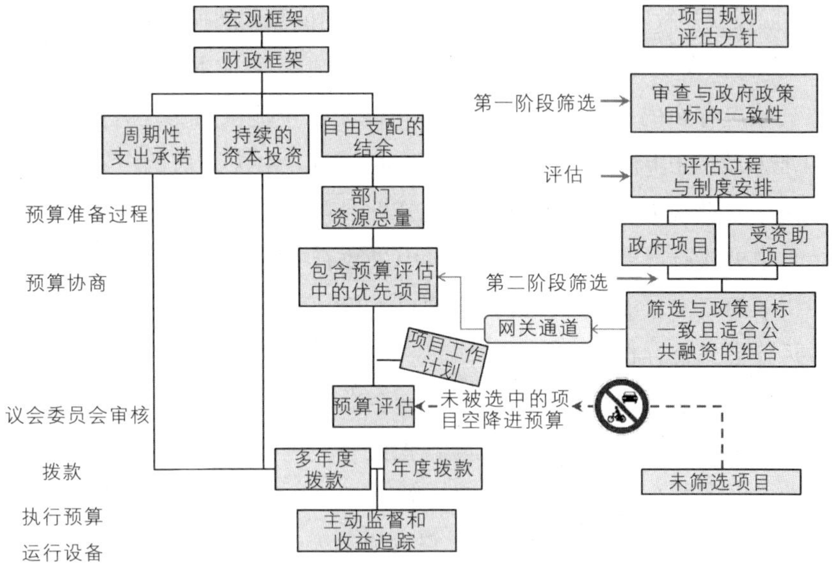

图10-1　英国政府预算和投资的综合过程

资料来源　英国绿皮书。

注：英国的网关功能，由政府商务办公室（OGC——财政部的一个独立办公室）管理，在项目存续期的关键决策点上，考查公共投资计划和项目，保证这些项目从设计到实施的全过程都能够顺利推进。该过程对于采购、信息技术支持和基建规划以及中央政府的项目，是强制性的，是现有支出部门内部过程的补充（并非替代）。

政府商务办公室的审查涉及对项目的彻底考查，包括对项目管理结构的审查，以及在项目发展最初阶段和关键节点上的审查。审查过程包括五个阶段：三个在授予合同之前（业务理由、交付策略、投资决策），还有两个是评估服务实施状况和确认经营效益。过程包括一个附加步骤，与五个阶段平行，即在关键节点上进行战略评估（如规划调整和资源重新分配）。政府商务办公室的主要任务是在信息和担保的证据基础之上，通过在采购、项目及物业管理方面提供政策标准和最佳实践的指导方针，并对部门绩效进行监督和质询，从而保证公共支出的物有所值。

10.2.4　公共投资中的风险管理

与公共投资相关的风险包括：建造成本和时间超限、高于计划的运营成本，以及低于期望的收入或效益。这些风险会影响项目的完成或者完工后的运营。

识别和管理工程融资中的财政风险非常重要。决定为特定项目融资，通常在项目评估阶段就要做出深入的成本效益分析。项目的预期回报率最可能出现两个潜在的财政风险：未来收入的预期增长难以实现，实际运营成本可能高于预期成本。

中央政府存在的额外财政风险，还可能来自于提供给第三方的借款担保，主要由地方政府和国有企业举借（参阅第5章）。中央政府的潜在风险包括：首先，第三方没有进行充分的成本效益分析。其次，如果第三方的财政状况难以维持，中央政府就要兑现担保。尽管中央政府可能在同意担保时展开尽职调查，但由于第三方可能拥有一定程度的自主权，所以在贷款全部偿付之前，这种财政风险会一直存在。

适用于公共投资项目的新融资工具，会进一步加剧财政风险。尤其在公私合作伙伴关系中（参见10-3），风险共担经常成为复杂项目合约的组成部分，很少有政府能够充分评估和监督这些合约。

许多分析者已经建议将项目的监督风险纳入考量（CABRI，2005）。这种合同管理计划应该确定并估计项目的主要风险，并且由个人或机构负责监督和管理每种风险。在项目实施期间，应当监督的CABRI报告风险指标如下：

- 早期预警指标，在风险转化为重大问题之前，提高风险意识；
- 与项目技术和运营相关的指标；
- 产出指标，从不同的角度衡量一个项目（数量、质量、成本，某一阶段是否如期完工）。

财政措施经常用于解决和规避风险，特别是许多项目在实施中会面临的风险。通常这些财政措施包括混合的激励措施，这些措施可以形成更有效的项目管理行为和更灵活的预算过程，这种预算过程更适于具有波动性质的公共投资预算。专栏10.4描述了这些措施。

专栏10.4　运用激励和结转，促进有效的项目管理

激励。如果投资成本增加了，就可以进行年度预算调整，各部门也就有理由低估最初提交的成本预算。要规避这种行为，可以让各部门承诺确保项目成本完全（或部分）遵守最初的预算成本，任何成本超支都不会获得预算调整。对于高效执行项目的激励，可以允许部门或机构保留项目成本的节余，并赋予其灵活支配节余的权力。当然，这也可能导致部门和机构最初就过高估计项目成本。虽然很难消除这种倾向，但一些国家已经设法减少这种行为。例如，通过允许部门和机构只保留和重新分配一部分成本节余，或者限制节余的用途。

结转。特定项目的年度投资需求的增减，经常与项目实施步伐的快慢有关，这有各种原因，包括天气、土地纠纷、合同或劳务争议等。与原计划相比，项目成本可能在某一年度减少，然后在随后一年又增加。为了处理项目实施中计划之外的问题，许多国家在其法律框架内有规定，授权财政部批准各职能部门和机构将未使用的特定类别的支出拨款延期使用，通常包括从本年结转到下一年的投资支出。出于项目实施效率的原因，一些国家还允许部门从下年的拨款中借款。结转和向下一年借款，通常限于特定种类的预算拨款和目的，并且数量一般局限于法律框架内，典型的上限是最多达到年度拨款的5%。[①]

表10-3　　公私合作伙伴关系合同中的有效风险共担

风险类型	风险来源	风险承担方
相关场地的风险；场地条件；场地准备；土地用途	• 土壤状况，支撑结构 • 场地偿还，使用期，污染或排放，许可证，社区联络 • 先前存在的债务 • 原住民地权，文化遗产	• 工程承包者 • 经营公司或项目公司 • 政府 • 政府
技术风险	• 投标规定中的缺陷 • 合同设计错误	• 政府 • 设计承包者
建设风险；成本超支；延期完工；不符合性能标准	• 无效的工作实践，材料损耗 • 法律变化，批准延期等等 • 承包者之间缺乏合作，无法获得标准计划的审批 • 已投保的不可抗力事件 • 建设中质量不高或有瑕疵，运行试验失败	• 工程承包者 • 项目公司和投资者 • 工程承包者 • 保险公司 • 工程承包者或项目公司
经营风险；经营成本超支；经营延期或中断；服务质量不达标	• 在实践中，项目公司改变要求 • 劳资关系，修理费，职业健康与安全，维修，其他成本 • 政府改变产出规定 • 经营者错误 • 政府许可证或重新批准拖后、提供合约规定的投入拖后 • 项目公司错误	• 项目公司和投资者 • 经营者 • 政府 • 经营者 • 政府 • 项目公司和投资者

① 更多关于结转的详细讨论，请参考利纳特和柳恩格曼（2009）。

续表

风险类型	风险来源	风险承担方
收入风险；投入价格增加；税收和关税变化；产出需求	• 政府方面违反合同 • 私人供应者违反合同 • 其他方面违反合同 • 收入减少 • 需求减少	• 政府 • 私人供应者 • 项目公司和投资者 • 项目公司和投资者 • 项目公司和投资者
财政风险；利率，通胀	• 不充分对冲的波动 • 通胀引起的支付款贬值	• 项目公司和政府 • 项目公司和政府
不可抗力风险	• 洪水、地震、骚乱、罢工	• 共担（或保险公司）
管理和政治风险；法律变化；政治干涉	• 施工期 • 经营期 • 违反或取消许可证 • 征用 • 更新许可失败，歧视性税收，进口限制	• 工程经营者 • 有政府补偿合同的项目公司 • 政府 • 保险公司和项目公司 • 政府
项目违约风险	• 风险组合 • 赞助者适宜性风险	• 投资者 • 政府
资产风险	• 技术陈旧 • 解约 • 剩余价值转移	• 项目公司 • 项目公司和经营者 • 政府

资料来源　格里姆塞和路易斯（2004）。

10.3　公共投资的融资

公共投资项目的资金来源有多种渠道——预算收入、特定收入、借款、外部赞助以及最近出现的公私合作伙伴关系。各部门最偏好且麻烦最少的资金来源是预算资金或者指定的税收。可是，只有很少的国家（主要是经济合作与发展组织成员国）可以使用这种方式为公共投资的任何资金需求进行融资。大部分国家公共投资的融资方式是以上方法的组合，并且在投资过程的不同阶段，资金来源常常不同。本部分简略地考查三种融资方法面临的挑战和风险，并将重点放在公共投资融资中最新的方法——公私合作伙伴关系上。

10.3.1 通过预算为投资提供资金

在许多发达经济体中，资本支出像其他预算支出一样进行融资：融资需求通过投资组合的方式来满足，这种方式基于预先确定的可接受风险水平，可以使得融资成本最小化。执行机构从预算中获得必要资金时，并没有特定的针对特殊项目的融资安排。一般预算融资在具有高信用评级的国家和高效率政府中特别普遍。相比任何政府机构或公营企业能够独立借款的利率，财政部能够以较低的利率借款，并且没有什么重大的问题会导致投资脱离政府机构。在欧洲的经济合作与发展组织成员国中，这仍然是公共投资融资的主要方法。甚至在英国，这个拓展公共投资非传统融资方法的倡导者，一般预算融资仍然占政府资本支出的75%。这一方法的主要风险源自于严重的经济低迷，如全球经济危机使借款成本或公共债务规模成为一个重大的财政问题。当需要进行财政整顿时，公共投资支出常常是最早被削减的领域。

很多国家一直坚守着一个传统：指定政府收入用于特殊目的，这是一个政治决策过程。在美国，有多种方式可以作为清晰的例证。当一项新税收或增加的税收用于资助一个新投资项目时，融资过程可能完全依照预算进行。融资也可以通过预算外资金、公私合作伙伴关系或一些其他方法的组合。

10.3.2 外部筹资

一些国家已经针对特殊部门的投资或政策措施，提供融资优惠。在发达经济体中，最明显的资助案例，就是欧盟向诸如科学、环境和区域一体化等项目提供的补助金和优惠贷款。低成本融资可以有效改善成本收益和成本效益分析的结果，从而有助于提高对这些优先部门的投资。研究表明，欧盟的支持对欧洲各国具有显著且正面的影响，特别是1988年结构性资金改革之后。然而，结果也显示，这种支持形成的经济效果，在发达国家更为显著，融资支持与政策均强调国家能力的重要性（卡皮伦等，2003）。

在大部分低收入国家中，融资限制被认为是形成充足有效的公共投资的主要障碍。即使政府进入了资本市场，这种进入通常也是有限的，并且融资成本很高。政府治理和公共管理能力偏弱，会降低投资项目准备、评估和执行各阶段的质量。低收入国家唯一的选择是捐赠者为特定项目提供资金——来自双边援助国的补助金或贷款，或来自世界银行和其他开发银行的优惠贷款——这种资金要求更有效地准备、挑选和实施项目，而这种严格要求与低收入国家的能力之间存在着矛盾。项目赞助者一般会坚持广泛的监督机制，这可能会破坏政府对投资项目的所有权和国家预算与发展的一体化。专栏10.5介绍了援助依赖国家的公共投资问题。

专栏10.5 援助依赖国家管理公共投资的挑战

公共投资管理具有复杂性，接受资金捐助可能会遇到以下问题：

- 按照捐助者的偏好选择项目，这限制了与国家内部优先顺序的一致性，并且限制了与其他捐助者资助类似项目的协调性，导致潜在的重复和项目重叠；
- 国家发现难以满足共同融资安排，影响及时接收外部资金；
- 因国家控制范围外的因素，导致捐助者资助的波动；
- 国家难以满足捐助者要求的一般条件，特别是与项目无关的条件；
- 捐赠者偏好管理国家预算过程范围之外的项目，因此无法为经常性费用进行完整的预算，这削弱了项目的资产价值；
- 捐赠者引进自有采购系统，破坏了受捐助政府的公共部门系统；
- 捐助款不包括在政府账目中，破坏了透明性和受托责任；
- 在负责项目实施的机构中，建立单独的项目管理部门，并且捐助者以更高的薪酬雇佣员工，从而限制了普通员工提升能力的机会，并引起不满情绪。

捐赠者正在通过一些手段解决这些问题：对预算或者部门进行支持，而不是资助单个投资项目，或将政府预算和会计系统用于资助项目，这会逐步促成捐赠资金全部纳入政府报告的框架之内。

10.3.3 管理公私合作伙伴关系

私营部门可以通过多种方式参与公共投资和提供公共服务。私有化是影响最深远的方法，即政府放弃投资的责任并且不提供公共服务。许多国家已经大规模地私有化，即将其电力、通信和水务公司卖给私人经营。另一种形式是，政府可以保持资产所有权和经营权，同时可以雇用私营承包商来运营资产。例如，政府建筑物的经营与维护。

公私合作伙伴关系是在完全私有化和政府完全拥有所有权之间的中间安排。公私合作伙伴关系有许多形式，但是该术语通常描述这样一种安排，即私营部门与政府签约，通过设计、构建和经营资产来提供公共服务，成本由政府或使用者收费（也存在二者兼有的情况）弥补。这种机制已经用于许多领域，而且在道路、桥梁、办公和学校建筑以及监狱等方面特别流行。公私合作机制在各国和各部门中不断扩展，并且形式开始多样化，特别是针对经济和社会的基础设施项目，尤为如此。专栏10.6显示了欧盟国家的最新调查结果。

专栏10.6　欧盟国家中公私合作伙伴关系的投资

欧盟公私合作项目的数量和价值趋势。根据公私合作伙伴关系和公共部门投资数据库（布兰克-布鲁特，戈德史密斯，以及瓦利亚，2007；卡佩勒和奈莫兹，2019）的资料，在欧盟，拥有500万欧元或以上资本价值的公私合作项目的总数，从1990年的2个稳定地增长到2006年的144个，之后在2009年减少到118个。已签约项目的资本价值从1990年的14亿欧元（19亿美元）增长到2007年的296亿欧元（434亿美元），然后在2009年下降到157亿欧元（225亿美元）。总体来看，在1990年和2009年之间签订了约1 340份合同，总资本价值2 537亿欧元（大约3 580亿美元）。签约公私合作项目的数量，从2006年顶峰的144个，跌落到2011年的84个。虽然自2009年以来，公私合作项目的数量继续下降，但总价值保持不变或有所增加。在2011年，有几项合同价值超过10亿欧元（13亿美元），总值为179亿欧元（232亿美元），最大的项目是法国连接图尔市和波尔多的高速铁路——投入54亿欧元（70亿美元）（EPEC，欧洲公私合作关系专门技术中心）。

欧盟中国家和机构的公私合作伙伴关系。即使它们仍然受到限制，公私合作伙伴关系的市场，已经开始呈现国家和机构方面的多样化。英国占所有欧洲公私合作关系项目的大约2/3；西班牙占10%；法国、德国、意大利以及葡萄牙各占2%~5%。然而，就项目总价值而言，葡萄牙紧随西班牙和英国，项目价值总额第三。在新的欧盟成员国中，匈牙利项目总值最大。在2011年，铁路和高速公路依然是签约价值最高的项目（法国、意大利和英国拥有七个最高价值项目中的六个)，但是公私合作项目覆盖范围广，包括法国价值15亿欧元的新国防指挥部。英国在教育和卫生领域的公私合作，无论在数量上还是在价值上都随着时间不断增加（见下文）。在其他国家，运输（主要是公路）仍占主导地位，但许多国家正在将它们的投资组合多样化。例如，三个国家（法国、德国、西班牙）现在从运输部门扩展到社会投资（学校、医院）、监狱、水务和废弃物处理及管理，发展并丰富了其公私合作伙伴关系的合同种类。

公私合作关系和公共投资规模。在所有的欧盟国家，公私合作伙伴关系投资的流量值，低于国内生产总值的1%，这个比例只有在希腊、葡萄牙和英国才比较重要，其次是爱尔兰和西班牙。只在葡萄牙和英国的公私合作项目投资超过总年度公共投资的10%。在部门层面，平均结果显示：(1) 在运输部门，在2000—2007年英国的公私合作项目约占总投资的10%，而在其他欧盟国家中这个比例正在增加，在2005年约达到5%；(2) 在教育部门，英国的公私合作关系投资一直在增加。在2005—2009年几乎达到20%。但是在其他欧盟国家，教育部门的公私合作项目仍然很少；(3) 在卫生部门，英国的公私合作伙伴关系投资，在最近的十年里已然迅速增加，几乎达到公共部门投资的40%，但卫生部门的公私合作在其他欧盟国家中依然不明显（卡佩勒和奈莫兹，2010)。

为了有效利用公私合作伙伴关系，需要一些源自于私营部门金融市场环境的专业知识和技能，某些国家为此建立了专门的机构。这些专门管理公私合作项目的机构，由政府完全或者部分资助，用于为公共部门的承保机构提供建立、支持和评估公私合作关系的必要能力。根据最新统计，至少17个经合组织国家已经致力于创建公私合作伙伴关系的机构。

公私合作伙伴关系的支持者认为，这种关系能够提供较好的激励措施，使资本项目的建设和运营更有效率。他们还认为，公私合作合约能将风险按照承受能力分别分配给公共和私营部门。例如，公共部门应该承担政治干预的风险，而私营部门应该负责维护资产。表10-3显示了在公私合作伙伴关系中，不同的风险是如何分配的。研究表明，就大型基建投资项目而言，公私合作可以比政府独自承担项目节省很多成本，但是这种观点也受到了其他人的质疑。[1]

一个值得签约的公私合作项目，其效率收益必须足够弥补上升的融资和结构性成本。一份公私合作合同通常以商业项目融资为基础，并且利率一般会显著高于中央政府的借款利率。缔约过程需要法律专家和金融专家的大量参与，而这些专家的服务成本很高。

公私合作伙伴关系允许政府从事常规预算范围以外的公共投资。在传统的以收付实现制为基础的预算和会计系统中，这是真实存在的，因为这种系统只能反映项目存续期中当年的花销。对于受现金限制的政府和出于政治原因想要减少公共部门表面规模的政府来说，这种做法非常值得考虑。一些欧盟政府认为，用于限制财政赤字的《马斯特里赫特条约》，一直驱使政府寻求公私合作项目。[2]

然而，被广泛采纳的权责发生制政府会计，以及国际会计[3]与统计标准的发展，都降低了政府使用公私合作项目来扭曲财政现实的机会（参考第8章）。2011年，欧盟统计局发布的规则，堵住了政府可以将资产和债务从资产负债表中隐去的漏洞。以通行费为例，新规则规定：如果政府通行费收入超过在公私合作伙伴关系项目中政府总支出的50%，那么项目应该体现在政府资产负债表中。国际货币基金组织认为，即使是由私营部门主要负责的公私合作项目，政府也应该在预算文件中大量披露项目的风险和未来支出（参考专栏10.7）。

专栏10.7　公私合作关系的披露要求

在政府预算文件和年终财政报告中，应该披露有关公私合作项目的信息。

---

① 更多关于公私合作关系之影响的不同观点，请查阅康诺利和沃尔（2007）的文献。关于物有所值评估的研究得出结论："个别公私合作伙伴关系的评估，仍然是受到广泛争议的，欲使评估更加严谨，需要付出大量的努力（霍奇，2001，p. 105）。"最后，欧文（2012）表明公私合作关系的好处可能是虚幻的。

② 更多关于公私合作关系的批判声音，以及匈牙利的实践经验，请参阅斯蒂芬诺娃（2006）的文献。

③ 参考《公共部门国际会计准则第32号》，"服务性特许安排：资助方"，2011年10月（http://www.ifac.org/sites/default/files/publications/files/B8_IPSAS_32.pdf）。

有重大的公私合作项目的国家，可采用“关于公私合作项目的声明”的形式加以披露。除了要对目前和计划中的公私合作项目的目标以及投标预付款阶段中公私合作项目的资本价值进行概述之外，每项公私合作项目或类似项目应该包括下述内容：

- 对以下各时期的未来支付义务：1~5年；5~10年、10~20年以及20年以上。
- 可能影响每个项目的数量、时间安排和未来现金流的重要条款，要评估可行程度（例如，负债、特许期、确定协商的基础）。
- 使用特定资产的权利范围和性质（例如，数量、期限或合适的数量），提供的义务或期望提供服务的权利，在特许期结束时接受特定资产的安排，以及更新和终止选择。
- 公私合作项目资产（或其中一部分），是否作为资产出现在政府资产负债表上，以及该项目将如何影响资产负债和公共债务。
- 公私合作关系资产（或其中一部分）是否在资产负债表的特殊用途资产中出现，或者出现在私营部门的财务报表上。
- 政府是否通过转贷或公共融资机构，为公私合作项目优先融资。
- 未来预期的或可能发生的政府收入，如租赁收入、收入安排或分红安排、特许费用。
- 任何项目融资或表外要素。譬如，由实体所有或由政府控制产生的或有债务。签订的公私合作项目合同应该是公开有效的。年内的财政报告应该报告那些会产生短期财政影响的新合同。

资料来源 赫明等（2006）。

10.4 全球经济和金融危机对公共投资的影响

危机期间（2008—2009年）和随后的衰退，迫使许多经合组织国家实施了刺激措施。在支出方面，措施试图集中于能够快速实施且效果及时、易于定向的投资种类[①]，如在基础设施项目和道路及建筑的维护上增加支出。

2008年，公共投资项目占总公共支出的11.1%，2009年该数据为是9.3%，相当于2009年GDP的4%（2006年为GDP的3.3%）。实施刺激计划最积极的国家有：澳大利亚、加拿大、法国、德国、墨西哥、波兰、韩国、西班牙和美国。平均来看，经合组织国家的地方政府投资支出占总投资额的2/3，因此地方政府在实施刺激措施中发挥了重要作用。到2010年底，大部分国家分配出去的刺激资金超过了90%。

自从实施刺激政策以来，发达经济体就开始大量削减公共投资，削减幅度比任何其他支出项目都大（IMF，2012）。然而，在新兴市场经济国家，在危机之初增长的资本支出，直到2012年也没有回落。尽管中期潜在的增长存在负面结果，许多发达经济体已经恢复为顺周期财政政策。不但通过常规预算融资的公共投资受到打击，公私合作伙伴关系的融资渠道也受到影响。在欧洲，随着风险分配和融资工具的变化，公私合作项目的市场已经收缩，专栏10.6对这一问题已有所涉及。

10.5 结论

公共投资作为公共财政管理的一个专门领域，本章研究了其职能的转变。本章认为，公共投资管理和计划编制的发展，与前面章节中讨论的新公共财政管理创新相一致，主要表现为更能融入整个财政管理和预算过程中。然而，仍然需要某些专门的公共投资管理工具。新的公共投资管理工具已经开发出来，而且现有的工具也得到了改进，都着重在更宽泛的公共财政管理框架内，采用更具战略性的方法来管理公共投资。以下是对新的公共财政管理工具如何影响公共投资的几点关键总结。尽管这些新工具很有效，但仍存在一些缺点，并不能克服传统公共投资管理的所有弱点。

---

① 本部分内容取自OECD(2011)。

中期预算框架有效地将支出的公共投资成分融入到预算编制主流中，并且在财政约束内，连同绩效预算，一起融入到抵制复式预算的潮流中。可是，中期预算框架的时间范围太短，尤其是对大型基础设施项目和一般意义上的投资计划来说。这在一定程度上解释了为什么一些国家采用了长期投资承诺过程来解决这个问题，却一直都不愿意放弃计划编制框架。

绩效预算和权责发生制计量基础，可以在整个投资期间定期审查未来的运营成本，这为具有广泛服务提供目标的投资计划创造了更全面的环境。风险管理应该是项目管理不可分割的一部分，并且应该在项目周期的每个阶段上实施。它的目标是确认、评估和管理可能造成项目实施偏离计划的重大风险。一旦风险被确认和评估，应该一直受到监控，直到项目结束。

新一代公共投资计划编制系统建立了广受认可的框架，具有明确定义的过程，用于在项目周期内的关键阶段进行决策，该系统是对新公共财政管理工具中的中期预算框架和绩效预算的一种补充。

最后，虽然大部分国家更愿意通过政府预算为公共投资项目提供资金，发达经济体甚至已经准备进入债券市场为预算赤字融资，但是许多国家不得不寻找外部资金为单个项目融资，这不但需要额外的努力，还会产生新的风险，并可能打乱政策的优先安排。投资项目的融资渠道（尤其是公私合作伙伴关系的安排）使预算安排有了新的可能，而且可能会打破融资上限，同时也会带来新的挑战和风险，而大多数政府还缺乏足够的能力来完全解决这些问题。

参考文献

论文引用

Blanc-Brude, Frederic, Hugo Goldsmith, and Timo Valila, 2007, "Public-Private Partnerships in Europe: An Update," Economic and Financial Report No. 2007/3 (Luxembourg: European Investment Bank).

Blanchard, Olivier J., and Francesco Giavazzi, 2004, "Improving the SGP through a Proper Accounting of Public Investment," Discussion Paper No. 4220 (London: Centre for Economic Policy Research).

Cappelen, Aadne, Fulvio Castellacci, Jan Fagerberg, and Bart Verspagen, 2003, "The Impact of EU Regional Support on Growth and Convergence in the European Union," *Journal of Common Market Studies*, Vol. 41, No. 4, pp. 621–44.

Collaborative Africa Budget Reform Initiative (CABRI), 2010, "Ensuring Value for Money in Infrastructure Projects in Africa." Available via the Internet: http://www.cabri-sbo.org/en/programmes/infrastructuredialogue.

Connolly, Ciaran, and Tony Wall, 2007, "Public Private Partnerships: The Logic of Myths" (Belfast and Newtownabbey, Northern Ireland: Queen's University Belfast/University of Ulster).

Dahan, Momi, and Michel Strawczynski, 2010, "Fiscal Rules and Composition Bias in OECD Countries," CESifo Working Paper No. 3088 (Munich: CESifo Group).

Flyvbjerg, Holm, 2004, "Procedures for Dealing with Optimism Bias in Transport Planning: Guidance Document," paper prepared for the U.K. Department for Transport (London).

——, 2007, "Eliminating Bias in Early Project Development through Reference Class Forecasting and Good Governance," in *Decisions Based on Weak Information: Approaches and Challenges in the Early Phase of Projects*, ed. by Kjell J. Sunnevag (Trondheim: Norwegian University of Science and Technology [NTNU]), pp. 90–110.

——, Mette K. Skamris Holm, and Soren L. Buhl, 2004, "What Causes Cost Overrun in Transport Infrastructure Projects?" Transport Reviews, Vol. 24, No. 1, pp. 3–18.

Galí, Jordi, and Roberto Perotti, 2003, "Fiscal Policy and Monetary Integration in Europe," *Economic Policy*, Vol. 18, No. 37, pp. 533–72.

Grimsey, Darrin, and Mervin K. Lewis, 2004, *Public Private Partnerships—The Worldwide Revolution in Infrastructure Provision and Project Finance* (Cheltenham, UK: Edward Elgar).

Hemming, Richard, and others, 2006, "Public-Private Partnerships, Government Guarantees, and Fiscal Risk" (Washington: International Monetary Fund).

Hodge, Graeme, 2010, "Reviewing Public-Private Partnerships: Some Thoughts on Evaluation," in *International Handbook on Public-Private Partnerships*, ed. by G. Hodge, C. Greve, and A.E. Boardman (Northampton: Edward Elgar).

International Monetary Fund (IMF), 2012, *Fiscal Monitor: Taking Stock: A Progress Report on Fiscal Adjustment*, October (Washington).

Irwin, Timothy, 2012, "Accounting Devices and Fiscal Illusions," IMF Staff Discussion Note No. 12/02 (Washington: International Monetary Fund).

Kappeler, Andreas, and Mathieu Nemoz, 2010, "Public-Private Partnerships in Europe before and during the Recent Financial Crisis," Economic and Financial Report No. 2010/4 (Luxembourg: European Investment Bank).

Laursen, Thomas, and Bernard Myers, 2009, *Public Investment Management in the New EU Member States: Strengthening Planning and Implementation of Transport Infrastructure Investments* (Washington: World Bank).

Ley, Eduardo, 2006, "Appraisal of Public Investment: Chile" (Washington: World Bank).

Lienert, Ian, and G.sta Ljungman, 2009, "Carry-Over of Budget Authority," PFM Technical Guidance Note (Washington: International Monetary Fund).

Mehrotra, Aaron, and Timo Välilä, 2006, "Public Investment in Europe: Evolution and Determinants in Perspective," *Fiscal Studies*, Vol. 27, No. 4, pp. 443–71.

Mimica, Edgardo S., 2008, "Managing Project Appraisal: The Chilean Experience," presentation at Workshop on Experiences in Public Investment Management, Istanbul, Turkey, February 28–29.

New Zealand Government, 2010, "The Gateway Process: Manager's Checklist," State Services Commission.

Organisation for Economic Co-operation and Development (OECD), 2011, *Making the Most of Public Investment in a Tight Fiscal Environment: Multi-level Governance Lessons from the Crisis* (Paris).

Stefanova, Anelia, 2006, "The Role of the Public Banks in Financing Infrastructure Construction via the PPP Scheme: The Experience from Hungary" (Liben, Czech Republic: CEE Bankwatch Network).

其他资料来源

Afonso, Antonio, and Miguel St. Aubyn, 2009, "Macroeconomic Rates of Return of Public and Private Investment: Crowding-In and Crowding-Out Effects," The Manchester School, Supplement 2009, pp. 21 - 39.

Denmark, Ministry of Finance, 2006, "Introducing a Cost-Based Appropriation System" (Copenhagen).

Eurostat, 2004, "Treatment of Public Private Partnerships," News Release No. 18, February 11.

Ferris, Tom, 2008, "Managing Public Investment: Overview of Ireland's Experience of Public Investment Management—with Particular Emphasis on Transport Projects," Public Investment Workshop, Istanbul, Turkey, February 29.

Handjiski, Borko, 2009, "Investment Matters: The Role and Patterns of Investment in Southeast Europe," World Bank Working Paper No. 159 (Washington: World Bank).

Hasnain, Zahid, 2011, "Incentive Compatible Reforms: The Political Economy of Public Investments in Mongolia," Poverty Reduction and Economic Management Unit (Washington: World Bank).

Jacobs, Davina F., 2009, *Capital Expenditure and the Budget*, IMF Technical Notes and Manuals Series (Washington: International Monetary Fund).

Jenkins, Glenn P., 2008, "Project Appraisal and Public Sector Investment Decision Making" (unpublished presentation).

Kamps, Christophe, 2004, "The Dynamic Effects of Public Capital: VAR Evidence for 22 OECD Countries," Kiel Working Paper No. 1224 (Kiel, Germany: Kiel Institute for the World Economy).

Kappeler, Andreas, and Timo Valila, 2007, "Composition of Public Investment and Fiscal Federalism: Panel Data Evidence from Europe," Economic and Financial Report 2007/02 (Luxembourg: European Investment Bank).

Klakegg, Ole Jonny, Knut Samset, and Ole Morten Magnussen, 2006, "Improving Success in Public Investment Projects: Lessons from a Government Initiative in Norway to Improve Quality at Entry" (Trondheim: National University of Science and Technology [NTNU]).

Lane, P., 2003, "The Cyclical Behaviour of Fiscal Policy: Evidence from the OECD," *Journal of Public Economics*, Vol. 87, No. 12, pp. 2661–75.

Naidoo, Kuben, 2007, "Capital Budgeting in South Africa," presentation at the Fourth Annual Seminar of the Collaborative Africa Budget Reform Initiative, "Are We Asking the Right Questions? Embedding a Medium-Term Perspective in Budgeting," December 13–15.

Peree, Eric, and Timo Valila, 2005, "Fiscal Rules and Public Investment," European Investment Bank, Economic and Financial Report 2005/02.

——, 2007, "A Primer on Public Investment in Europe, Old and New," European Investment Bank, Economic and Financial Report 2007/01.

Perotti, Roberto, 2004, "Public Investment: Another (Different) Look," IGIER.

Robinson, James, and Ragnar Torvik, 2002, "White Elephants," Centre for Economic Policy Research (CEPR) Discussion Paper No. 3459.

Scandizzo, Pasquale, and Mauro Napodano, 2011, "Public Investment Management: Linking Global Trends to National Experiences: The Evolution of International Best Practices."

Schwartz, Gerd, Anna Corbacho, and Katya Funk, 2008, *Public Investment and Public-Private Partnerships: Addressing Infrastructure Challenges and Managing Fiscal Risks* (Washington: International Monetary Fund).

Spackman, Michael, 2001, "Public Investment and Discounting in European Union Member States," OECD Journal on Budgeting, pp. 213–260.

——, 2002, "Multi-year Perspective in Budgeting and Public Investment Planning," National Economic Research Associates.

Toigo, Pietro, and Robert Woods, 2006, "Public Investment in the United Kingdom," *OECD Journal on Budgeting*, Vol. 6, No. 4.

Vizzio, Miguel Angel, 2000, *Los SIP en América Latina y el Caribe*, Serie Política Fiscal # 09, CEPAL, Marzo.

第11章 权责发生制预算：机遇与挑战

阿卜杜勒·卡恩

许多政府已经对权责发生制的财政报告日渐熟悉，但迄今为止只有少数政府实行了权责发生制预算。因此，大家对这些基础概念并没有一个广泛的了解，实行这项改革的现实意义也有待拓展。由于缺乏经验，人们对“权责发生制预算是什么，以及它将从哪些方面影响公共财政”这些问题，持有不同观点，例如，权责发生制预算如何影响财政政策、拨款、机构融资以及现金管理和控制。本章以阐明其中某些问题为目的，论述涉及权责发生制预算的关键概念，并且强调权责发生制预算带来的机遇与挑战。

更具体地说，本章讨论那些将权责发生制预算与收付实现制预算区分开的核心特点，也就是它与现金制预算的区别。各国采行的框架各有不同，说明权责发生制预算没有固定的模式。例如，澳大利亚、奥地利、加拿大、丹麦、新西兰、瑞士以及英国。除了中央政府以外，这些国家和其他国家的一些州政府及地方政府，也在使用权责发生制预算。

本章分为五个部分。第一部分定义权责发生制预算；第二部分讨论权责发生制预算在实践中如何运行。第三部分和第四部分考查采用权责发生制预算的潜在效益和挑战。最后一部分评述权责发生制预算成功实施的先决条件。

11.1 什么是权责发生制预算？

“权责发生制”这个术语系指在财政报告中关于经济事件确认时点的基本会计概念。在权责发生制会计系统中，只有当经济价值发生转移、增加或损失时，才能够确认机构间发生的交易和其他资源流动，与收到或支出现金的时间点无关。而在收付实现制会计系统中，则是当收到或支出现金时，确认机构间发生的交易和其他资源流动。在会计和报告系统中应用“权责发生制”，表明根据适用的会计原则和标准，以权责发生制为基础编制事后财务报表。第8章详细讨论了权责发生制会计的发展和应用。

在文献中并未就权责发生制预算给出统一的定义。本章作者认为，权责发生制预算是在预算准备和陈述中应用权责发生制的概念。这与吕德尔和琼斯（2003）的定义一致。权责发生制预算需要为年度中可能出现的潜在经济事件的收入和支出编制预算，而不必为预计收到或支付的现金编制预算（卡恩和迈耶斯，2009）。权责发生制预算还意味着政府资产负债表需要根据预算决策的影响来做出计划预测，并体现在资产负债表的预测中。更严格的定义是，支出部门的预算需要按照权责发生制进行计划——尤其是通过年度预算法规定的或行政指令拨款中形成的支出，为预算设置限制，而不是以完成了现金支付为准（布伦达尔，2004；罗宾逊，2009）。

权责发生制预算要求在预算准备中使用《公认会计原则》。权责发生制在权责发生制预算或会计中并不是一个最重要的概念。例如，在以权责发生制为基础编制财务报表时，易懂、相关、可靠以及可比性都是关键的考量因素（IPSASB，2000）。在实践中，这些概念之间的冲突会自然地出现，需要通过判断来形成一个适当的平衡。例如，按权责发生制估算税收收入，就存在极大的不确定性，因此这种估算是不可信的。在这种情况下，税收收入预测需要修改为以收付实现制来预测，而非权责发生制。在这个例子中，“可靠”的概念压倒了权责发生制概念。类似地，缺乏可靠性的衡量，还可能导致特定的支出、资产以及债务在预算和财务报表中不被承认。这并不违反权责发生制预算，也不意味着预算是基于“修正的权责发生制”。恰恰相反，在这种情况下，标准的权责发生制通常允许采取这种处理方法。

尽管权责发生制预算编制下的资源分配是基于权责发生制的，但依然承认收付实现制对预算决策的影响。权责发生制预算编制意味着，使用权责发生制的运营损益表和现金流量表。最后，尽管权责发生制拨款是权责发生制预算的一个特点，但其概念比拨款更广泛，因为权责发生制预算还涉及提供关于政府计划影响的前瞻性财政信息。

11.2 实践中的权责发生制预算编制

11.2.1 概念的应用

许多国家采用了权责发生制的预算编制框架，各框架的具体特征差异很大。这些国家可以选择侧重于财政政策的不同分析措施，它们的拨款（appropriations）和资金安排可以变动，并且其管理现金的方式也可能不同。这些不同框架的一个共同特点就是权责发生制，连同运用其他的会计和预算原则及实践，来量化说明政府预算政策和规划的财政影响（参阅专栏11.1）。

专栏11.1 各国实践中的权责发生制预算定义

澳大利亚国家审计委员会（NCoA）[①]强调了政府采用权责发生制编制预算时，权责发生制原则的重要性：

英联邦成员国政府应该正式将权责发生制原则作为预算编制、资源管理和财务报告综合框架的基础，而且同时在机构层面和总预算部门层面上使用。（NCoA，1996）

英国也强调将权责发生制概念用于计划和控制的目的：

资源预算包括使用资源会计信息作为编制计划和控制公共支出的基础。它通过区别资源消耗和资本投资来支持财政框架，并要求各部门的成本与所提供

① 澳大利亚国家审计委员会（Australian National Commission of Audit）由新一任澳大利亚英联邦政府成立于1996年，承担两种职责：审查政府财政、在需要改进的方面提出建议。

服务的时间匹配。（英国皇家财政部，2001）

在预算准备阶段和事后准备财务报表时，新西兰强调独立、明确的公允会计准则的重要性，其中包括权责发生制的概念。

瑞士联邦政府还确定采用国际公认的会计概念和标准，作为新会计模式的执行标准，它将权责发生制会计和预算结合起来。（瑞士，联邦财政管理委员会，2008）

尽管在机构层面上没有采用权责发生制预算，但在宏观水平上，加拿大政府仍强调权责发生制原则是决定财政指标的一个重要因素：

以权责发生制为基础报告预算平衡，在交易发生的时候记录负债和资产，而不是在支付或收到现金的时候确认。（加拿大政府，2010）

权责发生制预算和收付实现制预算并不是相互排斥的概念。在权责发生制预算之下，预算决策的现金流动影响，可以通过“已安排的预算”或预计的现金流量表来编制报告，这将在下文中讨论。因此，权责发生制预算不应失去收付实现制的信息或管理优势。只有在权责发生制预算中完全排除了收付实现制的定义，才可能发生上述优势的丧失。本章不鼓励采用这样的定义，不仅因为它存在实际劣势（如失去收付实现制的控制），而且因为该定义与国际通用准则定义的权责发生制框架并不一致[①]，该框架将现金作为整体的一部分考虑。更具体地说，不管是公共部门还是私营部门，处理预期财政报表的标准（新西兰特许会计师协会的财政报告标准委员会，2005）和指导方针（英格兰和威尔士特许会计师协会，2003），都要求预测现金流量表。[②]

11.2.2 权责发生制预算和拨款

一个被广泛认可的观点是：权责发生制预算要求以权责发生制为依据，来进行拨款，这与预算对年度拨款和支出授权的关注是一致的。然而，并不是所

---

① 在这些标准中有《公共部门国际会计准则》(IPSAS)、《国际财务报告准则》(IFRS)，以及国际货币基金组织的2011年《政府财政统计手册》(GFSM)。

② 欧盟《稳定与增长公约》的不足之一，是它关注的赤字是基于有选择地应用权责发生制概念计算出来的(它排除折旧和公民及军队养老金成本，通常是两个金额最大的由收付实现制转向权责发生制的支出项目)，并且不要求提供现金流量表(预算或实际的)。这与国际上公认会计原则或统计准则不一致，并且在主要以收付实现制为基础的预算和会计以及欧洲的区域和国家经济核算体系之间难以调和。

有的支出每年都需要被授权，如一些需求驱动的项目，其中失业补助往往由单独的法律进行管理。此外，预算和相关文件逐渐被用来提供政府政策和规划的中长期财政影响的信息。最后，用于衡量和提供预算信息的会计基础，可能与用于支出的立法授权的基础有所不同。①

与各国实践和本章作者采用的权责发生制预算定义相一致，权责发生制预算可以容纳这样一种拨款结构：以权责发生制为基础的费用和资本支出，以收付实现制为基础的支出与承诺，或者这些不同基础的组合。虽然权责发生制拨款通常解释为可以形成费用、资本支出或债务的立法授权；另一种解释是在权责发生制基础上决定拨款数额，但是涉及拨款授予的管理当局仍然涉及现金支付。例如，澳大利亚的拨款就属于第二种类型。现金拨款一般解释为立法机构授权行政机构花费现金。此外，即使在权责发生制的术语之下，预算和拨款的确认方法也可能不同。如此一来，在新西兰，由资产与债务市值变化所造成的损失，就不应被拨付。因此，权责发生制预算在财政预算报表中确认这些损失，但是它们并不反映在拨款中。

权责发生制预算为拨款模式提供了各种选择，但并不强制使用哪一种选项。譬如，以权责发生制为基础，来准备事后财政报表，政府并不会被强制采用任何特定的方法来进行管理和决策，权责发生制预算的采行，也不会要求政府以任何特定的方式拨款。权责发生制拨款也可以采用不同的形式。与普遍持有的观点相反，权责发生制拨款没有唯一的模式。新西兰的框架或许是最接近权责发生制拨款的“纯粹”形式，它具有权责发生制基础上的大部分支出拨款功能。但是，即使在新西兰的结构之下，资本投资②和债务偿还的拨款仍是收付实现制。瑞士允许对应计费用和资本支出进行拨款，但对于折旧的拨款则不允许用来转化为现金。丹麦基于权责发生制为费用性支出拨款，但不为资本支

① 例如，美国联邦政府使用债务(承诺)、权责发生制和现金收付制的组合。可是，财年结束后的预算赤字计算不将债务确认为支出。相反，预算赤字的计算主要基于收付实现制的支出和经过挑选的权责发生制成本。

② 政府在各部和公营公司中增加投资提高了它的产出能力或改善它的效率。

出拨款，资本支出通过内部借款（internal borrowing）[①]来融资，并通过整个资产存续期内的折旧来进行偿付（丹麦，财政部，2006）。最后，澳大利亚以权责发生制为基础对费用（不包括折旧）和资本支出拨款，这一方法是政府经过深思熟虑并不断尝试各种方法之后的选择，专栏11.2对此进行了介绍。

专栏11.2　澳大利亚：权责发生制预算下的拨款

澳大利亚国家审计委员会（NCoA）推荐在权责发生制预算框架内，依据收付实现制来拨款。国家审计委员会由1996年即将就任的政府建立，承担澳大利亚财政的审查工作。此外，还推荐采用综合的权责发生制的问责结构，包括权责发生制预算。国家审计委员会考虑了权责发生制拨款，但还是决定支持收付实现制拨款。以权责发生制为基础的总量和收付实现制拨款之间的差额，被确认为机构和财政部资产负债表中的应收或应付账款。国家审计委员会注意到，这种模式的主要优势在于，权责发生制预算的好处，来自于不需要对收付实现制预算下现有的拨款安排进行大的调整。国家审计委员会强调，尽管拨款将在现金基础上进行，但它不是孤立的，而是作为权责发生制预算综合财政计划的一部分。

由内阁提出的联邦预算、报告及会计的总括性研究（澳大利亚财政部，1997），考虑了与国家审计委员会推荐相关的实施问题，为权责发生制预算的实施，考虑了四个不同选项：

- 选项1：基于权责发生制对拨款进行的预算和估计，体现了权责发生制预算中的现金流影响（来自国家审计委员会的推荐）。
- 选项2：基于权责发生制对拨款进行的预算和估计，受到经过协商的现金限制的管制。
- 选项3A：基于权责发生制对拨款进行的结果与产出的预算和估计，受

① 丹麦议会下议院在拨款议案基础上，为每个机构批准一项借款限制。这就授权部长可以借款进行投资。对这些拨款的例外安排，是对基础设施（公路、桥梁、铁路）和国民财产（住宅、花园、有特殊文化价值的遗迹）的投资。

到经过协商的现金限制管制（优先选项）。

- 选项3B：带有基于结果与产出的权责发生制预算和评估的买方卖方模型，以及权责发生制拨款，受到经过协商的现金限制管制。

值得注意的是，那些同时包含收付实现制和权责发生制拨款的选项，以及权责发生制拨款模型，都明确提到了现金限制。在1999—2000年度预算中，实施的权责发生制模式是以选项3A为基础的。

随着2010—2011年度预算的开始，拨款框架经过修订，不再为折旧、分期偿还和赔偿支出进行拨款。取而代之的是，各部门的资本预算为资本支出提供拨款。然而，仍然为其他基于权责发生制的项目拨款，包括员工福利和应付账款。同时，会发布一整套预算的财务报表。

权责发生制预算也可以容纳收付实现制拨款。下面讨论了几种选择：

- *按照预算的现金流量表拨付资金*。澳大利亚最大的州——新南威尔士——基于权责发生制编制了预算财务报表，但拨款却基于收付实现制。宏观水平的预算赤字或盈余是对财政政策的重要衡量，加拿大基于权责发生制确定赤字水平，但仍基于收付实现制拨款。

- *如前面选择中那样，基于收付实现制拨付同样数量的拨款，但是将权责发生制拨款与收付实现制拨款的差额确认为应付或应收账款*。国家审计委员会向澳大利亚联邦政府推荐的权责发生制预算模式，就是基于这种选择（参考专栏11.2）。

- *权责发生制和收付实现制的需求（包括资本支出），均获得立法批准*。英国采用了这种方法。奥地利还采用了既在权责发生制又在收付实现制数量上要求议会批准，并对框架进行法律控制。

权责发生制预算也可以与承诺拨款相结合。正如一些国家（如美国）已经将承诺拨款纳入主要的收付实现制预算框架那样，采用权责发生制预算，但在承诺阶段实施法律控制是可能的，这就有可能与收付实现制或权责发生制拨款结合起来（参阅专栏11.3）。

专栏11.3 拨款的支出控制和基础

无论是收付实现制拨款，还是权责发生制拨款，在公共支出的控制上都不可能完全有效。在债务发生后控制现金的支付（现金拨款的传统目标），会导致债务拖欠。因为在债务发生前就进行了控制，所以权责发生制拨款会更有效。然而，只有当进入约束性承诺的阶段时，如通过发布采购订单或签订合同，完全有效的控制才能真正发挥作用。而一旦合同成立或根据合同提供商品或服务，政府就不能再规避债务。在相关情况下，拨款应该包括授权承诺，不只是债务或支付。法国已经通过单独的立法来批准现金支出和承诺，美国联邦政府则使用承诺、权责发生制以及收付实现制拨款的组合。①

健全的内部控制系统（是支出控制是一部分）需要在若干阶段中行使支出过程。也就是说，在征用、订购（承诺）、接受商品和服务及接受债务（权责发生制）以及现金支付期间使用控制手段，甚至在适当情况下，对消费进行控制。但这并不意味着会计、预算以及拨款应该在五个不同的基础上进行；而是通过适当的会计流程、内部控制系统以及报告设施，使会计和预算系统可以促进这种控制的有效功能。

资产负债表中的资产和债务，也可以作为法律监督机制的一部分。例如，新西兰允许各部门在不需要任何进一步拨款的情况下，使用出售资产的收入和持有的任何周转资本，来购买或发展资产。然而，有预算安排的净资产，被纳入拨款系统中，并且机构不能在没有进一步拨款的情况下超过净资产的水平。

以上讨论并不能表明，在权责发生制框架内，权责发生制拨款没有受到质疑。权责发生制拨款的支持者认为，预算和拨款基础之间的一致性，明确地显示出公共财政管理文化的变化。澳大利亚的国家审计委员会也承认这一观点，但仍然决定在一定程度上推荐使用收付实现制拨款，这可以简化向权责发生制预算的转换过程。加拿大审计长也评论说，各部门并未有效使用权责发生制的信息，因为这些部门的预算和拨款仍然主要以收付实现制为基础。

11.2.3 基于权责发生制来控制现金

一个普遍的观点是，在权责发生制拨款系统下，往往财政部别无选择地按

---

① 美国政府将拨款定义为形成义务的预算授权（如承诺）以及财政部为特殊目的项目进行支付（美国审计署，2006）。

照拟定的现金数量向机构拨款，而不考虑机构的现金需求。

机构可以在预算年度或下一年里自由地支出现金。财政部会因此失去对现金支出的总量控制，从而可能对财政政策的实施造成负面影响。正如前面内容所述，权责发生制预算并不强制要求使用权责发生制拨款。所以继续使用收付实现制拨款是一个避免这些风险的方法。后续内容将考查在权责发生制下可以避免或最小化这些风险的几个方法。

权责发生制拨款不一定意味着必须给予机构与拨款等同的现金量。如果政府认为有必要给予机构所需要的现金，这可以纳入权责发生制的结构内。权责发生制拨款可以通过多种方式与现金管理安排相结合：

• 可以依照权责发生制的金额拨款，但对于特殊要素的拨款，将不提供现金。瑞士联邦政府就采用了这种方法（专栏 11.4）。

• 依照权责发生制的金额拨款，但只能根据需要拨给机构现金。拨款和协议现金需求之间的差额，有可能被财政部和机构确认为应收款和应付款。澳大利亚维多利亚州已经采用了这个方法。

专栏 11.4　控制现金的国家实践

瑞士联邦机构在权责发生制和收付实现制基础上，都有效地遵从事前限制。尽管使用权责发生制来监督机构的绩效，但政府的债务制动规则仍以收付实现制为基础。在现金、非现金以及政府间项目之间来分解分析拨款。折旧和权责发生制债务被认为是非现金，而应付账款则被认为是现金。为了防止以现金方式支出，系统不会为非现金项目（如折旧）提供任何拨款，也不允许机构改变支出组合来降低诸如权责发生制债务（这是非现金的）等支出以及增加现金支出。

英国议会既批准资源需求，也批准净现金需求。虽然不直接通过预算系统控制现金，但会通过“供给评估过程”对“供给支出”的净现金需求进行控制。针对那些（清晰可见的）经过校准的项目，仍然将净现金需求作为议会限制的一部分。审计长会审查对净现金规定和净资源规定的遵守情况。凭借英国财政部作为权责发生制框架而出名的“资源会计和预算系统”，提升了英国现金管理的能力，而非使其退化。

新西兰主要通过现金规定来控制机构，不过主要关注用于财政政策目的的权责发生制指标。机构需要提交全年的现金配置文件以及更加详细的现金支付计划，这些以及后面的所有变化都需要财政部批准。要求机构将需求调整为和拨款一致的水平，以保证现金需求不超过授权的水平（新西兰财政部，2010）。

这样一来，权责发生制预算和权责发生制拨款都不会妨碍政府对现金实施集中控制。问题的关键在于，政府是否希望以及在什么范围内实施这种控制，而这些问题反过来又部分依赖于财政政策的关注点、政府的各种财政规则以及给予管理者多大灵活性等诸如此类问题的考虑。

权责发生制预算既不要求也不阻止现金和非现金项目的转换。有观点认为，如果一个实体节省了权责发生制费用，如折旧或备付金，那么实体就有权利将这部分节约额以现金形式花掉。不管这种安排是否能改进管理业绩，从财政管理的角度看，这种自动的和完全的可转换性并非明智之举。英国自2006年开始采用完全可转换性安排，但是随后修改了这一框架。瑞士不允许这种现金和非现金项目之间的转换。在澳大利亚，折旧节约额不能用于现金花费。

不管拨款是基于现金、承诺还是权责发生制，现金支付总量的绝对数额都不一定由年度拨款过程来控制。例如，在一些司法管辖区，如美国，被选中的拨款涉及承诺，而不只是现金支付。一旦这样的拨款由立法机关投票表决并承诺成立，相关的现金支付就可以在未来时期实现。此外，年度拨款只能控制年度预算中全部现金支付的一部分。其他支出可能被不同形式的预算授权支配，如下所述：

• 在美国，最大规模的联邦项目，包括医疗保险和社会保障的授权，不用接受年度审查。其花费是以确定资格的法定规则为基础，并会因生活或经济因素的成本变化而调整福利水平。按照美国行政管理和预算局的估计，2010年的自由裁量项目的支出将低于总支出的40%（美国行政管理和预算局，2010）。

• 在澳大利亚，“特别拨款”大约占年度支出的75%。当受到现金限制的拨款（例如社会保障支出）不可行时，才会动用特别拨款。特别拨款也可能用于偿还借款以及在其他协议或法律之下产生的政府间支付。

通常认为，只能对现金支出和权责发生制支出中的一种实施控制，不能同时控制二者。因此，在权责发生制预算下，应该对权责发生制项目进行限制，而不应该对现金进行限制。产生这一变化的原因在于，即使可能运用双重控制，这种做法也是不受欢迎的，因为它会减损管理者所期望的以权责发生制编制预算所带来的附加的灵活性。本部分的讨论证明，在实践中政府会继续以一种或另一种形式，行使控制现金和权责发生制项目的权力。控制的特点可能变化，并且会反映政府认为适当的控制与灵活程度之间的权衡。[①]

最后，美国审计署在2007年的研究发现，即使财政指标是基于权责发生制的，采行权责发生制预算的所有国家都认为，现金信息很重要，特别是在监督国家财政状况方面。不考虑一些政府采用的权责发生制预算的特殊模式，这无疑是正确的。

11.2.4 权责发生制预算下的预算文件

典型的权责发生制预算包括一套事前的报表或预算报表。这些被称为预期、预测或估计的财务报表；本章使用“预算报表”（budgeted statements）这一术语。理想情况下，这种信息会在总量和机构水平上产生。这些预算文件通过一整套其他预算文件，来补充其他信息（如提出预算，讨论宏观经济问题，实现政策目标的措施，以及预期的和实际的绩效信息）。

- 预算运营报表显示预算收入、支出、运营成果以及其中的一些变化。例如，IMF2001年《政府财政统计手册》中定义的净贷款/借款。
- 事前现金流量表显示计划的预算现金流入和流出额，如果需要，还会列出现金赤字和盈余，这些通常通过运营、投资以及融资活动进行分析。
- 预期的资产负债表显示预测的资产、债务以及净权益。[②]

吕德尔和琼斯（2003）建议“完全的和明确的权责发生制预算系统”要在预算中对这三个核心预算报表进行预测和披露。然而，各国做法不尽相同。虽然澳大利亚和新西兰[③]根据《公认会计原则》编制了一整套预算报表，但加拿大和英国却不是这样。另外，有些机构会准备单独的资本预算，提出资本支出

---

① 在私营部门，预测和管理盈利能力及流动性是财务管理中的重要部分。因此，通常对权责发生制和现金项目都实施控制。

② 营业报表和资产负债表在文献中也被分别称为财务绩效表和财务状况表。

③ 新西兰遵循特别的标准来准备预算财务报表，即《财务报告准则第42号：预期的财政报表》。

计划并寻求必要的立法支持。澳大利亚、瑞士和英国都采用这种资本预算。

11.3 权责发生制预算的优势

11.3.1 权责发生制预算与财政政策

随着权责发生制报告系统的完善，权责发生制预算使得财政政策不再局限于一个单独的指标，而是针对不同的目的使用不同的指标。政府和分析师可以自由地选择与目的相关的指标（参阅专栏11.5）。因此，传统的以权责发生制为基础的预算财务报表就能提供关键的指标，如运营余额、现金盈余/赤字和净值。净贷款/借款是2001年《政府财政统计手册》提出的方法，通过销账折旧（writing back depreciation）和扣除资本支出来调整运营余额。这些措施的变化包括：总运营余额、财政总余额、主要项目总余额、财务净值以及第8章中讨论的债务总额或净债务。[①]

相比之下，收付实现制预算为财政政策分析提供的那套财政指标较为局限。按照定义，这些措施以现金流量为基础，并排除那些不涉及预算年度的现金流量的基于资产负债或收入支出的措施，如养老津贴、折旧以及规定和拖欠的应付账款。分析师有时候试图通过纳入应付账款和应收账款（包括拖欠的）来调整专门的收付实现制措施的局限性，但养老津贴、折旧和准备通常被忽略。然而，作者认为，离开了以权责发生制为基础的框架，这些调整可能是临时的、有选择性的，甚至是主观的。

国际通用标准推荐使用基于权责发生制概念的财政指标。例如，2001年《政府财政统计手册》将净营运收支平衡确认为政府不间断的可持续性运作的概括性措施，而净贷款/借款则作为政府活动对其他经济部门的影响指标。这些措施都以权责发生制概念为基础。欧盟《稳定与增长公约》也在使用权责发生制净贷款/借款的变动形式。

---

① 对这些财政政策的解释和其他分析措施更多的说明，请参考2001年《政府财政统计手册》中的专栏4.1（IMF，2001）。

专栏11.5表明，在分析和监督财政政策上，权责发生制预算不要求使用任何特别的措施。新西兰使用的措施最接近以权责发生制为基础的《公认会计原则》。尽管瑞士使用《公共部门国际会计准则》来准备事后的财务报表和预算财务报表，但它仍关注收付实现制措施。行政辖区对财政指标的偏好，也会随时间发生变化。澳大利亚以前更关注权责发生制财政平衡，但是在最近发布的预算文件中，似乎对潜在的收付实现制平衡也给予了更多关注。

专栏11.5 财政政策指标

本专栏总结了引入权责发生制预算的国家所采用的关键性财政政策指标。

新西兰使用的一套指标是基于权责发生制的，来源于将《公认会计原则》应用于预算的实践。新西兰采用的几个关键指标有：营运余额、债务和净值。

英国一直使用黄金法则和可持续投资规则来指导财政政策[①]，直到应对全球金融危机时才暂停使用。黄金法则是在概念上类似于净贷款/借款的措施，但是包括折旧。暂时使用的运行规则应用了两种财政总量：当前预算上的盈余(SOCB)和公共部门净债务(PSND)。当前预算上的盈余是收入和支出之间的差额，在权责发生制的基础上进行衡量。折旧可计为费用，但准备不可以。公共部门净债务衡量债务存量，它还包括金边债券(政府发行的有价证券)、减去流动资产的国民储蓄、融资租赁和表内公私合作伙伴关系项目，以及出于政策原因的贷款，如学生贷款。流动性资产可以抵消债务总额，如存款账户中的现金。

加拿大使用收付实现制和权责发生制相结合的措施来监督财政政策。两个主要的措施是预算平衡和资金来源/需求。预算平衡是在权责发生制上确定的收入和支出之间的差值。资金来源/需求衡量现金流入和流出之间的差值。

丹麦的预算平衡依据欧盟《稳定与增长公约》来确定。丹麦也会定期汇报和监督净资金需求和负债余额。

---

① 黄金法则：在整个经济周期，政府将只出于投资的目的进行借款，而不是资助经常性支出。可持续的投资规则：设立用于投资的借款可以保证净公共债务(按照GDP的比例计算)在整个经济周期中保持稳定和审慎的水平。

奥地利的权责发生制预算模式保留了将财政政策的重点放在赤字上的做法，赤字按照欧盟《稳定与增长公约》的规则进行计算。

然而，澳大利亚和瑞士已经采用了基于收付实现制的财政政策指标。澳大利亚出于财政政策目的，主要关注现金措施。它使用潜在的现金结余，相当于由经营和投资活动引起的净现金流量。①也会发布相当于2001年《政府财政统计手册》中的净贷款/借款的财政平衡。瑞士的财政政策集中于控制现金支出的总量。通过债务制动规则，要求现金收入和支出在整个商业周期保持平衡。

11.3.2　权责发生制预算和长期财政可持续性

预算和会计系统都不能够单独提供完整的公共财政信息。权责发生制预算是对收付实现制预算的一大改进，因为其可以在政策决策的长期影响上提供更多的信息，但在评估代际影响和现有政策可持续性上还远远不够。在现有的权责发生制会计原则和标准之下，主权政府的某些权力和优势不被确认为资产，而且政府的某些义务不被确认为负债。因此，征税的最高权力不被认为是资产，政府义务也不被确认为债务。例如，养老金和医疗保险。

因此，在估计长期财政的可持续性时，政府资产负债表上的资产负债信息需要通过其他信息进行补充。有一些政府——不管是采用收付实现制还是权责发生制预算——公布了这样的信息，尽管报告在形式、内容、频率和未来预测覆盖的年份方面有所变化。公共部门国际会计准则委员会当前正在致力于这个主题上的一个项目，并且发布了征求意见稿（IPSASB，2011）。

11.3.3　预算和报告之间的一致性

如果预算和报告都以同样的权责发生制为基础（了解已经使用权责发生制财政报告的国家，请参阅第8章），会在很大程度上提升财政透明度和受托责任。预

---

① 潜在的现金平衡相当于2001年《政府财政统计手册》中的现金盈余/赤字减去负担政府雇员养老金的资金收入（未来资金），这部分资金将再投资于未来的退休金支出，因此不能用于经常性支出。2001年《政府财政统计手册》的现金盈余/赤字，按经营和投资活动产生的现金流，减去融资租赁和相关安排下的净购置资产，来进行计算。

算和报告基于同一基础，可以使预算授权与实际结果之间具有可比性。预算和财政报告与资源管理结构密切相关，这个问题被人们所争论，因此，以这种形式提供关于公共财政状况一致性的信息，对公开辩论有一定的好处（IMF，2012）。

权责发生制预算可以提供一个结构框架，用来衡量、显示政策和规划的全面财政影响，并可以将预算与事后的财务报表进行比较。例如，如果一个新政策导致额外的招聘，预算年度的现金拨款就只能代表这个决定造成的一部分成本。养老金和其他的雇员福利在短时间内不会有直接的现金影响，但是长期影响会在权责发生制预算中表现出来，而不会在收付实现制预算中显示这种影响。在某些情况下，事后财务报表提供的政策对资产负债造成的影响的信息，对于一些重要的决定不够及时。预算过程对于这种政策是恰当的时间，并且在这个阶段上准备的预算文件，应该提供计划政策的全部财政影响的信息。

11.3.4 改进成本和债务的信息

权责发生制预算方案常常与提高公共部门绩效的一系列举措相关，包括：（1）关注产出和结果；（2）赋予管理者更多的灵活性；（3）使用“购买者-提供者”这种安排，向机构提供资金；（4）提高对资本成本和政府运作总体成本的认识。权责发生制预算提供关于项目或服务的全部成本信息（不考虑现金支付的时间安排）的能力，对于绩效评估十分重要。

权责发生制预算也能够确认雇员福利产生的全部成本。权责发生制和收付实现制预算都能体现雇员养老金和其他福利的年度现金支出，但是权责发生制预算也包括作为一部分支出的权责发生制福利，并且披露作为预测资产负债表组成部分的负债存量，收付实现制预算并不包括这种信息。

除了工资和养老金每年的收付实现制成本之外，权责发生制的雇员福利可能是未来纳税人的重大负担。确认预算中的这种成本和负债，可以提升透明度。例如，美国联邦政府的应计雇员养老金，在1997—2005年期间大幅度超过相应的现金支出（图11-1）。英国政府已公布的财政报表显示，截至2010年3月31日，1.1万亿英镑（1.67万亿美元，国民生产总值的79.8%）的公务员养老金负债，是资产负债表上最大的项目，并且极大地超过了价值8 038亿英镑（1.22万亿美元）的政府有价证券。

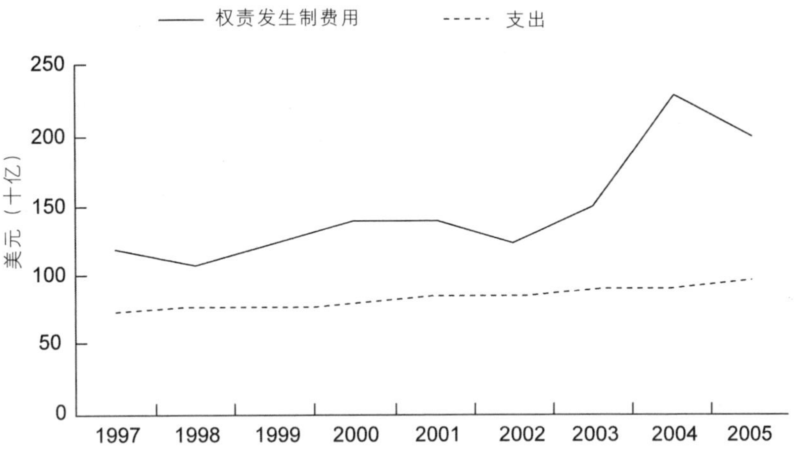

图11-1　美国联邦雇员养老金的权责发生制费用和支出

资料来源　国会预算办公室（www.cbo.gov)。

11.3.5　管理资本资产

如果资本支出以现金形式产生，那就将这部分支出包括在收付实现制预算中。通过诸如公私合作伙伴关系、融资租赁或分期付款信贷等方法获得资金的资本支出，就不会在收付实现制预算中得到确认，除非这部分支出涉及预算年度内的现金支付。收付实现制预算也不对这种融资方式形成的债务进行确认。

然而，不管是否涉及预算年度内的现金支付，权责发生制预算都会确认所有已安排预算的固定资产购置。如果已安排预算的资本支出，在年度预算中以现金的形式产生，预计的现金支付就将出现在预算现金流量表中。如果在预算年度内一部分资本支出不要求用现金支付，但涉及债务的形成问题，那么债务就将反映在预算资产负债表中。预计增加的固定资产存量也将反映在这张表中。①

权责发生制预算还将固定资产折旧确认为预算年度的支出，然而收付实现

① 会计准则和其他公告提供了关于是否将公私合作伙伴关系或融资租赁包括在内，以及是否确认这些安排下形成的债务的指引。这有助于减少用主观标准判断是否将相关信息从预算中排除的情况。

制预算不会确认这部分支出。权责发生制预算将近似于折旧的资产消费或使用确认为支出。收付实现制预算只反映预算年度内购置资产形成的现金支出。权责发生制预算通过资产负债表提供一些附加信息，包括作为政府提供公共产品和服务部分成本的固定资产折旧，以及固定资产和债务存量的增加。

这些信息可以激励政府更好地管理资本资产，特别是在购置、处理和维护固定资产方面。政府因此可以更好地计划投资和维护资产，各部门和机构有动力处理那些不再使用或不需要的资产。以折旧的形式将资本资产购置成本分配到整个资产使用周期中，能够有助于消除一次性记录支出形成的对资本支出的主观偏见（参见第10章）。

11.4 实施权责发生制预算面临的挑战

第6章讨论了采用权责发生制会计的挑战，本部分将讨论采行权责发生制预算面临的挑战。前文已经指出了机构转移资金的风险，如果存在这种情况，那就是将非现金项目用于其他运营目的。这部分更详细地提出三种挑战：第一，日益增加的复杂性；第二，操纵的范围；第三，成本和能力需求。

11.4.1 日益增加的复杂性

权责发生制预算是复杂的，并且可能不被大多数政治家、公务员和公众完全理解。在权责发生制的背景下，预计政策和规划带来的影响，较之简单地预测现金流动更为困难。资产和负债的变动，不仅受到交易的影响，更会受到采用的会计和评价政策的影响。收付实现制和权责发生制赤字之间的区别，以及各种指标的意义，也都难以说明。将权责发生制信息以用户友好的方式呈现出来，也具有一定挑战。由于权责发生制的技术性，国会议员和公众可能对预算了解得也很少。

收付实现制预算可以降低预算报表的复杂度，但同时失去了由权责发生制预算提供的更丰富的信息。政府在运作过程中不只涉及现金，也会发生债务，购置资产。收付实现制预算并不意味着这些复杂性不复存在。它仅仅意味着预算不能提供关于拟议中的政策和计划的信息。

11.4.2　操纵的范围

权责发生制预算与收付实现制预算一样，都容易受到操纵，特别是考虑到前者具有一定的复杂性。例如，在权责发生制预算下，政府可以通过改变利率、税收拖欠或其他非现金项目的假设、调整贴现率、资本化支出以及重新估价资产这些手段来改变财政估算或结果。在权责发生制下，也更难以发现操纵手段（希克，2007；参阅第1章）。这些问题既适用于权责发生制会计和报告，也同样适用于权责发生制预算。

必须意识到这些风险，并采取行动来化解风险。在这方面严格遵守会计标准是关键的步骤。尤其是应该遵循在预期的财务报告准则和指导方针中建立的假设要求。例如，会计准则通常要求各假设彼此一致，且与当前的计划相一致，并且做到一贯执行。准则还提供详细的指导方针以提高假设的可靠性，如使用独立的第三方审查假设；使用专家技能拓展假设；与机构附带说明文件的策略和计划的一致性；以及对未来行动和事件的相关风险进行分析与记录。另外，应该披露所有相关的信息，包括假设的基础、风险和不确定性以及会计政策。由此看来，不应该低估引进权责发生制的先决条件。

最高审计机关可以向立法机关和社会提供关于假设、会计政策以及预算的其他特别方面的担保。例如，澳大利亚维多利亚州的审计长审查了权责发生制预算，并担保预算符合针对关键财政措施而建立的指标，并在说明中公开了经济假设的基础上，正确地进行预算准备。审计长也对假设方法的合理性做出了评论。然而，这种对预算文件的审查并不是标准模式，还会受到资源的约束。

收付实现制预算也会受制于操纵手段。普通的技术会涉及时间安排问题，如将支付延迟到下一个报告周期，或是将下一个报告期的收入提前。收付实现制预算的操纵手段，还可能包括以下内容：

- 通过接管养老基金、将基金的现金收入作为收入，来降低预算赤字，同时忽略因之形成的更大规模的债务。[①]

---

① 例如，葡萄牙政府在2011年接管私营部门银行雇员的养老基金，而美国在1997年接管了哥伦比亚特区教师、警察和消防员的养老基金系统的资产与负债。

- 把向国有企业注入现金作为线下项目，但不确认这些投资价值的损失，这与权责发生制的框架有所不同。
- 进入公私合作伙伴关系、融资租赁或分期付款合同，在此合同下只确认预算年度内的现金流，却忽略重大的债务（以及或有债务）。

在纯粹的收付实现制预算框架内，这样的操作可能不会被归类为操纵手段。在权责发生制框架下，对假设或资产估价的操纵，通常被认为是背离了《公认会计原则》的行为，并且必要的假设披露和会计政策会帮助使用者发现操纵的存在。

11.4.3 成本和能力需求

由收付实现制预算转向权责发生制预算的重大成本包括：开发政府资产登记系统，评估政府资产，以及招聘员工并付酬，这些员工能够为财政部、支出部门和政要提供培训，使得后者能够使用新的系统。即使不采用权责发生制预算，这些成本也会出现在实施权责发生制会计和报告的过程中，只是权责发生制预算也许对熟练的员工和高级信息技术设施，具有更高的要求。

登记和评估资产非常复杂且耗时间。许多政府未能对资产登记进行持续更新。公共部门的资产估价很难进行，因为政府拥有的公共资产很多都是独一无二的资产。例如，遗迹，无法对其进行估值。资产可以按照历史成本或现值进行估值，两种方法各有利弊，但是不管选择哪种方法，都将耗费大量的时间。再次重申，即使不采用权责发生制预算，仅采用权责发生制会计也将面对这些挑战。

历史上，公共部门并没有雇用很多合格的会计师和财务管理人员，但过去也没有太多过于复杂的财务交易。随着包括养老基金在内的雇员福利的重要性日益增加，以及金融工具更加复杂，如金融衍生品、融资租赁和公私合作伙伴关系的交易，会计人员和财务管理者的技能也必须相应提高。如果认为权责发生制预算是必要且有用的，政府就应该认识到，对会计专业技术和员工配置的需求，将会大幅提高，并且这些改革应该与时俱进。

11.5 先决条件

11.5.1 分阶段实施的方法

分阶段实施的方法有助于管理权责发生制预算所面临的重大挑战。权责发生制预算有多种模式，并且可以通过在初级阶段选择相对简单的模式来降低复杂程度，之后再逐步转向更复杂的模式。因此，权责发生制预算可以首先应用于金融资产和债务上，而不适用于非金融资产。另一种分阶段的方法，是先在财政决策和预算计划中使用权责发生制信息，但拨款仍然以收付实现制为基础，可以在后续阶段再考虑使用权责发生制拨款。在采用了权责发生制预算框架的一些基本方面，并且对运行情况较为满意之后，政府就可以考虑开展一些高级的改革。例如，现金和非现金项目之间的可转换性和其他激励措施。

一旦选择引入权责发生制预算，就需要适当地分析其相关能力和基础设施（如系统）的构建步骤。经验表明，能够使用必要的技术资源的发达经济体，可以在两到五年内实施权责发生制预算。[①]只有初步的系统和过程以及技能资源有限的国家，可能需要更长的时间才可以采用这种预算框架。

11.5.2 政治上的支持

来自行政和立法层次上的政治支持，对成功实施权责发生制预算是至关重要的。立法机构应该支持这种改革，以此提升透明度和受托责任。行政机构也应该支持这项改革，这项改革具有改善成本、资产和负债管理的潜力。改革过程应该从最高行政机构（如内阁）的明确且详细的决定开始。应该通过协调的管理变革和沟通程序，来不断加强最初的政治支持。特别应该向行政机构动态阐释将要变更的拨款框架以及预算文件的形式与内容，正式采用之前也要进行汇报和解释。

---

① 澳大利亚在1997年决定实施权责发生制预算，两年后首次向议会提交了1999/2000财年的权责发生制预算。

11.5.3 健全的收付实现制预算系统

健全的收付实现制预算框架，是实施权责发生制预算改革方案的重要基础。在谋划权责发生制预算改革之前，应该具有：清晰透明的预算过程，可靠的收付实现制估计的历史记录，有效的预算、会计和财政报告系统。

11.5.4 权责发生制会计

在权责发生制预算之前，是否必须实施权责发生制会计，是人们一直争论不休的话题。分阶段方法有助于管理其复杂性，并且可以逐渐建立技术能力和对权责发生制概念和方法的理解。澳大利亚和英国采用了分阶段方法，然而，奥地利、新西兰和瑞士则同时采用权责发生制会计和预算。

11.5.5 技术能力

正确的技能配置对于成功实施权责发生制预算是必不可少的。建立起恰当的能力，来准备权责发生制预测，以及分析和解释这些预测，有可能成为主要的挑战。负责准备预算的官员可能缺乏预算概念和原则方面的必要技能。尽管如此，因为具有关于预算过程和政策问题的重要指示，这些官员对于成功实施预算仍然很重要。因此，应该对这些已有技能进行补充，而不是移植或取代。一些机构可以促进技能转型。例如，国家专业会计机构、最高审计机关以及活跃的议会公共会计委员会。

11.5.6 信息技术系统

权责发生制预算系统的实施，将是一项需要大量资源的重大工程。如果可能，权责发生制预算应该由一个集成了财政管理信息系统的自动系统来生成。然而，如果完全集成的系统是不可行的，与财政管理信息系统相匹配的预算系统，也是一种可以接受的选择。

11.6 结论

权责发生制预算仍然是一项相对新颖的改革，不同国家采用的模式有所不同。尽管有不同的结构，但基于权责发生制呈现的事前和事后信息，可以提升透明度和受托责任，并对决策有所帮助。权责发生制预算不可避免地会导致权责发生制拨款或任何特别的融资模式，并且不一定意味着对现金的控制会有所减弱。政府负责决定给予管理者控制现金和权责发生制项目的自由裁量权。

尽管如此，正在考虑转移到权责发生制预算的政府，不应低估其将会面临的挑战。应该对当前的预算框架和采用权责发生制预算需要做出的改变，进行系统的分析。有力的政治支持和良好的收付实现制系统，是成功转向权责发生制预算的先决条件。如果有必要，可以采用分阶段的方法，随着能力和技能的提高，在权责发生制预算范围内增加交易活动的种类。因此，可能会先将权责发生制预算应用到金融资产和债务上，而对非金融资产仍然使用收付实现制预算。同样，更多难度更大、旨在改进激励措施和绩效的改革，可以在权责发生制预算结构的基本特征已经显现之后再进行尝试。一些国家也可以首先采用权责发生制会计和报告，并在随后的阶段尝试采用权责发生制预算。

参考文献

Australia, Commonwealth of, Department of Finance, 1997, "Commonwealth Budgeting, Reporting and Accounting (COBRA) Scoping Study" (Canberra).

Australia, Commonwealth of, National Commission of Audit (NCoA), 1996, "Accounting Framework of the Commonwealth: Current and Proposed," in *Report to the Commonwealth Government* (Canberra).

Bl.ndal, Jón R., 2004, "Issues in Accrual Budgeting," *OECD Journal on Budgeting*, Vol. 4, No. 1, pp. 103–19.

Canada, Government of, 2010, "Canada's Economic Action Plan, Year 2, Budget 2010: Leading the Way on Jobs and Growth," Department of Finance Canada (Ottawa).

Denmark, Ministry of Finance, 2006, *Introduction to a Cost-Based Appropriations System* (Copenhagen).

Financial Reporting Standards Board of the New Zealand Institute of Chartered Accountants, 2005, "Financial Reporting Standard No. 42: Prospective Financial Statements" (Wellington).

Institute of Chartered Accountants in England and Wales, 2003, *Prospective Financial Information—Guidance for UK Directors* (London).

International Monetary Fund (IMF), 2001, *Government Finance Statistics Manual 2001* (Washington).

——, 2012, *Fiscal Transparency, Accountability, and Risk* (Washington). Available via the Internet: http://www.imf.org/external/np/pp/eng/2012/080712.pdf.

International Public Sector Accounting Standards Board (IPSASB), 2000, *IPSAS 1, Presentation of Financial Statements* (London).

———, 2011, *Reporting on the Long-Term Sustainability of a Public Sector Entity's Finances*, Exposure Draft 46 (Toronto: International Federation of Accountants). Available via the Internet: https://www.ifac.org/sites/default/files/publications/files/IPSASB_RepLong-Term_ Sustainability_of_Public_Finances.pdf.

Khan, Abdul, and Stephen Mayes, 2009, *Transition to Accrual Accounting*, Technical Notes and Manuals No. 09/02 (Washington: International Monetary Fund).

Lüder, Klaus, and Rowan Jones, 2003, *Reforming Governmental Accounting and Budgeting in Europe* (Frankfurt am Main: Fachverlag Moderne Wirtschaft).

New Zealand, The Treasury, 2010, *Treasury Instructions* (Wellington). Available via the Internet: http://www.treasury.govt.nz/publications/guidance/instructions.

Robinson, Marc, 2009, "Accrual Budgeting and Fiscal Policy," *OECD Journal on Budgeting*, Vol. 1, No. 1, pp. 1–28.

Schick, Allen, 2007, "Performance Budgeting and Accrual Budgeting: Decision Rules or Analytic Tools?" *OECD Journal on Budgeting*, Vol. 7, No. 2, p. 109–38.

Switzerland, Federal Finance Administration, 2008, "The New Accounting Model of the Swiss Confederation," *OECD Journal on Budgeting*, Vol. 8, No. 1, pp. 1–31.

United Kingdom, H.M. Treasury, 2001, *Managing Resources: Full Implementation of Re-*

source Accounting and Budgeting (London).

United States Government Accountability Office, 2006, *A Glossary of Terms Used in the Federal Budget Process* (Washington).

——, 2007, *Accrual Budgeting Useful in Certain Areas but Does Not Provide Sufficient Information for Reporting on Our Nation's Longer-Term Fiscal Challenge* (Washington). Available via the Internet: http://www.gao.gov/products/GAO-08-206.

United States Office of Management and Budget, 2010, *Historical Tables and Analytical Perspectives, Budget of the U.S. Government, Fiscal Year 2011* (Washington: U.S. Government Printing Office).

第四部分

适应环境：发展中国家的公共财政管理变革

第12章　整合公共财政管理和财政分权改革：发展中国家的经验

安娜丽莎·费德里诺

鲍尔·斯默克

分权，就是在不同层级的政府之间配置和分享公共职能与资源，自20世纪90年代以来，已然成为普遍的国际潮流。本章将考查公共财政管理改革与分权改革之间的联系。从概念上讲，在这两种举措之间存在强大的潜在利益关系。事实上，在许多国家，分权和公共财政管理改革之间的协调与次序，已被证明是难以把握的。本章重点考查的是，在拓展与推进公共财政管理和分权改革的过程中，更为综合的分析和更好的协调，将如何提升整体公共部门的绩效。

公共财政管理改革对分权改革获得预期效益是极其重要的，因为公共财政管理改革在维持财政纪律、有效提供公共服务以及各级地方政府履行对更高层级政府和本地选民的受托责任等方面，具有极为重要的作用。与此同时，在已经进行分权改革的国家中，各级地方政府获得了相应的财政授权，在公共财政管理改革的有效实施中扮演着重要的角色。正确地平衡中央权力和地方自治是非常重要的。过于宽松的公共财政管理改革，会产生地方政府财政行为不负责任的风险，然而，过分控制的公共财政管理改革，又可能过度束缚对有效地运行分权系统十分重要的地方自治权。

这些改革之间的关联，尽管在原理层面是显而易见的，但在实践中却未能得到良好的确立。这两种改革常常通过独立的举措来完成，并由不同的国家机构管理，而国家机构之间往往带有相互矛盾的观点和目标。在发展中国家，这两种改革受到不同类型国际组织的支持，这些组织的优先序基本上是相互矛盾的。负责公共财政改革的机构与负责分权化政策的机构之间，相互冲突之处并不鲜见，并且这两种改革的启动也往往具有不同的开始时间。改革所产生的结果，也向行动各方释放了含混不清的信号，并在政府体系及其运作中造成了矛盾。事实上，在所有推进公共财政管理改革和分权化改革的国家中，此类矛盾冲突都是存在的，但在发展中国家更为普遍。在这些发展中国家，政策和管理失调的风险更大，制度能力建设通常严重不足，追求的东西太多，有时候改革举措还不能兼容。因此，针对这些国家的分析构成了本章的重点。

本章既不提倡也不反对分权化，而是主张根据不同的情形，因地制宜地采用不同类型与程度的分权。[①]另外，本章认为，一旦启动了分权改革，往往基于政治原因，任何程度的实质性倒退都是非常困难的。公共财政管理改革的重要任务之一，就是有助于确保各级地方政府在分权推进中有效履行新的职责。然而，实施的具体情况也会呈现不同的结果。相比通常的评估，本章的分析突出了更为稳健的综合性评估，这可以帮助分析人员在国情背景下，加深对分权化与公共财政管理之间联系的理解。

本章始终强调，在发展和整合这两种类型的改革中，考虑政治经济因素是有必要的。公共财政管理和分权都具有重要的技术维度。但是，设计和实施这些很可能是复杂且影响深远的改革，并非是纯粹的技术操练，如果将其视为技术演练，可能会形成难以实行或问题缠身的改革方案，这甚至会阻碍实现其所

① 分析分权化的利益和误区的文献，已然众所周知，但对其结果的分析却相对匮乏且前后矛盾。艾哈迈德和坦齐（2002）、艾哈迈德和布鲁西奥（2006）、斯默克（2006）、沙阿（2008）以及弗德诺和特尔-米纳西安（2010）提供了概念性和经验性的文献综述，对财政分权和一般分权既有支持也有反对。

追求的推进改革的预期效果。类似地，将这些改革作为纯粹的政治措施，却缺乏健全且相称的技术基础，很可能也会注定失败。

本章的篇章结构如下：第一部分讨论在实践中调整公共财政管理和分权改革的一系列挑战，并考虑环境局势可能会如何影响公共财政管理和分权的起始点，以及如何影响国家和各级地方公共财政管理系统之间的关系。第二部分包括选定的案例研究，这些研究考查公共财政管理和分权改革之间的多样性联系，二者在改革过程中如何发展，并分析在未来如何更好地改进这两项改革的绩效结果。最后一部分从所研究的案例和其他可利用的信息中，初步总结了一般性的经验教训，尝试就公共财政管理与财政分权化改革之间的有效连接进行更为深刻的分析。

12.1　整合公共财政管理与财政分权所面临的挑战

正如典型案例所显示的那样，确保公共财政管理与分权化改革相互协调而非彼此孤立地推进，可以产生潜在的利益。但是，实现这种协调并非易事，即使在最好的情形之下也是如此。许多因素导致公共财政管理与分权化改革的协调变得非常复杂，这些因素主要包括：

- 两种改革的性质和目标存在差异；
- 推进改革的制度框架存在差别，政府间制度的形式发生了变化；
- 改革起点的多样性；
- 改革过程的优先性、时间安排以及次序，这是由政治、技术和其他考虑而驱动的；
- 相对于计划的实施而言，通常过多集中于规范的理想化改革方案设计；
- 国际性的发展机构和金融机构的作用，特别是在依赖援助的那些国家中。

我们下面将逐一详细探讨这些因素。

12.1.1　公共财政管理与财政分权化改革的性质及目标之差异

我们不难理解公共财政管理与分权改革之间只存在微弱的联系。第一，两种改革在性质上多少有些不同。公共财政管理的关键要素，对所有的政府部门来说都是相似的，并且专注于公共财政和预算过程的管理（预算准备、批准和执行）。公共财政管理改革通常集中于财政管理议题，较之分权化的举措而言，更具技术性和一致性。此外，在很多情况下，针对特定的国情环境，公共财政管理改革会做出相应的调整。

与此相反，分权包含了更加多样性的改革，不仅涉及财政问题，还涉及政治（地方选举和问责制）和行政（区域的、组织的和非财政的规程）问题。财政分权化不可能真正脱离以上几方面，因为缺失了这些因素，就不能有效地推进改革。另外，在不同的环境条件下，这些要素将以极为不同的方式表现出来，在职能授权、财政自给程度以及不同层级政府的自治权方面，均体现出相当程度的差别。①

例如，在分权的背景之下，各级地方政府往往被授予更多的支出自主权，以改善服务供给。财政联邦主义理论认为，如果采用适当分散职能的举措，将有助于改进（最优化）资源的配置。然而，如果缺乏能够激励地方行政官员和政客的机制和相关条件（不妨假设，地方行政人员没有遵循合理的管理实践，地方政要是中央任命而不是选举出来的，地方上的政治竞争受到限制），缺乏适当的管理实践和对公共服务使用者的问责制，也将阻碍效率的提升。②除非能够与更为广泛的制度和政治环境实现恰当的衔接，政府间财政关系的变化（这里指支出自主权）也将是没有意义的。显然，政府间关系的性质和政府各层次的相对重要性，使之非常需要解决以下问题：分权的不同方法，以及相关公共财政管理的不同类型和规程。

---

① 针对测度与整合分权化相关方面的问题，伊顿和施罗德（2010）提供了非常有益的文献评论。

② 然而，如果偏好是同质的（也就是说，相对于中央政府而言，各级地方政府并不具备信息优势），存在着规模经济（较小的行政辖区难以有效提供服务），或者存在外部效应（各级地方政府不考虑自身决策对其他辖区的外溢效果），那么配置效率就可能因权力下放而被削弱。人们的关注焦点还在于，一方面，为了吸引劳动力和资本流入，地方行政辖区间展开有害竞争（其中包括通过减少赋税而进行的“洼地竞争”）；另一方面，一旦脱离了中央的监督，地方精英攫取和贪污的风险也必然加大。但是，关于后一个议题的理论分析和实证证据，远非定论。对于这些观点的更多分析，可以参阅“城市和地方政府联盟”（2008，2010）的相关文献。

第二，在不同的情况下，公共财政管理和分权改革追求的目标，可能存在相当大的变化。尽管存在着国情差异，公共财政管理改革的目标也不尽相同，但公共财政管理改革最终还是倾向于实现一个或多个公共财政管理的核心目标，诸如维护可持续的财政状况，有效地配置资源，有效地提供公共服务（参阅第1章）。为了满足公民的需要，作为改进公共部门绩效的一种手段，分权往往在形式上有所调整，然而实际目标的涵盖范围则是非常宽泛的，甚至包括改善民主治理和促进和平。此外，在不同情况下，特定的目标也往往呈现出不同程度的重要性，本质上这需要不同类型的改革。

在某些国家，分权首先更为关注的是促进民主治理，而非改进服务供给和财政责任。例如，在玻利维亚，经过数十年来的独裁统治以及对最贫困地区的漠视之后，终于在20世纪80年代末期，实行分权改革以加强民主结构。该国1987年首次举行了市政选举（20年之后，才真正有了地方政府）。在"后冲突国家"或正处于冲突中的国家中，分权的主要目标或许体现为，维护或促进和平，进而发展更强大的政治稳定，正如柬埔寨、刚果民主共和国、伊拉克、科索沃等国所证明的那样。依据分权多元目标中的政府优先序，不同国家需要追求截然不同的改革次序、轨迹以及步骤。

第三，负责任的政府可能会发现，较之构建一个全新的政府间体系而言，引入新颖且广泛的公共财政管理改革，有可能会更加容易一些。相比分权化改革而言，引进公共财政管理改革的障碍可能更小，其部分原因在于，公共财政管理改革更少涉及政治话题、公众可以看得到改革成效、更不易于引发公众辩论以及公开的支持或反对。

12.1.2　制度框架和视角的差异

通常，在这两种改革的设计和实施过程中，包含着不同的行动者。围绕分权改革的制度框架，往往比公共财政管理改革的制度框架更加复杂。公共财政管理改革通常（尽管不总是，也不唯一）接受财政部或国库部的管理。这些机构常常具有比其他国家机构更大的权力，控制着国家预算和财政管理。在典型意义上，尽管并非总是如此，分权改革还受到其他政府机构的管理，如地方政府部门（如科索沃和乌干达）、内政部（如柬埔寨）或国内事务部

（如印度尼西亚）。

这些负责监督地方政府的国家机构，通常与财政部的意见不和，或者是因为更加赞成分权，或者因为试图接管针对某些地方政府的监督职能，而财政部很可能自认为这些职能本应是由其管辖的。另外，在整个政治和行政环境之下，地方政府部门的运作也很少处于相对强势的地位。地方政府部门必须与那些制定政府性政策的中央部委保持良好的关系，这些中央部委包括财政部、行政事务委员会和计划部。地方政府还必须与支出部门以及负责监督和支持公共服务供给的机构合作，如教育部、卫生部和公共工程部。因此，为了使分权改革能够有效运转，必须兼顾各类范围广泛的参与者，他们具有不同的视角和影响力。有效的协调是至关重要的，但又是难以实现的，其原因在于，这些参与者的潜在角色和目标之间存在着内在的、不断变化的紧张关系。

分权还涉及采用新的系统和规程，但很少有国家的政府采用激进的全面改革。例如，几乎没有一个政府尝试完全彻底地重构行政区划，即使在财政、政治、行政诸方面都存在着很好的理由。出于财政可行性的考虑，同时考虑到规模经济或者服务供给的外部效应内在化，现有的行政辖区可能太小；相对于政治上的公民参与，现有的辖区又可能显得太大。然而，为矫正这些问题而进行的区划调整，往往会遭到强烈的反对。因此，即使这有助于提升分权（以及相关的公共财政管理改革）的影响与效果，也很难从根本上修改这些制度变量，至少在初始阶段是这样的。

12.1.3 改革的背景与起点的多样性

对于设计和实施公共财政管理改革和分权改革来说，理解改革启动的背景是非常重要的。在某些情况下，确实存在着改革动议，可靠的公共财政管理系统可能也已准备妥当，但这一系统并没有得到恰当的应用。在另外一些情况下，高质量公共财政管理系统中的诸要素可能已经到位，但其他要素仍有待进一步培育。还存在着这样的情况，既有的公共财政管理系统可能运行不正常、不透明，乃至被政治所俘获，那么改革者就面临着建立全新系统的挑战。

分权可以采取多种形式，包括分散，即各级地方行政实体主要向更高层级的政府进行报告；授权，即地方行政实体通过契约来履行特定的职能；放权，即各级地方行政实体主要向本地区的选举委员会报告。近年来，后一种改革类型始终是实践中的首选，但是许多国家采用了（或希望采用）融合各种方法的混合系统，并且不同层级（中级层级、地方层面）可以被赋予不同的角色。

在某些情况下，更高的或中间的地方政府级别（州或省），拥有更大的职能或者更多的自治权，如埃塞俄比亚、印度以及越南。在另外一些情况下，更低的层级（如自治市和区）能够比更高层级的政府发挥更大的作用，或享有更多的自治权，如印度尼西亚、肯尼亚（2010年前的宪法）和南非。有时候，这种职能的分工主要基于政治考虑（例如，向地方层级授权，以分散地区层面上的民族紧张情绪），然而，特定功能的任务，通常根据服务的特殊性质来加以判定，一些服务可以很自然地归属地方管理，如收集垃圾、清洁街道，以及交通和停车，中央政府放弃此类控制几乎不存在政治或经济风险。而具有更广泛效果的其他服务，则应分配给更高层次的政府，或在政府的不同层级之间共享，而中央很有可能保留某种控制。

在上述任何情况下，各级地方行政或政府单位可能处于公共财政管理发展的不同阶段上，并且依据制度的特性，可能与国家的公共财政管理体系之间存在着不同的关系。例如，通常权力被分散化的层级，将会完全整合到国家预算之中，而那些向下移交的层级，其特征通常体现为拥有独立的预算系统和标准。

分权也可能开始于迥然不同的情况。某些情况下，这一术语用来指向重塑或强化地方各级政府，这些地方政府尽管早已存在，但未能充分发挥其作用。因此，改革的目标可以定位为，提升或更新现有的制度和规程，并且在不同的时间段，可以采用不同的机制。例如，始于20世纪90年代中期的《肯尼亚地方政府改革方案》，最初目的是通过制定新的规程和激励措施，运用创新的改革战略和“干中学”的训练，来改善地方政府的长期绩效。[①]马其顿共和国，是从南斯拉夫社会主义联盟共和国中独立出来的。该国1991年的宪法规定，既有的直辖市作为地方政府的基本单位。然而，中央政府继续控制着公共财政，直到2005年才举行了市政府的选举，这一选举的施行，还是针对阿尔巴尼亚族人武装叛乱的回应，体现为其新的多民族的民主秩序之一部分。

在其他情况下，分权化意味着，将中央政府的现有地方行政管理机构（需要被分散的系统），转换为选定的、具有更高自治程度的地方政府层级，正如印度尼西亚所发生的情形。凭借能力建设所支撑的改革或新的制度规程，改革于是就体现为，尝试重组受托责任的结构（通常是改变均衡状态，从主要“向上”，改为更多聚焦于“横向”和“向下”）。

在极端的情况下（通常是在后冲突国家或低收入国家），分权化将会涉及创立“次国家”层面的行政部门或政府。在政府的部门单位被重新创设或改组的情况下，必须确定的是：在哪些层级上创设或授权，与其他层级间的关系属于何种性质，以及如何建立适当的新的制度规程（包括公共财政管理体系）。在柬埔寨，正在经历这样的过程，随着该国分权化改革的扩大，从最初仅限于社区层面，后来拓展至地区和省级。

12.1.4 改革的优先序和次序

需要考虑的重要议题就是公共财政管理改革和分权改革之间的关系，从国家政府和支持改革计划的外部实体的角度来看，两者均居于相对优势的地位。一方面，公共财政管理往往被视为财政分权的基础构造或先决条件，争论的焦点在于，公共财政管理改革是否应该领导财政分权化改革。相关争论指出，在分权改革的诸多不同层级之下，应该分配和共享新的（或拓展的）管理公共资源的职能。一个健全的公共财政管理系统，能够确保这些职能和资源得到恰当的管理与监督——由此促进分权本身的成功与可持续。

当然，如果一国的政府部门致力于改革，公共部门的改革得以有序推进，

---

① 这一举措由斯默克记录在案(2003,2008a,2008b)。肯尼亚在2010年采用了新的宪法,该宪法授权实施实质性的权力下放,肯尼亚的状况由此发生了变化。

那么在这些国家中，这种方法可能更具可行性。但是，在那些最早启动分权改革的国家，为了实现更为广泛且紧迫（从政府角度看，往往带有政治性）的目标，延迟地方政府层面的改革，很有可能是行不通的，除非健全的公共财政管理改革体系已然得到了充分发展。在这些国家，当公共财政管理改革启动之际，一些关键的分权化参量已经就绪，在理念上，公共财政管理改革的议程至少部分地响应了分权化的议程，而绝非截然相反的情形。

这样的情况是较为多见的，在一些国家中，地方层级的选举得以进行，是因为明显的政治迫切性等原因。例如，正处于危机时期，或重大的政治动荡时期，或恰好处于冲突过后的环境之中。在这种情况下，尽管基于现有技术水平的公共财政管理改革正在全面制定和实施，但对于这样一些实体甚难达成其预期目标，它们作为新的代表性实体，因未被分配职能而闲置，对于选举它们的委托人而言，毫无用处可言。在科索沃，新创建的（塞尔维亚人占多数的）市政机构就经历过这种情况。随着2009年的市政府选举，新的行政机构很快得以建立，但这仅仅是为了履行新职能而草创的制度外壳，该系统的诸要素（包括公共财政管理）仍有待逐步深化。

虽然在基础性的公共财政管理改革就绪之前，各级地方政府不应获得过多的授权，但它们必须履行一些明显的职能，以证实其存在价值，并尝试培育来自公民的信任，特别是在整个公共部门都被认为缺乏合法性的情况下。在这种情况下，公共财政管理和分权化改革需要同时建立，而非先后继起的；在有些时候，甚至在综合性的公共财政管理改革方案实施之前，公共财政管理改革可以作为分权化改革的一个组成部分。

在治理能力较低且依赖援助的国家中，分权改革的启动，可能作为外部资助的并行系统，这种并行系统旨在提供有限的地方服务，并在正式的分权或主要的公共财政管理改革到来之前，培育地方治理能力。在公共财政管理改革的设计阶段，这种培育过程是不容忽视的。在某些情况下，较之那些由中央政府推行的方法，这种并行系统在地方层级上更有利于公共财政管理规程的构建。想当然地认为，这种并行系统会被一种界定规范的、综合性的国家层面的方法所取代，往往会事与愿违。

例如，柬埔寨的分权最初体现在小型捐助项目上，逐渐演变成建立起适度的地方政府（社区）系统。[①]相比中央政府那些不完善的公共财政管理系统，作为一个完整系统的组成部分，地方公共财政管理规程经过引导和修改，通常会有所改进，并反映了报告和监督的更高标准。虽然一项重大的国家公共财政管理改革在后来得以启动，但许多老问题依然存在，并且尚不清楚的是，伴随中央政府对社区层级以上的地方政府进行授权，并且展开持续的国家公共财政管理改革，社区、陈旧的国家层面的公共财政管理和改革后的国家层面的公共财政管理，这三种实践方式，哪种会在地方政府中流行起来。

更为普遍的是，相比最佳实践的要求，即使地方政府层级的制度未能得到很好的设计，如果在初始阶段就试图迅速采用新的规范性改革理念，公共财政管理改革者所面临的新生问题的风险，可能会远多于改革所能解决的问题。因此，我们需要更加仔细的分析和一种战略性的改革思路。

12.1.5 超越改革设计，走向战略实施

如上所述，最佳的实践设计始终是公共部门改革的重要推动力，特别是在接受国际机构援助的情况下。在发展中国家，灵活地采用高要求的规范性改革原则，常常引发较之其既有系统要超前得多的改革动议，并且需要巨大的变化才能达到。通过提供能力强化建设的训练课程的普通方法，恐怕不足以建立适当的技能或改变相关行动者的行为。另外，即使当这种系统被正式采用时，它们也可能因强势参与者继续按照既有方式运作而部分地被中立化。[②]

在引入许多精心设计的改革过程中，通常会经历延迟和转向，鉴于此，近年来该策略的实施被赋予了更多的关注。[③]针对公共财政管理改革，使用平台方法就是一个例证。在其他章节（第1章和第14章）会讨论这个方法，所以本

---

① 斯默克和莫利森（2011）评论了柬埔寨的经验和相关的文献。

② 例如，参阅伦齐奥（2011）关于公共财政改革的内容，以及伊顿、凯撒和斯默克（2011）关于分权化改革的内容。

③ 对实施分权化的一些关注已有学者涉及，例如，斯默克和路易斯（1996）、巴尔和马丁内斯－巴斯克斯（2006）、沙阿和乔杜里（2004），以及斯默克（2007，2010）。

部分集中讨论分权改革的实施。

运用规范性原则，来构思和设计最终的政府间系统是非常重要的，需要强调的是，实施过程绝不会导致这一重要性的弱化。它仅仅是提倡在经过深思熟虑的过程之后，基于这一情况，构建实施所期望的系统。因此，一个关键的分权问题不需要单独的一次性解决，例如在合法的国家优先级和符合分权化基本要求的地方自治程度之间取得适当的平衡。改革者可能打算最终允许地方政府拥有更大的自治权，但是在改革的早期阶段，地方政府的问责制和能力较低时，需要保证更多的中央控制权。然而，问题是如何防止系统停滞在中央集权的模式，妨害各级地方政府行使与分权化的潜在利益相关的自治权。

一个潜在的解决方案是在实施过程中，允许它们行使更多的财政自主权或满足一定的条件时接受额外的资金。例如，公共财政管理改革的暗含意义，可能是在分权的早期阶段，在地方政府财政决策上，施加更大的事前控制。当各级地方政府证明改进了财政绩效时，系统可以更多地依靠事后控制。

如果同级的管辖区的能力和准备情况有所不同，可以采用非对称方法，这样允许具备已经证实能力的实体，比能力弱的平级实体，更快地拥有更多的自主权。非对称安排经常能够很好地适应较大的或更先进的城市中心，在那里往往更好地准备承担额外的职责。公共财政管理的相关启动机制，如遵守规定的报告和审计要求，也可以用于指导这种过程。

例如，科索沃的公共债务法允许直辖市借款，前提是如果他们在过去的两年能够得到审计师签发的无保留审计意见。法律在2010年初开始生效时，只有首都，即普里什蒂纳达到借款的条件。

另一种类型的策略性方法是，将融资水平与符合一定的财政或行政要求相关联。例如，肯尼亚目前的地方转移支付资金是根据客观标准分配的，但是如果地方政府不符合特定的公共财政管理要求，就可以减少其分配（斯默克，2003）。更广泛地讲，以绩效为基础的补助金已在一些国家使用，如乌干达为地方政府建立了各种更为广泛的绩效和能力建设的激励措施。[①]这些例子没有一个涵盖了全部策略性方法，但是每个固有的策略要素可以向那些考虑更为全面的改革者提供指导。

12.1.6 国际发展伙伴的作用

在发展中国家的许多公共部门改革方案中，国际发展伙伴已经发挥了重大作用，包括那些与公共财政管理和分权有关的方案（分权和地方管理发展伙伴工作组，2011）。发展伙伴的努力有两个特别显著的效果。第一，前文讨论了关注设计和关注实施之间的不平衡，在这一不平衡背后常常存在驱动力。虽然现在更多的关注是倾向于实施，但几乎没有哪个国家能够创立策略上的实施过程并有效地运用它们。

第二，国际发展伙伴多种多样，并且有其自身的目标和优先顺序。在追求其各自的目标中，很容易在负责公共部门改革的各类政府之间形成新的紧张局势或加剧已有的紧张局势。发展伙伴偶尔也追求公共财政管理改革，这种改革几乎并不关注一直由其他发展伙伴或同样机构的不同部门支持的分权改革（乌干达就是其中之一）。改革的一些个别方面已经难以处理，而跨领域改革的良好协调则挑战性更大。但是，如不改进协调，浪费资源的危险和在各改革方案间发生冲突的危险，会变得更大。

12.2 从研究样本国家中学习

本部分对三个国家的案例进行了评述和比较。本部分将阐明局势环境的一些因素，包括政治经济的激励措施，如何影响正在追求的分权与公共财政管理改革的性质和相对优先顺序。本部分还尝试记录至今在每个国家的正反两方面的结果，以及其潜在的原因和影响。最后，本部分针对公共财政管理的财政分权改革环节，如何在各种情况下得到改善，提出了建议。选择这些案例是因为

① 参见斯蒂芬森(2010)以了解至今使用的基于绩效的津贴的详细解释和例证。路易斯和斯默克(2009,2012):关于其他类型的绩效系统的文献评论。

它们说明了分权和公共财政管理改革的不同出发点和方法，而且因为具有充足信息以突出有用议题的细节。它们的目的是提供选择性，而不是详细说明分权的不同方法。

这些案例是：

- 印度尼西亚，过去采用分权系统，该系统处于强大的中央控制之下，而后在应对重大的政治和经济危机的所谓大变革下，中央控制权迅速而显著地下放了；
- 科索沃，重要的公共财政管理的改善，发生在雄心勃勃的——以及被政治鼓动的——分权改革之前；
- 乌干达，重大的政治转变，为强大的地方政府的统一意见和结构提供了发展空间，随着时间的流逝，对这些地方政府的支持已然逐渐消失。

12.2.1 印度尼西亚

正如许多被欧洲列强殖民的多民族国家一样，通过集中化实现国家统一，是独立后优先考虑的事，这也是印度尼西亚在独裁的苏哈托政府下建立起来的基础。在20世纪70年代和80年代试图进行的分权，主要由捐赠者推动，但从未获得政治上的牵引力，也未形成大规模的扩散。在1997年亚洲经济危机的余波中，面对各省和中央之间不断升级的政治紧张形势，苏哈托倒台后的政府追求分权化，目的是使这个非常多样化又虚弱的国家能够维系统一。[①]政府颁布了一个分权框架，并采取了被称为大变革的实施方法。改革首先授予地方政府权力，以应对来自强大的省份可能产生的地区冲突、分离主义，以及对联邦制的担忧。

印度尼西亚有三个层次的政府——中央政府，33个省，510个地方政府[②]——以及相对先进的分权结构。[③]1999年和2000年引进的法律框架，消除了地

---

① 印度尼西亚是世界上第四大人口大国，由17 000多个岛屿组成，语言超过200种。

② 有两种类型的二级地方政府，即市（雅加达老城）和区（桑义赫群岛）。2001年以来的改革，增加了各级地方政府的数量，并且有望继续增加（国际货币基金组织，2009）。

③ 关于印度尼西亚财政分权化的更详细的讨论，请参考路易斯（2003，2005，2006）；阿尔姆、马丁内斯-瓦兹奎兹，以及因德拉瓦蒂（2004）；世界银行（2005）；凯撒、帕蒂纳萨拉尼，以及拉蒙特和伊曼苏阿（2012）。

方政府和高层次之间的等级关系，并规定了每个层次的职责。[1]中央政府移交下放了许多职能，中央政府只保留国防、外交、司法、货币政策、财政、警察、发展计划以及宗教等职能。地方政府必须提供卫生、教育、环境服务以及基础设施，还可能提供法律上不由高层次政府保留的其他服务。各省负责跨多个地区的服务。因此，各级地方政府管理几乎全部公共支出的1/3，并且承担大约占半数的发展性支出。

各级地方政府共享收入很多，但是相对于地方政府的职责，自有收入微不足道。[2]各级地方政府收入的主要来源，通常是按中央政府收入的26%的最低数额分配的补助金，大约占转移性资金的60%。根据一个公式，计算对个别省份和地方政府分配的补助金，后者接受90%的共享资金。虽然公式包括重新分配的成分，但不足以影响系统的整体不均衡冲击（国际货币基金组织，2009）。收入所得税、土地和房地产税以及自然资源（石油、天然气、采矿等）等的收入，按照以主要来源为基础规定的标准，在中央和各级地方政府之间共享。此外，允许为具有指定用途的转移支付分配特殊的补助金。这部分资金占来自中央政府的补助金的份额很少，但正在逐步增加。

各级地方的自有收入受最初的分权法律的限制，但相比地方政府，这些收入对于省来说是相当大的。2000年的地区税收法，扩大了自有收入的范围，并允许地方政府引入新税收。但是，地方政府的一部分自有收入是有争议的，而且2009年新的次级国家收入法，创立了一个更具规范性的框架。这部法律的确下放了土地和房产税，到2014年逐步执行，但是地方政府没有征税义务。一些政府可能没有能力这样做；而另一些政府不需要这样做，因为它们从分享安排中得到慷慨的收入，所以缺乏创造自有收入的动力。

一旦地方政府广泛借款，主要通过由财政部控制的机制借款。虽然这是一个系统上的改进，但对于急需基础设施投资的强健的地方融资来说，仍然不

---

① 关于法律框架的细节，参看《法律》第22期和25期（1999），《法律》第34期（2000）；《法律》第28号（2009）；以及2000年的宪法修正案。

② 参考斯默克和苏珊娜（2012）近期关于收入系统的详细评论。

足。由于集权机制产生的不良借款决策和不乐观的还款情况，地方借款情况随着时间的推移逐渐恶化，地方借款仍然受到限制。[①]这方面的改革缓慢，主要是因为财政部内各部门关于控制地方政府借款的争论。

地方政府财政管理系统一直困扰着许多分权国家，印度尼西亚并未有过同样严重的挑战。在苏哈托时代，公共财政管理系统被集中化，并且系统和职员最初被转移到重新授权的地方政府，并几经变迁。地方政府保持它们自己的预算和银行账户，服从国家管理。

总体上看，在公共财政管理和分权系统之间没有很大的断裂，并且许多地方政府财政管理系统采取的改进措施，已经试图使该系统向更好的方向发展。分权化的短期财政影响并没有遭到破坏，因为基本的公共财政管理系统仍然在发挥作用，很大部分的地方政府职员被调离分权化的官僚机构，正如前面提到的那样，地方政府的收入自主权是有限的。因此，不管是否有意为之，一些历史因素和设计特点约束了地方财政自主权，防止了那些广泛的和突然的分权而伴生的问题。

尽管分权过程在总体上是积极且迅速地发展，避免了一些令评论家担心的财政挑战，但问题仍然存在。除了薄弱的地方收入自主权和几乎功能失调的地方政府借款系统所带来的挑战，一些中央政府部委继续提供本应由地方政府职能提供的服务，并且各级地方政府提供的服务功能极不均衡。大量的地方政府盈余（无法获得各地方政府的详细数据）显示，一些地方政府没有能力或激励，来有效地履行其职责。2004年，新法律削弱了地方政府编制预算的权力和对公务员的控制，在一定程度上应对了不良的绩效表现。

虽然有了公共财政管理系统，诊断方法也已经以书面形式发布了，但在这方面还是出现了问题。针对各级地方政府财政系统的发展和监督的责任问题，财政部和民政部之间出现了激烈的争论。不同的地方政府有效运转该系统的能力差别很大，并且监督和报告产出的水平也都不达标。各级地方层面上的较弱

① 按照2009年的预算，在2007年末，地方政府未偿还的贷款占国内生产总值的0.02％（来自中央政府的借给外国的贷款和国内贷款）。

的财政报告能力，会进一步限制财政政策的管理和协调。2003年的国家财政法规定，统一的中央和地方政府预算赤字限制为GDP的3%，并且广义政府债务不超过GDP的60%。在中央和地方政府之间，中央政府不再建立分配财政目标的机制，并且保证遵守法律。此外，由于缺乏及时的来自各级地方政府的广义政府财政统计，针对这些财政规则，政府没有能力监督和报告它的绩效。法律要求各级地方政府定期提交预算，并向中央政府报告预算执行情况，但是长期存在延误（有时候在执行方面会延误两年时间），使财政部很难监督地方的财政运作。另外，为提升地方的公共财政管理能力建设，发展伙伴也提供各种努力，这些活动在方法和地理范围上有一定差异，但其并没有经过比较评估，因而被一些分析家认为不能支持标准化的国家系统的发展。

两个主要问题成为这些弱点背后的原因。第一，印度尼西亚从未建立连贯性的战略或协调机制，来运转和落实其财政分权框架。授权部长级区域自治审查委员会来设计政策，但是该委员会不再具有影响力。内政部扮演着强有力的官方角色，但是其他中央机构，如财政部、国家计划机构以及各部门机构，并不完全接受内政部的领导。从整体上看，分权化政策的协调情况依然薄弱，并且一些方面的改革进程是临时性的和不稳定的，而不是战略性的和渐进式的。

第二，各级地方政府问责机制的发展是既复杂又困难的。习惯于指望上级部委的地方公务员，正在学习如何更加关注经选举出的地方政府委员会。这些委员会正在学习如何对待向他们报告的公务员，如何对待选民，而选民正在学习如何向委员会和服务供应者问责。尽管缺乏对从战略上培养问责制关系的足够重视，但这种关系能保证分权化的潜在利益，并建立一个有益于放松中央对地方政府财政活动控制的宽松环境。

印度尼西亚将如何更有策略性地应对发展分权的需要、如何协调中央雇员、如何改善横向和向下的问责制，以及在地方层次上进一步发展并制度化公共财政管理及其他技术能力，将会决定未来如何进行有效的和负责任的分权。印度尼西亚政府正在开始将更多的注意力放在地方政府的挑战上，并正在考虑许多改革和激励措施，以改进地方政府的绩效，包括试行以绩效为基础的转移支付，但还没有任何一项行动形成燎原之势。[①]

12.2.2 科索沃

科索沃的财政分权是出于政治需要。综合的解决提案（Comprehensive Settlement Proposal）[②]包含地方自治政府的蓝本，该蓝本受到欧洲模式极大的启发；允许直辖市拥有重要的自治权，乃至通过非对称安排措施，给予塞尔维亚人占大多数的直辖市更多的自治权，这样做旨在促进民主和缓和民族矛盾。直辖市是地方自治政府的基本单位，作为分权的基础，直辖市的区域整顿已经飞速发展。2009年11月，36个直辖市已经举行了针对市议会和市长的政治上的市级选举，但是在北部的三个塞尔维亚人占多数的直辖市的选举遭到联合抵制。

虽然在关键领域中法律授予直辖市重要的能力，尤其是卫生保健和教育，但仍然严格限制它们的收入自主权。自有收入较为匮乏，并且管理不善。当地的主要收入为房产税，也受到低遵从率和管理不当的影响。

更大程度的分权恰巧与宏观财政压力增大相一致。2009年，经济增长停滞，并且出现了财政不平衡。随着2008年市级财政立法的颁布，中央向直辖市的补助金增加了50%以上，导致直辖市的支出激增（也受政治周期驱动）[③]；与此同时，自有收入几乎保持不变（转移支付的激增，可能降低了收税的积极性）。因此，分权在保证财政纪律（在已经采用了欧元和期望加入欧盟的国家中）和各级地方政府拥有更大自主权的机会之间，正在制造紧张局势。

公共财政管理改革发生在分权化之前，而后又成为后者的支撑。正如科索

① 拉蒙特和伊曼苏阿(2012)回顾了印度尼西亚十年间的大变革，并考虑了其未来发展。

② 自1999年冲突结束以来，为确保与塞尔维亚达成协议，已做出各种尝试。“解决科索沃情况的综合提案”(由马蒂·阿赫蒂萨里特使在2007年3月向联合国安理会提交)未能获得一致同意，由于在2007年夏天遭到俄罗斯的否决，随后被撤销。2008年2月，科索沃政府单方面地公然宣布独立，并且将那份提案作为它的主要政治策略开始实施。

③ 市政花销在2007—2009年期间上升了GDP的2%。更多细节请参看弗德里诺和特尔-米纳西安(2010)。

沃在与塞尔维亚的冲突之后重建它的制度那样，现代预算过程被引入，包括综合的、完善的中央国库系统，这个系统可以编制及时且合理的分析报告（世界银行，2007）。

通过中央国库系统使地方政府执行预算，并且国库通常可以有效地控制地方政府的支出水平。直辖市被国库单一账户系统完全包括在内（参见第9章关于国库单一账户的讨论）。[①]所有的市政收入每天都转移到国库单一账户，并且所有的支出都由国库单一账户支付。国库系统还是报告市级财务状况的主要来源。

然而，中央控制被认为是保证可持续的公共财政基础，并且在早期受到分权的欢迎，中央控制将需要适应更大的市级自主权这样一个新的现实。直辖市一直厌恶中央政府对自身事务的过多干预，而这种过多的干预则是直辖市自己所认为的；反过来，中央政府依靠严格的执行，通过中央国库执行对市级财政的控制。结果是在各级政府间未能实现财政政策上的最优磋商和有限的协调与合作。随着政治上和财政上的分权深化，中央政府需要将公共财政管理工具从严重依赖事前控制，转变到发展事后问责机制上。

这种转变并不容易。虽然看似矛盾，但有效的财政分权需要强大的中央政府体系这一观点是被广泛认可的。财政分权要求直辖市被赋予更多的决策和运作力量。但是，在这个过程中，中央政府需要保证尊重国家的优先顺序，并需要自我重组，以使自己适应正在变化的职能。因此，评估分权的影响，不仅要考虑地方政府，还要考虑中央政府在后分权环境下对相应能力建设的需求。

科索沃还没有给予这些需求足够的关注。受分权化影响的部委，可以通过诸如设置切实可行的服务标准以及支持监督和评估的方法，来实现从政策实施向监督和评估的转变。[②]比较经验显示，在分权的预备阶段，主管部门通常只是集中于能力转移的准备上，而后才担心他们是否有能力管理好随后的环境。

---

① 标准的国库单一账户是一个银行账户或是一套相互连接的银行账户，通过该账户，政府（和它的实体和支出单位）交易所有收入和支付，以及合并其现金结余。参看专栏9.1。

② 参看科索沃政府（2008），从第26页开始。

科索沃的经验表明，与相对压缩了的时期相比，这种转变将需要更加长久的时间，在这种压缩时期，强制性地塑造和通过了作为政治和财政分权基础的复杂主体。

12.2.3　乌干达

作为一个发展中国家，乌干达极富热情地投入真正的和重要的分权化，研究分权的文献很多都注意到了这个国家（斯默克，2000；联合国人居中心，2002；奥尼亚克-奥拉，2003；联合国资本发展基金，2003；联合国开发计划署，2003；世界银行，2003；美国国际开发署，2009；姆胡姆萨，2006；奥克迪和古洛巴，2006；阿西姆维和姆西西，2007；斯默克、姆胡姆萨，以及塞文卡姆伯，2010）。乌干达1962年脱离英国获得独立，此后内部冲突不断，持续一段时期后，1986年约韦里·穆塞韦尼和全国抵抗运动掌权，乌干达开始了一个较为稳定的时代。穆塞韦尼迅速采取行动，为国家正常运行建立基础，并采用了公共机构改革的扩展项目。

在全国抵抗运动期间的早期阶段，相比公共财政管理，分权受到了更多关注。从一开始就强调公民参与和地方能力是经济发展和政治合法性的关键驱动力。[①]分权在民主化、提供服务以及减少贫困这几个方面的作用至关重要。从更基础的层面看，全国抵抗军在20世纪80年代的冲突中占据上风，并使全国抵抗运动如火如荼，建立了村级全国抵抗委员会，以此为基础，地方政府受到启迪并作为样板。到90年代末，建立了强大的分权法律框架，同时，乌干达的地方政府很快成为非洲国家中被赋权和投资程度最高的。

虽然地方政府最初获得了大量的资源和自主权，但它们一直依赖政府间的转移支付。这个转移系统最初的目的是覆盖经常性预算。资本支出转移支付系统是一个平行系统，由捐赠者提供的资金建立起来，与参与式计划或承诺以及基于绩效的条件密切关联。后来，当政府在1999—2000年逐步开始分散其发展性预算时，这种转移支付系统被归入更广泛的资本预算过程之下。自2012

---

① 在关键的政府政策文件中，突出了地方政府的作用，包括《减少贫困战略文件》、《财政分权化战略》以及《国家发展计划》（乌干达政府，2000，2002，2010）。

年开始，经常性和资本性转移支付同时出现，两者都可能是有条件的或无条件的拨付。然而，随着时间的推移，平衡极大地倾向有条件的转移支付（2012年超过90%），并且减少了作为总公共支出（由2004年超过25%减少至2013年预计的18%）和GDP份额的补助金。这种再平衡只是最近几年在乌干达一直出现的更广泛的再集中模式的一种迹象。

这种转变的原因是什么呢[①]？第一，经过几年的改革之后，最初支持（或不明显反对）分权的中央机构，开始认识到对其资源控制的影响，并且一些机构采取行动保护各自的领域。由国家减少贫困战略和中期支出框架授权的各个部门，开始发展那些能够提升标准、监督以及中央控制的全行业方法（杰普逊，2002；卡苏姆巴和兰德，2003；翁施和奥特莫耶勒，2004；艾哈迈德，布罗西奥，以及冈萨雷斯，2006；斯默克、姆胡姆萨以及塞文卡姆伯，2010）。财政计划和经济发展部（MoFPED）也提出了公共财政管理改革，但是最初几乎不关注地方政府，也不关注由地方政府部门发展和实施的地方公共财政管理系统。最终，财政计划和经济发展部专注于各级地方政府公共财政管理，并做出了一个引起争议的决定，用一个更符合国家公共财政管理改革的新系统，取代地方公共财政管理系统，这个新系统需要重新培训地方政府官员。

第二，20世纪90年代末，出现了对欠佳的支出管理过程和服务效果的记录，导致人们对众多职责和自主权是否下放过快产生了担忧（阿布洛和任尼卡，1998；杰普逊，2001；任尼卡和斯文森，2004）。这种实证证据加强了各中央部门的感知需求，需要对各个中央部门采取步骤重新进行集中化，尤其关注捐助社区的需求，这种可感知的需求极大地有利于提高许多公共部门改革和提供服务的积极性，而这些积极性与国家减少贫困战略相关。但是，所有新的改革几乎都无一例外地聚焦于“向上问责制”的再加强方面，几乎没有关注同样重要或者更重要的挑战，即建立起促进有效分权的面向公众的问责机制。

---

① 斯默克、姆胡姆萨以及塞文卡姆伯(2010)更详细地评论了这些议题。

第三，全国抵抗运动在政治上的衰弱和多党选举的出现，导致许多改革支持选举策略和加强中央控制，这种中央控制加强了前面概括的技术改革的效果（格林，2008；姆胡姆萨，2008）。这些改革包括建立大量的能力小的地方政府（区域），重新集中征集和招聘高级地方政府职员，以及正式设立曾经被废除的区域政府（尽管对他们设定了有限的行动），从而应对传统王国（区域）对国家统一造成的可感知的挑战，并且强调了对地方政府的授权。

第四，一些开发伙伴的行为对分权化造成了挑战。即使支持分权化的捐助者致力于合作，他们的努力也都集中在相对弱的地方政府部门，并且没有与需要同舟共济的其他部门充分地合作。在某些情况下，支持分权的发展机构内的不同部门，在进行公共财政管理或部门改革时，对分权的法律框架和给予支持的捐助项目，也持有不同意见。

分权发展伙伴集团对一项研究进行了委托，该研究考虑如何重新引入自由裁量权并提高效能。这项研究形成了2002年的财政分权战略，引进了新的预算编制和财政管理过程。这个策略改进了信息和监督，但是它也实施了一种极力强化对地方政府预算自由裁量权加以限制的预算样板。[①]财政分权化策略形式上提供了一些灵活性，但在实践中基本上被扼杀，并且其曾经主张的“在建立地方政府能力后放松限制”的做法，也从未得到实施。

最终，乌干达进行的分权最初是出于政治原因，并且是孤立于其他公共部门的改革，包括公共财政管理，现在它已经不堪重负。由于能力不足和不充分的问责制压力，改革的性质、步伐以及轨迹，显然过于雄心勃勃，而不能稳固地带来有活力的绩效改革。可能过度重视正式的系统开发，而对建立地方能力、问责制以及治理没有充分关注。

总之，在过去十年间，乌干达的公共财政管理改革，包括财政分权化战略，不可否认地改进了信息、监督和财政纪律。但是，这些成绩是以不必要的沉重代价获得的，即很大程度上削弱了地方政府的自主权，以及直接面对其选

① 《乌干达政府》中概述了预算过程的细节(2002)。

民表达需求的能力。下一步，如果合适的人员能够制定战略，来逐步重新引进地方自主权及保持和改进财政责任的绩效激励，就可以维护公共财政管理改革的成效，并实现分权的效益。但是，鉴于乌干达的政治局势和新发现的石油主要分布在更强大的和自信的传统王国地区，未来的挑战将会相当大。

12.3 一般性的经验教训

本部分重点探讨战略性的思考，这种思考能够帮助分析者理解公共财政管理和财政分权之间的相互联系，以及二者如何改善以获得更好的效果。在案例研究中局势环境多样化，有限的实证证据中哪种更有效地发挥作用，很难做出归纳。尽管如此，本部分提供了几个简单的原则以供考虑。但需要说明的是，这些原则包含一定程度的简化，并且对于特殊的事例需要酌情使用和引申。其中的一些观点可能是依靠直觉得出的，无论它们看起来多么明显，在政治周期内很少会对其充分考虑。即使是一般性的介绍，从这种类型的分析中也可以获得很多内容，那些负责分权和公共财政管理改革的人员，有责任进行这种努力。当然，开发更强健的框架仍然需要进一步的努力。

第一，在考虑如何构建和实施普遍认同的公共财政管理和分权改革时，应更加注意局势环境

公共财政管理和分权改革，经常通过以下方法来实施，即过多地以纯粹论者的原则为基础或者照搬其他国家的方法。而且，改革通常在没有广泛评估国际经验，或未分析特定国家的政治和体制环境就开始实施，从而无法分析出特定的国家背景对切实可行的地方政府公共财政管理和分权改革选项的影响。乌干达是一个明显的例子。了解各种类型改革的潜在动机，以及这两种类型改革的目标，是非常重要的，这将决定哪些实体（政府间和政府内部各层级）将善于接受改革并有能力获得成效。

同样具有价值的做法是：评估现有的公共财政管理和各级地方政府系统，是否可以改良，或是否需要开发一套全新的系统。不论哪种情况，现有系统的一些积极特点可能发挥得很好，但是在改革和开发新系统的过程中，这些特点可能会被舍弃。虽然放弃过去、从头开始新的而且规范的改革很容易，也很有诱惑力，但在实践过程中，使用和适应现有系统则可能会有助于获得更快、更稳健，最终也更可持续的结果。

第二，在更多的公共部门和分权改革中，尽可能地嵌入技术性公共财政管理改革

在财政领域以外，分权会涉及一系列的任务和改革，包括行政的、政治的和管理的领域。公共财政管理改革者一般倾向于认为，技术性的公共财政管理改革是其他改革的先决条件。对于分权改革来说，他们甚至提出，在用于有效管理地方政府的系统、规程和能力完全建立之前，不能分配给地方政府职能和资源。国家机构普遍拥有更强大的专业技术，并且确实需要保证发展中的政府间系统遵循已有的规程和标准。建立充分的地方政府能力需要资源和时间，这表明在总体的公共财政管理方法和迅速地采用分权化之间，存在内在的冲突。

公共财政管理改革应该一直领先于分权化的理论观点，有时会与政治现实格格不入——对于那些分权改革在政治上势在必行的国家（例如，正陷入冲突中的国家），没有时间等待一个理想的公共财政管理系统被开发出来（科索沃是一个例子）。此外，从地方政府和公众的观点来看，如果要建立地方政府，他们需要做一些事情（即使是非常基本的事情），应该在提供服务方面建立公信度，以满足他们所代表的公民的需求。一个齐整的、有序的、全面的公共财政管理改革过程，在赋予地方政府权力之前，并不满足这种需求，而通过简单地选举、为地方委员会付款，来学习如何进行预算和保持财政记录，在政治上也不可行，并且甚至可能会破坏为分权做出的努力。

但是，将公共财政管理改革与更广泛的分权改革相联系，应该是可能的，尽早给予地方政府看得见的职责是较为可行的，并允许它们学习相应的基本公共财政管理技能。柬埔寨就是一个例子，在该国地方级别上最初的（和并行的）改革试点是渐进的、正规化的、推广展开的。随着系统的发展和能力的提高，以及对更多职能和资源的下放，可以建立更高水平的公共财政管理技能。简言之，分权的范围和步伐可以同各级地方政府的能力串联起来，以执行分配给他们的职能，同时结合新的公共财政管理举措，并嵌入更广泛的分权化改革中。这是一个双赢的方法，如果没有足够的公共财政管理的保障措施，就不能赋予地方政府职能，但仍旧可以让地方政府执行某些职能，这些职能可以为确立合法性和为进一步的财政责任改革创立基础。未能采用这种方法是导致在乌干达重新集权化的关键原因之一。

第三，确保追求改革计划的战略到位且基础稳固

随着分权的进行，公共财政管理改革可以链接到由地方政府从事的特殊职能中，如提供服务或创收，因此确定适当的步骤是重要的。尽管在一个特定国家中，决策最终依靠的是制度和能力，但是可以执行且成功概率较高的改革，将会是一个良好的起点，它可能是那种比较简单的职能和过程。

在对初始的步骤进行仔细的监督和评估之后，第二个步骤是在随后的几轮改革中策略性地建立这些初始职能。为了鼓励地方政府运用新职能，可以适当地使用一些激励措施，并运用一些更先进的公共财政管理规程。应该寻找创造性的方法来组织改革和伙伴关系，从而给学习和结果带来希望。例如，为了在其他部门推进更先进的分权，可以与支出部门合作制订计划；或者与非政府组织或私营部门合作，以帮助地方政府更好地履行其被分派的职能。

第四，为实施具体的策略步骤，建立必要的能力

虽然前面的分析只是题外话，但分权化和地方政府公共财政管理中的许多能力建设是通用的、课堂式的基础训练。这种训练常常与地方政府官员习以为常的训练不同，并且官员在正式工作中常常忘记或混淆了训练过程中学到的概念。一个更有效的方法是，将目标建设定位在更加有限的职能和很快会用到的任务。一旦精通了这些技能并使之制度化，当更重大的和富于挑战性的职能和任务出现时，可以开发出额外的技能。提供定期的、现场的、后续的技术帮助，也有助于使学习走上正轨，并深化和巩固技能、能力。

在分权化中，必须意识到两个额外的因素。

首先，正如在国别案例中强调的那样，中央政府官员在贯彻分权和支持（或调控）地方政府的过程中，同样需要训练如何有效地履行新角色。

其次，地方能力建设需要技术和管理的双重导向。地方政府必须接受培训以符合它们的职责要求并维持财政纪律。公民、当选的官员以及地方政府职员必须接受培训，从而了解如何在分权化产生的新的问责制下工作。最好的系统和最伟大的技术能力，不一定会形成分权化的预期优势，除非支撑达到这些优势的行为出现变化。地方政府的职员，他们以前可能希望中央指导，现在必须学会与选举出来的地方委员会进行有效的合作，这个委员会需要参与到预算编制和财政管理过程中，并且对选民做出回应。类似地，公众需要了解地方政府资源的管理和问责情况。甚至公众可以通过参与规划、编制预算或监督，直接介入整个管理过程中。[①]乌干达的经验强调了以下问题：未能在地方政府建立适当的问责制通道和相应的能力，将会破坏分权改革，并且在未来还要对错误做出纠正。

第五，考虑有助于促进改革成功实施的创新机制和方法

公共部门改革趋于标准化，但非对称方法有时也具有一定价值。前文提到了一种可能性，即对于特定的地方政府，针对分权和公共财政管理改革（例如，大都市区域对比小的农村地区），或基于特定绩效（或能力）的测评（参阅第7章），可以区别对待。地方政府也可能被允许在特定问题上，以及实现特定的改革路径上，拥有一定程度的选择权，以便对那些他们自己所选择的（而不是中央政府下达的）任务承担责任。[②]

强制性的问责制是充满希望的，如中央政府与地方政府签订合约来承担一定的改革内容。那些用来推进改革和改善绩效的财政激励措施，也可以用于增强分权和各级地方公共财政管理改革的效力。例如，上文涉及的在发展中国家采用的承诺或基于绩效的奖励而形成的潮流。

第六，识别改革的支持者和反对者，并与他们一起努力，采取措施协调不同的参与者

公共财政管理和分权改革在一个拥挤的舞台上演：一直以来，诸多政府机构意见不统一，它们追求不同的议程（常常受到不同外部捐助者的支持）。财

---

① 参看布林克霍夫和阿兹法尔（2010）对分权的政府规模的讨论。

② 参看斯默克（2007，2008）关于非对称分权的更多讨论和例证。

政部扮演着领导者的角色，保证各级地方公共财政管理系统是强健的，并坚决促使那些拥有大量财政自主权的地方政府保持均衡，但是许多其他的参与者也绝非是可有可无的。这些重要的参与者包括：监督和支持地方政府的部门，负责行政部门业务规程的部门，以及负责提供标准的部门，这些标准确保了提供的特殊公共服务能够满足国家的需要（如卫生、教育、公共工程或其他部门）。所有这些参与者都需要最大限度地参与有关分权化发展和改革过程本身的政治对话。

考虑到有大量的参与者，靠其本身为分权建立有效的协调机制非常困难，当然，在公共部门改革中，分权化并非是仅有的或是最重要的驱动力（斯默克，2010）。然而，正因为公共部门改革中缺乏协调造成的问题如此之严重，所以改进协调机制可以带来的潜在益处也是非常巨大的。

12.4 结论

本章拓展了关于公共财政管理和分权之间关系的常规性描述，着重探讨了发展中国家和转型国家。在一个理想的世界里，公共财政管理改革和分权改革应该在概念上和实践中都有很强的联系。在这样的世界中，公共财政管理体系的设计和实施，要有助于支持和强化以下问题：分配和分享（也许是暂时的，也许是永久的）不同层级政府的公共管理职能与资源管理责任。

实际上，这种理想的关系通常难以很好地建立起来，也不会顺利地投入运作。驱动这些改革的每种主要力量，都对分权和公共财政管理改革之间的无缝协调和排序提出了挑战。甚至在更实用的水平上，改革者也不是总能以良好的顺序和高度协调的方式，并且在很长的时间跨度上，实施这些规范性原则。因此，分权和公共财政管理往往分别进行，并且有时以根本不一致的方式推进。这种趋势被某些改革相关因素的剧变所强化了，包括政治和经济条件、改革目标和参与者（国内的和国外的）。

尽管对于这类重要的政策困境，并没有单独的解决方案，但本章突出探讨了一些关键性的问题和策略性的思考，可以帮助分析者对公共财政管理与财政分权的联系有更系统的了解。本章概括了一些基本原则，这些原则使用新旧不同的方法，来思考公共财政管理和分权改革如何能够更有效地合作。我们承认这种分析存在局限性，并且需要进一步完善，因而本章并不幼稚地认为，我们提到的一般性方法就一定是令人满意的、易于实现的、没有交易成本的，或者在最有利的情况下就可以完全实现的。显然，对这些问题进行更加正式、有条理的分析十分重要。在这方面更多的努力，是那些积极的政策分析师和改革者力所能及的。以更系统的方式处理这些重要改革，的确是个挑战，但是这些挑战将有望改进公共部门的绩效。

参考文献

Ablo, Emmanuel, and Ritva Reinikka, 1998, "Do Budgets Really Matter? Evidence from Public Spending on Education and Health in Uganda," Policy Research Working Paper No.1926 (Washington: World Bank).

Ahmad, Ehtisham, and Giorgio Brosio, eds., 2006, *Handbook of Fiscal Federalism* (Cheltenham, UK: Edward Elgar).———, and Maria Gonzalez, 2006, "Uganda: Managing More Effective Decentralization," IMF Working Paper 06/279 (Washington: International Monetary Fund).

Ahmad, Ehtisham, and Vito Tanzi, 2002, *Managing Fiscal Decentralization* (Oxford, UK: Routledge).

Alm, James, Jorge Martinez-Vazquez, and Sri Mulyani Indrawati, 2004, *Reforming Intergovernmental Fiscal Relations and the Rebuilding of Indonesia* (Cheltenham, UK: Edward Elgar).

Asiimwe, Delius, and Nakanyike Musisi, 2007, *Decentralization and Transformation of Governance in Uganda* (Kampala: Fountain Publishers).

Bahl, Roy, and Jorge Martinez-Vazquez, 2006, "Sequencing Fiscal Decentralization," Policy Research Working Paper No.3914 (Washington: World Bank).

Brinkerhoff, Derick, and Omar Azfar, 2010, "Decentralization and Community Empowerment," *in Making Decentralization Work: Democracy, Development and Security*, ed. by Ed Connerley, Kent Eaton, and Paul Smoke (Boulder, Colorado: Lynne Rienner Publishers), pp.81-114.

de Renzio, Paolo, 2011, *Buying Better Governance: The Political Economy of Budget Reforms in Aid-Dependent Countries* (Oxford: Global Economic Development Program, Center for International Studies, Oxford University).

Development Partners Working Group on Decentralisation and Local Governance, 2011, *Busan and Beyond: Localizing Paris Principles for More Effective Support to Decentralisation and Local Governance Reforms* (Bonn: Gesellschaft für Internationale Zusammenarbeit [GIZ]).

Eaton, Kent, Kai Kaiser, and Paul Smoke, 2011, *Political Economy of Decentralization: Implications for Aid Effectiveness* (Washington: World Bank).

Eaton, Kent, and Larry Schroeder, 2010, "Measuring Decentralization," in *Making Decentralization Work: Democracy, Development and Security*, ed.by Ed Connerley, Kent Eaton, and Paul Smoke (Boulder, Colorado: Lynne Rienner Publishers), pp.167-90.

Fedelino, Annalisa, and Teresa Ter-Minassian, 2010, *Making Fiscal Decentralization Work: Cross-Country Experiences*, IMF Occasional Paper No.271 (Washington: International Monetary Fund).

Government of Kosovo, 2008, *Whole-of-Government Review* (Pristina: Functional Review and Institutional Design of Ministries—FRIDOM).

Government of Uganda, 2000, *Poverty Reduction Strategy Paper* (Kampala: Ministry of Finance, Planning and Economic Development).

———, 2002, *Fiscal Decentralization in Uganda: Draft Strategy Paper* (Kampala: Fiscal Decentralization Working Group).

———, 2010, *National Development Plan* (Kampala: Ministry of Finance, Planning and Economic Development).

Green, Elliot, 2008, "District Creation and Decentralization in Uganda," Working Paper No.24 (London: Crisis States Research Center, London School of Economics).

International Monetary Fund (IMF), 2009, *Macro Policy Lessons for a Sound Design of Fiscal Decentralization* (Washington).

Jeppsson, Anders, 2001, "Financial Priorities under Decentralization in Uganda," *Health Policy and Planning*, Vol.16, No.2, pp.187-92.

———, 2002, "SWAP Dynamics in a Decentralized Context: Experiences from Uganda," *Social Science and Medicine*, Vol.55, No.11, pp.2053-60.

Kaiser, Kai, Daan Pattinasarany, and Günther Schulze, 2007, "Decentralization, Governance and Public Services in Indonesia," in *Decentralization in Asia and Latin America: Towards a Comparative Interdisciplinary Perspective*, ed.by Paul Smoke, Eduardo Gomez, and George Peterson (Cheltenham, UK: Edward Elgar).

Kasumba, George, and Anthony Land, 2003, "Sector-Wide Approaches and Decentralization: Strategies Pulling in Opposite Directions? A Case Study from Uganda" (Maastricht: European Centre for Development Policy Management).

Lamont, James, and Handry Imansyah, eds., 2012, *Ten Years after the Big Bang: The Future of Fiscal Decentralization in Indonesia* (Jakarta: University of Indonesia Press and Ministry of Finance).

Lewis, Blane, 2003, "Tax and Charge Creation by Regional Governments under Fiscal Decentralization: Estimates and Explanations," *Bulletin of Indonesian Economic Studies*, Vol.39, No.2, pp.177-92.

———, 2005, "Indonesian Local Government Spending, Taxing and Saving: An Explanation of Pre- and Post- Decentralization Fiscal Outcomes," *Asian Economic Journal*, Vol.19, No.3, pp.291-317.

———, 2006, "Local Government: An Analysis of Administrative Cost Inefficiency," *Bulletin of Indonesian Economic Studies*, Vol.42, No.2, pp.213-33.

Lewis, Blane, and Andre Oostermann, 2008, "The Impact of Fiscal Decentralization on Subnational Government Fiscal Slack in Indonesia," Decentralization Support Facility Working Paper (Jakarta, Indonesia: World Bank).

Lewis, Blane, and Paul Smoke, 2009, "Incorporating Subnational Performance Incentives in the Indonesian Intergovernmental Fiscal Framework," in *National Tax Association Proceedings of the 101st Conference on Taxation* (Washington: National Tax Association), pp.418-26.

———, 2012, "Incentives for Local Service Delivery: International Experience and Options for Indonesia," in *Ten Years after the Big Bang: The Future of Fiscal Decentralization in Indonesia*, ed.by James Lamont and Handry Imansyah (Jakarta: University of Indonesia Press and Ministry of Finance).

Muhumuza, William, 2006, *Decentralization and Rebuilding State Capacity under the NRM Government*, Sponsored by SIDA/SAREC and FSS Interdisciplinary Research Grant (Kampala: Makerere University).

———, 2008, "Pitfalls of Decentralization Reforms in Transitional Societies: The Case of Uganda," *Africa Development*, Vol.33, No.4, pp.59–81.

Okidi, John, and Madina Guloba, 2006, *Decentralization and Development: Emerging Issues from Uganda's Experience* (Kampala: Economic Policy Research Center, Makerere University).

Onyach-Olaa, Martin, 2003, "The Challenges of Implementing Decentralization: Recent Experiences in Uganda," *Public Administration and Development*, Vol.23, No.1, pp.105–13.

Reinikka, Ritva, and Jakob Svensson, 2004, "Local Capture: Evidence from a Central Government Transfer Program in Uganda," *Quarterly Journal of Economics*, Vol.119, No.2, pp.679–705.

Shah, Anwar, 2008, *A Global Dialogue on Federalism*, Vol.4 of *The Practice of Fiscal Federalism: Comparative Perspectives* (Montreal: McGill-Queen's University Press).

———, and Theresa Thompson Chaudhry, 2004, "Implementing Decentralized Local Governance: A Treacherous Road with Potholes, Detours, and Road Closures," Policy Research Working Paper No.3353 (Washington: World Bank).

Smoke, Paul, 2000, "Fiscal Decentralization in East and Southern Africa: A Selective Review of Experience and Thoughts on Moving Forward," paper presented at the Conference on Fiscal Decentralization, Washington, November 20–21. Available via the Internet: http://www.imf.org/external/pubs/ft/seminar/2000/fiscal/smoke.pdf.

———, 2003, "Erosion and Reform from the Center in Kenya," in *Local Governance in Africa: The Challenge of Decentralization*, ed.by James Wunsch and Dele Olowu (Boulder, Colorado: Lynne Rienner Publishers).

———, 2006, "Fiscal Decentralization Policy in Developing Countries: Bridging Theory and Reality," in *Public Sector Reform in Developing Countries*, ed.by Yusuf Bangura and George Larbi (London: Palgrave Macmillan), pp.195–227.

———, 2007, "Fiscal Decentralization and Intergovernmental Relations in Developing Countries: Navigating a Viable Path to Reform," in *Decentralized Governance: Emerging Concepts and Practice*, ed.by G.Shabbir Cheema and Dennis Rondinelli (Washington: Brookings Institution Press).

———, 2008a, "The Evolution of Subnational Planning under Decentralization Reforms in Kenya and Uganda," in *Decentralization and the Planning Process*, ed.by V.Beard, F.Miraftab, and C.Silver (Boulder, Colorado: Routledge).

———, 2008b, "Local Revenues under Fiscal Decentralization in Developing Countries: Linking Policy Reform, Governance and Capacity," in *Fiscal Decentralization and Land Policies*, ed.by Gregory Ingram and Yu-Hung Hong (Cambridge, Massachusetts: Lincoln Institute Press), pp.38–69.

———, 2010, "Implementing Decentralization: Meeting Neglected Challenges," in *Making Decentralization Work: Democracy, Development and Security*, ed.by Ed Connerley,

Kent Eaton, and Paul Smoke (Boulder, Colorado: Lynne Rienner Publishers), pp.191-217.

Smoke, Paul, and Blane Lewis, 1996, "Fiscal Decentralization in Indonesia: A New Approach to an Old Idea," *World Development*, Vol.24, No.8, pp.1281-99.

Smoke, Paul, and Joanne Morrison, 2011, "Decentralization in Cambodia: Consolidating Central Power or Building Accountability from Below?" in *Decentralization in Developing Countries: Global Perspectives on the Obstacles to Fiscal Devolution*, ed.by J.Martinez-Vazquez and F.Vaillancourt (Cheltenham, UK: Edward Elgar), pp.313-42.

Smoke, Paul, William Muhumuza, and Emmanuel Ssewankambo, 2010, *Uganda Decentralization Assessment* (Washington: Associates in Rural Development for USAID).

Smoke, Paul, and Rubino Sugana, 2012, "Subnational Own Source Revenues and Shared Taxes in Indonesia: Taking Stock and Looking Forward," paper presented at the conference "Alternative Visions for Decentralization in Indonesia," sponsored by the Decentralization Support Facility, Jakarta, March.

Steffensen, Jesper, 2010, *Performance-Based Grant Systems: Concept and International Experience* (New York: United Nations Capital Development Fund).

United Cities and Local Governments, 2008, *Decentralization and Local Democracy in the World—First Global Report on Decentralization and Local Democracy* (Barcelona).

———, 2010, *Local Government Finance: The Challenges of the 21st Century—Second Global Report on Decentralization and Local Democracy* (Barcelona).

United Nations Capital Development Fund (UNCDF), 2003, *Local Government Initiative: Pro-poor Infrastructure and Service Delivery in Rural Sub-Saharan Africa* (New York).

United Nations Center for Human Settlements (UNCHS), 2002, *Local Democracy and Decentralization in East and Southern Africa* (Nairobi).

United Nations Development Program (UNDP), 2003, *Decentralization and Local Governance: Towards a "Home Grown" Solution in Uganda* (Pretoria).

United States Agency for International Development (USAID), 2009, *Democratic Decentralization Strategic Assessment: Indonesia* (Washington).

World Bank, 2003, *Decentralization Policies and Practices: Participants Manual* (Washington).

———, 2005, *East Asia Decentralizes* (Washington).

———, 2007, *Kosovo: Public Expenditure and Financial Accountability (PEFA) Public Financial Management Assessment* (Washington).

Wunsch, James, and Dan Ottemoeller, 2004, "Uganda: Multiple Levels of *Local Governance*," in *Local Governance in Africa: The Challenges of Democratic Decentralization*, ed.by James Wunsch and Dele Olowu (Boulder, Colorado: Lynne Rienner Publishers), pp.181-210.

第13章　自然资源富饶国家的公共财政管理

特里萨·达班·桑切斯
让·吕克·海利斯

对于一个国家来说，拥有丰富的自然资源可能是好事，也可能是坏事。自然资源带来的收入能够为国家提供重大的经济机遇，但同时也会形成巨大的挑战。[①]丰富的自然资源如果能够得到良好利用，可以促进增长和就业，提高人民的生活水平。但是对于很多国家来说，丰富的自然资源反而变成了一种诅咒。这种“资源诅咒”是一种复杂的现象，它使自然资源带来的充裕收入转化为经济停滞、浪费、腐败甚至冲突。

为了克服这些挑战，在大量关于资源诅咒的著作中，都建议实施谨慎的宏观经济政策并强化其制度框架，尤其是公共财政管理（PFM）体系。可是，针对资源富饶国家在强化其公共财政管理体系的过程中，如何甄别最为有效的措施，公共财政管理方面的著作几乎未能给出任何系统且综合的指导。

---

① 本章重点考查“不可再生资源收入”和“生产不可再生资源的国家”，为简单起见，行文中将其称为“资源收入”和“资源生产国”。

大多数公共财政管理方面的著作，都强调提高透明度和采取特别的运作机制，例如，成立自然资源基金来管理资源收入，采用这样一种方式来规避现行的羸弱的公共财政管理系统。尽管经过严格的设计与实施，这些特殊性机制有时却降低了政府支出的效率，导致预算过程的碎片化和延迟，并且损害了改革现行预算体系的动力。本章认为，先天不利的体制条件，加之采用了设计不合理、不透明、僵化的特殊运作机制，使得一些国家无法避免资源诅咒。少数成功的案例均显示，这些成功国家在拥有丰富自然资源之前，就已经建立了相对强大的制度体系。因此，对于那些资源丰富的发展中国家来说，应该采用什么样的改革路径来避免资源诅咒，这些成功的案例并没有什么指导意义。

本章提出了适合自然资源富饶国家的公共财政管理框架和改革路径，旨在强化而非替代或绕过现行的预算体系，这种框架和路径不但保持了预算过程的完整性，而且考虑了国家的差异性。第一部分首先界定了与自然资源收入管理相关的特定优势和挑战，以及资源诅咒的传导机制。第二部分概述了有关国家管理自然资源和采取特殊运作机制方面的经验，并且讨论了这些机制的成功和失败之处。第三部分概括了本章提出的公共财政管理措施，以帮助自然资源丰富的国家，特别是发展中国家，避免资源诅咒。

13.1 资源收入的优势和挑战：资源诅咒

当前，自然资源丰富的国家，在人均收入、资源依赖、人力资本发展以及透明度方面的差异很大（参见图13-1）。这些国家在经济、政治以及制度的发展方面，也存在相当大的差别（专栏13.1）。尽管如此，这些国家的政府在管理自然资源收入方面，仍面临着相似的优势和挑战，但利用机遇和应对挑战的能力则显著不同。

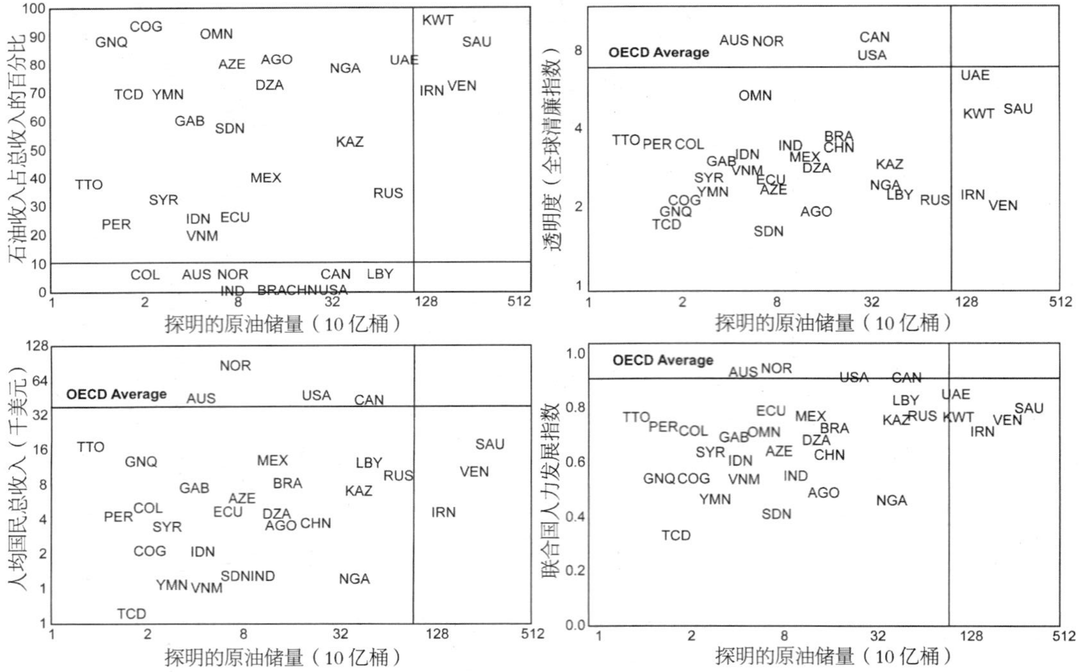

图13-1　石油生产样本国家概观

资料来源　英国石油公司；国际货币基金组织，《财政监测》数据库；《石油及天然气期刊》；石油输出国组织，《年度统计公报》；透明国际组织，全球清廉指数2010；联合国开发计划署，人类发展指数2010；其他官方和公共领域的来源。

注意：综合使用以上所有来源进行预测。俄罗斯的储量预测是基于公共领域的信息制定的。加拿大的储量包含了官方预测的正在积极开发的265亿桶的油砂矿。委内瑞拉的储量来自石油输出国组织的年度统计公报。2008年，该公报称这一储量包括“在奥里诺科河一带的麦格纳储备项目探明的储量，总计为94 168百万桶”。储量包括凝析油和液化天然气以及原油。总量的年度变化和份额以十亿桶为数字单位计算。探明的原油储量通常是指根据地质和工程信息所示，在现有的经济和操作条件下，未来基本确定可能从已知的储量中可开采的量。GNI=国民总收入。国家名称缩写为三个字母，全称可从其他途径获知，如联合国统计署的名单，网址如下：http：// unstats.un.org/unsd/methods/m49/m49alpha.htm。

专栏13.1　资源富饶国家概述

在过去的数十年间，大量的勘探活动使得更多国家发现并且开采了更多的自然资源。不断增长的商品需求，尤其是来自新兴市场经济体的需求，促进了资源的开发，同时新技术的发展，也促成了之前不宜开采地域的石油和其他资源开发。因此，当前自然资源富饶国家的情况非常多样化。尽管存在差异，但这些国家大致可以分为四类：

发达的资源生产国。这类国家具有很多特点：资源依赖性低、人均国内生产总值高、人力资源开发和透明度较高、资源部门和其他经济部门之间的联系密切。在大部分情况下，一旦该国的经济和制度发展相对比较先进之后，资源生产就开始了。此类国家的政治制度，使得其公民有机会和动力相信政府是负责任的。其官僚机构是称职的，且不受政治影响。这些国家的产权界定清晰，依法治国，并且司法独立。它们的政策通常会具备广泛的社会共识、长期远景以及谨慎的经济管理。

中东的资源生产国。这些国家专营石油生产，石油收入约占到国内生产总值的1/3、政府年度收入的3/4。在许多情况下，政府的合法性是基于传统和宗教权威，广泛的福利体系和庞大的官僚机构又巩固了政府的统治。在这种情况下，通常导致高额的支出以及其他非石油领域的效率低下。但是，很多此类国家目前正在推进其经济的多样化，并取得了一定的成就。

资源生产的新兴市场经济体。这些国家的特点是高度地依赖资源，并且有些国家的收入分配不均。有些国家的组织机构缺乏受托责任和透明度，司法和行政之间的权力划分不清晰、财产权也不明晰。

低收入的资源生产国。这些国家包括低收入的大大小小的石油生产国。当前都是农业经济，有些处于极度贫困状态；这些国家均高度依赖资源，缺乏有效的官方机构和基础设施。此类型中的部分国家，目前正寻求更为负责的政府形式，但是由精英们开发的资源收入，仍然通常会嵌入制度化行为和寻租行为。总之，法制通常比较薄弱，问责和透明机制也需要实质性改进。

政府以不同的方式从自然资源中获得大量的收入，包括税收、使用费、奖金以及来自国家资源公司的红利。相较于其他类型的政府收入，资源收入有诸多优势。最突出的优势就是资源收入源于地下资产——“大自然的馈赠”，这些资源的发现，能够带来GDP和政府财政收入的增长。资源收入不受那些捐助方和贷款人经常强加于受援国的条件限制。另一个优势存在于自然收入的“飞地”特征之中，这使得哪怕在极具挑战性的情况下，也能产生资源收入，正如安哥拉和哥伦比亚所经历的那样，国内的武装冲突也无法阻碍石油开采。

但是，许多挑战与管理资源收入有关。首先就是如何努力避免资源诅咒。首要和最常讨论的传导机制就是荷兰病[①]，资源收入支撑的支出大幅增长，导致了一系列负面的宏观经济效果。如果增加的大量支出主要用于国内商品之消费，就会提高国内价格、名义汇率，并最终拉升实际汇率。资本和劳动力被转移到非贸易商品上，非资源性经济的竞争力降低。这样很可能会减少经济的多样化，并导致经济过度依赖自然资源。荷兰病的两个典型案例就是尼日利亚和赤道几内亚，1970—2000年间，尼日利亚的石油出口导致农产品出口迅速崩溃，而在赤道几内亚，可可豆和咖啡的产量锐减，由1991年占国内生产总值的60%，骤减到2001年的不到9%（盖尔布，1988；麦克谢里，2006）。

资源诅咒的第二个传导机制是资源收入的极度波动[②]，它可以导致浪费、繁荣与萧条的循环，以及过多的借款。依靠资源支撑的公共支出的大幅度骤增，给国家的行政能力施加了压力，这会导致浪费。收入的波动会导致频繁地提高或者降低开支，支出项目的计划性很差，总是在最后一刻增加或减少支出。政府在萧条时期削减预算存在困难，在繁荣时期又容易过度借贷，这都会造成过度借款。在墨西哥，1979—1981年间石油开发小

---

① 这个词是1977年《经济学人》杂志提出的，是指荷兰在20世纪60年代发现天然气后，导致的荷兰盾估值过高，以及制造业逐渐衰弱的现象。

② 资源价格的波动，包括出油速度的变化，以及资源公司对政府的付款时间变化。但到目前为止，世界资源价格是波动的主要原因。

高峰时，借款政策不符合未来的石油收入，导致了支出的螺旋式增长。安哥拉通过抵押未来的石油收入来增加公共支出，导致预算和债务危机频发。在20世纪70年代的石油繁荣期间，尼日利亚为支撑公共消费而大举借贷，在80年代中期遭受两次冲击，石油价格从每桶30美元降到18美元，从借款转为还账。

第三个传导机制源于不可再生的、非金融资产的消耗所带来的资源收入。资源收入是暂时的且会枯竭的。资源收入的不可再生性，意味着它与税收、使用费、费用、奖金或红利等收入来源的结构不同，它源自现有资产的消费或出售，而非收益。这还表明，如果不将部分资源收入储存，或分配用于生产或购买其他可再生的生产资本（物质的和金融的），那么资源收入的使用就可能导致后世的政府资本净值的减少。

资源诅咒的第四个传导机制是，如果过多依赖资源收入，将存在着资源丰富国家转变成食利国家（rentier states）的风险。食利国家理论（穆尔，2004）认为，从外部世界获取大量的定期资源收入的国家，容易变得对其公民不够负责。而且，食利国家可能觉得没有必要促进财富的创造，而财富创造才是税收的源泉，而且资源收入容易被少数精英阶层或利益集团所攫取。这种攫取会破坏开放和包容的政策决策过程的发展，并且在某些情况下，会导致政治不稳定和冲突。在这种情况下，政府通常致力于低效的再分配机制，如造成浪费的投资项目（华而不实），低效的国家资源公司，低质量的支出项目（包括对夕阳产业的浪费性补助），或者充斥冗员的公共服务。

例如，尼日利亚在20世纪70年代花费了30多亿美元建立了阿集库塔钢铁厂，到2012年尚未完全投入商业运营。1975年，科威特政府雇用了75%的劳动力，但因大部分政府雇员不合格而未能充分发挥作用（艾弗特、盖尔博、塔尔罗斯，2003）。在沙特阿拉伯，随着20世纪70年代的石油开发，政府废除了几种税收，并缩减了税务管理部门，同时却大幅增加支出。在80年代石油价格跌落时，却未能增加税收和削减支出，其政府经历了赤字占GDP比重高达10%的时期（查利克，2003）。在20世纪60年代末，尼日利亚比夫拉地区的内战和安哥拉卡宾达地区的冲突，似乎都与资源收入问题有关（艾弗特、盖尔博、塔尔罗斯，2003)。

13.2 管理资源性收入的国别经验

13.2.1 既有经济和制度条件的影响

至今，为了管理资源收入和防止资源诅咒，在资源生产国中，最为理想的经验令人喜忧参半。除了几个成功的例子外（参见专栏13.2)，资源生产国通常都经历了这样一种循环：高收入（和收入预期）推动高消费，随后是资源市场急剧衰落，资源收入逐渐减少，然后就是急剧的预算调控。因此，在经济发展、增长率、人均GDP以及人类发展方面，大部分资源生产国通常会落后于非资源生产国。

跨国经验表明，要想避免资源诅咒，国家需要在开始运用资源收入之前，就具有合适的制度与条件。成功克服诅咒的大部分资源生产国，在资源时代之前，就已具备了健全的治理体系和合格的公共行政。这些国家有能力鼓励政治家和利益集团采用有效、透明且可持续的方式来使用资源收入，从而防止资源诅咒。

相反，对于未能避免资源诅咒的资源生产国来说，在发现和开采自然资源之前，其相关制度较为羸弱，甚至根本不存在相关制度。这些国家通常没有健全的公共财政管理体系和公共行政系统，也就难以设计和实施健全的财政战略。它们还缺乏可预测的法律框架且不能严格执法。三权分立程度有限，这导致不能形成有效的透明度和问责机制。另外，经验表明，凡是未能防止资源诅咒的国家，通常更倾向于持久地高度“依赖资源”，更容易产生“食利”心态。这种依赖通常反映了国家长期以来的税收动员能力较差、缺乏筹款途径以及非资源经济的种类较少，尤其是在前资源时代，更是如此。

专栏13.2 防止资源诅咒：几个成功的案例

在防止资源诅咒的过程中，澳大利亚、加拿大、智利、挪威以及美国的成功，可归因于制度环境对于高效治理、稳健的政治制度以及从资源部门向非资源部门的正向溢出影响。20世纪60年代以来，挪威显著的经济绩效源自于对传统工程技术的重新定位，从造船业转向深水钻井平台技术的出口。加拿大制造业的扩展，则是由资源部门引进的创新来推动的。拉丁美洲的成功事例体现为以矿业为导向的产业发展，主要包括蒙特雷（墨西哥）、麦德林（哥伦比亚）和圣保罗（巴西）。

在博茨瓦纳，正面因素包括健全的前殖民地时期的部落制度，这种制度鼓励广泛的基层参与和对政治领导者的约束。博茨瓦纳早期的总统们强大和明智的领导力加强了这种制度结构，这些领导人致力于平衡部落间的利益和建立"发展型国家"。其他因素包括可预测的法律环境，有效的中期硬预算约束，在议会批准的国家发展计划中就此做出了明确规定，早在钻石时代之前，这两种因素就已经被采用了。

智利骄人财政绩效的基础，在于其结构性平衡准则。这一准则有助于维护财政纪律，并且避免公共支出受到铜价波动的影响。该准则得到了来自于稳固的科层制度安排和高度的透明性两个方面的支持。两个独立的专家小组对铜的长期价格和潜在产出进行预测。然而，近年来，这一准则在实施中遇到了挑战，主要原因包括：计算结构性平衡的复杂性，缺乏处理意外性冲击的明确规定，以及缺乏长期锚定基准。2010年2月，在一次大震荡后，这个规则被暂时终止了。2010年5月，当局任命了一个高级委员会，推进改革以加强此规则。委员会提交了一份报告（咨询委员会，2010；拉腊等，2011），确认了该准则的缺陷与挑战，并提出了若干改进建议。政府采纳了委员会的部分建议，包括简化结构性平衡的计算、加强透明度以及采用免责条款。另外，政府还决定采纳高级委员会的建议，成立一个财政委员会，不过，在撰写本文时，财政委员会尚未成立。

加纳、印度尼西亚、马来西亚、南非以及特立尼达和多巴哥，也被认为是成功的案例，尽管它们拥有相对不甚有利的制度结构。例如，印度尼西亚缺乏制度化的透明度和问责机制，这使得寻租和腐败盛行。但是，秉持技术决定论的官僚机构专注于改善金融机构，维护宏观经济稳定，以及促进基础设施建设和农业活动，这在一定程度上弥补了上述缺陷（有关印度尼西亚和马来西亚的详细论述，可以参阅盖尔博（2001））。

13.2.2 采用特殊的运作机制

一些资源生产国，特别是发展中国家，采用特殊的运作机制来管理其资源收入，在某些情况下，这样可以绕开功能欠佳的公共财政管理系统。最常用的机制包括：对资源收入分配和使用中的特别安排、自然资源基金、并行的预算和国库规程、分立的投资委员会和监督体系，以及特殊的法律框架。通常可以运用三个基本原理，来检测这些特殊机制的正当性：（1）政府管理资源收入的政策，以及管理收入以供将来使用的政策，能够得到明确的公众支持（即使在拥有强大制度结构的国家也是如此）；（2）尽快施行某种“并行”机制，来克服既有公共财政管理体系的缺陷；（3）鉴于公共财政管理改革可能需要一定的时间，故而在公共部门内部预留一定的空间，从而以一种高度可视化的方式，推进适宜的预算机制和透明度标准。以下将详细讨论这一类的机制。

资源收入分配和使用中的特别安排

一些资源丰富的国家成功地设计并实施了基于规则的特殊框架或运作安排，以管理自然资源收入。例如，在挪威，资源收入用来弥补非资源性赤字的比例，在中期尺度上不能高于中期石油基金余额的4%。在博茨瓦纳，钻石收入的预算，必须等于预算中的资本性支出。智利规定：支出需要根据矿业性收入和非矿业性收入的结构状况进行确定（达班，2010）。

在其他案例中，分配和使用资源收入的特别安排，并不像最初设想的那样有效，特别是在低收入国家。乍得建立了多元且复杂的专款专用安排，针对石油性基金和非石油性基金的交易，采用了相互独立的预算和现金管理系统。这个系统包括了这样一种机制：储备10%的石油收入用来建立一个“下一代基金”（Future Generation Fund）。但是，国家在非石油预算上的支出压力，一方面导致了大量的拖欠借款，另一方面石油账户中却逐渐积累了低收益的资产（达班和拉考什，2007）。尼日利亚和委瑞内拉等一些国家，尝试依据石油的长期价格来确定应该储备多少石油收入，但也未能获得显著的成功，因为石油价格的预测往往不够现实。在厄瓜多尔，专款专用安排的扩展导致了流动性问题，而且降低了支出质量（托马斯等，2008）。阿尔及利亚创立了特定的石油账户，用以分配到多年期的公共投资项目上，这使得现金管理更加复杂，并且破坏了透明度和问责制（汉弗莱和桑德布，2007）。

自然资源基金

许多资源生产国设立了自然资源基金[①]，多数是为了维稳和储备（参见专栏13.3的案例）。基金的目的在于，在发生短缺或资源收入耗竭之时使用，如挪威和智利的案例就是如此[②]。在一些低收入的资源生产国，设立的自然资源基金，根据既有公共财政管理体系的弱点，也进行了相应调整。例如，在阿尔及利亚、乍得以及厄瓜多尔，因缺乏定义明确的预算分类系统、可靠的内部控制和支出跟踪系统，故而通过设立特别基金的方式，来实现资源基金支出的执行与付款。

专栏13.3　资源丰富国家的自然资源基金

具有维稳目标的自然资源基金

智利的经济和社会稳定基金（FEES，2006）依据《财政责任法》设立，作为其改革的组成部分，用来制度化一项结构性平衡准则，以制定和实施财政政策。它取代了之前应对价格变动的铜稳定基金。FEES以实际的中央政府盈余作为资金流入（扣除养老储备金和中央银行之资本重组后的净值）。根据年度预算法案界定的支出需求，由基金按需安排拨款。截至2008年，FEES已然积累了大量的金融资产。这是因为智利拥有巨额财政盈余，导致财政盈余的原因在于，相对于铜价的长期预测，实际铜价有了大幅度上涨，而铜价是计算结构性矿产收入和确定结构性平衡的基础。随后，实际铜价下跌和2008—2009年全球经济危机期间启动的财政刺激一揽子计划导致了财政赤字，智利使用了

---

① 与财政性资源收入相关的各种资源基金，其特定目标不同，名称也各异，诸如稳定基金、偿债基金、储备基金、下一代基金或主权财富基金（鲍恩斯卡德等，2012）。

② 关于挪威的主权财富基金之详细讨论，参见埃克利和西（2011）。

FEES来缓解其财政赤字。

*俄罗斯的储备基金（Reserve Fund，RF，2008）*是利用一部分石油稳定基金而创立的。超出预算数额的石油和天然气收入，被存储于储备基金之中，直到余额达到GDP的10%（超过部分被转移到另外一项储蓄基金中）。当石油和天然气收入严重不足时，就可以用储备基金的资产来满足融资需求。其资产也可以用于偿还早期债务。自成立后，储备基金在逐渐减少（2008年占GDP的10%，到2012年年中，占GDP不足1%），主要原因在于，非石油产业的收入远高于石油产业的收入。

具有储备目标的自然资源基金

*智利的养老储备基金（FRP，2006）*是为了弥补未来的养老金成本。因此，不论财政平衡状况如何，其每年从预算中获得的资金至少要占到GDP的0.2%，如果财政盈余超过GDP的0.2%时，拨付给养老储备基金的数额就要上调至GDP的0.5%。最近几年，因为整体的财政赤字，政府不得不借款来补充养老储备基金，但是对于基金的强制性拨款仍旧处于较低的水平。

*阿拉斯加州的永久性基金（1976）*吸纳了该州50%的矿产收入（1980年这一比例为25%）。它每年将基金现实收益的一小部分作为红利支付给公众，以防范那些要求使用石油收入的压力。实际上，红利已然被视为应得之权利，有时政府不得不因财政增支而大量借款。这种债务积累不利于实现资源在代际之间的转移。

下一代基金（FFGs）。一些国家利用每年石油收入的一部分（介于10%至25%之间）设立了“下一代基金”，包括加蓬和科威特。这些基金的用途通常比较广泛（尽管基金的名称似乎表明了其专门用途），包括为可自由支配的转移支付拨款。在加蓬，只有当资金余额超过一定的限度时，才可以向预算转移。科威特顺利地将大部分石油收入纳入“下一代基金”，因为该国政府一直拥有大量的总盈余。然而，由于财政盈余较少，加蓬在为这些基金拨款的时候，并没有如此顺利。

一些国家为了创立各自的自然资源基金，已然采用了不同的制度安排。在某些案例中，资源基金被作为单独的国库账户建立起来，并对该账户与预算过程一同进行管理。还有一些国家建立了独立的自然资源基金管理机构，有法人资格和独立的制度，并有权将资源收入用于特定用途。这些“独立的”资源基金建立了自己的董事会、授权机制和规章制度，以避免基金资产受到侵犯。例如，在美国的阿拉斯加州，永久性基金就是一个单独的公营企业，具有独立的法人资格，并且在制度上和管理上也是独立的。其受托委员会由政府单独任命，并且只有公民投票才可以改变它的规则。在阿塞拜疆和哈萨克斯坦，石油基金独立于预算，通过总统指令进行管理，目的在于使石油收入不受来自立法机关的支出压力的影响。在乍得，石油收入被特别指定为单独的基金，其管理不受预算和财政部规程的影响，以防止将收入分配给非优先级的支出。

当然，在自然资源基金的国别经验中，并非都是成功的案例。资源基金的效力可能因缺乏流动性约束、政治干扰以及公共开支压力而遭到破坏（斯蒂文斯和米歇尔，2008）。例如，在乍得，由于国内借款的增加以及欠款的累积，下一代基金的余额增长在相当大的程度上被抵消了（达班和拉考什，2007）。另外，需要独立的基金来管理资源基金支出的执行与拨款，这也导致了过于复杂的现金和资产管理。

无论是在发达国家还是发展中国家，政治干预在很多情况下削弱了资源基金的效力。例如，在加拿大的亚伯达省，其管理当局频繁地改变和规避亚伯达遗产基金的管理规定，以便于政府侵蚀该基金。还有证据表明，在防止食利心态的萌发上，资源基金也并不总是成功的。阿拉斯加的经验显示，向人们直接分配红利的永久性基金，正在将阿拉斯加由一个公共社会转变为一种食利者社会（斯蒂文斯和米歇尔，2008）。石油基金的年度红利阻碍了创业，侵蚀了税收，还增加了公共债务。

单独的投资实体

一些资源生产国创立了单独的实体，来管理资源基金的资本性支出，或者利用资源基金的余额进行投资。科威特和沙特阿拉伯建立了常设投资机构，分别为科威特投资局和公共投资基金，用于承担不纳入预算过程的资本支出（见第10章）。

另外，一些资源生产国创立了单独的投资委员会，来设计和监督资源基金的投资策略。例如，在圣多美和普林西比，“管理和投资委员会”的一些代表来自财政部和中央银行，由总统任命一位成员，国民议会任命两位成员，其中一人必须来自反对党（汉弗莱和桑德布，2007）。只要始终保持独立、不受政治压力的影响，单独的投资实体可以加强决策过程。但是，独立的投资委员会经常会导致双元预算和资产管理问题，在策略、预算以及运作层面上的效果都不佳。另外，一些低收入国家也难以找到足够的合格人员来组建这些委员会，并且难以保证其独立性。

单独的监督机构

一些资源生产国尝试通过最高审计机关，为标准机制增加额外的问责机制。一些国家由外部独立的审计师进行资源基金的强制性年度审计，如阿塞拜疆和哈萨克斯坦。其他国家则建立了并行的监督体系。例如，在乍得，教研机构（Collège）负责指导石油基金支出的事后评估。在东帝汶，由前政府官员组成的石油基金咨询委员会，作为与公众交流的中介机构，会提出针对主要议题和举措的意见（吉姆，2005）。在毛里塔尼亚，由公职官员组成的国家油气收入委员会，负责评估和监督由石油基金转到国库单一账户的资金。圣多美和普林西比选择将这两种方法结合起来。它建立了一个政府和公民联合社会组织，即石油监督委员会，具有调查、管理和司法权力。另外，石油账目接受一家国际会计公司的强制性年度审计。而且，国民议会每年举行关于石油部门议题的全体公开会议。

在低收入国家中，创设独立的监督机构是具有一定挑战性的。即使这些监督机构没有否决权，但其审查意见及其向立法机构提出的建议也是不容忽视的。事实上，在制度较为羸弱的国家，独立的监督机构可以被认为是第二个“政府”或“国会”。这种状况有可能削弱既有的监督体系，同时导致进一步的冲突。另外，在大多数低收入国家中，往往难以找到具有适当技能、经验和行动的独立公民，站在政府决策的对立面。例如，在乍得，由于缺乏人力资源和技术能力，教研机构只是偶尔发挥其监督功能，并且与法国国家审计院（Cour de Comptes）（国家审计机关）之间存在着重叠（达班和拉考什，2007）。

特别的法律结构

在一些资源生产国，资源收入的管理由一般性的预算法案来规定，并通常由附加法案来补充（如挪威和阿拉斯加），或者由包含在财政责任法中的特别条款来补充（如墨西哥和厄瓜多尔）。为了应对任免权的危险，一些资源生产国在宪法、组织法或特别法案中，明确了资源收入管理的不可侵犯性。成功的案例包括圣多美和普林西比、东帝汶以及毛里塔尼亚，它们都依据自己的需求和能力，颁布了简明的石油收入管理法。然而，乍得的经验表明，过于复杂和僵化的相关法律结构，也会妨碍石油收入管理法律的成功（达班和拉考什，2007；托马斯等，2008）。

13.3　自然资源富饶国家的公共财政管理改革

截至目前的分析表明，要想防止资源诅咒，需要面对重大的政策和制度挑战。这些挑战主要与成功实施谨慎的财政政策，以及发展强健的制度体系有关。前文已经讨论了那些试图克服这些制度挑战的国别经验，这些国家在既有预算制度环境之中，通过引入特殊的运作机制，取得了不同程度的成功。如果这些机制设计不佳、非常僵化且不够透明，在其他方面还会导致预算过程的碎片化和延误，以及政府支出效率的低下。

在本节中，建议设立一种公共财政管理结构，来提高而非替代现行的预算制度，它包含一系列的中短期改革。在短期，改革集中于将资源收入和特别的运营机制更好地整合到现行预算过程中。在中期，改革专注于加强既有的预算制度，并与更复杂的（即使不是最好的）国际惯例相融合。建议的改革次序旨在应对管理资源收入带来的制度和政策挑战。这些挑战与以下因素有关：培育一种长期战略和中期财政框架、将资源收入整合纳入国库和预算过程、加强资产管理、强化受托责任和透明度以及采用特别的法律结构。下面将依次讨论这些因素。

13.3.1 编制中期规划

由于资源收入具有暂时性和高波动性的特点，资源生产国将资源收入在多种用途之间分配的时候，如果能够选择长期战略，就会更为有利。长期战略的监督和实施，采用非资源性的基本赤字（用占非资源性GDP的百分比计算）作为关键性的财政指标（梅达斯和扎哈诺娃，2009）。该战略可能会包括：谨慎的支出用途；牢固的政治承诺——承诺与资源相关的储备，将用于弥补未来的非资源赤字；以及广泛的资产管理策略，包括针对政府金融和物质（基础设施）财富净值的指导性指标。设计策略需要评估政府的全部净财富，包括估计地下自然资源的价值（这是一项长期以来都很复杂的任务），以及未来资源收入的长期预测。这种评估应该充分考虑已探明的资源储备规模、生产成本、国际价格的现实预测、开采及损耗率，以及经营者的财务体制（包括国家资源公司），要考虑到每一个因素的各种不确定性。另外，长期战略应该从正反两方面评估资源收入的不同用途，包括增加的支出、削减的收入、收回未清偿债务以及建立资源储备。资源生产国将得益于采用中期财政预算框架，以巩固长期战略的实施（见专栏13.4）。

专栏13.4 资源富饶国家多年期预算规划的尝试

许多资源生产国重新定位了其预算过程，以延长财政框架所覆盖的期限。许多改革动议包括了一份财政政策声明，声明中确立了支出总量的中期路径和中期宏观经济预测，并要求各部门确保超越预算年度的预算估计和明晰成本的新举措，以及针对部门的硬性的现金预算约束。

很多国家制定了中期预算规划的相关法律：

• *在阿塞拜疆*，预算组织法要求制定年度预算和随后三年的预算。政府要制定中期经济预测，包括政府的优先顺序和公共投资计划，并每年进行更新。

• *在俄罗斯*，2007年以来，议会批准了完备的三年期滚动联邦预算。俄罗斯联邦预算法规定，非石油赤字指标最高占GDP的4.7%（由于全球金融危机，从2009年4月到2013年底，该指标被暂停）。为了掌握支出决策的全部影响，并保证预算过程的稳定性，俄罗斯的三年期滚动预算明确地将现行的政策与各种变量结合起来（通胀和转移支付系统的规模），并且在每一轮预算编制开始之前，确认新政策可用的确切财政空间。俄罗斯还保有两种石油基金：储备基金（应急基金）和国家财富基金，它们都是面向长期储备的。

在挪威，关键的问题在于，如何运用石油储备来弥补未来的非石油赤字，这些赤字的成因不仅是储备消耗，还包括养老金负债。管理当局的财政政策基于这样的财政方针：在整个周期内，非石油赤字应控制在石油基金所积累的金融财富的4%（约等于金融投资的平均实际回报率）。这个规则意味着，石油财富在短期内的使用应该受到限制，但随着时间的推移，可以使用得越来越多。对于挪威来说，通常的可持续性基准表明，当前的财政状态是明显可持续的，但就长期而言，非石油赤字会逐渐下降。挪威财政指导方针的与众不同之处在于，它将年度预算与石油价格波动分离开来，但这使得其对于石油基金中的累计金融财富价值的变化（如股票市场的变化）较为敏感。

一些国家制定了财政责任法（FRLs）。在智利，2006年的财政责任法将结构性平衡指导方针形成了制度（参见专栏13.3）。该机构由两种基金（稳定性基金和储备基金）支撑。2006年3月，墨西哥通过了财政责任法，规定了涵盖五年的定量预测，预算文件中包括对新财政措施的成本核算。同时，还包括了一项平衡或盈余规则，以及用来平稳支出的石油价格参照系。

资料来源　托马斯等（2008）；达班和赫利斯（2010）；鲍恩斯加德等（2012）。

第4章详细讨论了中期预算框架。中期预算框架包括：支出和非资源性赤字的三年期上限，要与长期财政战略保持一致，还有每年从国库中提取的、用于弥补非资源性赤字的资源性收入额度。中期预算框架可以帮助资源生产国避免出现顺周期财政政策，这是非常重要的，因为波动性的财政政策将影响总需求，加剧不确定性，诱发宏观经济的不稳定。此外，支出的大幅度变动，也容易降低其质量和效率。

MTBF需要完全整合纳入预算过程之中。它应该旨在处理资源性收入的突然不足或意外增加。例如，因国际商品价格急剧起落而导致的状况。如果出现不足，为了避免急剧削减支出，政府需要保证有足够的融资能力。因为许多资源生产国受到信贷约束（特别是当资源价格较低时），流动性的缓冲就是值得青睐的。针对不同国家的情况，财政政策应对资源收入突然增加的策略也有不同。财政状况相对较为强劲的国家，持续的非资源性赤字、合理的公共支出管理，乃至非资源领域赤字的适度扩大，都是可以接受的，尤其是当资源收入的预期比较稳定且新增支出具有生产性的时候（如用于关键的基础设施和人力资本）。对于其他国家来说，资源收入的意外增加，应该将其更多地储备起来（持有海外资产，更多应为金融性的，而非实物性的），或者用于削减公共债务总额。政府对资源收入的依赖性越强，这些资源收入的顺周期支出导致的相关风险就越大。因此，对于高度依赖资源的国家，就更应该谨慎地使用突然增加的资源收入。

13.3.2 将资源收入整合纳入预算过程

原则上，管理资源性收入的方法，与管理其他政府收入的方式是一样的，可以将其储存在国库单一账户（TSA）之中。但在某些特定情况下，由于国库管理基础的薄弱，以及现金管理能力的欠佳，一些资源生产国可能认为建立一个资源收入账户（resource revenue account，RRA）是相对有利的。资源收入账户有助于强化公众对建立应对未来需要的资源缓冲的支持，同时为记录与管理资源收入的存量和流量提供了一种简单且透明的方式。

如果确实建立了资源收入账户，就应将其自始至终作为一个账户整合纳入预算过程。整合纳入预算是一种最好的方式，可以确保该账户作为一个政府账户进行运作，而非独立的运作体系，并且该账户是没有支出权的。如前所述，国别经验表明，在缺乏强大的制度结构背景下，作为独立制度而创设的资源账户，会导致权力的过度集中，以及预算过程的碎片化，甚至会阻碍现行预算制度的改革。另外，账户的规则和运作应该透明，具有严格的机制来保障受托责任，并防止职权滥用。国家可以建立一个系统，将全部资源收入纳入资源收入账户之中，每年从资源收入账户中支出的额度，在年度预算法案中做出规定，并用于弥补非资源性赤字。如果要从资源收入账户中提取大于预算规定的款项，必须遵守透明且严格的控制条件，理想情况是与预算组织法中变更预算拨款的周密规定相一致。

就预算执行方面而言，资源收入应该与其他政府收入的处理方式相同。然而，资源性收入的可利用性，可能会产生以下两方面的强大压力：在年度预算拨款的基础上增加支出，或将资源收入转而用于不具备优先性的支出。因此，资源生产国可以通过强化支出控制来防止预算超支。资源生产国主要面临的挑战就是对抗压力，也就是迫使每年从资源收入账户中提取的支出，超出最初安排好的预算水平。为了控制这些压力，年度预算法案应该明确规定，资源收入账户的年度提款额度不应该超过明确规定的授权额度。对于已经批准的预算，政府可以表达出强有力的政治承诺，并且赋予财政部门在内阁中的权力和责任，从而极大地促进此类规定的执行。

预算超支的削减方式包括：谋划（且定期更新）谨慎而健全的承诺计划，与支出部门协调，加强会计、报告和内部控制系统。另外，资源生产国还可以通过建立精心设计的机制来有序地修正预算，从而获得额外的收益。政府应该对预算执行进行年中的审核。如果出现了资源品的短缺（不论是资源收入、非资源收入还是捐助资金），或者超出当局可控的支出增长，政府应该审慎地采取一些行动。这些行动包括：寻求额外的融资（其前提是不破坏政府的财政净额状况）；减少或重新分配一些预算份额；增加非资源性收入；请求立法授权，允许从资源收入账户中提取超出预算的额度。

鉴于资源收入通常会引发较高的期望，通过采用一套追踪支出执行的系统，以尽可能早地展现资源收入的正效用，资源生产国将从中获益。这就需要落实健全的预算和会计分类，以及明确界定的报告系统。这种跟踪系统不主张采用专款专用的规定、单独的特定账户和专门的预算实体，正如前面所讨论的那样，那样可能产生负面影响。

13.3.3　加强资产管理

资源生产国可能在资源收入账户中积累了大量的储备，特别是在其自然资源开采的初期。应该按照储量、预期用途、资源收入的时间范围来确定资源收入账户的投资余额标准。如果资源储备属于中小规模，而且当局在短期到中期内，可能会使用这些资源，那么就无须制定投资政策，而仅需在中央银行的指定账户（资源收入账户）中持有余额即可（以本国货币计价），并进行简单且有限的投资运作。然而，如果是大量的资源储备积累，且系当局期望长期使用的资源，那就需要设计更复杂的投资策略。[①]

投资策略可以采用保守的回报驱动，应该有谨慎的规定，来降低风险并保证流动性。特别是低收入国家和中等收入的小国，可以外币作为计价工具，进行资源收入账户的海外投资，因为其国内经济似乎难以吸纳大规模投资。一般来说，设计和批准政府资产（也包括资源收入账户）投资策略的责任，是归属于财政部的。然而，如前所述，在特定情况下，资源生产国可能设立独立的投资委员会，来增加一个独立的管理层级。低收入国家常常难以为此类委员会找到足够合适的技能人才，因此这些委员会也就难以向财政部提供独立且无偏见的意见。作为一种选择，国库的金融代理机构可以作为财政部的投资顾问。国库财务部门的选派，依据地方的能力和拟投资管理的金融资产来确定。对于中小型的资源储量而言，依据设计良好的方案，中央银行可以扮演金融代理机构的角色。较大的资源储量，则采用以外币计价的离岸账户，通过公开招标竞争的方式，国库可以外包其主要的国际金融机构服务。

资源收入账户的管理，应该整合纳入政府的总体资产负债战略。资源收入账户的资产负债表，应该与政府的其他财政运作活动合并为一份资产负债表，每年经审计后呈送立法机关。该报表应包括公共债务信息以及国有资源公司的资产及负债状况（如果存在此类国有资源公司的话）。报表的一个关

---

① 在这种情形下，资源基金可以有资格成为主权财富基金（SWF）。针对这种情况，在主权财富基金的管理上，政府至少应该坚持圣地亚哥原则，这个原则一直被主权财富基金的国际工作小组采用（见http://www.iwg-swf.org/pr.htm for more information）。

2008年4月底，主权财富基金国际工作小组（IWG）成立，经过多次会议讨论，IWG各成员基金制定了一套反映主权财富基金投资实践与目标的《公认的原则与实践》（简称GAPP，又称“圣地亚哥原则”），之后于10月发布。这是关于主权财富基金性质、目标、公司治理、投资和风险管理的重要文件——译者注。

键目的在于，评判政府的净金融财富，并允许立法机关和公众详尽审查其净储蓄，在与其他政府财政运作行为合并之后，这种净储蓄来自于资源收入账户的运作。

13.3.4　强化受托责任与透明度

资源生产国的公民可能会发现，如果他们能够获得充分的信息，并有可信赖的界定明确的问责机制，就可以更容易地对政府施加约束，降低资源收入管理不善的风险。为此，资源生产国应该采用某些安排，让公民可以了解资源收入状况的相关信息，包括资源收入的多少、资源支出的比率、支出的构成和影响，以及资源收入账户余额的管理。

为了加强资源收入使用的透明度，预算文件应该明确资源性收入用于弥补财政赤字的状况。特别是当非资源性收入与总预算支出之间存在缺口的情况下，预算文件应该体现非资源性赤字的测算过程，并且明确资源性收入用于弥补非资源赤字的份额。另外，每年存入国库账户的资源收入以及从其中提取的资源收入的金额，也应在预算文件得以明确。通过将预算文件与国家长期财政战略相衔接，也可增进透明度。

资源收入账户运作的透明度和监督也至关重要。特别是，资源收入账户的成功（实际的财政收益和公众认知），部分依赖于其运作的透明度和问责机制。因此，建立特殊的报告机制是明智的，其中包括了对于资源收入账户运作之年度审计报告的编制和宣传。

为了确保问责制的实施，在那些制度较为羸弱的国家，除了由最高审计机关进行的常规审计之外，还应该聘请独立的国际知名的外部审计机构，来审查资源收入账户。鉴于资源收入的重要性，一些国家也察觉到建立特别监督机构是有用的，这有助于在决策过程中扩大社会的参与度（例如，允许同公民社会组织和公众代表进行磋商）。特别监督机构还将有助于平衡政治利益的矛盾、改善透明度、推动资源议题的公开辩论。然而，如前所述，建立独立的监督委员会也面临着一些挑战，特别是在低收入国家。

2000年以来，国际社会一直致力于提升资源丰富国家的透明度。其中之一是《采掘业透明度倡议》（EITI），这是一个促进收入透明的全球性准则。它所关心的领域包括资源丰富国家的收入透明度，以及石油和矿业公司向政府及政府相关实体付款的透明度。《采掘业透明度倡议》建立了方法和标准，一个国家要想成为《采掘业透明度倡议》候选国，必须完全符合这些标准（参见专栏13.5）。

专栏13.5 《采掘业透明度倡议》标准

《采掘业透明度倡议》委员会认为，某个国家满足了下列五项要求，该国就可以成为EITI的候选国：

1.以公开便利、综合且可理解的方式，面向广大公众定期公布如下信息：公司支付给政府的各种石油、天然气以及矿产的付款（“付款”），以及政府从石油、天然气以及矿产公司收到的全部收入（“收入”）。

2.在那些尚未建立审计制度的国家，所有的支付和收入需要通过可靠且独立的审计，并采用国际审计准则。

3.各种收入与支出的调整，均应采用可靠且独立的管理方式和国际审计准则，并公布管理者对于调整的建议，如果存在矛盾之处，也应予以明示。

4.这一方法适用于所有的公司，包括国有企业。

5. 在设计、监督以及评估的过程中，公民社会的积极参与将有助于公开辩论。

针对以上内容，政府管理当局应该制订一份公开且可持续的工作计划，如有需要，可以借助于国际金融机构的协助，这一计划应该包括：可测度的指标、实施时间表以及潜在产能限制的评估。

资料来源 EITI（2005），p.9。

13.3.5 采用特定的法律框架

采用特定的公共财政管理法律框架来管理资源收入，可以促成前述建议的实施。高级别的法律足以满足这些规定的要求，如预算组织法或具有准宪法特点的其他法律。法律框架必须以强大的产权和广泛的共识为基础，法律的草拟应符合地方法律制度中的限定因素，并与现行的支出规则、约束以及管理预算过程的法律相结合。另外，法律框架应该尽可能简洁，避免相互重叠，特别是在低收入国家。不要涉及在其他法律法规中已然涵盖的主题，诸如公共采购、公共信息、披露、利益冲突，以及司法审查。法律框架应该包括一个广泛的定义并覆盖资源收入。框架应该覆盖所有类型的资源收入，包括特许费、税收、奖金、国家资源公司的红利、额外费用以及非实物收入。

13.3.6 公共财政管理改革的次序

依据本部分所讨论的建议，资源生产国可能需要施行改革，以强化其公共财政管理体系。就短期而言，改革应该聚焦于采用基础性的公共财政管理工具（参见表13-1）。预算改革的构想，应该旨在拓展预算文件的内容，不仅包括资源收入的综合界定，还应包括对非资源性赤字的估计。有关国家还应着手将其中期预算框架和资源收入的长期预测结合起来。可以在财政部中成立一个专门的单位，负责协调和发布资源收入的信息。为了加强预算的执行，改革应该聚焦于采用简单的管理规则，来跟踪优先性支出的执行，以及为主要的职能部门制订承诺计划。通过设立明确定义的资源收入账户，概括描述管理其余额的简单的投资策略，有助于加强资产的管理。这些改革所需要的任何法律变化，都可以在短期内经由年度预算法案来实现。

就中期而言，改革的目标在于更为深刻的变化，旨在采用（或趋向）最佳的国际经验。某些改革可能需要修订常规性的预算法或采用某种特殊的法律框架。例如，通过采用长期财政战略，拓展中期预算框架（使之包括中期预算），促使改革聚焦于长期可供选择方案的能力建设，以及资源收入的敏感度分析。另外，应该采用定义明确的预算分类系统。资产管理改革的努力，应该旨在加强政府管理资源收入账户余额以及发展完整的资产负债战略的能力。与此同时，可能还需要更为复杂的投资策略，以平衡资源储蓄的财务回报与风险，还需要与资源收入相关的特殊报告机制。提升最高审计机关的监督能力，或者建立特别的监督制度，这些都有助于加强问责制。

表 13-1　　资源生产国的公共财政管理改革次序

步　骤	短　期	中　期
预算报告	扩充预算文件的内容，包括资源收入的综合定义和预测、非资源性赤字以及用于弥补赤字的资源收入的评估	改革常规的预算法，使得拟议中的预算文件内容扩充成为永久性的
制订计划和编制预算	根据资源公司的投入和整体的中期预算框架，粗略匡算长期资源预测。通过规则来监督优先项目的执行	开展长期资源预测的建设能力。采用长期财政战略、中期预算框架以及定义明确的预算分类系统
资源收入账户	设立完全整合纳入预算过程的资源收入账户。如果资源存款较多，就应由国际金融机构管理并存储于国外	将所有的资源收入存入国库单一账户。加强中央银行管理资源存款的能力。制定完整的资产负债策略
预算执行	制订承诺计划、中期报告和跟踪系统。对有序地修改预算的政治承诺	改革一般的预算法，来巩固财政部在内阁（或内阁会议）中的特权
资产管理	采用投资策略，管理资源收入账户	制定更复杂的投资策略，使得投资组合能够平衡回报与风险。探索成立投资委员会
监督和透明	在财政部内成立特别的单位，以协调和宣传资源收入信息。加强预算文件的内容。委任独立的公司对资源收入账户进行外部审计	改革既有的预算法，建立特别的报告机制，来进行资源收入的相关运作。探索建立特别监督制度。加强最高审计机制
法律框架	依靠年度预算法和其他一些法律	采用基于广泛共识的资源收入管理法

资料来源　作者自制。

13.4　结论

资源诅咒并非铁律，而是可以防范的。但是，为了保障资源收入管理的透明度和高效性，并避免资源诅咒，资源生产国就需要大力加强其公共财政管理系统。基于以下两方面的原因，这种做法是非常重要的。第一，与其他政府收入相比，资源收入的管理涉及多方面的重要挑战，包括宏观经济、代际关系、政治经济以及治理等方面。这些挑战源自于管理大量的、不稳定的甚至临时性的资源收入（某些情况下）时面对的困难，并且资源收入的形成方式使之缺乏纳税人或捐助人的直接监督。第二，资源生产国需要加强其公共财政管理体系，从而能够成功地实施谨慎的财政政策和长期财政战略，这是避免资源诅咒所必需的。

鉴于实施公共财政管理改革需要时间，一些资源富饶国家已然采用了特别的运作机制，以规避现行的运行不良的公共财政管理体系。最常用的机制包括规则导向的框架、资源基金、并行的预算和国库规程、独立的投资委员会和监督体系以及特别的法律框架。采用这些机制是为了快速地将公众对政府管理资源收入的支持变得具体化，还可以在独立运行的部门或规程中启动公共财政管理改革，而不是重塑整个公共财政管理体系。

跨国经验表明，少数案例采用特别的运作机制来管理资源收入，取得了显著的效果。但是，如果这些特别机制设计和实施得过于僵化，有时会损害预算资源的竞争力，降低政府支出的效能，导致预算过程的碎片化和延迟。在其他情况下，建立单独部门导致了较高的行政成本，而这些单独部门成为享有特权的官僚机构，还削弱了变革现行预算制度的动力。

基于这样的背景，管理资源收入的公共财政管理架构和改革路径，应该旨在加强而非替代现行的预算体系，同时要维护预算过程的完整性，并且要考虑资源生产国的制度多样性。这种框架包括以下内容：（1）在预算中综合且透明地呈现资源收入——强调非资源性赤字的作用；（2）一套健全的长期预测，可持续的长期财政战略，现实的中期财政框架，以及定义明确的预算分类系统；（3）通过一个灵活且透明的系统，从国库账户调用资金，弥补非资源性赤字；（4）制定统一的预算执行规程，避免僵化的专款专用机制；（5）健全的现金流量管理，以完整的银行系统和国库单一账户为基础；（6）健全和完整的资产负债管理；（7）强化受托责任与透明度的机制。

政府应该采取有序的步骤，来推进公共财政管理改革。即使是在公共财政管理制度安排较为羸弱的国家，有些改革也可以在短期内实施。但在中长期，改革则应该参考更为复杂的国际经验。

参考文献

Baunsgaard, T., M. Villafuerte, M. Poplawski-Ribeiro, and C. Richmond, 2012, "Fiscal Frameworks for Resource Rich Developing Countries," IMF Staff Discussion Note 12/04 (Washington: International Monetary Fund).

Comité Asesor para el Dise.o de una Política Fiscal de Balance Estructural de Segunda Generación para Chile, 2010, *Propuestas para Perfeccionar la Regla Fiscal: Informe Final, Dirección* de Presupuestos, Gobierno de Chile, Santiago, Chile.

Dabán, T., 2010, "Strengthening Chile's Rule-Based Fiscal Framework," IMF Country Report 10/232 (Washington: International Monetary Fund).

———, and J.L. Hélis, 2010, "A Public Financial Management Framework for Resource-Producing Countries," IMF Working Paper 10/72 (Washington: International Monetary Fund).

Dabán, T., and S. Lacoche, .2007, "Fiscal Policy and Oil Revenue Management: The Case of Chad," in "Chad: Selected Issues and Statistical Appendix," IMF Country Report 07/28 (Washington: International Monetary Fund).

Eifert, B., A. Gelb, and N.B. Tallroth, 2003, "Managing Oil Wealth," *Finance & Development*, Vol. 40, No..1. Available via the Internet: https://www.imf.org/external/pubs/ft/fandd/2003/ 03/eife.htm.

Ekeli, T., and Amadou Sy, 2011, "The Economics of Sovereign Wealth Funds: Lessons from Norway," in *Beyond the Curse: Policies to Harness the Power of Natural Resources*, ed. by Rabah Arezki, Thorvaldur Gylfason, and Amadou Sy (Washington: International Monetary Fund).

Extractive Industries Transparency Initiative (EITI), 2005, *Source Book* (London: EITI Secretariat at the U.K. Department for International Development).

Gelb, A., 1988, *Oil Windfalls: Blessing or Curse* (New York: Oxford University Press).

———, 2011, "Economic Diversification in Resource- Rich Countries," in *Beyond the Curse: Policies to Harness the Power of Natural Resources*, ed. by Rabah Arezki, Thorvaldur Gylfason, and Amadou Sy (Washington: International Monetary Fund).

Humphreys, M., and M.E. Sandbu, 2007, "The Political Economy of Natural Resource Funds," in *Escaping the Resource Curse*, ed. by M. Humphreys, J.D. Sachs, and J.E. Stiglitz (New York: Columbia University Press).

Kim, Y.K., .2005, "Managing Oil/Gas Wealth in Timor-Leste," in "Democratic Republic of Timor-Leste—Selected Issues and Statistical Appendix," IMF Country Report 05/150 (Washington: International Monetary Fund).

Larraín, F., R. Costa, R. Cerda, M. Villena, and A. Tomaselli, 2011, *Una política fiscal de balance estructural de segunda generación para Chile*, Estudios de Finanzas Publicas, Octubre, Santiago, Chile.

McSherry, B., 2006, "The Political Economy of Oil in Equatorial Guinea," *African Studies Quarterly*, Vol. 8, No. 3, pp. 23–45.

Medas, P., and D. Zakharova, 2009, "A Primer on Fiscal Analysis in Oil-Producing Countries,"

IMF Working Paper 09/56 (Washington: International Monetary Fund).

Moore, M., 2004, "Revenues, State Formation, and the Quality of Governance in Developing Countries," *International Political Science Review*, Vol. 25, No. 3, pp. 297–319.

Stevens, P., and J.V. Mitchell, .2008, *Resource Depletion, Dependence, and Development: Can Theory Help?* (London: Chatham House).

Thomas, T., P.A. Medas, R. Ossowski, and M. Villafuerte, 2008, Managing the Oil Revenue *Boom: The Role of Fiscal Institutions* (Washington: International Monetary Fund).

Tsalik, S., 2003, *Caspian Oil Windfalls: Who Will Benefit?* (New York: Open Society Institute).

第14章　发展中国家变革预算体系的挑战[①]

理查德·艾伦

对于加强预算体系（被定义为决定和管理公务人员和组织行为的法律、规程、规则[②]）和公共财政管理的兴趣，至少可以追溯到两千年以前。譬如，罗马规划师在选择克劳狄族人的引水渠的路线和设计时，就考虑了最终的运营和维护成本。土耳其的财政传统则可以追溯到奥斯曼帝国时代。近代历史提供了一系列的改革证据，从17世纪英格兰在预算报告中使用的“账目棍”（tally sticks）到财政规则的最新技术（第3章）、财政风险分析（第5章）、支出上限、中期预算框架（第4章）、绩效预算（第7章）、权责发生制会计和预算（第8章和11章）以及支出审查。在欧洲和美国，预算系统的详细发展历史，可以追溯到二百年前或更早。然而，随着社会的发展和演进，这种演变的过程和决定因素虽然非常重要，但并未被完全了解。

本章要解决的问题如下：第一，随着时间的流逝，决定预算制度和系统演进的主要因素是什么？第二，发达经济体有哪些长期经验，可供发展中国家在

---

① 本章实质上是国际货币基金组织工作论文的修订和更新版(艾伦,2009)。

② 此处预算体系的定义以诺斯(1991)的定义为基础。

改进预算体系以及改革的优先次序方面，作为经验教训？第三，在发展中国家，国际金融机构（简称IFIs）、其他资金提供者和技术支持是如何推动改革进程的？对于目前已经应用的方法和模式，需要进行哪些调整？这些问题是非常复杂的，本章尝试提出一些结论。本章还指出了值得后续追踪研究的若干领域。

本章的结构如下：第一部分提出了加强预算体系的概念框架以及历史展望。在这样的背景下，第二部分概括了发展中国家加强其预算体系的挑战。第三部分提出一个可能的框架，用于设计改革和为改革排序。第四部分为结论。

14.1　预算改革的历史演进

国家治理与公共制度的质量，逐渐被视为发展中国家塑造经济及社会前景的基础，包括它们致力于加强预算体系和公共财政管理所做出的努力。例如，诺斯、沃利斯以及温格斯特（2006）假设，社会发展经历三个基本阶段——初级社会；自然状态（或“有限的参与制度”），即由直接掌握权力和资源的精英控制，但易受暴力和政治冲突的冲击；在政治和经济领域中，以竞争为特点的“开放的参与制度”①。他们提供了证据，这些证据表明形成开放的参与社会之过渡期，需要花费很长的时间，这取决于适应制度、组织以及行为的速度。

关于公共选择和寻租，虽然其他研究者并未完全接受诺斯、沃利斯和温格斯特的影响，但却接受了这样一种观点：在公共部门内部，改革机遇和进程的决定因素中，制度和“博弈规则”发挥着重要作用，当然也包括预算领域（夏沃·坎波，1994；坎波斯和普拉丹，1998；坦齐，2000）②。总之，这一文献

---

① 德·伦齐奥（De Renzio，2011）对该领域中的文献进行了考查。也可参考诺斯（1991）。

② 坦齐（2000）认为，与经典公共财政文献中描绘的理想世界截然相反，在现实世界中，国家发挥着“规范性”作用，决策者将更多的福利份额分配给自己和与自己关系密切的群体，而对普罗大众的福利则分配得较少。在很大程度上，决策往往受小群体的影响，作为亲属、亲信或政治伙伴，在这些小群体中依靠其特权地位，很容易接近高层决策者，从而影响决策制定。这些“门房”的权力可以是非同凡响的，并能够扭曲政策，使政策偏离理想状态。比起“门房”对总体政策的影响，他们更能影响这些政策的执行和受益者。例如，谁可以获得税收或进口关税的豁免。

预言，政治制度的发展，很可能领先于经济制度的发展，而经济制度的发展又领先于预算制度的发展。但是，在发展过程中，也存在着上述模式的例外以及发展次序的间断。另一个有趣的模式，则基于制度变迁与过程演化之间的可能关系，尽管很少有文献涉及这种模式。[①]

良好的财政结果（例如，保持可持续的财政状况，将预算资源在经济层面高效地配置于优先部门），需要依靠预算编制、执行以及监督程序和规则的存在。然而，预算既是国家的核心制度，又是决定资源和经济租金向精英群体（主导自然状态）和更广泛的群体及利益相关者（影响开放社会的进程）分配的关键机制。因此，可以预测的是：第一，发展中国家存在着大量的激励，促使政治家将预算碎片化（例如，绕过预算程序来做出重要资源决策和设立预算外基金）；第二，仅就定义而言，除了那些允许或促进寻租行为等尚有争议之状况，预算是难以改革的。

在法国、英国、美国这三个国家的历史中，可以找到预算制度在很大程度上呈现渐进演化的证据（如表14-1中所示）。在这三个国家中，可以观察到一个相似的模式。首先是时间段，在某个时期内，按照一套统一的标准和规程，建立起会计、预算以及财政报告的基本制度。在法国和英国，早在19世纪上半叶，当时经济和政治竞争的现代体系尚在确立的过程中，这三项基本要求就已经广泛建立起来了。[②]在随后大约一百年的时间里，这些制度被细化并得到了巩固。例如，在19世纪中叶，尽管英国的制度规定，绝大多数资金由议会拨款，但并没有单独的文件报告全部的政府支出，也未能对预算支出和实际支出进行对比，并且各部门和机构使用不同的会计制度。到19世纪末，现代预

---

① 这个想法由约翰·凯伊在(《金融时报》,2009年10月1日)一篇关于大型商业公司发展的文章中提出。按照其观点,相比运用早已存在的准则或模式("智能设计"),复杂的适应和增量变化的结果促使公司发展得更快。因此,这与自然界中达尔文的进化论有一定的关系。

② 在英国,17世纪和18世纪也发生了财政管理的重要变革,主要是为了给军事行动提供经费。布鲁尔(Brewer)的经典著作《权力支柱》(1988)中就曾指出,相对于法国及其他国家而言,努力减少贪污(例如,设立账户专员,并且加强征收海关和税收收入)对强化英国国家权力的效能是极为有益的。在这期间,议会对于公共账目的监督也发挥着重要作用。

算系统（尤其是全面预算和强健的会计、报告、控制系统）的许多特征在欧洲就出现了。在美国，可以观测的广泛的类似模式，则延续了更长一段时间。基本预算制度的构建是在19世纪，进一步的发展和完善，则是在20世纪上半叶了（在某种程度上，反映了总统和国会关于预算控制权的周期性争论）。

本章行文内容的重点是这些进展所发生的时间，即在法国、英国以及美国致力于建立民主、竞争的经济和政治制度时，这些制度标志着走向开放社会的过渡。我们不妨合理地假设，在许多发展中国家，其财政体系的演进也将经历类似的一系列阶段，就如同发达国家在既往的两个世纪中所经历的那样，尽管其调整过程可能会更快一些。

表14-1　　预算系统发展的一些时点：法国、英国和美国

法　国	英　国	美　国（联邦政府）
1791年：会计办公室向国会报告 1807年：独立的“法国国家审计院” 1814—1819年：第一次复辟——巴伦·路易的改革 1862年：有关预算和国库单一账户规则的圣谕	1787年：建立统一基金 1866年：财政和审计部门法案（建立了现代预算和会计系统） 1866年：任命了审计官和审计长	1776年：建立了财政部会计办公室 1809年：拨款法案（分别在1870年和1874年进行了修改） 1887—1889年：合并会计、记账、报告程序（考克瑞尔委员会） 1894年：多克里法案建立财政部审计官；合并年度收支报表 1921年：预算和会计法案成立预算局和总会计署 1940年：合并会计和报告的统一标准和规程 1950年：会计和审计法案
1959年：管理投资的中期预算框架 1968年：合理选择预算（预算决策的合理化） 2001—2006年：项目预算 从2006年开始：权责发生制会计 2008年：完全的中期预算框架	20世纪60年代：公共支出调查（PES）和方案评估审查（PAR） 20世纪80年代：下一步方案 20世纪90年代：综合的多年度预算 1991年：公民宪章 1998年：公共服务协议 2000—2004年：资源（权责发生制）预算	1982年：联邦管理者金融诚信法案 1990年：首席财务官法案 1993年：政府绩效和结果法案 1994年：政府管理改革法案 2010年：政府绩效和现代化法案

资料来源　作者整理。

注：表格中虚线上方，说明了建立会计和预算基本结构的措施，虚线下方展示了“新浪潮”改革（特别是从20世纪80年代开始）带来的改革举措。

14.2 发展中国家改革者所面临的挑战

最近的研究显示，在低收入国家中，预算体系的强化正在与改进的财政绩效相互关联（达伯拉-诺里斯等，2010）。虽然因果关系的方向尚未经过严密的论证，但在有关发达经济体的文献中，这种关系已然得以构建。[①]然而，如前所述，在低收入和中等收入国家中，预算过程和制度的强化，很可能会被低质量的公共部门所束缚：羸弱的政府和内阁体系存在诸多问题，难以协调政策并有效地编制计划，强大的捐助系统使公共部门的领导力被保留给总统的支持者和赞助商，并且在人力资源和信息系统方面的能力也较弱。另外，这类国家缺乏充足的财政资源，来保障在必要的技术系统和能力建设方面的开支。

系统性的长期数据可以证明：发展中国家缺乏预算改进所需的长期阶段，但古普塔等人（2008）总结了相关的启示性经验，其证据来自国际货币基金组织在该领域从事技术援助工作的丰富经验（特别是非洲的经验）。一些案例显示，在具体规定的实施中存在着孤立的进步。例如，修订预算时间表、承诺控制系统或简单的收付实现制会计系统。但是，总体来说，改革过程缓慢得令人沮丧，甚至在预算系统的狭窄技术领域也是如此；在某些案例中，经过许多年才取得的进步，又出现了倒退。这一结论得到了世界银行独立评估小组（2008）的研究和莱恩茨（2011）的工作成果的支持。其研究显示，在16个受援国中，其预算改革结果呈现类似的混合模式。[②]来自世界银行的国家政策和体制评估（CPIA）数据库的最新证据认为，在过去十年期间，按照它们的衡量尺度，公共财政管理体系的改进几乎乏善可陈。[③]安德鲁斯（2013）的研究也给出了类似的证据。

---

① 达伯拉-诺里斯等(2010)总结了相关文献。

② 德·莱恩茨(2011)使用的数据，来自世界银行/国际货币基金组织2001—2004年间进行的评估，以及较新的公共支出和财政问责评价，这些是在负债沉重的贫穷国家(HIPC)倡议之下进行的。

③ 瓦尼(2012)指出，在2001年至2011年之间，127个国家的国家政策及体制评估指数平均得分，从3.4分仅增加到3.5分。

科纳特（2008）的研究回顾了联合国作为在财政领域向发展中国家提供技术援助先锋的历史，这进一步证明了文献中提出的观点：加强预算体系的过程，可能是困难且缓慢的。在20世纪50年代和60年代，联合国对许多发展中国家的财政改革提供了援助。例如，项目和绩效预算、税收改革、预算分类、会计方法以及国库系统。联合国还在这些领域里担当标准的制定者，针对预算分类、政府财政统计以及会计方面的议题，出版手册并举办国际会议。[①]在同一时期，世界银行在20多份系列性的“经济发展报告”中，对发展中国家提供了关于经济与财政问题的建议。这些报告中的分析和建议，与世界银行、国际货币基金组织以及双边援助国在50年后向同类国家所提出的建议非常相似。[②]历史上的早期财政改革经验，譬如预算制度方面，也支持这种关于发展渐进性的观点。[③]

当然，如前所述，发展并非是一帆风顺的，可以预计的是，许多国家在以不同的速度发展。自1990年以来，一些国家的预算体系和经济、政治系统已呈显著的加速发展之势，特别是新兴市场经济体，如智利、中欧和东欧的一些国家、韩国、南非以及一些低收入国家（如埃塞俄比亚）（比德森，2011）。一些有殖民地历史的国家的预算制度，在独立之时曾经具有那些有效预算制度的诸多基本特点（例如，承诺控制、国库单一账户、综合预算、规律性的预算周期、年终账户、内部和外部审计，以及年中报告），但随后又失去了这些特

---

① 科纳特（2008）引用了如下的有趣例子：联合国开发并出版了预算的经济分类（1958），功能分类（1962），预算编制的绩效和项目手册（1962），以及政府会计手册（1964）。1963年，鼓励会员国采用多年度方法编制预算，并且与哈佛大学商学院合作，就税收议题提供了培训。参与这些早期任务的学者包括：理查德·古德、沃尔特·赫勒、理查德·马斯格雷夫、斯坦利·萨里、罗伯特·特里芬以及威廉·维克里。

② 例如，可以参阅国际复兴开发银行（1960）。这项研究推荐采用单一的全面预算，包括经常性支出和资本性支出方面的数据；从管理、经济及功能方面，对预算支出和收入进行分类；加强财政控制；通过财政、预算部门、公共服务机构进行控制；预算文件和议会辩论的透明性；以及独立的外部审计。研究中指出的许多弱点，存留至今。

③ 例如，参见诺曼顿（1966），他描述了《1866年财政和审计部门法案》，这部法案建立了英国的会计和审计体系的综合框架，至今作为“古典预算运动的最大成就”，还因“各种精华成分”而继续使用。但是，德国和美国直到20世纪20年代才采用了这种框架，在此期间“它已经被西方广为推广，并且受到学术理论界的支持”（p.21）。

点，其原因在于：忽略正式的规则；财政部门丧失了权力；依赖捐助；缺乏竞争力的公务员薪酬；在经济、财政和会计领域缺乏人才。

后冲突国家（postconflict countries）和脆弱的国家属于特殊类型。在这些国家中，制度建设的条件可能更为有利，至少在初期阶段是这样，这是因为强大的政治领导力和强有力捐助者的存在，使得之前的体系衰微，创造了制度真空（世界银行，ODI，2011）。夏沃-坎波（2007）认为，在后冲突国家中，强化预算过程往往甚少受到统治精英的阻碍，一些精英的权力可能被摧毁，或因冲突本身而严重减弱。但是，这样的国家已经出现了改革的可持续性问题，通常是同时受到捐助者和国际顾问的影响，这些相关主体将有限的努力耗费在了常规性公共服务的能力建设上。

或许有人认为，相比一百年前，21世纪初的预算改革应该非常容易，因为当下已然能够更加清晰地认识到，在该领域中哪些属于良好行为；这些领域的国际标准已经建立起来，譬如会计与审计（参阅第8章）；更为高效的传递信息与理念的方法及国际经验，已经在全球化的环境中得以发展并传播开来。如果一国的管理当局表达出改革所需的政治意愿和领导力，那么这些进展或许确实有助于预算改革的过程。但是，几乎没有实证证据能够证明，改革已经变得更容易和更迅速。此外，这种论点忽略了以下要点：制约改革的主要因素并不是缺乏技术或知识，或缺乏提供公共服务的有效技能和能力，或有效的信息技术系统，尽管这些问题也确实需要在改革中加以解决，但最根本的制约因素是缺乏政治领导的支持环境、业务流程和规则以及改革的激励，这种激励促使变革向前推进，并得以持久保持。与一百年前相比，预算还更多地与国民生产总值相关，并且在结构上也更趋复杂。这可能使改革复杂化，并延误改革进程，而不论在技术和通信方面取得了多大的进展。

14.3 培育一种变革预算制度的框架

如前所述，改革预算制度的过程是极为困难且缓慢的，其主要原因在于，相比技术因素，预算改革更多受到制度和政治经济因素的驱动。德莱塞和布伦拜（2009）、世界银行（2011）以及艾伦和格里高利（2012）提出了分析这些非技术因素的可能框架。该框架将人们的注意力吸引到塑造预算过程的五种重要制度上来——正式的政治体系、行政体系、公民社会的作用、其他外部行动者，以及政府预算办公室和财政部的内部激励与推动者（参见图14-1）。同样重要的是，该框架需要改革者考虑到社会结构环境，预算制度是被嵌入到这一环境中去的。结构性约束，如气候、发展水平、民族分裂程度，以及自然资源的可用性，塑造了预算制度运行和演化的范围。

实际上，构建现代预算制度的过程，需要强化财政部或中央预算办公室的"生产功能"，以便能够提供更具相关性和准确性的政策建议，并改进运作功能，如报告和控制预算执行过程。预算改革包含诸多因素，其中某些因素始终被忽视，如组织的文化、士气和激励措施；管理者及员工的素质和经验；组织结构；支撑和维护组织运行的业务规程；辅助性信息和人力资源管理系统。如图14-1所示，加强与其他行动主体的关系也非常重要。这些因素互相影响，并且某一领域的解决方案（例如，组织结构的改进，或引进新的信息技术系统）在其他领域中也未必就不能发挥效力，如果不能同时沿着几个方向拓展，改革的成果可能是有限的。

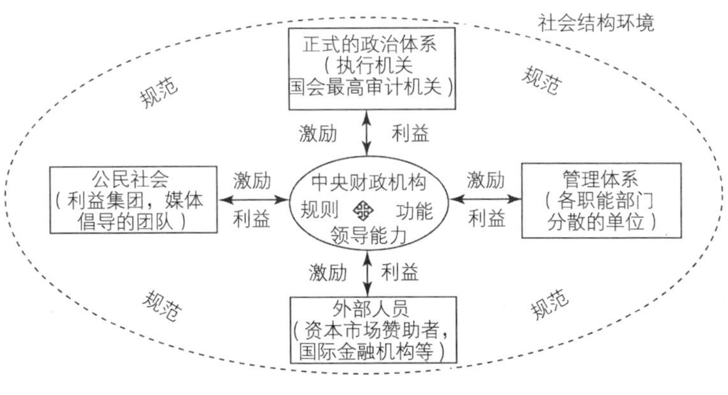

图14-1　预算制度的政治经济环境

资料来源　德莱塞和布伦拜（2009）。

分析预算制度的传统方法和工具，主要集中于这些正式制度的技术特性，而很少关注塑造预算过程并影响其运作效率的非正式规则和激励措施，对于图14-1的外部各方参与者间的复杂关系，也甚少关注。为了更加全面地评估财政部门的能力和审视预算过程，从核心主体的激励和行为来评估这些政治经济影响是必要的。

为了充实前述的框架，戴蒙德（2012a，2012b）提出了另一个有益的视角来考查政治经济因素，主要分为三大类：一是“条件性”因素，主要由一国的政治环境、经济环境、治理结构以及技术和能力环境所决定；二是公共财政管理体系的制度设计，包括行政部门内部的关系，立法部门和行政部门之间的关系，行政部门、公民社会及其他利益相关者之间的关系；三是源于内部组织——财政部和其他中央财政机构——的因素，主要包括管理文化、领导力和技能的局限性以及其他能力约束因素。

遗憾的是，国际金融机构和其他捐资机构编写的大多数技术援助报告中的建议，尽管在技术层面上进行了一些根本性的分析和调整，但几乎总是甚少考虑政治经济因素。因此，在帮助管理当局强化预算制度的发展战略上，这些建议的价值有限。许多建议未能经受住政治现实的考验——它们可能得到财政部的支持，但未能得到部长的政治盟友和其他人士的支持。这有助于解释缘何许多预算改革举措和重组财政部门的方案未能完全实现，以及为什么法律条文上的改革（例如，法律结构或正式规则的变化）比改革实践更容易达成（安德鲁斯，2006，2010，2013）。通过对政治经济因素更全面的分析，可以确定改革举措的潜在障碍，建议淘汰政治上早就无希望实现的内容，并改变管理规程，以促进改革动议的实施，并保证其可持续性。

政治经济分析可以凸显预算过程中需要解决的严重低效问题。例如，独立的征收机构可能与财政部（或经济和计划部门）分别负责收入预测。颇具争议的是，征收机构或许有动机低估政府收入的未来趋势，从而更容易实现财政部设定的绩效目标。然而，计划部门却存在着高估收入和经济增长总水平的动机，以证明国家正在实现减贫的目标，这有助于吸引提供海外发展援助的外国投资者和捐助者。在这个问题上，财政部更倾向于采取一种中立的立场，因为其动机是对国际债权人保持可持续的财政状况。如果一项改革仅仅试图调和这些预测功能，但未能考虑这些参与者之间的关系和相互影响，也往往难以取得成功。

另外一个相关的案例，则涉及预算过程中立法机关和政府行政部门之间的关系。在半数以上的OECD国家中，针对由行政部门提出的年度预算，立法机关具有不受限制的修改自由（维纳，2010）。在这种情形下，就难以保证财政规则的贯彻施行，如政府借款和债务的限制。如果在行政部门和立法机关之间存在良好的合作，并在财政纪律（以及财政规则的应用）方面，有效确立了立法与行政部门的共识凝聚机制，就有助于解决这些问题，然而在很多发达经济体中，这种机制颇为薄弱。在许多低收入国家，也存在类似的两大部门间的紧张关系，例如肯尼亚新宪法的财政影响（莫里和维纳，2011）。在此类案例中，政党之间的非正式关系就显得非常重要，法律框架（诸如加强预算纪律的财政规则）中确立的正式规程是否能够得到贯彻执行，将取决于这些非正式关系。

本小节将讨论两个延伸议题：捐助者在影响和推动预算改革进程中的作用；诊断工具的作用。

14.3.1 捐助者的影响

在许多国家，捐助者及与之相关的国际咨询机构，会对改革施加强大的影响（艾伦，2008）。除了提供技术支持之外，捐助者还经常为这些措施提供相当比例的资金。这种行为可能导致国家对于捐助者及其所雇咨询机构的依赖，从而抑止本土化能力的发展，并使资金流向不适合本国或不合时宜的项目。国家管理当局表现出的反应可能是顺从的，因其可能得益于有利可图的寻租机会。通过收取大量的服务费，而缺乏针对结果的直接问责制，咨询机构可以被看作寻租过程中的帮凶。这与公共财政管理改革模式形成对照，如由公共支出和财政问责制（PEFA）项目提倡的“强化方式”（“strengthened approach”）[①]，在此假定国家首先设置优先级，捐助者和国际金融机构发挥着

① 可以在公共支出和财政问责制网站（www.pefa.org）上找到描述“强化方式”的文件。公共支出和财政问责制是由世界银行、国际货币基金组织、欧盟、英国国际发展部、法国、瑞士经济合作与发展部门以及挪威组成的伙伴关系，建立于2002年，并且由一个多方捐助者信托基金来提供资金。秘书处设在世界银行。

支持作用。要保证捐助者的捐助符合每个特定国家的相关实际需要和正当需求，需要对其保持持续的关注。

在许多情况下，捐助者在大型项目上汇聚了财政和技术资源，这些大型项目依靠大量外部资金和技术援助的投入，如引进中期支出框架和财政管理信息集成系统。该方法背后的假设是：项目有望成为吸引其他改革的向心力。然而，对加纳、坦桑尼亚以及乌干达中期支出框架和信息系统项目的调查表明，上述方法已经实现了成功融合（韦恩，2005）。另一项研究注意到，在非洲进行了10年的中期支出框架实验中，显露出一些正面的经验教训，包括更多意识到需要考虑年度预算范围以外的问题，以及关注政府支出的结果。同时，过早实施中期支出框架也带来了“代价高昂的失败”：极少甚或不存在本地化的产权；公共财政管理的基础性改进受到破坏性的干扰；有限的预算能力承担沉重的压力；在宏观经济平衡、财政控制及预测或支出效益方面的进步有限（夏沃-坎波，2009）。早期由世界银行在相关领域推动的核心项目，也大多未能获得预期的效果，如20世纪80年代的公共投资项目（参阅第10章）和收付实现制预算（莱纳特和萨拉夫，2001）。

许多国家的政府官员也可能不加鉴别地接受国际金融机构和捐助者的建议，以之作为接受急需的国际援助和免除债务的条件。此外，这些改进措施通常基于发达国家所贩卖的“最佳实践”，但在全面贯彻和评估这些举措之前，并不能保证这些“最佳实践”能够逐渐融入接受国的标准预算实践，或者是否确实与其国家发展的需要相关（希克，1998）。

存在着这样一种相关趋势，国际金融机构和捐助者们倾向于支持强化预算制度的行动计划，这在草创阶段甚至发挥着引导作用，但却对谋划与实施这些行动计划所需要的时间，持有过于乐观的预期。这类行动计划几乎没有考虑前述的制度性障碍和约束，甚至也很少考量全部的利益相关者，就相关改革的有效实施而言，这些利益相关者的参与和合作是不可或缺的（安德鲁，2013）。低估谋划与实施改革举措所需时间的倾向，可以通过选举周期以及与之伴生的大多数财政部长具有的短期视野，得到部分解释，如果告诉他们改革需要许多年才有望完成，这些财政部长可能就失去了改革的兴趣。此外，捐助者倾向于以“一般性预算支持”（general budget support）提供更大份额的援助，而不是项目融资的形式，也提高了捐助者对受托责任的关注，并缩短支持运作的时间期限。

除了对时间期限过于乐观外，许多计划还因囊括了数百项活动与行动，而变得超负荷了。在许多情况下，IFIs、捐助者及其顾问应当受到指责，因为这种处理方式，使得他们能够将各项举措一揽子地纳入“公共部门改革”的拨款或授权之中，这些拨款或授权得到了IFIs管理委员会的批准，并在国家层面上增强了捐助者的影响力。但是，这些一揽子方式常常被证明是难以操作且无效的，对于可能实现的目标，提出了不切实际的更高预期，并因此而陷于混乱之中，最终只有很小的一部分措施得以实施。此外，一些国家还尝试了更多仅具细微差别的方法，例如，泰国的“跨栏”法（“hurdle” approach）[①]（沙阿和沈，2007），为了促使支出部门改进财政管理，使之在管理资源的过程中拥有更大的灵活性，这种方法尝试着为支出部门提供了某种激励机制，但也仅仅获得了喜忧参半的成功。

14.3.2　诊断工具的作用

一个更为复杂的因素是评估预算制度和系统质量的现行诊断工具的局限性。其中最为著名的是公共支出和财政问责制（PEFA）诊断工具，它侧重于衡量财政管理体系的质量。[②]这一工具已被广泛地用于发展中国家和新兴经济体——2005年以来，超过125个国家开始进行PEFA评估，并且还实施了许多次再评估。但是，在实践中，当时并未能开发出这样一个能够考虑到制度和管理环境弱点的工具，而制度和管理环境对于预算体系的完善是至关重要的。总体而言，这些制度层面上的差异，可能包括在PEFA评估的综述部分，或者被

---

① 泰国尝试过对绩效预算改革“有条件的权力下放”的过程。只要支出部门在七个领域中达到了核心财政管理标准，预算管理当局就对其减少以下方面的项目逐条记载：预算计划、产出成本、财政和绩效报告、内部控制、采购管理以及内部审计。然而，阻碍因素是如此之多，以至于基本没有机构能够达到这些标准。结果就是，“进展近乎停滞，直到2001年当他信政府组阁之时，中央集权的、以控制为导向的预算系统，仍然支配着整个过程”（沙阿和沈，2007，p.169）。

② PEFA秘书处对评价方法论进行了阐述（2005）。PEFA工具包括28项绩效指标，涵盖了公共财政管理的各方面，以及在提供援助中的3项描述捐助实践的指标。

囊括在21世纪初由世界银行操纵的诸如“制度和治理评估”（institutional and governance review）之中。但是，国家管理当局往往会拒绝这种评估，因为他们缺乏为公众监督开放其管理系统的动机，因此只有为数不多的国家实施了这种评估。结果是，PEFA评估提供的诊断信息，并未能够为行动计划的准备（这些行动计划有助于国家管理当局强化其预算制度）提供一个坚实的基础。

公共支出和财政问责制的第19项绩效指标（PI-19）提供了一个不完全信息的例子，该指标衡量一国采用公开竞争方式授权采购合同的绩效。①在许多国家，捐助者针对这一指标给出了很低的分值，其他并行的诊断信息的分值也很低，正如证据显示，一些国家已经引入更具竞争力的采购程序，并且开始精心设计用于支持改革的程序。但是，采购是寻租的主要来源，也被视为占居高位的精英们的回报，况且仅仅依靠采购程序自身的公开，也不足以改变实际的结果。于是，发展中国家的采购法就常常包含一条规定，允许部长们“基于国家利益”而推翻采购竞争的结果。改良政府采购的有效行动计划，应该在寻租行为导致采购市场的非充分竞争之前就消除寻租的土壤。但是，这种方法却很少被采纳。

安德鲁斯（2010）对PEFA的框架进行了评论，PEFA假设公共财政管理的标准“良好实践”模型是具有适用性的，但他认为这一假设的有效性是值得怀疑的。PEFA评估的应用价值也因以下原因而被削弱：评级系统具有一定的主观性；缺乏某种用来保证全体PEFA合作方的基础一致性的质量控制机制；从“评估”到“再次评估”间的评级易变性，主要受制于政治影响，特别是捐助者采用PEFA评级的改进状况，作为给予受援国预算支持的一项条件。这就有可能鼓励政府展开博弈游戏来扩大相应的援助分配。

尽管前文已然做出了说明，但对于发展中国家而言，如欲建设一个连续的公共财政管理改革战略，一个必要的前提条件是对既有预算系统采用严格的诊断性评估。例如，在一定程度上对政治经济因素进行评估。PEFA框架是目前

---

① 虽然这一指标已经修改，但仍然未能真正解决此处讨论的议题。

最有效的工具，但仍有改进空间。2012年，针对PEFA绩效测度框架的全面修订已经启动，已然取得了进展。达伯拉-诺里斯等人（2010）给出了一些强化该框架的建议。研究认为，应建立一个新的预算指标体系，以辨识预算体系诸方面的特征，并较之其他指标的范围更加广泛。指标对于预算制度质量的记录从两个维度展开。第一个维度是预算过程的各个阶段（计划、协商、批准、执行）。第二个维度反映了预算过程中五种跨领域的特性，尤为关注低收入国家的预算编制细节。例如，这些评估标准包括：预算的全面性（通过针对捐助者提供资金项目的信息涵盖程度，以及预算外支出的规模来加以衡量）；预算决策的集权化程度；预算是否存在有效的规则约束和运行控制；立法机关详细审查预算的能力；以及是否存在有效的内部和外部控制系统。指标以中等收入国家（这些国家是跨地区的）的绩效作为标杆，并参照了具有良好财政绩效的那些制度安排。拓展并完善指标仍然需要进行更多的工作，同时还要评估其如何从理论研究走向现实应用。

14.3.3　预算制度变革的优先序与改革次序

为了获得理想的效果，是否有更好的方法来规划预算制度变革及其改革次序？希克给出的建议是，在低治理能力的国家中，如欲改进预算制度，首先应致力于“落实基本权利”（参阅第1章）。例如，政府在追求控制产出之前，应该设法保证针对投入的有效控制；在发展权责发生制会计之前，应该具有良好的收付实现制会计系统；在转向绩效审计之前，应具备有效的财务审计。[①]但是，希克未能就其预算基本原则的选择，提出一个全面的分析框架，其方法也没有考虑前文所明确述及的政治经济因素。

与希克关注于获取基本权利的思路相关，一些公共财政管理改革的设想，

---

① 1998年，希克在其被称为“三思而后行”的著名演讲中已然涵盖了这些基本原则。希克强调了一些其他的优先性行动：在引进绩效或结果预算之前，营造一种支持并需要绩效的环境；在引进内部控制之前，建立外部控制；在管理问责制之前，建立内部控制；在发展自动化的财政管理信息系统之前，确保会计系统的运作是可靠的；在关注结果之前，做好预算工作；在采用公共部门的绩效合同之前，确保正式的市场化合约的执行；在强调管理者有效运用其受托资源之前，采用并实施可预测的预算。还可以参阅希克（2012）。

在技术上依靠于其他方面的成功。波利特和鲍克尔特（2000）给出了会计、绩效预算以及外部审计中“自然改革轨迹”（natural reform trajectories）的一些案例。例如，在会计改革中，已然趋向于分阶段地从单式记账转向复式记账，建立跨政府部门的统一会计系统，发展资产与负债会计（一种基础性的资产负债表），最后还要建立完全的权责发生制结构。自然改革轨迹还可能存在于预算系统的各个部分之中。例如，如欲建设有效的内部和外部审计规程，就要依赖于可靠且及时的财务报告。如欲拓展有效的预算和收入管理系统的其他领域，首先需要建立一套健全且可信的预算分类及会计科目表。然而，尚未形成一个能够界定和解释这些层级结构的综合性框架，尽管托马斯（2009）进行了一项有趣的尝试，利用一些实践标准对希克的方法进行补充，这些标准使得决策者能够区分“基本的”和“更先进的”改革。

在发展中国家，就公共财政管理改革的次序而言，更为综合的策略就是布鲁克（2003）提出的所谓平台模式。与传统上针对预算过程的独立元素有所不同，布鲁克主张，公共财政管理改革应该打包整合为一个能够形成逻辑次序的活动或措施群（参见图14-2）。整体改革策略的延续时间有可能长达十年之久，并涵盖四个或五个这样的平台阶段。

在每个平台阶段，都会持续两年或三年的时间，并为发展至下一个平台阶段建立明确的基础。[①]布鲁克认为，平台模式具有某些显著的吸引力，与既有的各种公共部门的改进策略有所不同。第一，向政府、国际金融机构、捐助者提供更具结构化的排序方法，使得这些利益主体在改革中的各自作用与职责更加清晰。第二，关注特殊性举措与相应能力之间的关联，二者应该是相互支撑的。第三，鼓励对技术改进的可持续路径的逻辑思考，并且确定能够为持续进步提供动力的阶段步骤，尽管技术改进在短期内难以实现，但最终是可以获得

① 例如，在柬埔寨，名为“通过加强公共财政管理来强化治理”的政府改革计划（2004年12月）就包括了四个平台，前后跨越了11年的时间。在第一阶段（2004—2006），11个宽泛领域中的27项活动（预算的全面性和完整性、宏观财政预测、简化支出过程、预算分类、设计财政管理信息集成系统、加强财政部内部的领导能力、重新设计预算周期，试点施行以项目为基础的预算、财政分权的选择、信息技术管理战略，以及资产登记的设计）和254项单独活动，都包括在该项目之中。

理想结果的。

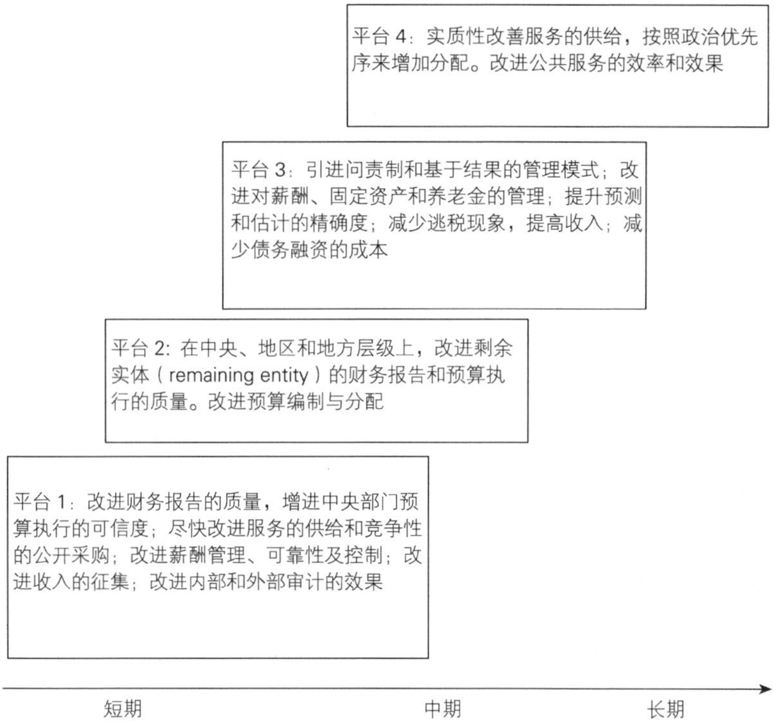

图14-2　平台模式的图示说明

资料来源　肯尼亚政府，《复兴公共财政管理的策略》，2006年4月。

但是，平台模式与希克的框架一样，尽管在逻辑上是“自下而上”构建的，但就改革方案的设计和排序而言，则提供了一种不完全的技术决定论（technocratic）的解决方案。墨菲（2010）曾指出，在柬埔寨相对成功实施之后，这种平台模式一直未能被广泛使用，也甚少在其他国家获得成功。正如戴蒙德（2012a，2012b）所解释的那样，公共财政管理改革既有“硬”的方面，又有“软”的方面。硬的方面包括技术问题的诊断、给出技术方案以及推荐实施技术方案的步骤。在更为复杂的情形下，这些技术方案将为一系列问题提供答案，并被整合为一种行动计划来改进预算过程。由国际金融机构和双边援助机构提供的大部分技术援助倾向于关注“硬”的方面。但是，依照前述的混合性改革，这种方式的有效性并不能令人满意，这就需要开发某种经过改良的模型。对平台模式的抱怨主要集中于这样几个方面：改革方案在范围上的不切实际；这些超载的国家承担了过多的改革；低估了改革实施所需要的时间；引入了不适合本国需要的解决方案；这些方案主要由捐助者推动，从国家管理当局获得的支持有限。

按照戴蒙德（2012a，2012b）的解释，采用强化的方式来设计公共财政管理改革方案，大体包含以下三个方面：第一，意识到改革需要适应本国的环境，并且不存在标准的技术方案；第二，非技术的或政治经济的因素[①]，即前面提到的“软”的方面，也极为重要，并应使之纳入改革方案的设计与排序；第三，改革的成功主要依靠如何引进这些方案，并将其结构化——改善管理具有重要的作用。安德鲁斯（2006，2010，2013）认为，改革从来就不是一种纯粹的技术演练，而是在三个层面上的权衡：公共财政管理的技术层面（需要做什么），政治需求的层面（政治家想做什么），以及政治经济或制度层面（在给定的国家制度和治理能力条件下，实际上可以做出多少改变）。可利用的“改革空间”，是由这三个领域的交集决定的，其实际空间可能相当狭小。

在戴蒙德看来，政治经济因素是至关重要的，因为它们会给改革带来风险。他进一步指出，可以根据各类型风险出现的程度，对国家进行分类。一个国家面对风险的脆弱性，很可能受到以下因素的影响：改革的复杂程度，完成改革需要的时间，推进改革涉及的组织数目，以及相关行为变化的程度影响。不同类型的改革面临的风险总是变化的。例如，财政管理信息系统这一项目，涉及了规程和行为的大量变化、复杂的技术要求、大量的预算实体以及相当多的实施时间。因此，它属于高风险的改革。相比之下，建立宏观

① 戴蒙德称这些因素为“外部的”，但这个称呼似乎具有误导性，因为这些因素与国家内部体制和管理均密切相关。

财政单位或债务管理办公室，在行为和规程中仅需要相对较小的变化，这在技术上是较为简单的解决方案，只包括单一的组织（财政部），并且可以相对较快地完成。所以，它是低风险的改革。低风险项目还包括法律上的改革（法律框架内的变化）。安德鲁（2010）发现，这种法律变革在低收入国家居于主导地位。

从前述分析有可能得出如下结论：变革预算体制的策略，需要处理好改革效果和风险水平之间的权衡。作为一项指导原则，戴蒙德建议，只能在低风险环境中尝试高风险的改革。在涉及公共财政管理改革次序的文献中，他将这一原则应用于各种改革策略。例如，他认为，战略性的或"唾手可得"的方法，包括小范围的、法律层面的、实施迅速的改革，在高风险国家中，这将是一种好方法，但在公共财政管理绩效方面的影响有限。相比之下，平台模式试图通过一种排序式的方法，来规划公共财政管理改革的阶段，从更为基础性的改革开始，而后转向更为复杂的改革，从而最大化改革的影响，它涉及的范围广泛，需要法律的和实际的双重改革，同时会涉及大量的利益相关者。因此，只有在低风险环境中，这种方法才可能具备可行性。

经过在风险和改革效果之间权衡，低收入国家可能适合一种复合性策略，恰如戴蒙德所述：

例如，在高风险国家中，改革行动（可能集中）在"唾手可得"的事项（恰好符合地方的需求）上。因为很可能在公共管理改革的许多领域中都存在瓶颈，可以选择解决这些与国家风险状况相匹配的最薄弱环节：在高风险国家中倾向于较为狭窄领域的改革；而在低风险国家中，则实施更为广泛的改革。类似地，高风险的平台模式也可以仅具较小的危险，只要借鉴改革经验，在滚动式的基础上不断重新规划改革行动。如果形成了低风险改革的向前承载机制，并为随后的高风险改革行动奠定了基础，那么高风险的性质就会得到降低。例如，这可能意味着，在第一个平台上，仅需采取某种"唾手可得"的改革方式，这就足够了（戴蒙德，2012b，p.147）。

戴蒙德建议的方法，在通常意义上似乎是颇为明智的，并且对谋划改革方案的战略家而言，可能是有用的。但是，如果真的付诸实施，仍会面对许多潜在的挑战。风险的概念是高度主观性的，并且难以衡量。风险水平不可能在绝对意义上被确定，如前所述，风险水平依靠于一系列复杂的关系和相互作用。政治经济因素包含着非正式的规则和规程，这些规则和规程决定了预算实体的实际行为，而不论涉及的法律框架是怎样的。在安德鲁斯引人注目的隐喻中，看不见的非正式规则代表了90%的因素，与表面上能够被观测的10%正式规则相比较，这些因素在公共财政管理功能上的影响，就像是水面下方看不见的“冰山”（安德鲁斯，2013，p.44）。但是，正如本书所提到的，这些非正式因素在行为决定上是非常重要的。外部观察者发现这是一项具有挑战性的任务，他们试图在预算体系的行为层面上评估制度因素的影响。与这种行为相关的信息是极为敏感的，并且预算过程的参与者也不愿意披露它们（艾伦和格里高利，2012）。另一个问题是风险的不稳定性：政府和其他政治发展的变化会带来深刻的影响，例如，财政部的政治力量，财政部长与其他部长们、国家领导人的关系，以及公民社会的影响。

因此，对于考虑设计什么样的改革方案而言，尽管戴蒙德的方法提供了一套有用的普遍原则，包括：改革应控制在现实的范围之内，避免超载的危险，仔细安排时间，与国家的需要匹配，并且避免由捐助者驱动的危险行动。但这些原则仍旧未能为现实世界中的改革提供在优先序和次序上的操作指南。若要开发这样一套操作规则似乎是不太可能的，因为设计改革方案的挑战和复杂程度太大了，而国家环境也是至关重要的。

最后，预算制度的变革似乎是缓慢且无休止的，并且略具随意性，即使在发达经济体中也是如此。不妨回顾一下1960—1995年间英国的改革经验，诚如奥洛沃-奥克和汤姆金斯（1998）总结的那样，改革受到多重混合因素的驱动：经济和财政压力、政治意识形态，以及来自立法机构和普通公众（对财政领域中更高程度的问责制和透明度有所要求）的压力。在1979年之后，玛格丽特·撒切尔成为首相，政治意识形态成为主要因素。但是，奥洛沃-奥克和汤姆金斯（1998，p.330）总结道：“这种为寻求变化而形成的持续的潜在压力，导致了范围广泛且方向一致的变化，这种变化只有在事后才能够看出，并貌似暗示了事件的计划排序，然而在1979年，这些发展的确切形式是不可预测的，甚至在更晚的时候也难以预测……当回头看时，几乎总是能够看到发展的清晰途径，但我们不能因此而陷于幻象之中，误以为在复杂系统之下，具有了预测未来事件发生顺序的能力。”

14.4 结论

本章的核心观点在于，预算制度的变革是一个极其缓慢并富有挑战的过程，这个过程在发达经济体中持续了二百多年，如法国、英国和美国，并且仍旧没有完成。个中原因与一个重要的学说有关，该学说是由诺斯（1991）以及诺斯、沃利斯和温格斯特（2006）发展的。内容涉及新兴经济体和转型国家如何从被精英控制的寻租国家，逐渐走向开放民主的社会。预算制度是发展中国家寻租和创租行为的主要根源，并因此对预算过程造成了强大影响，同时也阻碍和约束了这些国家的现代化。这些制度的变革非常困难，因为会涉及能够做出艰难选择的政治意愿，并且对政治家和公务员而言，改革的激励不足。羸弱的财政部和碎片化的预算，只会使这些问题更加恶化。出于同样的原因，贫穷国家很难设置政策的优先级，这就是为什么公共部门的改革方案和减少贫困的计划，通常只能反映捐助者的偏好。

本章认为，采用在发达经济体中已经成功并有效的预算制度改革方案，并将其移植到环境特征迥异的发展中国家，这种尝试通常不会成功，并且有时可能造成破坏和混乱。尽管就这一观点可能存在一些例外（如在新兴市场经济体、后冲突国家，以及一些具有特殊制度特点和强大财政部的发展中国家），但这些都只是个案。

本章进一步认为，在改革策略的设计中，技术决定论之类的解决方案，具有一定的直观吸引力，但其繁重的工作量、不切实际的短期时间表以及复杂性，都可能限制其作为发展中国家的实际工具。此类方法还存在着被资金和技术援助机构所掌控的倾向。相比之下，成功的改革策略大多包含以下方法：更倾向于采用短期的视角；关注相对有限且特定的一系列目标（例如，如何修正财政不平衡或拖欠问题，或改进预算报告体系）；采用增量方法；进行大量的试验与纠错，从错误中汲取教训，并“在黑暗中摸索”。安德鲁斯（2013）提出的“问题驱动下的迭代适应模型”（problem-driven iterative adaptation model），就是这种方法的一个很好案例。在选择需要关注哪些方面的主题上，成功的改革需要深思熟虑后再作选择。关键问题在于选择，而不是排序。

参考文献

Allen, R., 2008, "Reforming Fiscal Institutions: The Elusive Art of the Budget Advisor," OECD *Journal on Budgeting*, Vol. 8, No. 3, pp. 1–9.

———, 2009, "The Challenge of Reforming Budgetary Institutions in Developing Countries," IMF Working Paper 09/96 (Washington: International Monetary Fund).

———, and F. Grigoli, 2012, "Enhancing the Capability of Central Finance Agencies," *Economic Premise*, No. 73, pp. 1–7.

Andrews, M., 2006, "Beyond 'Best Practice' and 'Basics First' in Adopting Performance Budgeting Reform," *Public Administration and Development*, Vol. 26, No. 2, pp. 147–61.

———, 2010, "Good Government Means Different Things in Different Countries," *Governance: An International Journal of Policy, Public Administration, and Institutions*, Vol. 23, No. 1, pp. 7–35.

———, 2013, *The Limits of Institutional Reform in Development: Changing Rules for Realistic Solutions* (New York: Cambridge University Press).

Brewer, J., 1988, *The Sinews of Power: War, Money and the English State*, 1688–1783 (Cambridge, Massachusetts: Harvard University Press).

Brooke, P., 2003, "Study of Measures Used to Address Weaknesses in Public Financial Management in the Context of Policy-Based Support," final report for the Public Expenditure and Financial Accountability (PEFA) Secretariat (Washington: PEFA Secretariat).

Campos, E., and S. Pradhan, 1998, *Building Blocks toward a More Effective Public Sector* (Washington: World Bank, Economic Development Institute).

Dabla-Norris, E., R. Allen, L.-F. Zanna, T. Prakash, E. Kvintradze, V. Lledo, I. Yackovlev, and

S. Gollwitzer, 2010, "Budget Institutions and Fiscal Performance in Low-Income Countries," IMF Working Paper 10/80 (Washington: International Monetary Fund).

de Renzio, P., 2011, "Buying Better Governance: The Political Economy of Budget Reforms in Aid-Dependent Countries," Working Paper 2011/65 (Oxford, U.K.: University of Oxford, Global Economic Governance Program).

Diamond, J., 2012a, "Guidance Note on Sequencing PFM Reforms." Available via the Internet: https://www.pefa.org/.

———, 2012b, "Guidance Note on Sequencing PFM Reforms, Background Paper 1." Available via the Internet: https://www.pefa.org/.

Dressel, B., and J. Brumby, 2009, "Enhancing the Capabilities of Central Finance Agencies: From Diagnosis to Action" (unpublished; Washington: World Bank).

Gupta, S., G. Schwartz, S. Tareq, R. Allen, I. Adenauer, K. Fletcher, and D. Last, 2008, *Fiscal Management of Scaled-Up Aid* (Washington: International Monetary Fund).

International Bank for Reconstruction and Development (IBRD), 1960, *The Economic Development of Libya: Report of a Mission Organized by the IBRD at the Request of the Government of Libya* (Baltimore: Johns Hopkins University Press).

Kohnert, P., 2008, "The Establishment of the Fiscal Affairs Department in the IMF" (unpublished; Washington: International Monetary Fund).

Lienert, I., and F. Sarraf, 2001, "Systemic Weaknesses of Budget Management in Anglophone Africa," IMF Working Paper 01/211 (Washington: International Monetary Fund).

Murphy, P., 2010, "The Platform Approach in PFM Reform—Positive for Cambodia So Far, but Not Necessarily the Magic Bullet for All Countries," IMF Public Financial Management Blog. http://blog-pfm.imf.org/.

Murray, C., and J. Wehner, 2011, "Budgeting after 2012: What the Constitution Says" (unpublished). Normanton, E.L., 1966, *The Accountability and Audit of Governments* (Manchester, U.K.: Manchester University Press).

North, D., 1991, "Institutions," *Journal of Economic Perspectives*, Vol. 5, No. 1, pp. 97-112.

———, J. Wallis, and B. Weingast, 2006, "A Conceptual Framework for Interpreting Recorded

Human History," NBER Working Paper 12795 (Cambridge, Massachusetts: National Bureau of Economic Research).

Olowo-Okere, E., and C. Tomkins, 1998, "Understanding the Evolution of Government Financial Management Control Systems," *Accounting, Auditing & Accountability Journal*, Vol. 11, No. 3, pp. 309-31.

Peterson, S., 2011, "Plateaus Not Summits: Reforming Public Financial Management in Africa," *Public Administration and Development*, Vol. 31, No. 3, pp. 205-13.

Pollitt, C., and G. Bouckaert, 2000, Public Management Reform: A Comparative Analysis (Oxford, U.K.: Oxford University Press).

Public Expenditure and Financial Accountability (PEFA) Secretariat, 2005, *Public Financial Management Performance Measurement Framework* (Washington: World Bank).

Schiavo-Campo, S., 1994, "Institutional Change in the Public Sector and Transitional Economies," Discussion Paper No. 24 (Washington: World Bank).

———, 2007, "Budgeting in Post-conflict Countries," in *Budgeting and Budgetary Institutions*, ed. by A. Shah (Washington: World Bank).

———, 2009, "Potemkin Villages: The Medium-Term Expenditure Framework in Developing Countries," *Public Budgeting and Finance*, Vol. 29, No. 2, pp. 1-26.

Schick, A., 1998, A Contemporary Approach to Public Expenditure Management (Washington: World Bank).

———, 2012, "Basics First Is Best Practice," IMF Public Financial Management Blog. http://blog-pfm.imf.org/.

Shah, A., and C. Shen, 2007, "A Primer on Performance Budgeting," in *Budgeting and Budgetary Institutions*, ed. by A. Shah (Washington: World Bank).

Tanzi, V., 2000, "Rationalizing the Government Budget, or Why Fiscal Policy Is So Difficult," in *Economic Policy Reforms: The Second Stage*, ed. by Anne O. Krueger (Chicago: University of Chicago Press).

Tommasi, D., 2009, "Strengthening Public Expenditure Management in Developing Countries: Sequencing Issues," Available via the Internet: http://www.capacity4dev.eu.

Vani, S., 2012, "Has Global PFM Improved in the Last Decade?" IMF Public Financial Management Blog. http://blog-pfm.imf.org/.

Wehner, J., 2010, *Legislatures and the Budget Process; The Myth of Fiscal Control* (Basingstoke, U.K.: Palgrave Macmillan).

World Bank, 2011, *Enhancing the Capabilities of Central Finance Agencies*, Synthesis Report (Washington).

World Bank, Independent Evaluation Group, 2008, *Public Sector Reform: What Works and Why* (Washington: World Bank).

World Bank and Overseas Development Institute (ODI), 2011, *Public Financial Management Reform in Post-conflict States*, Synthesis Report (Washington).

Wynne, A., 2005, "Public Financial Management Reforms in Developing Countries: Lessons of Experience from Ghana, Tanzania, and Uganda," Working Paper No. 07/2005 (Harare: African Capacity Building Foundation).

译后记

本书由南开大学经济学院马蔡琛教授、天津财经大学人文学院张慧芳副教授和独立翻译者赵铁宗先生等人主持翻译。首都经济贸易大学张莉博士，天津财经大学杨建讲师、张小薪讲师、李宛姝博士，云南财经大学袁娇博士，唐山市路南区名师课堂培训学校朱丽华老师，南开大学李明穗硕士等人参与了翻译工作。马蔡琛、张莉、李宛姝承担了书稿的审校工作。最后由马蔡琛通读全书并修改定稿。

在翻译过程中，尽管我们竭尽全力以求准确无误，尽可能表达作者的原意，但因时间紧迫，水平所限，定有不尽如人意之处，望读者朋友们批评和指正。

马蔡琛

2017年7月于南开园